党項與西夏碑刻題記（上）

杜建録　鄧文韜　主編

國家古籍整理出版專項經費資助項目

陝西新華出版傳媒集團
三秦出版社

圖書在版編目（CIP）數據

党項與西夏碑刻題記 / 杜建録，鄧文韜主編．—
西安：三秦出版社，2021.11
ISBN 978-7-5518-2467-5

Ⅰ.①党… Ⅱ.①杜… ②鄧… Ⅲ.①羌（古族名）-
碑刻-研究-中國-西夏 Ⅳ.①K877.424

中國版本圖書館CIP數據核字（2021）第204317號

党項與西夏碑刻題記

杜建録 鄧文韜 主編

出版發行　陝西新華出版傳媒集團　三秦出版社
社　　址　西安市雁塔區曲江新區登高路1388號
電　　話　（029）81205236
郵遞區號　710061
責任編輯　甄仕優　喬文華　王怡晨
　　　　　韓　星　孟临静
編輯助理　吴　浪
責任校對　趙　煒　王昱聰　李姗姗
印　　刷　中煤地西安地圖製印有限公司
開　　本　787mm×1092mm　1/8
印　　張　75.5
字　　數　540千字
版　　次　2022年8月第1版
印　　次　2022年8月第1次印刷
標準書號　ISBN 978-7-5518-2467-5
定　　價　789.00圓（全三册）
網　　址　http://www.sqcbs.cn

目録

第二章　西夏碑刻題記

下册

第三章　宋金境内党項人碑刻題記

前言

本書所整理的党項與西夏碑刻涵蓋早期党項碑刻題記、西夏碑刻題記、宋金境内党項人碑刻題記與元明西夏遺民及其後裔碑刻題記四部分，和2015年出版的《党項西夏碑石整理研究》比較，一是增補了2015年以後新出土、新發現或新公布的碑石，如野利氏夫人墓誌銘、右威衛大將軍拓拔馱布墓誌銘、靈武回民巷西夏文摩崖石刻，以及菏澤出土的西夏皇族後裔塔出、必宰牙父子墓碑等；二是增補了宋金時期陝西路境内等地党項人各類活動所留下的碑石，如德靖寨小胡族首領胡繼諤家族人物的神道碑、墓碣銘，陝西志丹縣城臺石窟、何家坬石窟中留下的党項人題記等；三是對本書收的所有碑刻題記撰寫了疏證。爲了讓讀者更好地把握本書所收録之碑刻題記的基本情況，玆从收藏與分布、整理與研究、史料價值等方面做一簡要介紹。

一、收藏與分布現狀

西夏全盛時期疆域面積達八十三萬平方公里，包括今寧夏中北部、陝西北部、内蒙古西部、甘肅河西地區以及青海東部，宋金境内党項主要生活在陝北和甘肅隴東地區，元明西夏後裔的足迹遍布全國。這樣，使得党項與西夏碑刻題記廣泛分布于全國各地，目前所知就有十六個省、直轄市和自治區，其中陝甘寧蒙地區最多，共有六十七個編號。

從唐中和元年（881）拓跋思恭受封夏州定難節度使，到宋咸平六年（1003）李繼遷將統治中心由夏州遷往靈州，夏州（今陝西靖邊縣統萬城）一直是党項拓跋政權的所在地。這一時期的定難軍政權人物卒後通常葬于統萬城周邊，其中節度使家族成員多葬于統萬城北的十里梁，如李光睿、李光遂、李繼筠、李仁福妻瀆氏、李彝謹及其妻里氏、祁氏等；節度使僚屬多葬于統萬城南一帶，如拓跋思恭部將白敬立與觀察支使何德璘葬于華家窪林場，節度判官毛汶、管内都指揮使康成此葬于圪坨河。活動在定難節度使轄下銀、綏、宥等州党項政權人物卒後多葬在當地，如横山縣党岔鎮銀州古城周邊就出土過《拓跋守寂墓誌》、《定難軍節度押衙白全周墓誌》、《野利氏夫人墓誌》等，雷龍灣鄉出土過《定難軍節度副使劉敬瑭墓誌》，榆陽區紅石橋出土過綏州刺史李仁寶及其妻破丑氏的墓誌，吴起縣洛源鎮出土過《拓跋馱布墓誌》等。這些墓誌現在大多收藏于陝西榆林市和内蒙古鄂爾多斯市文博單位。

隨着李繼遷將政治中心遷到西平府與李德明再次遷往河外興州，定難軍政權的政治中心轉移到寧夏平原。李元昊立國後，升興州爲興慶府，定爲都城。以河西重鎮西凉府爲陪都，甘州爲鎮夷郡，凉州重修護國寺感通塔碑、黑水建橋敕碑等西夏碑刻便竪立在此。相較之下，寧夏銀川閩寧村西夏墓與西夏陵出土的碑刻則較爲殘碎，殊爲可惜。

西夏人較爲崇信佛教，在甘肅、寧夏和内蒙古境内的須彌山、賀蘭山、炳靈寺、莫高窟、榆林窟、萬部華嚴經塔等處有開窟造像、繪製壁畫或朝拜燒香等佛事活動，留下了非常豐富的題記。

東起横山、西到天都山的宋夏、金夏沿邊地區，居住着大量党項人，有的在西夏境内，有的在宋、金境内，他們雖分屬不同政權，但在經濟文化和社會生活上，有着千絲萬縷的聯係，都對佛教有着虔誠的信仰。今陝西志丹縣城臺石窟、何家坬石窟，以及甘肅合水縣安定寺石窟和甘肅華池縣東華池塔中，就有不少宋金時期的党項人爲銘記造像、造塔功德，爲家人祈求福祉而鎸刻的題記。

除西夏故地和宋夏、金夏陝西沿邊外，位于華北地區的河南、河北、山東、北京也有爲數不少的党項人碑刻題記，共二十二個編號。河南三門峽在北宋時期屬陝州管轄，陝州漏澤園遺址曾出土過三方党項配軍的墓誌，現藏三門峽市文物考古研究所。在汴京開封東南郊的繁塔中，則有夏州番落指揮使李光文赴開封朝覲時所留下的施財題記。西夏滅亡後，今洛陽、濮陽、浚縣等地皆有西夏遺民後裔遷來定居。定居洛陽的，有西夏皇族後裔李欽祖和在白馬寺圓寂的武威籍僧侣慧覺，二人的墓誌與塔銘分别藏于千唐志齋與洛陽博物館。定居浚縣的是述哥察兒家族，雖然述哥察兒與其子哈剌哈孫的墓誌今皆不存，但哈剌哈孫次子納加臺與三子教化刻于浚縣名勝——大伾山的摩崖題詩仍傳世且能釋讀。定居于濮陽的，則是來自賀蘭山脚下的唐兀楊氏家族，得益于家藏唐兀公碑的世代相傳，至今楊氏後裔仍認同党項西夏族源。

河北省大名縣與保定市是元代西夏遺民的另一重要遷入地，昔里氏家族和老索家族在西夏末年投降成吉思汗，隨着蒙古軍的足迹征戰四方，最終分别以戰功就任大名路與順天路達魯花赤，并遷居于此處定居。屬于前者家族的《李愛魯墓誌》與《小李鈐部墓誌》現藏于大名縣石刻藝術博物館，屬于後者家族的河西老索神道碑則藏于保定市古蓮花池公園碑廊。除武將以外，僧侣也是遷入河北省内定居的一個重要西夏遺民群體，真定隆興寺是元代寧夏籍高僧勝公和尚的駐蹕之地，在他圓寂後，他的弟子即元末權臣伯顔之子八剌室里在寺中爲他樹立了道行碑，以弘揚勝公之生平事迹。出土于保定北郊西什寺遺址的《佛頂尊勝陀羅尼》經幢是目前有年款最晚的西夏碑刻，係當地党項人僧侣爲追薦同胞所立，亦藏古蓮花池碑廊。

山東曲阜是儒學的發源地，與儒學相關之歷代碑刻較多。其中曲阜孔廟西齋舍碑院中，藏有楊文書訥與大都子敬這兩位西夏遺民在山東東西道廉訪司任職期間拜謁孔廟、孔林的謁廟碣。而樹立于山東長清靈巖寺山門之前的大靈巖寺碑亦是楊文書訥所作。在山東省西南部的菏澤市，則館藏有塔出與必宰牙父子的墓誌，二人門第高貴，是元初河南王察罕的後裔，族出西夏皇族嵬名氏。

北京是元朝的國都，一些任職于元中央機構的党項權貴後裔曾居于斯葬于斯。今通州曾出土過宣政院判官耿完者秃的墓誌。由于西夏後裔在元朝具有較高的政治地位，元末開鑿居庸關雲台六體經文時，將西夏文作爲六種文字之一，鎸刻于過街塔雲台洞壁上。

在江蘇、浙江、福建、廣東和廣西等南方沿海省份，有二十一個編號的西夏遺民碑刻題記。元代西夏遺民余闕中進士以後被任命爲泗州同知，在任期間曾游覽位于江蘇盱眙縣的風景名勝第一山，留下《瑞巖詩》與《玻璃泉詩》兩方摩崖石刻。

位于浙江樂清縣的雁蕩山自古以來就以『海上名山』昭然于世。來自靈武，自號『賀蘭逸人』的温州路總管李朶兒赤來此游覽時題記龍鼻洞崖壁。杭州路是元初江南釋教總統所的治所，元世祖曾以西夏僧人楊璉真迦爲釋教總統，總領江南地區的佛教事務。楊璉真迦及其子暗普在杭期間，在飛來峰崖壁上開鑿了多方具有藏傳佛教風格的龕窟，包括第六十六龕無量壽佛、第四十六龕多聞天王、第九十八龕西方三聖以及第九十九龕無量壽佛、文殊菩薩、救度佛母等造像。在開鑿造像時，他們當然不會放弃爲自己和皇親國戚歌功頌德、祈求福祉的機會，遂在個龕窟中都留下了造像題記。到了元朝中後期，西夏遺民依舊在浙江從事着開窟造像活動，籍貫寧夏路的順昌在任浙東道廉訪司期間參與了台州大嶺石窟的開鑿，并將官銜與姓名刻于石壁之上。

無獨有偶，在福建泉州的清源山上亦有元代西夏遺民從事佛事活動的歷史痕迹。元初與元末在福建擔任文官的阿沙、般若帖木兒、三旦八分別主持了碧霄巖和彌陀巖的三次佛事開窟造像活動。元朝滅亡前夕，任職福建行省治中的唐兀人王翰寄情于山水，在福州鼓山、方廣巖，以及泉州西山巖等名勝崖壁上留下了多方題記；元朝滅亡後，王翰爲謝絶明朝徵辟不惜自裁，死後葬于福建永泰縣，其墓碑由王氏後人保護至今。

除福建外，廣東潮州金山東南麓，潮陽白牛巖、東巖、東山等地亦有不少王翰的題刻遺迹。在廣東肇慶的石峒古廟北壁的鐘乳石上，還有河西人刺思八朶兒只的來游題記。

至于廣西境内的西夏遺民石刻，則全部位于以摩崖石刻知名的桂林，其中既有反映西夏遺民儒學信仰的獨秀峰《孔子造像記》，又有體現文學造詣的南溪山《絶句二首以贈劉仙巖道士胡清安》和《必申達兒七星巖題記》，足以彰顯西夏後裔對漢文化的吸收。

在南方内陸地區的安徽歙縣、四川廣元與雲南昆明亦零星有西夏後裔碑刻題記傳世。安徽歙縣的兩處爲西夏遺民進士余闕爲新安名士鄭玉家族的『貞白里坊』和『鄭公釣臺』篆書題額、題字。四川廣元的兩處爲陝西行臺監察御史普達實禮與朶兒只班分別前赴雲南守省時路經千佛崖，拜謁、重裝了佛像的題記。雲南昆明的一方系北元初年甘肅籍唐兀人文殊奴去世後其家人所刻的經幢，用以追薦幢主，爲之祈福。

二、發現、整理與研究

党項西夏碑刻題記的整理與研究，最早可追溯至二百多年前的清朝中期。1804年（清嘉慶九年），因病返鄉休養的學者張澍在武威清應寺一座被封閉的碑亭中發現了著名的凉州重修護國寺感應塔碑，該碑夏漢合璧，張澍根據漢文碑文中的西夏『天祐民安』年號，判定另一面不認識的文字爲西夏字。他把這一發現記在《書西夏天祐民安碑後》，1837年該文在《養素堂文集》卷十九刊出，這是對西夏碑的最早研究。

早期對西夏碑刻的研究，往往和西夏文字聯係在一起。1870年英國人維利亞（A.wylie）最先注意到居庸關六體石刻中的西夏文，但誤斷爲女真小字。1882年法國人德維利亞（G.Deveria）對河南開封宴臺女真進士題名碑進行研究，發現該碑文字與居庸關石刻中所謂『女真小字』并無相通之處，開始懷疑爲湮滅的西夏文，但長期不能確認。直到1898年德氏考證了凉州重修護國寺感應塔碑後，才最終證實了自己的看法，但這比張澍刊出《書西夏天祐民安碑後》一文，整整晚了六十一年。應該説，張澍是西夏碑刻發現與研究第一人。1958年，日本學者村田治郎編著的《居庸關》一書，對居庸關六體石刻進行了闡釋，其中西夏文由西田龍雄闡釋撰寫[1]，日本對居庸關西夏文石刻的研究雖晚于英法，但就文字釋讀準確性而言，無疑更爲出色。

1938年雲南大學方國瑜教授在尋訪昆明古迹時，發現了被弃置于昆明護國門内的一通經幢，方氏根據上刻『達魯花赤文殊奴，甘肅省居住，唐兀人氏』等文字，判斷文殊奴爲信奉佛教的西夏遺裔，在其逝世後由家屬鎸刻梵咒以祈冥福[2]。

新中國建立後，一批西夏文史與考古工作者對當時所能見到的西夏碑刻題記展開了進一步的研究。1961年羅福頤發表《西夏護國寺感應塔碑介紹》[3]，對西夏凉州護國寺感應塔碑進行了介紹與研究。1964年秋，中國社科院民族所、敦煌文物研究所聯合組成了敦煌西夏資料工作組，對敦煌莫高窟、安西榆林窟的西夏洞窟時代、壁畫、文字題記做了專題考察，在常書鴻、王静如與宿白等先生的指導下，史金波與白濱調查、抄録、譯釋了所能見到的西夏題記，後刊布于《莫高窟榆林窟西夏文題記研究》[4]。

20世紀70年代，寧夏考古工作者對位于賀蘭山下的西夏王陵展開了大規模的考古調查和發掘，搞清楚西夏陵區九座帝陵共有碑亭遺址十六座，二百多座陪葬墓約三分之一有碑亭遺址。目前已發掘的碑亭遺址有十一座，出土夏、漢殘碑四千四百一十一塊，其中僅存一二字或三五字者居多，十字、八字已屬難得，一二十字者更屬少見。

1978年王堯發表《西夏黑水橋碑考補》[5]，對藏漢合璧的黑水建橋碑的藏文碑銘進行譯釋和考證。鄭紹宗、王静如、史金波、白濱、李範文等對保定西夏文石經幢的年代與内容等問題進行了激烈的争論[6]。1984年李範文出版《西夏陵墓出土殘碑粹編》[7]，1986年史金波發表《西夏陵出土殘碑譯釋拾補》[8]，分别對西夏陵出土的殘碎夏漢碑文進行録文和譯釋。

[1] 村田治郎《居庸關》，京都大學工學部，1958年。
[2] 方國瑜《雲南金石文物題跋》，載方國瑜著、林超民編《方國瑜文集》第四輯，雲南教育出版社2001年版。
[3] 載《文物》1961年第一期。
[4] 載《考古學報》1982年。
[5] 載《中央民族學院學報》1978年第一期。
[6] 鄭紹宗、王静如《保定出土明代西夏文石經幢》，《考古學報》1977年第一期；史金波、白濱《明代西夏文經卷和石幢初探》，《考古學報》1977年第一期；李範文《關于明代西夏文經卷的年代和石幢的名稱問題》，《考古》1979年第五期；史金波、白濱《明代西夏文經卷和石幢再探》，《西夏史論文集》，寧夏人民出版社1984年版。
[7] 文物出版社1984年版。
[8] 載《西北民族研究》1986年第一期。

1962年酒泉市在擴建市區時從東城内洞壁中拆出兩條長方體碑石，1979年白濱、史金波訪得此碑石，將其定名爲大元肅州路也可達魯花赤世襲之碑，公布了録文；隨後，耿世民對此碑陰面回鶻文進行了譯釋；湯開建則撰文對碑文進行了補釋，重新考訂了碑主舉立沙家族的族屬、姓氏、事迹和世系[1]。

1984年陳炳應出版《西夏文物研究》[2]一書，專列西夏碑刻、西夏墓葬，以及西夏的銅器、金銀器、瓷器和竹木器等章，對當時所能見到的西夏碑刻題記進行了系統的探討和總結。

發現于河南省濮陽縣東柳屯鎮楊什八郎村的大元贈敦武校尉軍民萬户府百夫長唐兀公碑，是研究濮陽西夏後裔的珍貴材料。該碑立于至正十六年（1346），1933年黄河决口將其衝倒，1950年有人提出用該碑做黄河防汛物料，族人夜間予以掩埋。1966年『十年動亂』伊始，又遷掩塋旁，直至1983年才被再次發現[3]。1987年，穆朝慶和任崇岳對《唐兀公》録文與箋註，使得湮没六個多世紀的碑文爲公衆所知。此外，任崇岳還對出土于浚縣大伾山南坡的唐兀人速哥察兒墓碑進行了研究[4]。

1985年，保定市文物管理局在第三次全市文物普查時發現了原藏于樂凱膠片廠内的河西老索神道碑，二十年來先後有周聖國、梁松濤、彭向前、崔紅芬等學者撰文對其進行討論[5]。同年，江西寧都縣博物館在進行旅游文物資源檢查時，于縣城西北十里之翠微峰金精洞洞口左側崖壁上發現元延祐二年《平寇頌》題刻一通，經過當地學者的研究，發現《平寇頌》中名諱缺失的江西行省平章政事，正是西夏皇族後裔李世安[6]。1990年北京市朝陽區發現了兩座元代墓葬，根據同時出土的墓誌可得知墓主耿完者秃爲唐兀人，生前曾擔任宣政院判官[7]。

20世紀90年代以來，陝西省榆林市在文物徵集和打擊文物走私和盜墓的專項鬥爭中，徵集或繳獲到拓跋守寂墓誌銘、李仁寶墓誌銘、李仁寶妻破丑氏墓誌文等党項拓跋部家族墓誌銘[8]。内蒙古自治區烏審旗無定河鎮十里梁党項拓跋家族祖塋也相繼出土了李仁福妻瀆氏墓誌銘、李彝謹妻里氏墓

---

[1] 白濱、史金波《〈大元肅州路也可達魯花赤世襲之碑〉考釋——論元代党項人在河西的活動》，《民族研究》1979年第一期；耿世民《回鶻文〈大元肅州路也可達魯花赤世襲之碑〉譯釋》，《向達先生紀念論文集》，新疆人民出版社1986年版；湯開建《〈大元肅州路也可達魯花赤世襲之碑〉補釋》，《中國史研究》1983年第四期。

[2] 寧夏人民出版社1985年。

[3] 楊富學《元代西夏遺民文獻〈唐兀公碑〉校釋》，載《中國北方民族歷史文化論稿》，甘肅人民出版社2001年版。

[4] 任崇嶽《元〈浚州達魯花赤追封魏郡伯墓碑〉考釋》，《寧夏社會科學》1995年第二期。

[5] 周聖國《保定西夏人探源——從西夏文經幢、老索神道碑看保定西夏人》，《文物春秋》1995年第三期；梁松濤《〈河西老索神道碑銘〉考釋》，《民族研究》2007年第二期；彭向前《西夏遺民初到保定時間考》，《保定學院學報》2008年第一期；崔紅芬《保定出土〈老索神道碑銘〉再研究》，《中國文化》2013年第二期。

[6] 劉勁峰、薛翹《甯都翠微峰〈平寇頌〉題刻與元代蔡五九起義》，《江西歷史文物》1987年第一期。

[7] 北京文物研究所《北京地區發現兩座元代墓葬》，《北京文物與考古》第三輯，内部資料，1992年版。

[8] 康蘭英主編《榆林碑石》，三秦出版社2003年版。

誌銘、李彝謹墓誌銘、李光睿墓誌銘、李光遂墓誌銘、李繼筠墓誌銘。圍繞這些碑刻，學界發表了系列研究文章[1]。

進入21世紀，隨着《中國藏西夏文獻（碑刻題記卷）》的問世，以及一批新碑刻、新題記的出土與發現，越來越多的學者加入了對党項與西夏碑刻題記的研究工作中，産生了一大批具有較高學術價值的成果。這些成果可以分爲兩類：一類是對新見碑刻題記的公布與研究；另一類是關于舊有材料的再闡釋。

就新見材料而言，2000年年初和2001年8月到10月，銀川市西夏陵管理處和寧夏文物考古研究所先後對永寧縣閩寧村的西夏墓地進行了清理發掘，在八座墓葬和三座碑亭遺址處發現若干殘碎漢文碑塊。他們還藉助殘碑文，對閩寧村西夏墓地的年代進行了初步的推測[2]。2002年，寧夏文物考古研究所在寧夏回族自治區靈武市回民巷沙漠戈壁中採集到一方西夏文摩崖石刻，孫昌盛撰文譯釋并考察了這方石刻的開鑿時間、緣起、内容以及參與開鑿石刻的人員等問題[3]。2005年，北京石景山區楊莊村出土了元代西夏遺民楊朵兒只的墓誌銘，門學文、周峰、陳康分别藉助這方墓誌，與其他文獻探討了楊朵兒只、楊文殊訥父子的生平事迹[4]。2006年，横山縣党岔鎮出土了《故野利氏夫人墓誌銘并序》，這是一方較爲罕見的宋代党項族婦女墓誌，杜建録、高建國等分别撰文闡釋[5]。2008年菏澤市博物館從郭莊處徵集到了出土的塔出墓碑與必宰牙墓碑，劉志月指出兩碑墓主爲父子關係，而且是西夏皇族後裔。通過這兩方墓碑，可以確定西夏皇族曾于元代在曹州定居達六十年以上[6]。2013年，在河北大名縣陳莊村出土了元初大名路達魯花赤小李鈐部的墓誌，這是繼1990年當地出土李愛魯墓誌以來，該家族出土于大名的第二方墓誌銘。朱建路、劉佳發表《元代唐兀人李愛魯墓誌考釋》，劉廣瑞、朱建路發表《大名新出夏漢文合璧墓誌銘的價值和意義》，趙生泉發表《〈元代唐兀人李愛魯墓誌考釋〉補正》與朱建路《元代

[1] 鄧輝、白慶元《内蒙古烏審旗發現的五代至北宋夏州拓跋部李氏家族墓誌銘考釋》，《唐研究》第八卷，北京大學出版社2002年版；周偉洲《陝北出土三方唐五代党項拓跋氏墓誌考釋》，《民族研究》2004年第六期；王富春《唐党項族首領拓跋守寂墓誌考釋》，《考古與文物》2004年第三期；杜建録等《宋代党項拓跋部大首領李光睿墓誌銘考釋》，《西夏學》2006年；陳瑋《後周綏州刺史李彝謹墓誌銘考釋》，《西夏學》2010年第一期；陳瑋《後晉定難軍攝節度判官兼掌書記毛汶墓誌銘考釋》，《西夏學》2011年第二期；陳瑋《後晉夏銀綏宥等州觀察支使何德璘墓誌銘考釋》，《中國國家博物館館刊》2013年第三期；陳瑋《後晉綏州刺史李仁寶墓誌銘考釋》，《西夏學》2015年；杜建録、鄧文韜、王富春《後唐定難軍節度押衙白全周墓誌考釋》，《寧夏社會科學》2015年第二期；孫宜孔《後晉定難軍節度副使劉敬瑭墓誌銘考釋》，《西夏學》2019年第一期；陳瑋《後晉定難軍節度副使劉敬瑭墓誌研究》，《北方文物》2020年第一期。

[2] 寧夏文物考古研究所《閩寧村西夏墓地》，科學出版社2004年版。

[3] 孫昌盛《靈武回民巷西夏摩崖石刻》，《寧夏社會科學》2017年第一期。

[4] 門學文《元代名臣楊朵兒只墓誌》，北京市石景山區地方志辦公室編《名人墓葬》，中央文獻出版社2008年版；周峰《元代西夏遺民楊朵兒只父子事迹考述》，《民族研究》2014年第三期；陳康《石景山出土元代楊朵兒只墓誌考》，《北京文博論叢》2018年第二期。

[5] 杜建録、王富春、鄧文韜《陝西横山出土〈故野利氏夫人墓誌銘〉初探》，《西夏學》2019年第二期；高建國、王富春、杜林淵《陝北横山新發現党項族〈故野利氏夫人墓誌銘〉考釋》，《中國國家博物館館刊》2020年第二期。

[6] 劉志月《菏澤博物館藏兩方元代西夏遺民墓碑史料價值初探》，《西夏學》2020年第一期。

唐兀人李愛魯墓誌釋補》等文章，先後對其進行了介紹和研究[1]。同樣是2013年出土于陝西吴起洛源鎮的《拓跋馱布墓誌》，一經問世便引起學界的重視，段志淩與楊富學分别撰文進行了闡釋[2]。

就舊材料的新闡釋而言，2002年林英津發表《居庸關六體石刻西夏文再檢討》[3]，根據臺灣『中研院』所藏拓片對西夏文經咒進行了陀羅尼的復原。李燦、侯浩然以及崔紅芬均根據洛陽市博物館藏《故釋源宗主宗密圓融大師塔銘》研究了西夏僧人一行慧覺的生平、著述，并討論了西夏的華嚴信仰[4]。崔紅芬對刻于福建泉州清源山的西夏遺民石刻題記做了録文考証，指出題刻中的唐吾氏阿沙與《肅州碑》中的阿沙并非同一人[5]。高輝、于光建對收藏于武威博物館的西夏遺僧敏公請經之碑做出考釋[6]。周峰通過對合水安定寺金代重修題記的考察，發現這次重修活動的主導者是党項人[7]。孫繼民、宋坤利用鹿泉市現存的一通重修鹿泉神應廟碑考察了西夏遺民在河北的活動踪迹[8]。段雙印對志丹縣城臺石窟、何家坬石窟等進行了一系列田野調查，并發表了關于宋金保安軍党項小胡族的研究成果[9]。杜建録、鄧文韜、石建剛等亦撰文對兩處石窟中的党項人題記進行了分析[10]。高仁、鄧文韜調查和公布了西夏遺民余闕在盱眙的兩首題詩[11]。杜建録、鄧文韜結合余闕在任浙東道廉訪司的上下年限，推測出了歙縣貞白里石牌坊的始建年代[12]。杜維民與鄧文韜在台州大嶺石窟現場調查後，判斷了石窟的開鑿年代并指出題記中的『順昌』是一位任職于浙東道廉訪司的西夏

[1]《民族研究》2012年第三期；《光明日報》2014年5月21日14版；《寧夏社會科學》2015年第四期；《寧夏社會科學》2016年第一期。

[2] 段志淩《唐〈拓拔馱布墓誌〉——党項拓拔氏源于鮮卑新證》，《中國國家博物館館刊》2018年第一期；楊富學、王慶昱《党項拓跋馱布墓誌及相關問題再研究》，《西夏研究》2019年第二期。

[3] 載《石璋如院士百歲祝壽論文集》，臺灣南天書局2002年版。

[4] 李燦、侯浩然《西夏遺僧一行慧覺生平、著述新探》，《西夏學》第六輯；崔紅芬《僧人慧覺考略——兼談西夏的華嚴信仰》，《世界宗教研究》2010年第四期。

[5] 崔紅芬《泉州清源山三世佛造像記考論》，《民族研究》2011年第三期。

[6] 高輝、于光建《元〈敏公講主江南求法功德碑〉考釋》，《西夏研究》2012年第三期。

[7] 周峰《甘肅合水安定寺石窟金代党項人題記考釋》，《西夏學》2011年第二期

[8] 孫繼民、宋坤《元代西夏遺民踪迹的新發現——元〈重修鹿泉神應廟碑〉考釋》，《寧夏社會科學》2011年第二期。

[9] 段雙印《宋金保安軍小胡等族碑碣資料綜合考察與研究》，《寧夏社會科學》2014年第五期。

[10] 杜建録、鄧文韜《宋夏沿邊熟户若干問題研究——以陝西志丹縣何家坬石窟党項人題記爲中心》，《西夏學》2017年第二期；石建剛、楊軍《北宋沿邊党項熟户的净土殿堂（一）——陝西志丹縣何家坬石窟調查與初步研究》，《西夏研究》2018年第一期。

[11] 高仁、鄧文韜《唐兀人余闕盱眙題詩考釋》，《淮陰師範學院學報（哲學社會科學版）》2015年第五期。

[12] 杜建録、鄧文韜《安徽歙縣貞白裡牌坊始建年代考——兼考西夏遺民余闕僉憲浙東道期間的史迹》，《寧夏社會科學》2017年第一期。

人[1]。陳瑋先後對20世紀出土于三門峽宋代陝州漏澤園遺址中的党項配軍墓誌[2]和華池保寧寺塔中的党項人捐財助修題記做了探討[3]。鄧文韜在廣元千佛崖現場和金石志書中找到了五方元代西夏遺民在千佛崖留存的題記，并據此闡述了這批題記的史料價值[4]。

三、史料價值

蒙古滅夏時，將西夏都城興慶府的文物典籍付之一炬，加之元修宋、遼、金三史，没有給西夏修一部紀傳體專史。因此，西夏文物考古資料，特别是有文字記録的碑刻題記就顯得特别重要，它在一定程度上彌補了史籍的不足。

唐五代宋初党項夏州拓跋政權墓誌銘，是早期党項與夏州拓跋政權的真實記録，它解决了党項夏國歷史上許多疑難問題。如關于西夏王族拓跋部的族屬問題，自唐代以來就形成了截然不同的兩種觀點：《元和姓纂》、《遼史》、《金史》認爲出自鮮卑；《隋書》、《舊唐書》、《宋史》則認爲出自羌族[5]。持鮮卑説的依據是唐林寶《元和姓纂》，該書記録西夏王室先祖拓跋守寂是鮮卑族。持羌族説的則認爲鮮卑拓跋部在歷史上較爲著名，因而將党項拓跋氏誤認爲是鮮卑拓跋部之後。但這僅僅是懷疑和推測，并没有確鑿的證據。立石于開元二十五年（737）的拓跋守寂墓誌銘，明確記載拓跋守寂『出自三苗，蓋姜姓之别，以字爲氏，因地紀號，世雄西平，遂爲郡人也』。顯然，元和年間（806～820）成書的《元和姓纂》把拓跋守寂定爲鮮卑之後是錯誤的，這個錯誤給後世帶來了很大的影響，以致後來的夏州拓跋李氏家族墓誌銘，均認爲党項拓跋氏出自鮮卑。

史書記載西夏的姑表婚是單向的，如開國皇帝李元昊娶舅女衛慕氏爲妻，第二代皇帝諒祚娶舅女没藏氏爲妻，第三代皇帝秉常娶舅女梁氏爲妻。拓跋家族墓誌所記的姑舅表婚則是雙向的，李彝謹（拓跋彝謹）的岳母爲拓跋氏，顯然是舅舅的兒子娶姑姑的女兒爲妻[6]。從而印證了西夏文有關

[1] 杜維民、鄧文韜《臨海西郊大嶺石窟元代造像題名記所見人物考——兼商榷大嶺石窟造像的始建年代》，《西夏學》2017年第二期。

[2] 陳瑋《新出北宋陝州漏澤園党項配軍墓誌研究》，《西夏學》2018年第二期

[3] 陳瑋《新見北宋保寧院山寺党項民衆建塔碑研究》，《西夏學》2019年第二期。

[4] 鄧文韜《四川廣元千佛崖元代西夏遺裔題記及其史料價值初探》，《西夏學》2019年第二期。

[5] 西夏學界認爲党項拓跋部出自鮮卑族的論著有：唐嘉弘《關于西夏拓跋氏的族屬問題》（《四川大學學報》1955年第二期）、《再論西夏拓跋氏的族屬問題》（載《中國民族史研究》（2），中央民族學院出版社1989年版）、吴天墀《論党項拓跋氏族屬及西夏國名》（《西北史地》1986年第一期）、湯開建《關于西夏拓跋氏族源的幾個問題》（《中國史研究》1986年第四期）等。認爲党項拓跋部屬于羌族的論著有：李範文《試論西夏党項族的來源與變遷》（《民族史論叢》1980年）、《再論西夏党項族的來源與變遷》（載《首届西夏學國際學術會議論文集》）、陳炳應《西夏文物研究》（寧夏人民出版社1985年版）、史金波《西夏境内民族考》（載《慶祝王鐘翰先生八十壽辰學術論文集》，遼寧大學出版社1993年版）、周偉洲《唐代党項》（三秦出版社1988年版）、《陝北出土三方唐五代党項拓跋氏墓誌考釋》（《民族研究》2004年第六期），以及漆俠、喬幼梅《遼夏金經濟史》（河北大學出版社1998年增訂本）等。

[6] 劉夢符《大漢故沛國夫人裡氏墓誌銘》。

『爲婚』與『舅甥』、『婆母』與『姑母』的含義[1]。

拓跋家族的墓誌銘使夏州拓跋李氏世襲關係更加清晰，史籍中的謬誤也得到了糾正。大晋故虢王李仁福妻瀆氏墓誌銘記瀆氏與虢王李仁福育有五子，年齡順序爲長彝殷、次彝謹、三彝氳、四彝超、五彝温。彝殷（又名彝興）、彝超在新舊《五代史》、《宋史》有記：長興四年（933）李仁福卒，彝超繼立定難軍節度使，清泰二年（935）彝超卒，彝殷繼立。可能彝超襲位在前，彝殷襲位在後，故《宋史》誤記爲『彝興，彝超之弟也』，瀆氏墓誌銘可糾其謬。大宋故定難軍節度使李光睿墓誌銘記其『寵弟五人』，分別是光文、光憲、光美、光遂、光信。李光（克）文和李光（克）憲，就是後來迫使李繼捧交出節度使權力的『從父』。親叔父反對李繼捧襲位，故史稱夏州『難起家庭』。

《後唐定難軍節度押衙白全周墓誌》提及誌主爲朔方王『主回圖重務，助其府庫，贍以軍人』，誌主次子白友琅『主持回易，亦贍軍用』，説明唐末五代時期的定難軍夏州政權和其他藩鎮一樣，將回圖貿易作爲財政收入的重要來源。

夏州拓跋李氏家族墓誌銘，多載誌主葬于夏州朔方縣儀鳳鄉奉政里，如後周廣順二年（952），李彝謹『歸葬于夏府朔方縣儀鳳鄉鳳正里烏水原』；後漢乾祐三年（950），李彝謹妻里氏『葬於夏州朔方縣儀鳳鄉奉政里烏水之原』；後晋天福七年（942），李仁福妻瀆氏『祔葬於烏水河之北隅，端正樹之東側』；宋太平興國四年（979），李繼筠葬于『端正北原之上，祔於先塋』。奉政里又作『鳳正里』，這里有一條烏水，塋地所在的烏水原臺地，當爲今天的内蒙古自治區烏審旗無定河鎮（原納林河鄉）附近的十里梁上，烏水即今天的納林河，因爲上述墓誌就在這里出土，這爲研究西夏時期的夏州地理，增添了新的網點和坐標。

墓誌銘稱拓跋夏州節度使爲『府主大王』，李光睿墓誌銘更是稱其『儼萬乘之皇威，總八方之戎事』。『府主大王』有着國君般的權力，是夏州地區的主公和大王，它印證了《宋史·夏國傳》關于『夏雖未稱國，而王其土久矣』的結語。

凉州重修護國寺感應塔碑是目前最爲完整的西夏碑刻之一，是碑記述了西夏太后與皇帝應瑞詔命重修凉州護國寺塔，塔成後刻碑記其功。碑文在記載這件事的過程中，留下了十分重要的歷史資料，如夏崇宗乾順賜予護國寺『錢千緡，谷千斛，官作四户』。西夏文『官作』二字非常重要，第一字爲『農、耕』意[2]，爲依附于官府的農業生産者或農奴，這一重要資料，使我們對西夏社會經濟關係有了進一步的認識。碑銘中記載的『大夏』、『大白高國』，是研究西夏國名的重要資料；關于凉州地震的記載，是重要的地震史料；夏漢兩種文字對照，則是研究西夏語言文字的重要資料，前述西夏文字消亡數百年後，通過凉州『西夏碑』才重新認識的。黑水河建橋敕碑是另一方保存較爲完整的西夏文碑刻。在傳世西夏文獻中，西夏國主因戰争之外的原因而離開興慶府的記載，僅有李元昊登基後赴西凉祭祀神明一例；而這方碑刻表明，至少夏仁宗在位時期曾不止一次地巡行到黑水河畔，可彌補傳世史料的不足。同時，碑文以漢文和藏文描寫，揭示了西夏時期甘州當地的民族關係，表明西夏官方試圖籠絡定居于河西走廊的吐蕃

[1] 史金波《西夏党項人的親屬稱謂和婚姻》，《民族研究》1992年第一期。
[2] 陳炳應《西夏文物研究》，寧夏人民出版社1985年版。

民衆。

閩寧村出土的漢文西夏殘碑中，多運用漢籍中的典故修辭碑文，如殘碑以『熊貔』指代戰士，又如『松桂足』，系借唐人袁氏少年所作《賦南嶽廟》詩之『峰巒多秀色，松桂足清聲』之典故，再如『虯心』的説法，則很有可能來自孟郊所作《哀峽十首》中『讒人峽虯心，渴罪呀然潯』的詩句。西夏在碑文中運用傳統詩詞典故修辭，反映出党項人在唐初内遷定居後，經過幾百年民族交往交流交融，逐漸接受和喜愛中華傳統文化。

敦煌莫高窟和安西榆林窟西夏文題記記録了王子、貴族、官吏、高僧及僧俗平民的姓名、官職和在莫高窟、榆林窟的宗教活動，提供了西夏國名、紀年、官制、封號以及語言文字方面的資料，如題記中所見比較完整的西夏人名有六十多個，其中可定爲党項姓氏的有息玉、嵬名、雜謀、麻尼則、嵬立、酩布、骨匹、那徵、味奴、訛三、千玉等數十個。[1]

位于寧夏固原西北五十五公里寺口子河北岸的須彌山石窟，在宋夏對峙通常被認爲在北宋鎮戎軍境内。然而，須彌山石窟第一窟佛像身上的拱化三年題記則可説明，至少在夏毅宗諒祚統治時期，西夏曾占據過須彌山周邊地區。

武威西郊林場西夏墓木板題記，提到西路經略司、都案、西經略司都案等職官與大夏天慶元年（1194）、大夏天慶八年（1201）等年號。經略司一職最遲在天盛年間（1149～1169）就已設置，《番漢合時掌中珠》與《天盛改舊新定律令》均記有這一機構，按照法律，地方重大軍政事務都要上報經略司。《金史》卷六十一《交聘表》記載，乾祐八年（1177）十二月，『遣東經略使蘇執禮横進』，顯然，這個東經略司與上述西經略司是相對應的。

寧夏石壩發現的西夏文銀碗，分别在碗底用西夏文寫明其重量是『三兩』和『三兩半』，經實測，其重量是一百一十四克和一百三十七點五克，由此可知西夏『兩』的單位值約三十八至三十九點一克，與宋朝『兩』的單位值三十九至四十克相近。[2]這是兩件非常重的資料，它填補了西夏衡制的空白，同時也説明西夏在衡制方面『略與宋同』。

寧夏靈武窑西夏瓷殘片上墨書『三十吊五十串』六字。如果千文一吊計算，『三十吊』分成『五十串』，則每串也即一吊爲六百文。宋朝以七百七十文爲一貫，金代以八百文爲一貫，則西夏有可能以六百文爲一吊（貫）。[3]

賀蘭山拜寺溝方塔塔心柱漢文題記涉及白高大國、大安二年寅卯歲、僧判、賜緋、都大勾當、儀鸞司等西夏國名、年號和職官制度等，其中『儀鸞司』《番漢合時掌中珠》與《天盛改舊新定律令》不載，可能設在西夏前期，其職掌與元昊建國前設置的翊衛司同，或干脆是翊衛司的另一稱呼，負責鹵簿儀仗，西夏後期被其他機構所取代。

[1] 史金波、白濱《莫高窟、榆林窟西夏文題記研究》，《考古學報》1982年第三期。
[2] 董居安《寧夏石壩發現墨書西夏文銀器》，《文物》1979年第十二期。
[3] 張連喜、馬文寬《寧夏靈武磁窑堡出土錢幣及墨書『吊』字瓷片》，《考古》1991年第十二期。

志丹縣何家坬石窟與城臺石窟中的党項人題記，記録德靖寨管轄的一百餘名党項人以家庭爲單位結成佛教社邑，進行開窟造像。開窟首領爲小胡族第二十四指揮，可與漢文史籍有關党項熟户軍事組織和社會生活記載相印證。

北宋陝州漏澤園墓地出土過三名党項配軍墓誌。據研究，三人從陝西東出潼關，經京西路前往配隸地點，但不幸于陝州身亡，被埋葬于北宋官辦的慈善公益墓地陝州漏澤園。三人的墓葬形制、規格及磚墓誌的撰寫均嚴格按照崇寧三年（1104）宋廷頒布的漏澤園入葬條例執行，説明北宋對党項人配軍的態度與漢人并無二致。

合水安定寺石窟的重修者李世雄及其兄弟在修造題記中的階官『敦武校尉』爲正八品下階，略高于朝廷所規定的實職隊將正九品，反映了金朝對党項首領的籠絡和優待。

西夏亡國後，其統轄的番漢民衆并未隨之而滅絶，他們或留居故地，或從軍徙戍，或游學求知，或做官出仕，行踪遍及黄河上下、大江南北。出土于酒泉市的肅州路也可達魯花赤世襲之碑記載了原西夏境内的沙陀小李家族，自西夏滅亡到元末一百三十多年間完整的譜系和仕宦情况，可與傳世文獻記載的第六次蒙夏戰争中成吉思汗攻取肅州的史實映證。碑文的陰面由回鶻文撰寫，反映直至元末仍有相當數量的回鶻人居住在河西，并仍使用本民族的文字，也反映在蒙元時期的河西地區，党項人與回鶻人的密切關係，二者之間彼此影響，互相融合[1]。大元贈敦武校尉軍民萬户府百夫長唐兀公碑詳細記載了世居寧夏路賀蘭山的西夏人唐兀台隨從蒙元王朝南下參加統一戰争，後定居開州濮陽縣東楊什八郎村，繁衍子孫，與當地其他民族交往融合的全過程。河西老索神道碑記述河西人老索四代從軍與仕宦的經歷，涉及蒙金野狐嶺之戰、南京之戰和西征時鐵門關之戰等重要戰事[2]。

杭州飛來峰與呼猿洞壁上的楊璉真迦父子造像記，昭示了他們不遠千里地將藏傳佛教藝術從西夏故地傳播到江南。《元敏公講主請經功德碑》記述的是涼州某寺院僧人敏公講主奉國師法旨前往江南，求取大藏經的事迹，呈現了元初杭州路所刻印之大藏經是如何流傳到甘肅涼州等地的。《宗密圓融大師塔銘》揭示了西夏晚期及蒙元時期河西地區的華嚴宗信仰。

唐兀人余闕、納加臺、教化、楊文書訥、觀音奴、必申達兒、張翔、王翰、祖師保等人在各地的題文、題詩，使我們至今仍能得見元代西夏遺民良好的文學修養，精妙的書法造詣以及虔誠的儒學信念。

保定明代西夏文石經幢刻于弘治年間（1488～1505），幢後記立幢人近百名，其中有平尚、移訛、命屈、昔畢、依羅、嵬名等党項族姓，説明時至明代，党項人仍然存在，西夏文也尚在一定範圍内使用。

[1] 白濱、史金波《〈大元肅州路也可達魯花赤世襲之碑〉考釋——論元代党項人在河西的活動》，《民族研究》1979年第一期。
[2] 梁松濤《〈河西老索神道碑銘〉考釋》，《民族研究》2007年第二期。

編例

一、本書所定義的碑刻題記包括神道碑、墓誌銘、墓碑、功德碑、敕令碑、劃界碑、道行碑、塔銘碑、經幢等各類碑刻，以及鐫刻于石崖、石窟、石塔、石壁、石牌坊等石質材料上的文字與圖像。

二、本書所收的党項與西夏碑刻題記涵蓋四類：一是早期党項碑刻題記，包括唐五代宋初党項首領、夏州拓跋政權人物及其他党項人的墓誌與題記；二是西夏碑刻題記，即西夏立國期間（1038～1227）的碑刻題記；三是宋金境内党項人碑刻題記；四是元明西夏遺民[1]及其後裔碑刻題記。

三、本書所收碑刻題記依次分早期党項碑刻題記、西夏碑刻題記、宋金境内党項人碑刻題記和元明西夏後裔碑刻題記四編，每編内碑刻題記按時間先後排序，若無明確紀年但尚能推測大致年代的，放入同時代有紀年碑刻題記之末；無紀年且無法推測年代的，置于本編之末。

四、本書主要收録目前所能見到的碑石或拓片，校以歷代金石著作所收之録文；原碑或拓片不存，僅在傳世文獻中留存録文或記録者，不在收録範圍之列。

五、每方碑刻或每篇題記原則上按擬題、叙録、圖版、録文、疏證、校勘予以整理。

六、擬題是對整理對象的定名，主要由時代與碑石名稱組成；凡屬摩崖石刻或題記，則在擬題中寫明其所處的位置。

七、叙録是對整理對象的簡要介紹，包括刻製年代，出土時間地點，收藏情況，所處位置，大小規格，形制狀態，行數字數，主要内容，撰寫書丹與鐫刻人等。

八、碑刻圖版主要有拓片與照片兩種，并拆分多闕，以便讀者校對使用；若無法獲取拓片，則只收照片。摩崖石刻如清晰則盡可能展示原貌，不清楚則以拓片取代。凡原碑已佚、拓片猶存者，僅展示拓片。

九、録文忠實于碑文原貌，以繁體竪排版展示，俗體字、异體字按碑文原貌抄録，必須讓讀者先看到古籍，然後再作整理。爲便于今人閲讀，遵

[1]『遺民』在傳統典籍中概念頗複雜，至少可理解爲三種，第一是指改朝换代之後幸存下來的前朝臣民，不帶有任何政治與感情色彩，例如『其周德之衰乎，猶有先王之遺民焉』（《左傳》襄公二十九年），『二人相紂子，武庚禄父，治殷遺民』（《史記》卷三五《管蔡世家》）。第二是指上述人的後裔，如『思深哉！其有陶唐氏之遺民乎？不然，何憂之遠也。非令德之後，誰能若是』（《左傳》襄公二十九年），『莫與吴俗尚，吴俗多文身。蛟龍刺兩股，未變此遺民』（《宛陵集》卷二九《寄題蘇子美滄浪亭》），『予觀於土風，巴之人有好古樂道之詩焉，今其遺民猶有存者』（《牧齋初學集》卷九四《父誥先封文林郎江西吉安府廬陵縣知縣加封徵仕郎兵科給事中》）。第三則是指改朝换代後不肯出仕新朝帶有强烈的懷念前朝意識的人，一般具備明顯的政治傾向和價值判斷。學界使用『西夏遺民』之稱呼，基本運用的是前兩種概念，而以第三種概念來看，西夏王國幾乎是不存在『遺民』的。本文凡所涉及『西夏遺民』之稱謂，亦大體以前兩種概念爲主。歷史上的西夏是一個多民族國家，其國民由党項、漢、吐蕃、鮮卑、回鶻等民族組成，西夏遺民自然也包含原生活于西夏境内非党項民族。

照古籍整理規範予以標點、斷句、分段。『□』表示字迹漫漶，難以辨認；『……』表示缺兩字以上；上文或下文完全缺漏，又不知缺漏之具體字數時，用『（後文缺）』、『（前文缺）』表示。原字殘缺，據上下文推測或據傳世文獻補入之字，以『字』表示。原碑文擡頭、换行、空格，不予註明。碑文有標題或撰文、書丹、篆額者信息的，按碑文原貌在録文第一行録入原題，第二行以下依次録入撰文、書丹、篆額者。無以上信息，于『釋文』二字後直接抄録碑文正文。

一〇、除録文、引文保留原文外，釋文、輔文均以標準的繁簡字轉换表述。

一一、疏證是主要考釋碑文中的人物、職官、地理、名物等，凡引用史籍原典，則以括註標示。文末提示相關研究成果。

一二、校勘的對象是古今録文或引文，在脚註中予以説明。

第一章　早期党項碑刻題記

滎陽郡
毛公墓
誌之銘

壹　唐・靜邊州都督拓跋守寂墓誌銘

敘録

開元二十五年（737）八月刻石。1965年出土于陝西省横山縣韓岔鄉元岔窪村，藏于農民家中，2003年3月徵集入藏榆林市文管會辦公室，現藏榆林市文物保護研究所。誌、蓋青石質。誌石正方形，邊長九十厘米，厚十厘米。誌文三十五行，滿行三十六字。四側刻十二生肖間寶相花紋。蓋呈盝頂式，長九十厘米，寬九十厘米，厚十厘米。蓋文篆書『唐故拓拔府君墓誌銘』。蓋陰增刻誌文十三行，滿行十三字，正書。內容爲唐代党項首領拓跋守寂生平事迹，夏州刺史鄭宏之撰，洛陽縣尉鄭崿書。

唐故拓跋府君墓誌蓋陽面拓片

唐故拓跋府君墓誌蓋陰面拓片

唐静邊州都督拓跋守寂墓誌銘拓片

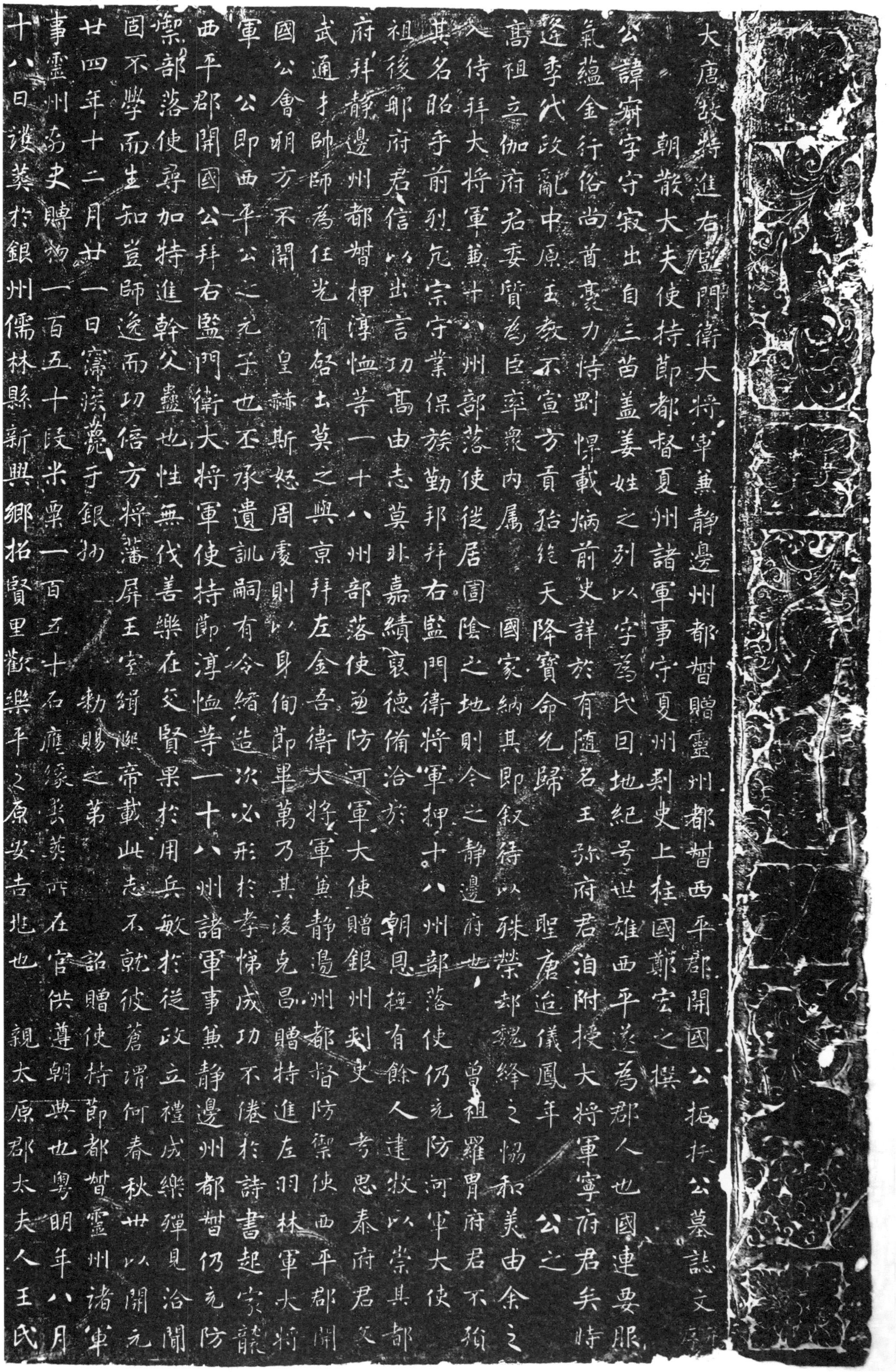
大唐故特進右監門衛大將軍兼靜邊州都督贈靈州都督西平郡開國公拓拔公墓誌文并序
朝散大夫使持節都督夏州諸軍事守夏州刺史上柱國鄭宏之撰
公諱守寂字守寂出自三苗蓋姜姓之別以字爲氏因地紀号世雄西平遂爲郡人也國連要服
氣蘊金行俗尚首亮力恃剽悍載炳前史詳於有隨名王弥府君洎附授大將軍寧府君兵時
逢季代政亂中原王教不宣方貢殆絶天降寶命允歸聖唐追儀鳳年公之
高祖立伽府君妻質爲臣率衆内属國家納其即叙待以殊榮部魏絳之協和美由余之
入侍拜大將軍兼廿八州部落使徙居圓陰之地則今之靜邊府也曾祖羅胃府君不循
其名昭乎前烈允宗守業保族勤邦拜右監門衛將軍押十八州部落使仍充防河軍大使
祖後郡府君信以出言功高由志莫非嘉績東德備洽於朝恩極有餘人建牧以崇其都
府拜靜邊州都督押淳恤等一十八州部落使兼防河軍大使贈銀州刺史考思泰府君文
武通才師師爲任光有督去莫之與京拜左金吾衛大將軍兼靜邊州都督防禦使西平郡開
國公會明方不開皇赫斯怒周處則以身徇節畢萬乃其後克昌贈特進左羽林軍大將
軍公即西平公之元子也丕承遺訓嗣有令緒造次必形於孝悌成功不倦於詩書起家龍
西平郡開國公拜右監門衛大將軍使持節淳恤等一十八州諸軍事兼靜邊州都督仍充防
禦部落使尋加特進幹父蠱也性無伐善樂在父賢果於用兵敏於從政立禮成樂彈見治聞
固不學而生知豈師逸而功倍方將藩屏王室緝熙帝載此志不就彼蒼謂何春秋卅以開元
廿四年十二月廿一日寢疾薨于銀州勅賜之第詔贈使持節都督靈州諸軍
事靈州刺史賻物一百五十段米粟一百五十石庶緣葬葬所在官供遵朝典也粵明年八月
十八日遷葬於銀州儒林縣新興鄉招賢里歡樂平之原安吉兆也親太原郡太夫人王氏

唐静邊州都督拓跋守寂墓誌銘拓片右

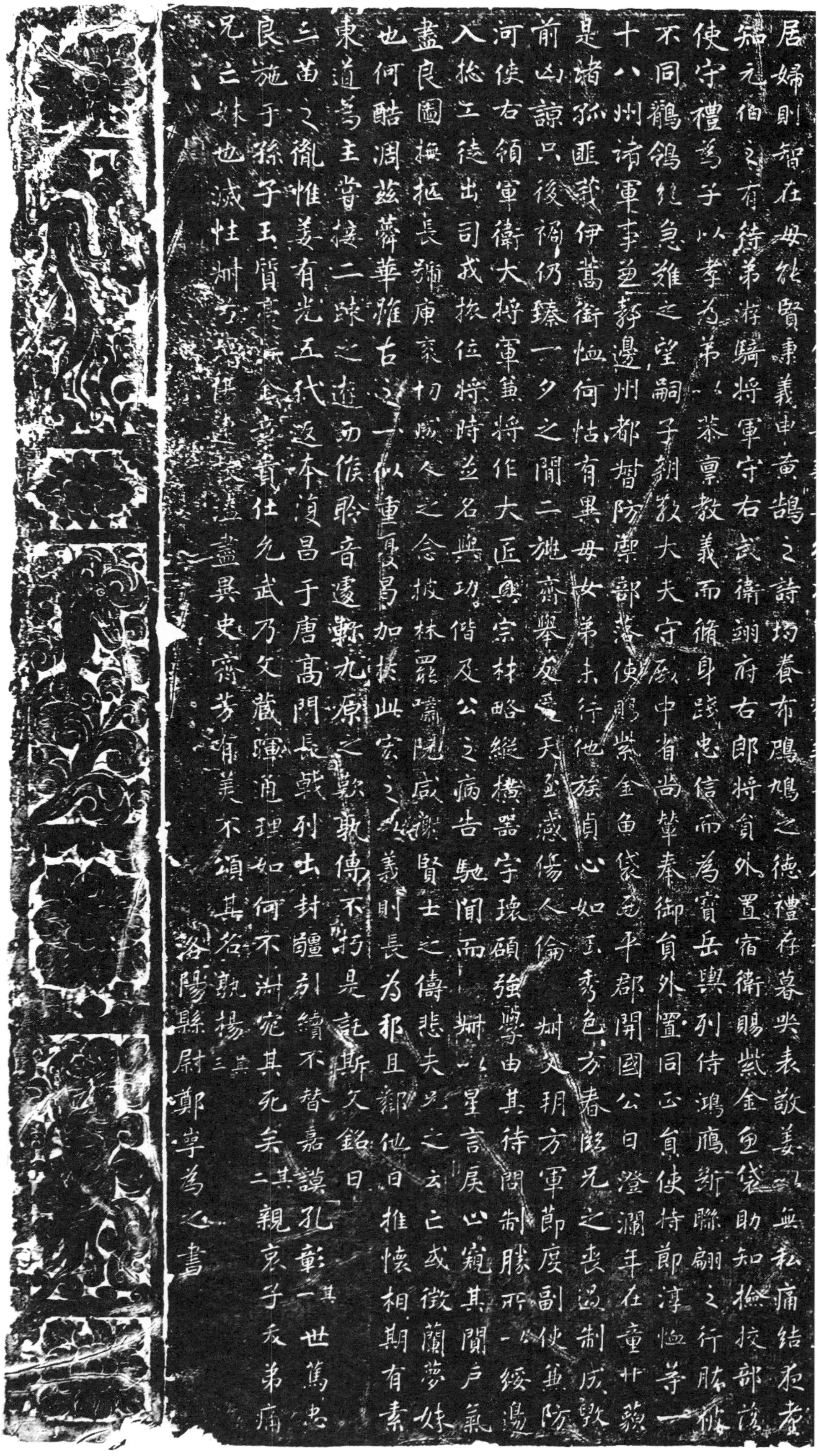

唐靜邊州都督拓跋守寂墓誌銘拓片左

録文

大唐故特進右監門衛大將軍兼靜邊州都督贈靈州都督西平郡開國公拓拔公墓誌文并序

朝散大夫使持節都督夏州諸軍事守夏州刺史上柱國鄭宏之撰

公諱㝝，字守寂。出自三苗，蓋姜姓之别，以字為氏，曰地紀号，世雄西平，遂為郡人也。國連要服，氣蘊金行，俗尚酋豪，力恃剽悍，載炳前史，詳于有随[1]。名王弥府君洎附，授大将軍、寧府君矣。時逢季代，政亂中原，王教不宣，方貢殆绝。天降寶命，允歸聖唐。迨儀鳳年，公之高祖立伽府君，委質爲臣，率眾內屬。國家納其即叙，待以殊榮。却魏絳之協和，美由余之入侍。拜大將軍、兼十八州部落使。徙居圁陰之地，則今之靜邊府也。曾祖羅胃府君，不殞其名，昭乎前烈，亢宗守業，保族勤邦。拜右監門衛將軍、押十八州部落使，仍充防河軍大使。祖後郍府君，信以出言，功高由志。莫非嘉績，袞德偹洽於朝恩；撫有餘人，建牧以崇其都府。拜靜邊州都督，押淳、恤等一十八州部落使兼防河軍大使，贈銀州刺史。考思泰府君，文武通才，帥師為任，光有啓土，莫之與京。拜左金吾衛大將軍，兼靜邊州都督防禦使、西平郡開國公。會朔方不開，皇赫斯怒，周處則以身徇節，畢萬乃其後克昌。贈特進、左羽林軍大將軍。

公即西平公之元子也。丕承遺訓，嗣有令緒，造次必形於孝悌，成功不倦於詩書。起家襲西平郡開國公、拜右監門衛大将軍、使持節淳、恤等一十八州諸軍事、兼靜邊州都督，仍充防禦部落使。尋加特進，幹父蠱也。性無伐善，樂在交賢，果於用兵，敏於從政，立禮成樂，殫見洽聞。固不學而生知，豈師逸而功倍。方将藩屏王室，緝熙帝載，此志不就，彼蒼謂何？春秋卅，以開元廿四年十二月廿一日寢疾，薨于銀州勑賜之第。詔贈使持節都督靈州諸軍事、靈州刺史。賻物一百五十段，米粟一百五十石，應緣喪葬所在官供，遵朝典也。粤明年八月十八日，護葬於銀州儒林縣新興鄉招賢里歡樂平之原，安吉兆也。

親太原郡太夫人王氏，居婦則智，在母能賢，秉義申黄鵠之詩，均養布鳲鳩之德。禮存暮哭，表敬姜以無私；痛結夜臺，知元伯之有待。弟滸騎将軍、守右武衛翊府右郎将、員外置宿衛，賜紫金魚袋、助知檢校部落使守禮，為子以孝，為弟以恭，禀教義而脩身，踐忠信而為寶。岳輿列侍，鴻雁斷聯翩之行；肱被不同，鶺鴒絶急難之望。嗣子朝散大夫、守殿中省尚輦奉御員外置同正員、使持節淳、恤等一十八州諸軍事兼靜邊州都督、防禦部落使、賜紫金魚袋、西平郡開國公曰澄瀾，年在童丱，藐是諸孤，匪莪伊蒿，銜恤何怙。有异母女弟，未行他族，貞心如玉，秀色方春。臨兄之喪，過制成毁，前凶諒只，後禍仍臻，一夕之間，二旐齊舉，友愛天至，感傷人倫。叔父朔方軍節度副使兼防河使、右領軍衛大將軍、兼将作大匠興

[1]『隨』當爲『隋』。

宗，材略縱横，噐宇瓌碩，强學由其待問，制勝所以綏邊。入捻工徒，出司戎掖，位将時並，名與功偕。及公之病告馳聞，而叔以星言戾止，窺其閴户，氣盡良圖。撫柩長號，庾衮切成人之念；披林罷嘯，阮咸謝賢士之儔。悲夫！兄之云亡，或徵蘭夢；妹也何酷，凋茲蕣華。雖古之一似，重憂曷加于此，宏之以義，則長为邪。且鄰他日推懷，相期有素。東道為主，嘗接二踈之遊；西候聆音，遽軫九原之歎。孰傳不朽，是託斯文。銘曰：

三苗之胤，惟姜有光。五代返本，復昌于唐。高門長戟，列土封疆。引績不替，嘉謨孔彰。其一。世篤忠良，施于孫子。玉質豪族，金章貴仕。允武乃文，藏暉通理。如何不淑，宛其死矣。其二。親哀子夭，弟痛兄亡。妹也滅性，殊兮增傷。連枝溘盡，异史齊芳。有美不頌，其名孰揚？其三。

洛陽縣尉鄭崋為之書

蓋陰文

門下故特進、兼右監門衛大將軍貟外置同正貟、持節淳、恤等十八州諸軍事、兼静邊州都督、防禦部落使、贈使持節都督靈州諸軍事、靈州刺史、上柱國、西平郡開國公拓扶守寂，業繼英豪，志懷忠烈，綏其種落，扞我邊垂，歲序滋深，勳庸益著。生而懋賞，既洽於榮章；没有追崇，更優於寵數。宜增上卿之位，以飾重泉之禮。可贈鴻臚卿，仍令夏州刺史鄭宏之充使監護，主者施行。

開元廿五年八月一日

誌石刊了，加贈鴻臚，故鎸之於蓋。

疏證

誌主拓跋守寂，系唐代党項拓跋部首領。誌文叙及該家族源流爲：『出自三苗，蓋姜姓之別，以字為氏，因地紀號，世雄西平，遂為郡人也』。所謂『西平』即鄯州西平郡，在今青海東部湟水流域，源出姜姓之別的『三苗』遷至此地之記載，見諸《後漢書・西羌傳》：『西羌之本，出自三苗，羌姓之別也。其國近南岳。及舜流四凶，徙之三危，河關之西南羌地是也。濱於賜支，至乎河首，綿地千里』。唐初所修《隋書・党項傳》謂『党項羌者，三苗之後也』。由此推測，誌主家族的族源記憶是由《後漢書》與《隋書》中關于西羌與党項族源的叙事雜糅而來，可反映此時的拓跋家族認同党項出自西羌。

誌文詳于拓跋氏家族早期歷史。『名王弥府君洎附，授大將軍、寧府君矣』即開皇八年，吐谷渾名王拓拔木彌率千餘家歸化隋朝，隋朝授予木彌大將軍、寧府君稱號之事。至高宗儀鳳年間，拓跋守寂的高祖拓跋立伽率衆内附，遷徙到静邊州都督府的圁陰之地，立伽被唐朝授予十八州部落使一職。所謂『十八州』，除誌文可見的淳、恤兩州之外，餘皆不詳其名，但應皆爲唐朝用以安置党項的羈縻府州。而静邊州都督府治所，根據此方墓誌的出土地，則可以確認爲横山縣党岔鄉。

拓跋守寂的曾祖羅胃任押十八州部落使、防河軍大使。祖後那拜静邊州都督，亦押十八州部落使、兼防河軍大使。至其父思泰，除以左金吾衛上將軍兼静邊州都督防禦使之外，額外還有『西平開國郡公』之封號。究其原因，或因拓跋思泰曾助力唐朝，處理『朔方不開』，即率本部落兵馬鎮壓六胡州之亂，終戰死沙場。拓跋守寂爲思泰之『元子』，即嫡長子，在其父戰死後襲職，持節淳、恤等一十八州諸軍事、兼静邊州都督、充防禦部落使，于開元廿四年（736）十二月廿一日在銀州寓所内去世，并于開元廿五年（737）八月十八日下葬于銀州儒林縣新興鄉招賢里歡樂平之原，享年三十歲。

誌文亦載有若干其他拓跋氏家族人物，包括守寂之母王氏，助知檢校部落使拓跋守禮（守寂之弟），朔方軍節度副使兼防河使、將作大匠拓跋興宗（守寂之叔）以及年紀尚幼却已承襲父職的守寂之子澄瀾等。

關于此方墓誌的研究成果，可參看周偉洲《陝北出土三方唐五代党項拓拔氏墓誌考釋——兼論党項拓拔氏之族源問題》（《民族研究》2004年第六期），湯開建《隋唐五代宋初党項拓跋部世次嬗遞考》（《西夏學》第九輯），杜建録《夏州拓跋部的幾個問題——新出土唐五代宋初夏州拓跋政權墓誌銘考釋》（《西夏研究》2013年第一期）等。

貳　唐・右威衛大将軍拓拔馱布墓誌銘

叙録

開元十六年（728）七月刻石，2013年出土于陝西省吴起縣洛源鎮走馬臺，現存吴起縣革命紀念館。墓誌青石質，誌石高七十四點五、寬七十三點五、厚十厘米，銘文三十四行，滿行三十四字，有界格，楷書。全文一千一百二十四字。盝頂蓋，高五十五、寬五十四、厚九厘米，陰刻篆書『大唐故特進拓跋府君墓誌銘』，四行十二字，四周捲雲紋，四殺牡丹紋。内容爲唐代党項首領拓拔馱布生平事迹。撰文、書寫與篆蓋者皆不詳。

大唐故特進拓跋府君墓誌銘蓋拓片

唐拓拔馱布墓誌銘拓片

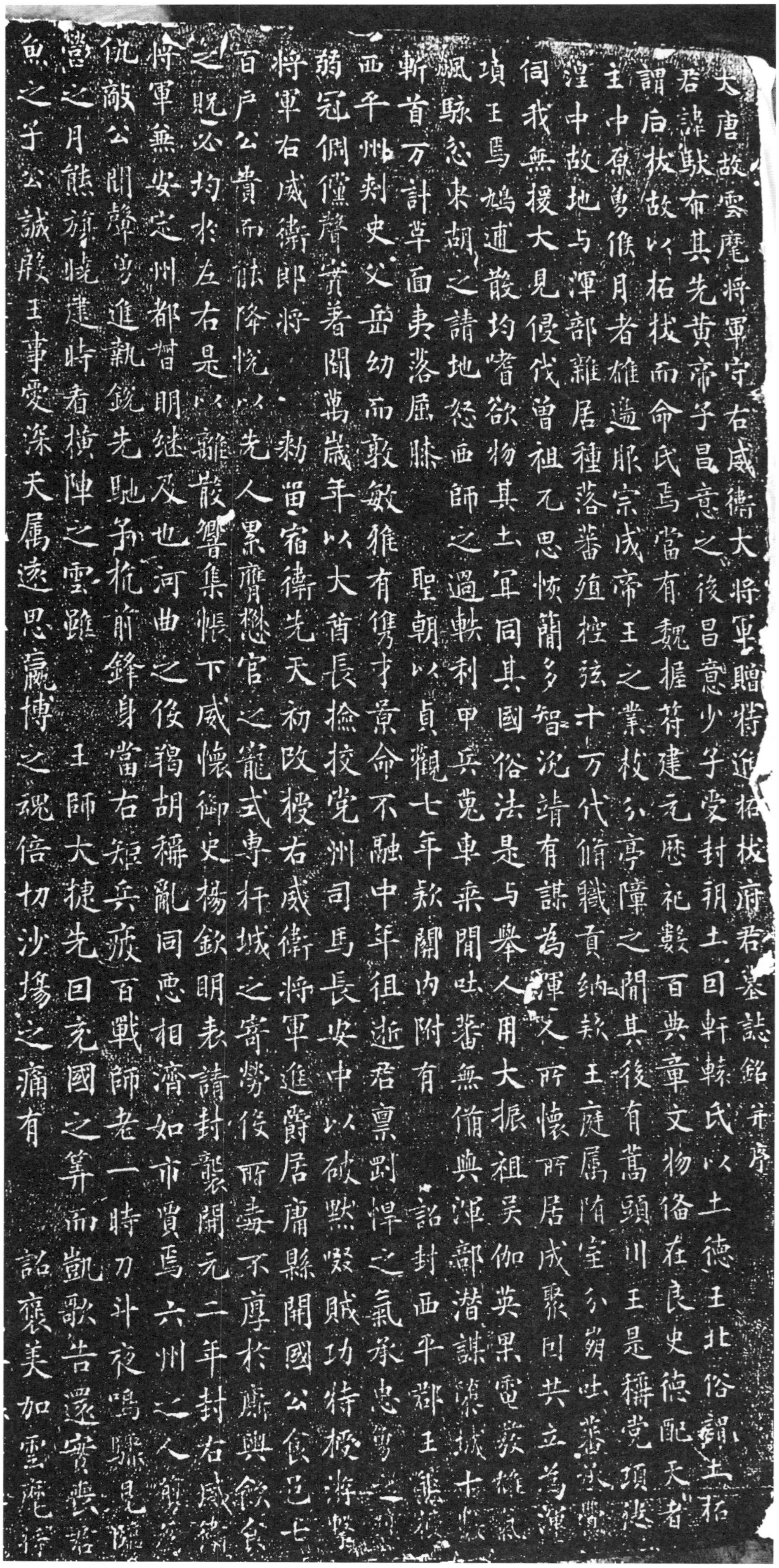

唐拓拔馱布墓誌銘拓片右

卓仍拜右威衛大将軍進爵九原郡開國公食邑一千二百户賜物二百段金銀器各二
事特聽二年一朝公率正莅官盡忠事　主出受瑞符之委入參軒禁之榮嘗因從容
得陪内宴特賜錦袍并衣一襲銀盤金梳馬鞍胡瓶各一事雜綵一百段　天聖
綏之寵靈昔日磾事漢惟聞親密由余在秦久彰聲稱未有廣延曲賚親紆
慰綢繆慶賞交集方陶二儀之施永保百年之期列容範於丹青傳丕構於謀翼而
之鄣惚恍難徵過隙之景蹉跎易失缅懐代謝之悲空盈不諫之恨以開元十六年
十二日遘疾薨於道政里之私第享年五十有四　皇上憫悼賵贈有加　詔京兆
少尹監護喪事秋七月歸葬於本蕃禮也公器宇恢正風情端實粤自祖考代篤忠貞解
辮髮而襲冠帶茫大荒而歸中國皆以功名自終初無玷缺之累豐賜則　恩無與二
列爵又伴於大臣非夫宏曠多才孰能預於此矣天長地久桑田有變海之期日居月諸
深谷有為陵之勢所以發揮盛業幽贊德音盡鏤石於泉宫俾騰芳於遐祀其詞曰
壽丘降祥業统王者姓本帝系宗分夷夏能寵射雕才矜汗馬誕受一氣聲雄翔野其一於
惟烈祖毅然稱英脱屐雲漢来儀上京紆金衍慶列爵承榮是膺蕃守代保干城其二桓桓
九原當年傑起輸力　王室将謀復始羯胡不恭毒螫邊鄙率先士衆深踐戎壘其三
師告捷帝俞是休尚延光寵載錫衣裳榮埒侯服恩同晝遊忽驚頹驅俄愴藏舟其四
返葬方秋旋軫晝萋齊翊素旌先引彼蒼斯仁殲良是忍固異金石所悲同盡其五

唐拓拔馱布墓誌銘拓片左

録文

大唐故云麾将軍守右威衛大将軍贈特進拓拔府君墓誌銘并序

君諱馱布，其先黄帝子昌意之後。昌意少子受封朔土，曰軒轅氏以土德王，北俗謂土拓，謂後拔，故以拓拔而命氏焉。當有魏握符建元，歷祀數百，典章文物，僃在良史。德配天者主中原；勇候月者雄邊服。宗成帝王之業，枝分亭障之間。其後，有蒿頭川王是稱党項，徙湟中故地，与渾部雜居。種落蕃殖，控弦十萬，代脩職貢，納欵王庭。屬隋室分崩，吐蕃承釁，伺我無援，大見侵伐。曾祖兀思，恢簡多智，沉靖有謀，為渾人所懷，所居成聚，曰共立為渾項王焉。鳩逋散，均嗜慾，物其土宜，同其國俗，法是与舉，人用大振。祖吴伽，英果電猋，雄氣飆駭，忿東胡之請地，怒西師之過軼。利甲兵，蒐車乘，聞吐蕃無備，與渾部潛謀，隳城十數，斬首万計。草面夷落，屈膝聖朝，以貞觀七年欵關内附，有詔封西平郡王、兼授西平州刺史。父岳，幼而敦敏，雅有雋才，景命不融，中年徂逝。

君稟剽悍之氣，承忠勇之烈，弱冠倜儻，聲實著聞。萬歲年，以大酋長檢校党州司馬。長安中，以破默啜賊功特授游擊将軍、右威衛郎将，勑留宿衛。先天初，改授右威衛将軍、進爵居庸縣開國公、食邑七百户。公貴而能降悦，以先人累膺懋官之寵，式專扞城之寄，勞役所毒，不厚扵廝。輿飲食之既，必均扵左右。是以離散響集，帳下威懷。御史楊欽明表請封襲，開元二年，封右威衛将軍、兼安定州都督，明继及也。河曲之役，羯胡稱亂，同悪相濟，如市賈焉，六州之人剪為仇敵。公聞鼙勇進，執鋭先馳。子抗前鋒，身當右矩。兵疲百戰，師老一時。刀斗夜鳴，驟見臨營之月；熊旗曉建，時看横陣之雲。雖王師大捷，先曰充國之筭，而凱歌告還，實喪君魚之子。公誠殷王事，愛深天属，遠思嬴博之魂，倍切沙場之痛。有詔褒美，加雲麾将軍，仍拜右威衛大将軍、進爵九原郡開國公、食邑一千二百户，賜物二百段，金銀器各二事，特聽二年一朝。公率正莅官，盡忠事主，出受珪符之委，入叅軒禁之榮。嘗曰從容，得陪内宴。特賜錦袍并衣一襲，銀盤、金椀、馬鞍、胡瓶各一事，雜綵一百段。天子嘉奬，綏之寵靈。昔日磾事漢，唯聞親密；由余在秦，久恢聲稱。未有廣延曲賚，親紆聖情，慈慰綢繆，慶賞交集。方陶二儀之施，永保百年之期，列容範扵丹青，傳丕構扵謀翼。而與□之報，惚怳難徵；過隙之景，蹉跎易失。緬懷代謝之悲，空盈不諫之恨。以開元十六年六月十二日遘疾，薨扵道政里之私第，享年五十有四。皇上憫悼，賵贈有加，詔京兆少尹監護喪事。秋七月，歸葬于本蕃。禮也。

公器宇恢正，風情端實。粤自祖考，代篤忠貞。解辮髮而襲冠帶，走大荒而歸中國。皆以功名自终初，無玷缺之累。豈賜則恩無與二，列爵又侔扵大臣，非夫宏曠多才，孰能預於此矣。天長地久，桑田有變海之期；日居月諸，深谷有為陵之勢。所以撲揮盛業，幽贊德音，盍鏤石扵泉宮，俾騰芳扵遐祀。其詞曰：

壽丘降祥，業統王者。姓本帝系，宗分夷夏。能寵射雕，才矜汗馬。誕受一氣，聲雄翔野。其一。扵惟列祖，毅然稱英。脫履雲漢，來儀上京。紆金衍慶，列爵承榮。是膺蕃守，代保干城。其二。桓桓九原，當年傑起。輸力王室，将謀復始。羯胡不恭，毒螫邊鄙。率先士衆，深踐戎壘。其三。王師告捷，帝俞是休。尚延光寵，載錫衣裘。榮埒侯服，恩同晝遊。忽驚頽駟，俄愴戢舟。其四。舊國返葬，方秋旋輀。盡翣齊翊，素旌先引。彼蒼斯仁，殲良是忍。故并金石，所悲同盡。其五。

疏證

誌文稱拓拔馱布之先世爲『黄帝子昌意之後。昌意少子受封朔土，因軒轅氏以土德王，北俗謂土拓，謂后拔，故以拓拔而命氏焉』，與前述《拓跋守寂墓誌》稱誌主爲三苗、西羌後裔截然不同。按《魏書・序紀》載『昔黄帝有子二十五人，或内列諸華，或外分荒服，昌意少子，受封北土，國有大鮮卑山，因以為號……黄帝以土德王，北俗謂土為託，謂後為跋，故以為氏。』《拓跋馱布墓誌》關于族源的記載，實爲《魏書・序紀》之同義轉述，反映這一党項部落對北魏皇室拓跋氏的認同。

對于其内遷之前的原居地——青海東北部湟水流域，誌文有兩層解釋，其一是『德配天者主中原，勇候月者雄邊服』，謂他們是拓跋氏族中驍勇善戰的支屬，雄踞西部邊疆；其二是『有蒿頭川王是稱党項，徙湟中故地，與渾部雜居』，所謂『蒿頭川王』在史籍中已不可考，當是以該部落之居地『蒿頭川』而自稱的王號，據《舊唐書》推測，党項强大始于『自周氏滅宕昌、鄧至之後』。那麽，『蒿頭川王』自稱党項或約在北周時，此後該家族再『徙湟中故地，與渾部雜居』。『渾部』即吐谷渾，與之雜居後，党項種族部落繁衍，士兵達十餘萬，且『代修職貢，納款王庭』，即知其已歸順中央政權了。至『隋室分崩』後，受吐蕃侵伐，拓拔馱布先祖依附同出鮮卑的吐谷渾，其曾祖兀思受到渾人愛戴，擁立爲渾項王（吐谷渾名王）。可見，這支鮮卑拓跋氏在隋唐之際曾融入吐谷渾之中。

誌文載拓跋吴伽時期『利甲兵，搜車乘，聞吐蕃無備，與渾部潛謀，隳城十數，斬首萬計』，則是唐初吐谷渾、党項反抗吐蕃，北向發展的史料佐證。誌文隱去党項受吐蕃侵逼之史事，僅謂吴伽『以貞觀七年款關内附，有詔封西平郡王、兼授西平州刺史』，即拓跋吴伽受到唐朝的羈縻，受封西平郡王兼西平州刺史，可説明至遲于此時，党項拓跋氏仍在河湟地區，尚未東遷。拓跋兀思去世，其子拓跋岳未見擔任何職。拓跋馱布歷官事迹見于墓誌：『萬歲年，以大酋長檢校党州司馬。』党州是唐王朝在党項集聚地設置的羈縻州，以大酋長爲羈縻州司馬。

墓誌記載了拓跋馱布曾多次出兵爲唐朝作戰。如『長安中，以破默啜賊功特授游擊将軍、右威衛郎将，敕留宿衛』反映的是唐與後突厥汗國的戰爭。此事《新唐書》卷二一五上《突厥傳上》亦有載：『明年（長安二年，702年），寇靈、夏，掠羊馬十萬，攻石嶺，遂圍并州。』《毗伽可汗碑》亦載：『當我十七歲時，我出征党項，我擊潰了党項人，在那里獲取其男兒、婦女、馬匹、財物。』由是觀之，拓跋馱布或許在某次戰鬥中曾擊破後突厥汗國默啜的侵犯；又如『河曲之役，羯胡稱亂，同惡相濟，如市賈焉，六州之人翕為仇敵。公聞鼙勇進，執銳先馳』，謂唐玄宗開元九年（721）四月胡人康待賓發動叛亂，攻陷六胡州，進逼夏州，拓跋馱布未追隨叛軍，而是堅决抵抗，其子陣亡于本次戰役中，朝廷遂『加雲麾將軍，仍拜右威衛大将軍、進爵九原郡開國公、食邑一千二百户，賜物二百段，金銀器各二事，特聽二年一朝』，予以嘉獎和安撫。最終，拓拔馱布于開元十六年卒于長安道政里，後歸葬于今吴起縣洛源鎮的『本蕃』。

關于此方墓誌的研究成果，可參看段志淩、吕永前《唐〈拓拔馱布墓誌〉——党項拓拔氏源于鮮卑新證》（《中國國家博物館館刊》2018年第一期），楊富學、王慶昱《党項拓跋馱布墓誌及相關問題再研究》，（《西夏研究》2019年第二期）。

叁 唐·延州安塞軍防禦使白敬立墓誌銘

叙録

乾寧二年（895）刻石，陝西省靖邊縣紅墩界鄉華家窪林場出土，現藏靖边縣文物管理所。蓋佚，誌砂石質，正方形，邊長七十七點五厘米，厚十一點五厘米。誌文楷書三十八行，行四十一字。誌面、邊沿掉碴較多。内容爲白敬立生平事迹，定難軍節度判官李潛撰文，書刻者不詳。

唐延州安塞軍防禦使白敬立墓誌銘拓片

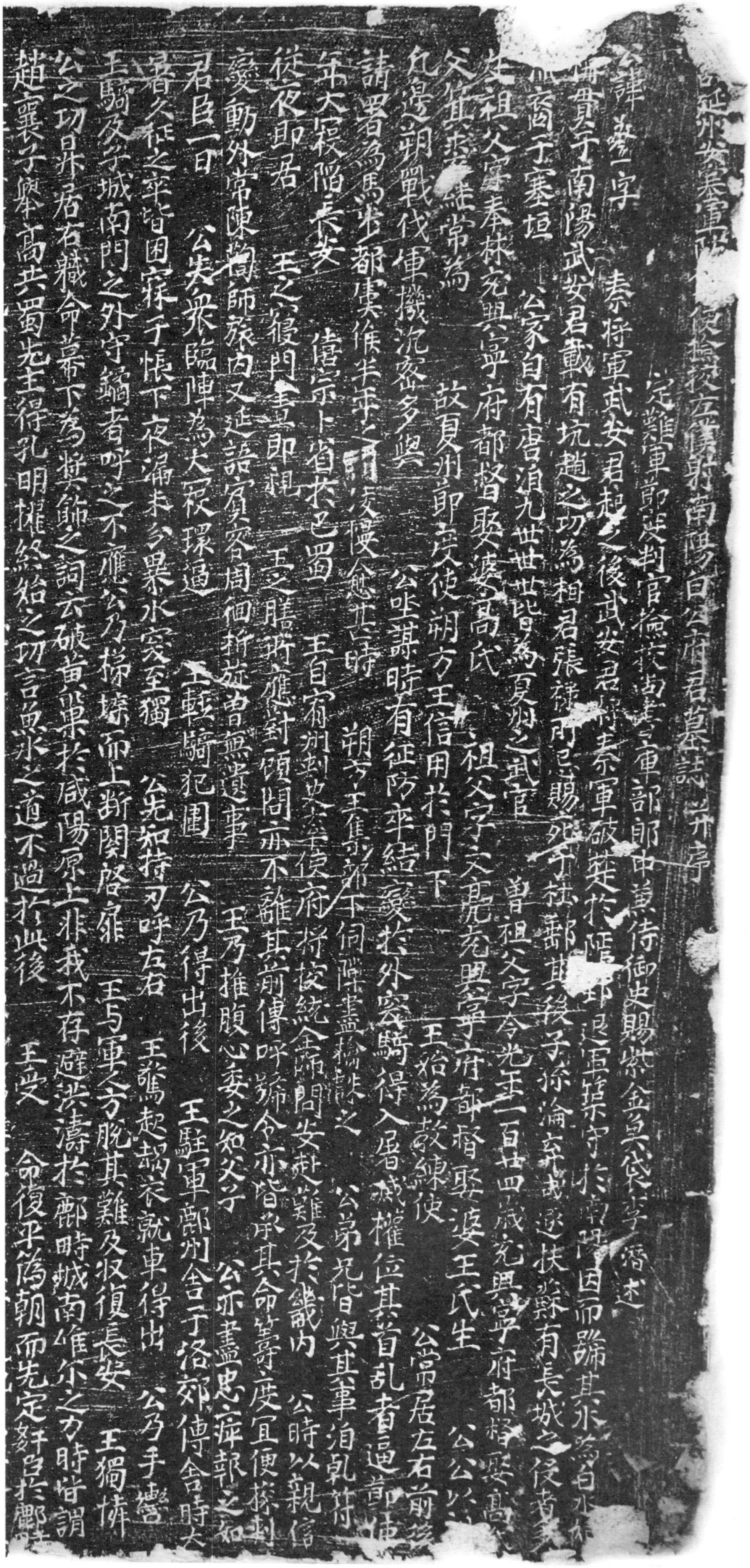

唐延州安塞軍防禦使白敬立墓誌銘拓片右

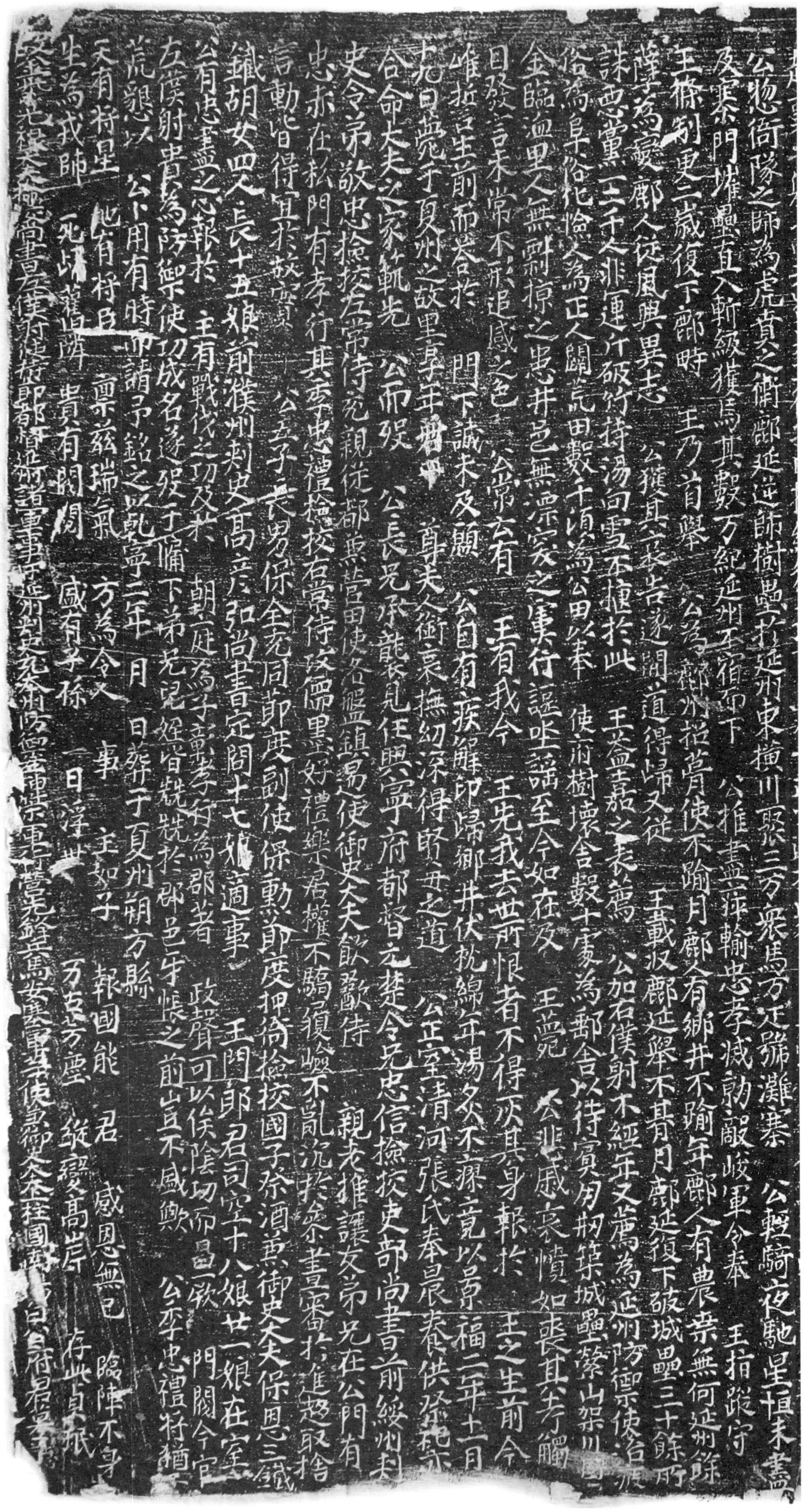

唐延州安塞軍防禦使白敬立墓誌銘拓片左

唐延州安塞軍防禦使白敬立墓誌銘側面

録文

墓誌正面文字

故延州安塞軍防禦使檢校左僕射南陽白公府君墓誌并序

定難軍莭度判官檢校尚書庫部郎中兼侍御史賜紫金魚袋李潛述

公諱敬立，字□，秦将軍武安君起之後。武安君将秦軍，破楚於隅郢，退軍築守扵南陽，因而號其水為白水，始稱貫于南陽。武安君載有坑趙之功，為相君張禄所忌，賜死于杜郵。其後子孫淪弃，或逐扶蘇有長城之伇者，多流裔于塞垣。公家自有唐洎九世，世世皆為夏州之武官。曽祖父字令光，年一百廿四歳，充興寧府都督。娶高氏。生祖父字奉林，充興寧府都督。娶婆高氏。祖父字文亮，充興寧府都督。娶婆王氏，生公。

公以祖、父箕裘繼常，為故夏州莭度使、朔方王信用扵門下。王始為教練使，公常居左右前後，凡邊朔戰伐，軍機沉密，多與公坐謀。時有征防卒結變扵外，突騎得入屠滅權位，其首乱者逼莭使，請署為馬步都虞候。半年之□，凌慢愈甚。時朔方王集部下，伺隙盡擒誅之。公弟兄皆與其事。洎乹符年，大寇陷長安，僖宗卜省扵巴蜀，王自宥州剌史率使府将校，統全師問安赴難，及扵畿内。公時以親信從，夜即居王之寢門，晝即視王之膳所。應對顧問，亦不離其前；傳呼號令，亦皆承其命。籌度宜便，探剌變動，外常陳[1]鞫師旅，内又延語賓客，周徊折旋，曾無遺事。王乃推腹心，委之如父子；公亦盡忠瘁，報之如君臣。一日，公失衆臨陣，為大寇環逼。王輕騎犯圍，公乃得出。後王駐軍鄜州，舍于洛郊傳舍。時大暑，久征之卒皆困寐于帳下。夜漏未分，暴水突至，獨公先知，持刃呼左右。王驚起揭衣，就車得出。公乃手轡王騎及于城南門之外，守鐍者呼之不應，公乃梯堞而上，斷關啓扉，王与軍人方脫其難。及収復長安，王獨忬公之功，昇居右職，命幕下為奬飾之詞云：破黄巢扵咸陽原上，非我不存；避洪濤扵鄜時城南，唯尔之力。時皆謂趙襄子舉高共，蜀先主得孔明，擢終始之功，言魚水之道，不過扵此。後王受命復平偽朝，而先定姧臣扵鄜時。公總衙隊之師，為虎賁之衛。鄜、延逆師樹壘扵延州東横川，聚三万衆，馬万疋，號灘寨。公輕騎夜馳，星恒未盡及寨門，摧壘直入，斬級獲馬，其數万紀，延州不宿而下。公推盡瘁，輸忠孝，滅勍敵，峻軍令，奉王指蹤，守王條制。更二歳，復下鄜時，王乃首舉公為鄜州招葺使。不踰月，鄜人有鄉井；不踰年，鄜人有農桒。無何，延州餘孽為變，鄜人從風，興异志。公獲其哀告，遂間道得帰。又從王載収鄜、延。舉不朞月，鄜、延復下，破城壘三十餘所，誅悪党一二千人。非運斤破竹，持湯向雪，不捷扵此。王益嘉之，表薦公加右僕射。不經年，又薦為延州防禦使。治疲俗為阜俗，化憸人為正人。闢荒田數千頃為公田，以奉使府；樹壞舍數十處為郵舍，以待賓朋。刱築城壘，縈山架川，固金臨洫，里人無剽掠之患，井邑無漂突之虞。行謳坐謠，至今如在。及王薨，公悲慼哀憤，如喪其考。觸目發言，未常不形追感之色。公常云：有王有我。今王先我去世，所恨者不得灰其身，報扵王之生前。今唯誓生前而荅於門下，誠未及願。公自有疾，解印帰鄉井，伏枕綿年，湯灸不瘳，竟以景福二年十一月十九日，薨于夏州之故里，享年卌二。

尊夫人銜哀撫幼，深得賢母之道，公正室清河張氏，奉晨養，供祭祀，亦合命大夫之家範，先公而歿。公長兄承襲，見任興寧府都督元楚。令兄忠信，檢校吏部尚書、前綏州剌史。令弟敬忠，檢校左常侍、充親從都兼營田使、洛盤鎮遏使、御史大夫。飲歠侍親老，推讓友弟兄。在公門有忠赤，在私門有孝行。其季忠禮，檢校右常侍。攻儒墨，好禮樂，居權不驕，履嶮不亂，沉扵衆畫，審扵進趍，取捨言動，皆得宜扵故實。

公五子：長男保全，充同莭度副使；保勳，莭度押衙、檢校國子祭酒兼御史大夫；保恩、三鐵、鐵胡。女四人：長十五娘，前濮州剌史高彦弘尚書定問；十七娘，適事王門，郎君司空；十八娘、廿[2]一娘在室。

公有忠盡之心報扵主，有戰伐之功及扵朝庭。為子彰孝行，為郡著政聲。可以俟陰功而昌厥門閥。今官左僕射，貴為防禦使，功成名遂，歿于牖

---

[1] 陳，《榆林碑石》録爲『承』。

[2] 廿一娘，《榆林碑石》録爲『二十一娘』。

下。弟、兄、兒、姪[1]，皆兟兟扵郡邑牙帳之前，豈不盛歟？公季忠禮，将猶子荒，懇以公卜用有時，而請予銘之。以乹寧二年　月　日，葬于夏州朔方縣。

天有将星，地有将臣。禀兹瑞氣，方為令人。事主如子，報國能君。感恩無已，臨陣不身。生為戎帥，死歸舊鄰。貴有閥閲，盛有子孫。一日浮世，万古芳塵。縱變高岸，存此貞珉。

故金紫光禄大夫、檢校尚書左僕射、使持節都督延州諸軍事、守延州刺史、充本州防禦、左神策軍行營先鋒兵馬安塞軍等使、兼御史大夫、上柱國南陽白公府君墓誌。

墓誌側面文字[2]

上祖大曆陸年歲次乙亥貳月己丑朔拾柒日乙巳記。上祖名在銀州兩鐘上。曾特進檢校團練使榮採軍白令泰弟令通、令光，母高氏，男福受、希俊，唐國玄通名山□□母大氏　母高氏。

疏證

誌文宣稱其族源爲秦將軍白起之後，『武安君將秦軍，破楚扵鄢郢，退軍築守扵南陽，因而號其水為白水，始稱貫扵南陽』，即白起率秦將破楚後，退軍築守南陽，因以南陽爲籍貫；又謂白起『為相君張禄所忌，賜死于杜郵。其後子孫淪棄，或逐扶蘇有長城之役者，多流裔扵塞垣』，爲白敬立家族世居夏州提供了合理的解釋。較之《史記》所載，其『賜死于杜郵』之前諸事迹尚可考證，而子孫隨扶蘇出塞等事則無迹可尋，或系誌主爲僞冒南陽白氏而撰述。

誌主祖上九世皆在夏州任職武官。白敬立的曾祖父、祖父、父均充任興寧府都督。白敬立則轉投故夏州節度使、朔方王的門下。這反映出拓跋部建立夏州政權前，就已打破了地緣與血緣關係，吸收了大量的漢族人才。

『公以祖、父箕裘繼常，為故夏州節度使、朔方王信用扵門下。王始為教練使，公常居左右前後，凡邊朔戰伐，軍機沉密，多與公坐謀。』箕裘，指克承父業，《禮記・學記》曰：『良冶之子，必學為裘；良弓之子，必學為箕。』説冶金、造弓能手，其子弟習見多聞，所以能繼承世業。這段文字説明誌主克承父業，爲故夏州節度使朔方王拓跋思恭的信用門下。

對夏州拓跋部大首領封朔方王，最早見《舊五代史》，『李仁福，世為夏州牙將，本拓拔氏之族也……自梁貞明、龍德及後唐同光中，累官至檢

[1] 姪，《榆林碑石》録爲『侄』。

[2] 墓誌側面之文字，系本書著者2017年在靖邊縣文管所實地觀察白敬立墓誌誌石時所首見，《榆林碑石》等整理成果皆未載。

校太師兼中書令，封朔方王』。拓跋思恭封朔方王，不見于正史。或許中原王朝没有册封，是拓跋夏州政權自己追封的。

教練使爲唐代方鎮軍將，玄宗天寶十五年（756）始置，掌教練兵馬及武藝，亦或領兵出戰。拓跋思恭在夏州節度使帳下做教練使時，誌主就『居左右前後』，形影不離，反映出拓跋部建立夏州政權前，已打破了地緣與血緣關係，吸收了大量的漢族人才。這是拓跋部發展壯大，并最終走上建立西夏國道路的重要原因。

『洎乾符年，大寇陷長安，僖宗卜省於巴蜀，王自宥州刺史率使府將校，統全師問安赴難，及於畿內。』此處之朔方王應指拓跋思恭。廣明元年（880）十二月，黄巢起義軍攻打長安，僖宗倉皇出走，拓跋思恭應詔，『糾合夷夏兵』，與唐鄜延節度使李孝昌共同起兵『赴難』。誌主以親信隨從，侍從顧問，傳呼號令。形成了不同于一般主僕的『君臣』關係，印證了《宋史·夏國傳》『夏雖未稱國，而王其土久矣』的説法。

此外，拓跋思恭封朔方王的記載不見于正史，誌文補充了唐王朝對拓跋思恭的封贈。拓跋思恭收復長安後，升白敬立居右職，後舉爲鄜州招葺使，加右僕射，升任延州防禦使。

『王受命復平偽朝，而先定奸臣於鄜時』，光啓二年（886），河中節度使李克用等進逼長安，請誅宦官田令孜。田令孜挾僖宗出走，經寶雞、大散關至興元（陝西漢中），邠寧節度使朱玫擁立襄王李熅爲帝，年號建貞。僖宗乃詔諸鎮兵討朱玫，夏州定難節度使拓跋思恭也在徵調之中，乘朱玫嗣襄王之亂，攻占鄜延。

根據誌文，拓跋部攻打鄜延前後有數年歷程，天啓二年（886）嗣襄王之亂後，誌主『總衙隊之師』，星夜直撲延州東横川，斬獲萬紀（計），『延州不宿而下』。誌主在延州『奉王指蹤，守王條制』。兩年後即文德元年（888）復下鄜時，定難節度使拓跋思恭舉薦誌主爲鄜州招葺使，經過治理整頓，『不踰月，鄜人有鄉井；不踰年，鄜人有農桑』。但是，這種占領是不鞏固的。不久『延州餘孽為變，鄜人從風，興异志』。據州城，占堡寨，誌主『間道得歸』。

誌主回到夏州後，『又從王載收鄜延』，『王』即拓跋思恭，『載』通『再』，即隨拓跋思恭再次用兵鄜延。出兵不到一月，再次占領鄜延，破城壘三十餘所。『王益嘉之』，表薦誌主加右僕射，不經年，又薦爲延州防禦史。誌主在延州墾荒田爲公田，修壞舍爲驛舍，創築城壘，修建道路。《西夏書事》卷一載：『文德元年（888）李思恭取鄜延，以弟思孝知留後』，但對如何攻取和治理鄜延没有記載，誌文可補史之缺佚。

唐昭宗景福二年（893）十二月十九日白敬立去世，享年四十二歲，推知其生在唐宣宗大中五年（851）。

除白敬立及其父祖以外，墓誌還記載了其他白氏家族人物，與之同屬一輩的，有興寧府都督白元楚，前綏州刺史白忠信，營田使、洛盤鎮遏使白敬忠，以及尚未出仕的白忠禮。其子輩，則有充同節度副使白保全，節度押衙白保勳以及尚未出仕的保恩、三鐵和鐵胡。

除誌文正面有字之外，墓誌石側面亦有字一行，叙述誌主先世曰『上祖大曆陸年歲次乙亥貳月己丑朔拾柒日乙巳記。上祖名在銀州兩鐘上。曾特進檢校團練使榮採軍白令泰弟令通、令光，母高氏，男福受、希俊，唐國玄通名山□□母大氏、母高氏』。所謂『上祖』，即祖先之尊稱。墓誌正面文字稱白敬立世襲興寧府都督，興寧府爲唐代所設置的羈縻府州，由其祖先『名在銀州兩鐘上』推測，興寧府應在銀州境内。

碑文研究成果見諸杜建録《党項夏州政權建立前後的重要記録——唐故延州安塞軍防禦使白敬立墓誌銘考釋》（《寧夏師範學院學報》2007年第二期）。牛達生《拓拔思恭卒年考——唐代《白敬立墓誌銘》考釋之一》（《中國多文字時代的歷史文獻研究》會議論文集），《夏州政權建立者拓拔思恭的新資料——唐代《白敬立墓誌銘》考釋之二》（《蘭州學刊》2009年第一期）。

肆　後唐・定難軍莭度押衙白全周墓誌銘

叙録

天成四年（929）四月刻石。20世紀70年代横山縣横山鎮魏牆村出土，起初由横山縣古銀州展覽館收藏，現藏榆林市横山區博物館。砂石質，長方形，長六十四厘米，寬五十九厘米，厚七厘米，誌文二十三行，滿行二十五字。内容爲白全周生平事迹，定難軍押衙兼觀察孔目官牛渥撰，書刻者不詳。

後唐定難軍莭度押衙白全周墓誌銘

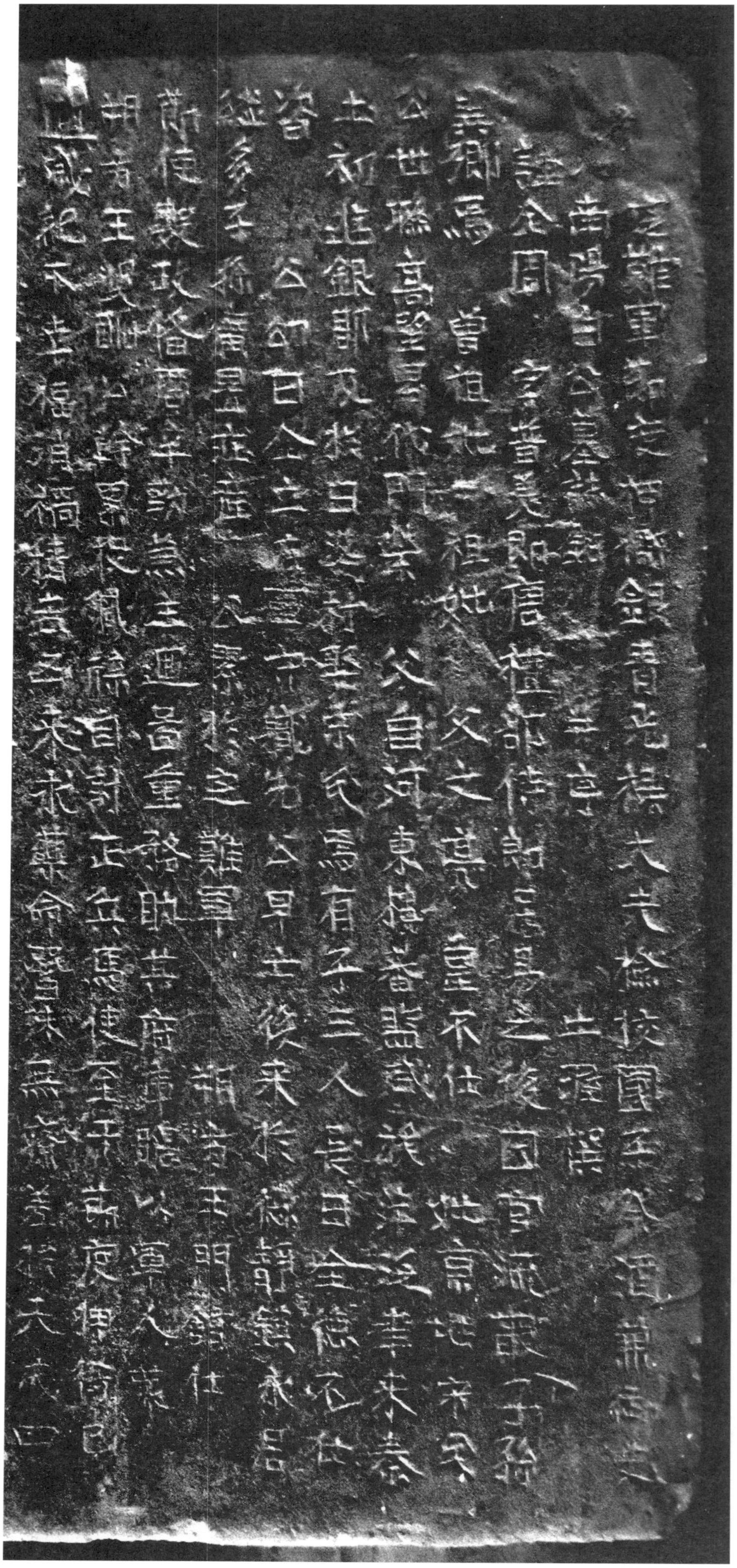

後唐定難軍節度押衙白全周墓誌銘右

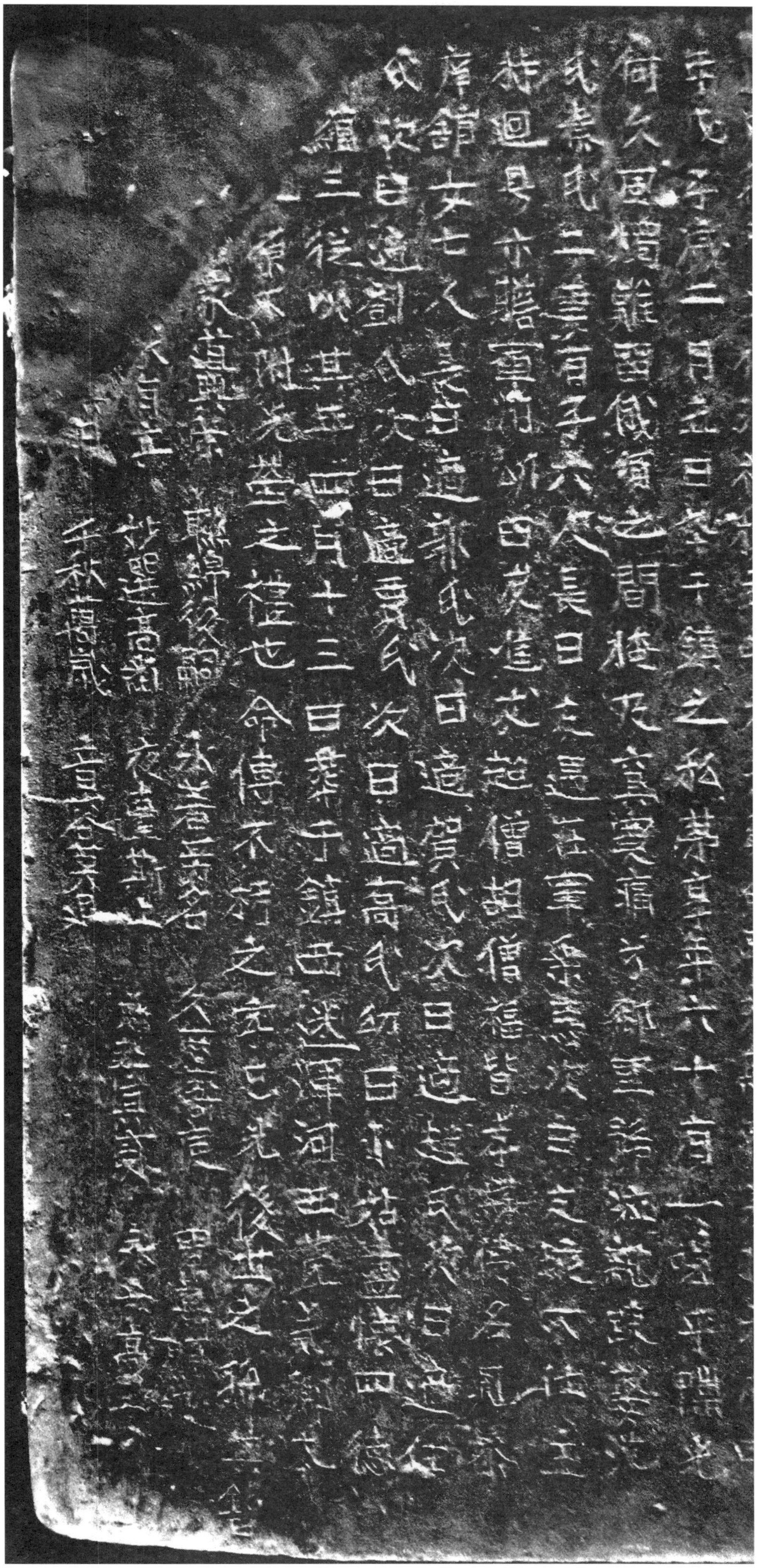

後唐定難軍節度押衙白全周墓誌銘左

録文

定難軍莭度押衙銀青光禄大夫檢校國子祭酒兼御史□□（大夫）南陽白公墓誌銘并序

牛渥撰

□（公）諱全周，字普美，即唐禮部侍郎居易之後，因官流散子孫弃鄉焉。曾祖，妣，祖，妣，父文亮，皇不仕。妣京地宋氏。公世聯高望，累代門榮。父自河東樓蕃監盛族，萍泛聿来秦土。初遊銀郡，及扵白婆村，娶宋氏焉。有子三人：長曰全德，不仕；次曰　公；幼曰，在立，在軍守職。先公早亡，後来扵德静鎮永居，繼多子孫，廣置庄産。公累扵宆難軍朔方王門館，仕莭使數政，備歷辛勤，兼主迴啚重務，助其府庫，贍以軍人。蒙朔方王奬酬，公幹累授職，親自封正兵馬使，至于莭度押衙，已通歲紀。不幸福消禍積，吉凶來，求藥命醫，殊無療差。扵天成四年戊子歲二月五日卒于鎮之私第，享年六十有一。

嗟乎！際光何久，風燭難留，俄頃之間，掩及冥寞，痛兮鄉里，號泣親疎。娶沈氏、秦氏，二妻有子六人：長曰友遇，在軍乘馬；次曰友琅，不仕，主持迴易，亦贍軍用；幼曰友進、友超、僧胡、僧福，皆孝悌，傳名見糸庠舘。女七人：長曰，適郭氏；次曰，適賀氏；次曰，適趙氏；次曰，適任氏；次曰，適劉氏；次曰，適賈氏；次曰，適高氏；幼曰小姑，盡懷四德，□蘊三從。以其年四月十三日葬于鎮西迷渾河西□義鄉太□□□原下，附先塋之禮也。命傳不朽之字，已光後世之孫。其銘曰：

家道興榮，連綿後嗣，永著芳名，久歷衙庭，累□顯級，□家有實，妙選高□，夜晝斯上，□然冥寞，永安高聖，□□□□，千秋萬歲，音容莫追。

疏證

碑文載誌主白全周系『唐禮部侍郎居易之後，因官，流散子孫异鄉焉』，此説當系僞託：一方面，白居易後裔當以太原爲郡望，而白全周家族則以南陽爲郡望，兩者郡望不同，而白居易後代遷往南陽的年代晚于白全周的活動年代，故白居易後代遷往南陽并改變郡望的可能性亦不存在。另方面，白居易後裔并無樓煩監乃至整個河東道的任職記録。

白全周之父字文亮，前述白敬立之父的名諱亦爲文亮。不過，根據兩篇墓誌的叙述，兩者顯然應該是同名异人：第一，從定居陝北的時間來看，白全周家族自父輩時方『萍泛聿來秦土』，白敬立家族則『自有唐洎九世，世世皆為夏州之武官』；第二，仕宦方面，白全周之父『不仕』，白敬立之父『充興寧府都督』；第三，嫁娶方面，白全周之父『娶京地宋氏』，白敬立之父『娶婆王氏』；第四，子嗣方面，白全周之兄名全德，弟名全立，白敬立之兄名元楚、忠信，弟名敬忠，完全不同。故雖白全周和白敬立二人之父均名文亮，且郡望皆在南陽，但兩者之間應該没有直接的親緣關係。

《白全周墓誌》稱白全周『兼主回圖昌重務，助其府庫，贍以軍人』，全周次子友琅同樣『主持回易』，『亦贍軍用』，爲我們指明了唐末五代時期夏州定難軍政權財政來源的另一途徑——回圖貿易。『回圖（或稱回易）』泛指官府或軍隊爲彌補財政收入之不足，以公用錢物等作資本，從事商業、借貸或投機倒賣等盈利性活動。唐末政局動蕩不安，相繼發生的龐勳裘甫起義、黄巢起義和藩鎮混戰，使得朝廷的財政狀况急轉直下，國庫空虛，生産凋敝。此時拓跋家族難以再仰仗中央扶助，只得尋求新的財政來源。于是他們開闢了新的方式——回圖貿易。

誌文記載白全周官銜是『定難軍節度押衙銀青光禄大夫檢校國子祭酒兼御史』，其中『銀青光禄大夫檢校國子祭酒兼御史』爲勳官或虚銜，唯有『節度押衙』是誌主生前擔任過的實職。誌文又記載白全周『封正兵馬使，至于莭度押衙』，可推測在定難軍政權中，節度押衙之職級略高于正兵馬使。這與敦煌文獻所反映歸義軍將職級高低（依次爲都指揮使，都押衙，押衙，都知兵馬使，兵馬使，都教練使，教練使，都虞候，虞候，將頭，隊頭等）相符合，也説明兵馬使之職級低于押衙在晚唐五代宋初各地節度使政權中應屬普遍現象。

研究成果見諸杜建録、鄧文韜、王富春《後唐定難軍節度押衙白全周墓誌考釋》（《寧夏社會科學》2015年第二期）。

伍　後唐·李仁寶妻破丑夫人墓誌文

叙録

長興元年（930）刻石。陝西省榆林市榆陽區紅石橋鄉拱蓋梁村出土，現藏榆林市博物館。蓋、誌砂石質，蓋盝形，邊長各五十四厘米，厚十六厘米，蓋面無文。殺面陰刻八卦圖。誌石正方形，邊長各五十三厘米，厚十厘米。誌文陰刻楷書十九行，行十九至二十二字。内容爲破丑夫人生平事迹，綏州軍事判官張少卿撰，書刻者不詳。

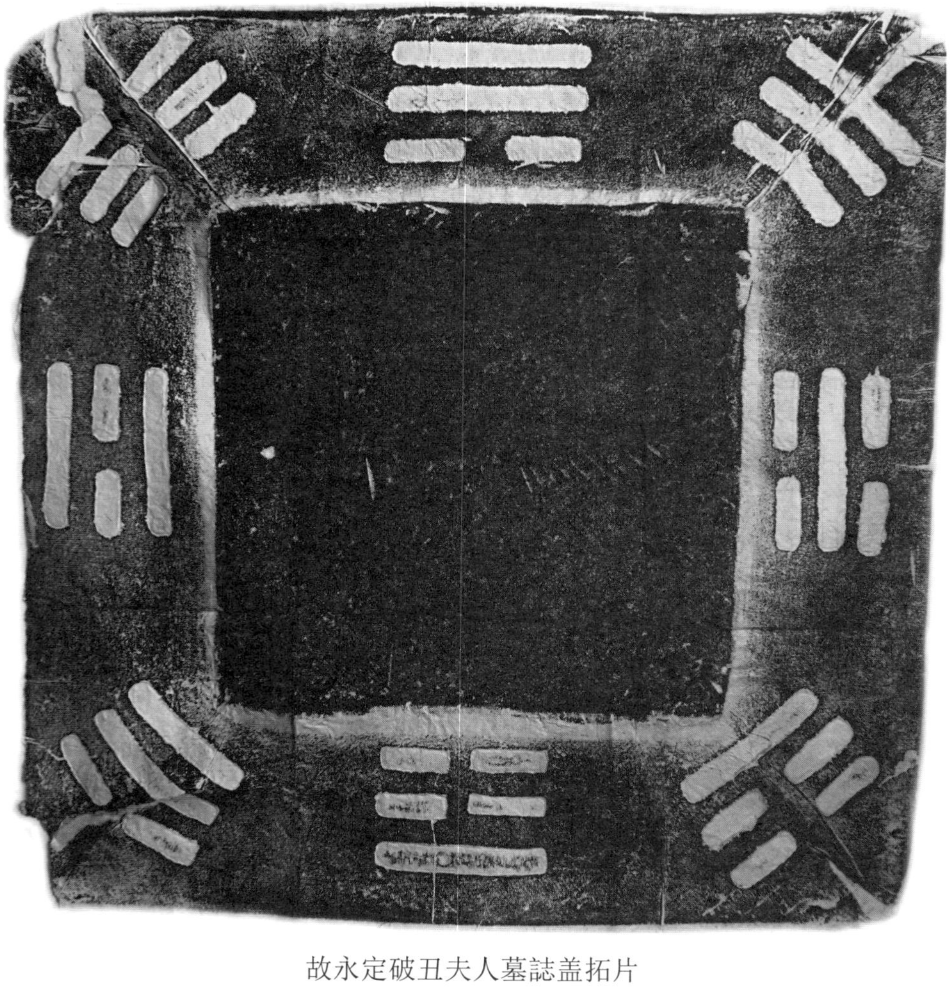

故永定破丑夫人墓誌盖拓片

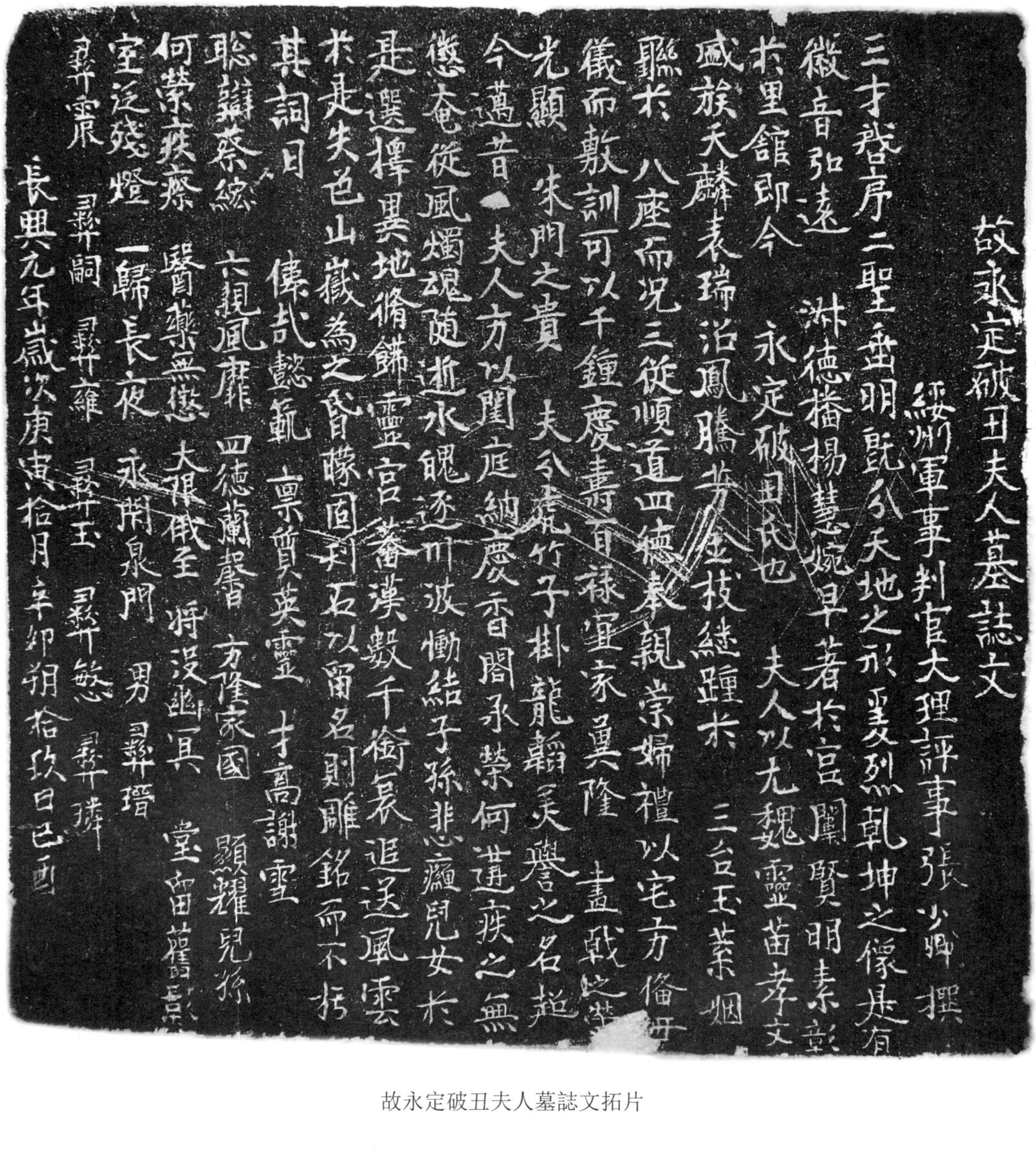

故永定破丑夫人墓誌文拓片

録文

故永定破丑夫人墓誌文

綏州軍事判官大理評事張少卿撰

三才啓序，二聖垂明。既分天地之形，爰烈乹坤之像。是有徽音弘遠，淑德播揚，慧婉早著扵宫闈，賢明素彰扵里舘，即今永定破丑氏也。夫人以元魏靈苗，孝文盛族，天麟表瑞，沼鳳騰芳。金枝継踵扵三台，玉葉姻聯扵八座。而况三從順道，四德奉親。崇婦禮以宅方，偹母儀而敷訓。可以千鍾慶壽，百禄宜家。異隆晝戟之榮，光顯朱門之貴。夫分虎竹，子掛龍韜，美譽之名，超今邁昔。夫人方以閨庭納慶，香閣承榮。何遘疾之無瘳，奄從風燭。魂随逝水，魄逐川波。慟結子孫，悲纏兒女。於是選擇异地，脩飾靈宫。蕃漢數千，銜哀追送。風雲扵是失色，山嶽為之昏曚。固刊石以留名，則雕銘而不朽。其詞曰：

偉哉懿範，禀質英靈。才高謝雪，聡辯蔡絃。六親風靡，四德蘭馨。方隆家國，顯耀兒孫。何縈疾瘵，醫藥無懲。大限俄至，将沒幽冥。堂留舊影，室泛残燈。一歸長夜，永閉泉門。

男：彜瑁、彜震、彜嗣、彜雍、彜玉、彜慜、彜璘。

長興元年歲次庚寅拾月辛卯朔拾玖日己酉

疏證

誌文追溯破丑氏的族源時稱『夫人以元魏靈苗，孝文盛族』，這説明破丑氏家族意在彰顯其系元魏後裔，與鮮卑皇族的孝文帝是同族。而元魏則以拓跋氏爲族姓，與拓跋部并列爲党項八部之一的破丑以北魏孝文帝爲祖先，顯然是毫無來由的攀附。關于破丑夫人嫁給何人，誌文中并無記載，但據墓誌撰寫者張少卿署銜綏州軍事判官，爲綏州刺史李仁寶的下屬，加之破丑氏諸子『彜瑁、彜震、彜嗣、彜雍、彜玉、彜慜、彜璘』等系彜字輩，與李仁福之子的字輩相同，可推測破丑氏爲李仁寶之妻。

破丑部爲早期党項大族，在唐初就見于史書記載，《舊唐書》卷一九八《党項羌傳》曰：『其後吐蕃強盛，拓拔氏漸為所逼，遂請内徙，始移其部落于慶州，置静邊等州以處之……又有雪山党項，姓破丑氏，居于雪山之下，及白狗、春桑、白蘭等諸羌，自龍朔已後，并爲吐蕃所破而臣屬焉。』《唐會要》卷九八也有大體相同的記載：『其雪山党項，姓破丑氏，居雪山之下。貞觀初，亦常朝貢。又有白狗春桑白蘭等諸羌，自龍朔以後，并為吐蕃所破，而服屬焉。』雖不知破丑氏于何時遷往慶州，但在永泰元年（765），『慶州有破丑氏族三、野利氏族五、把利氏族一，與吐蕃姻援，贊普悉王之，因是擾邊凡十年。』永泰元年（765）以後，史書鮮有破丑部落活動，夏州拓跋政權墓誌中的資料彌足珍貴。誌文言『永定破丑氏』，永定應爲破丑氏的籍貫。《新唐書》載『永泰元年以永定等十二州部落内附，唐廷析置十五個羈縻府州。』永定州内徙的党項諸部應包含相當部分的破丑氏部落。

研究成果見諸杜建録《故永定破丑夫人墓誌文》（載《西夏文獻研究》，甘肅文化出版社，2017年）。

陸　後唐・大唐之國碑

叙録

長興四年（933）刻石。原在華池縣林鎮鄉大風川舊城子老城西口，2005年入藏華池縣博物館。碑石爲粉紅色砂巖質，基本完好，碑高二百三十七厘米，寬九十四厘米，厚二十二厘米，通碑由碑帽、碑身兩部分組成。碑帽爲透雕盤繞騰飛雙龍，正中爲高三十厘米、寬二十厘米之圭形碑額，其上自右至左分兩行竪刻『大唐之國』四字，每字約六厘米見方。碑身爲回形綫條紋飾。碑文自右至左竪書，現僅殘存十八行，行約六十字，楷書，每字約二點五厘米見方。碑文内容以倒叙形式展開，先後介紹了出身『戎虜』的慶州党項人野利阿胡、李延玉父子的職官遷轉史，并兼叙此家族效力唐朝，鎮守朔漠，賓服四夷等忠貞事迹。據内容推測，立碑者當是野利阿胡之孫，李延玉之子。

大唐之國碑碑額拓片

大唐之國碑拓片

録文

碑額

大唐之國（以下缺）

碑文

……故父節度押衙……夫上柱國野利阿胡……世門傳□□耳也[1]……故祖父守静州防河大使同莭度押衙□，鳳川、静羌兩鎮鎮邊使野利阿胡。□非□□□□□當時之□永興，□貢扵□殿。祖例□□恩門傳，世世相連，名標金牒。若倫今日以前之㓛勲，難具一一□陳，略而述之，永保平安。

□□㓛□之□□祖上□□□我明□□□之用佐□勤孝扵生□非不忠懇异念洞辯復其墜翼之苦。常推謙謹之名，每抱温恭之譽。身出虜塞之名，招使又□天成四年十二月春[2]，□□宣令□□予□□工[3]部尚書兼御史大夫□前□，故鎮將李延玉出自戎虜，心懷忠赤。久効劬勞，氣雄蕃府。恭勤碎立于□□□□□即舉本官，扵八月日奉静難軍莭度使　太保、中書門下平章事毛[4]牒，補充都度押衙。又扵天成三年六月日奉慶州防禦使牒，補充本路指揮□□于□□高家砦順中□□□□□□永鎮，□公邊都指揮使。又扵同光三年八月日奉悅[5]州[6]太傅牒，補充西北路都指揮。後扵天成元年七月[7]奉□□□□□□貞明五年三月□□□遂□置太師渤海王□，補李延玉充鳳川、静羌兩鎮邊使，後扵同光□年十二月奉悅[8]州史憲太傅牒，補充□□□□□□令之□不□□户之扵貞明四年七月[9]，稍似蘇息。蒙悅州史憲太傅特為薦鄜[10]州制置、太師。遂扵三交川内初置鎮城使，

---

[1]《華池金石志》、《華池文物》作『四門傳記之耳也』，并誤將其置于第一行篇首。
[2]《安多藏族地區金石録》《慶陽金石碑銘菁華》釋爲『甲未』。
[3]《華池金石志》、《華池文物》釋爲『兵』。
[4]《華池金石志》、《華池文物》釋爲『玉』。
[5]《華池金石志》、《華池文物》脱此字。
[6]《安多藏族地區金石録》、《慶陽金石碑銘菁華》此處衍『史憲』。
[7]《華池金石志》、《華池文物》誤釋爲『丹』。
[8]《華池金石志》、《華池文物》脱此字。
[9]《華池金石志》、《華池文物》誤釋爲『之眾』。
[10]《安多藏族地區金石録》、《慶陽金石碑銘菁華》誤釋爲『慶』。

舊名額□□□□□□□□□□□惠不拎□□□占據地里，累歲亂罹饑荒，不以後獲貴，獲就安鎮同直申□□□□使府取便，拔移[1]歸[2]拎漠境。户人乞[3]食，以補李延玉□□□祖父□□□□鳳川、静羌兩鎮副兵馬使。又[4]于當年九月中，蒙静難軍節度使隴[5]西公牒補野利李延玉充節度押司。其本鎮元在，皇帝念此勞□□加昇□□□□□㓛歲。

公拎天復八年□□身薨。後拎當年八月中，蒙使府念野利阿胡久効赤心，忠貞佐主，蒙静難軍節度使侍中李牒胡為監察御史。又于乾寧二年九月日，静難軍牒補野利阿胡充鳳川、静羌兩鎮鎮邊使。又于開元元年三月日，奉宣命昭，赴開處對□，明補充□□□□，又中和四年二月日，静難軍節度使相公朱牒，補野利阿胡充鳳川、静羌兩鎮副兵馬使。後拎光化三年五月日，静難軍牒補野利阿胡□使□□乃□□□□。後拎貞元元年閏五月日，官告補野利阿胡充守静州防河大使，置同正員。又拎大和八年二月日，奉静難軍節度使牒臨漠境拎□□□之蕃，□世祖節雄，□□名而千里之外，永標嬖各[6]。

論祖父野利阿胡之㓛勳，幼而為[7]唐邦之□□保護。國朝之壃封，効大道之苦。□□□□□□□□道之人□□□忠□之羽翼，四夷不賓，貴依將平之㓛，承家國而興替，可依順風之孝養，故鎮將野利李延玉雖居戎虜，□□□□□□□公充鳳川□□□□。

維大唐長興四年歲次癸巳十一月癸酉朔十八日，伏為亡父鎮邊使李延玉制造墳營處立碑歷□□

疏證

立碑者之祖父名爲野利阿胡，父名爲野利李延玉。『野利』應是立碑者家族之原初姓氏，而『李』則可能是唐或後唐政權所賜的姓。野利氏爲早期党項八部之一，經歷了兩次大遷徙後，野利部在唐代夏州與慶州等地皆有分布。《新唐書・党項傳》謂『慶州有破丑氏族三、野利氏族五、把利氏族一』，可見慶州党項野利氏有五大部落，唐朝置芳池州都督府與安定州都督府以轄之。

静州爲唐代羈縻州名，始置于唐高宗咸亨三年（672），在党項羌地。至德（756～758）後，唐朝又于内遷的党項羌野利氏部落居地置静州。按

[1]《華池金石志》、《華池文物》誤釋爲『彩』。

[2]《安多藏族地區金石録》、《慶陽金石碑銘菁華》誤釋爲『軍』。

[3]《華池金石志》、《華池文物》誤釋爲『吃』。

[4]《華池金石志》、《華池文物》脱此字。

[5]《華池金石志》、《華池文物》誤釋爲『龍』。

[6]《華池金石志》、《華池文物》脱『嬖各』二字。

[7]《安多藏族地區金石録》、《慶陽金石碑銘菁華》此處衍『焉』。

《舊唐書・地理志》『芳池州都督府寄在慶州懷安縣界，管小州十：静、獯、王、濮、林、尹、位、長、寶、寧，并党項野利氏種落』，可見静州屬芳池州都督府所轄，寄治于慶州懷安縣（今甘肅華池西北）境。

鳳川、静羌兩鎮于唐代五代史籍無載，按《武經總要》前集卷一八《邊防》『業樂鎮』條下云『大中祥符中築，因蕃族内附，特築業樂、鳳川、柔遠三城』，同卷又有『鳳川鎮』謂『西北控子午嶺，嶺路至西界。大中祥符中築。東至州北五十里，西南至合水鎮五十里，東至南華池鎮二十里，西界四十里』。據此推測鳳川鎮約在今甘肅華池縣林鎮鄉大鳳川一帶，其始建爲軍鎮當在唐末五代，宋大中祥符應系增築。又北宋史料中麟州下設静羌堡，但其地望在今陝西神木市東北，應非碑文中之静羌鎮，待考。

除鳳川、静羌以外，李延玉還曾任三交川鎮城使。關于三交川，字面意義應理解爲三川交匯之處。今華池縣林鎮鄉政府東南約十公里的東華池村北，是葫蘆河、大鳳川與豹子河三條河流的交匯之處，三交川鎮城遺址或在此周邊地區。

静難軍節度使在碑文中曾多次出現。按《新唐書・方鎮表》，静難軍節度使原爲唐邠寧節度使，治所邠州（今陝西彬州市），光啓元年（885）改稱静難軍。碑文中共有『静難軍莭度使□太保、中書門下平章事毛』、『静難軍莭度使隴西公』、『蒙静難軍莭度使侍中李』與『静難軍莭度使相公朱』四名節度使曾賜予野利父子職官。據考，四人應分别爲時任節度使的毛彰、李敬周、李繼徽、朱玫；而曾任命李延玉充鳳川、静羌鎮邊使的『太師渤海王』則應是在貞明五年前後占據了慶州的鄜延兩道都制置使高萬興（詳見陳瑋《西夏番姓大族研究》，甘肅文化出版社，2017年）。除上述諸人以外，碑文中的『悦州史憲太傅』也曾不止一次舉薦李延玉，可惜『史憲』其人于史籍無載，『太傅』則應爲檢校官，非實職，亦不足以作爲考證其人的綫索。唯《新唐書・地理志》將『悦州』列于羈縻府州，屬唐代安置内遷党項的静邊州都督府所領二十五州之一。因此，身爲悦州長官的史憲也極有可能是一名党項人高官，與野利氏同族。

野利氏父子常年在鳳川、静羌兩鎮擔任武職，即押衙、押司、鎮邊使、鎮城使、防河大使與副兵馬使等。上述使職中，以防河大使較爲罕見。唐代史料文獻中，防河使多置于河津要衝之地，肩負阻止敵軍渡河的使命，前揭《拓跋守寂墓誌》記載其叔父拓跋興宗就有『朔方軍節度副使、兼防河使、右領軍衛大将軍、兼将作大匠』的署銜，後文《野利氏夫人墓誌》誌主之夫拓跋某亦爲『定難軍莭度押衙、充銀州都知兵馬使、兼三族蕃落使、防河使』。是見河防使的建置在唐五代西北方鎮中應較爲常見。今華池縣林鎮鄉一帶水系密布，而尤以葫蘆河（古稱華池水）作爲西北-東南方向的交通要道（順流而下可通達鄜州）最爲重要。故李延玉作爲河防使所防之『河』，極有可能是葫蘆河。

立碑者爲了塑造家族忠于唐與後唐政權的形象，除了書寫父祖爲『唐邦之□□保護。國朝之疆封，效大道之苦』等内容外，也較爲注重碑文中的細節。如書寫者叙及野利氏先祖在開元年間事迹時，僅取唐玄宗李隆基謚號『至道大聖大明孝皇帝』中的『明　』作爲代稱，這種避諱方式罕見于其他文獻，似乎是想極力表現出野利氏家族對李唐皇室的尊崇。無獨有偶，碑文中還出現了『天覆八年』的年號。按『天覆』（901年四月~904年閏四月）爲唐昭宗年號，904年閏四月昭宗改元『天祐』，故『天覆』年號僅被使用了三年。然而王建、李克用等方鎮以天祐年號是朱温所改，『非唐所建，不復稱之，但稱天覆』（《新五代史・李彥威傳》，『今碑述前事，有天覆十九年、二十年，至壬午歲乃改稱天祐，然則《通鑑》云梁篡後鳳翔仍稱天祐，亦不確，蓋惟河東、淮南稱天祐，而茂貞與西川仍稱天覆』（《十七史商榷・新舊五代史三》）。碑文稱公元908年爲『天覆八年』，亦表明野利氏家族不承認後梁政權，祇認同唐朝-後唐的政權合法性傳序。

研究成果見諸陳瑋《西夏番姓大族研究》，甘肅文化出版社，2017年。

柒　後晉・定難軍攝節度判官毛汶墓誌銘

叙録

後晉天福七年（942）九月刻石。陝西省靖邊縣紅墩界鄉圪坨河村出土，榆林市文物保護研究所藏。蓋、誌砂巖質。蓋盝形，長六十九厘米，寬七十厘米，厚十三厘米。蓋文篆書三行，行三字：『滎陽郡毛公墓誌之銘』。殺面陰刻八卦圖。誌石正方形，邊長各六十八點五厘米，厚十一厘米。誌文楷書，三十行，滿行三十三至三十六字。内容爲毛汶生平事迹。

押衙兼觀察孔目官牛渥撰，押衙楊從溥書，娥景稠鐫。

荥阳郡毛公墓誌之銘蓋拓片

大晉故定難軍攝節度判官毛汶墓誌銘拓片

録文

大晉故定難軍攝節度判官兼掌書記朝議郎檢校尚書水部員外郎兼侍御史柱國賜緋魚袋滎陽毛公墓誌銘并序

押衙兼觀察孔目官銀青光禄大夫檢校户部尚書兼御史大夫上柱國牛渥撰

公諱汶，字延泳。家居鞏洛，族本王京，泒盛苗豐，昇朝顯貴。而况桂枝皓簡，皆聮扵鴈序鵷行；彩峯金章，盡佐扵元戎相國。久条夏府，兩世光暉。曾祖瑩，皇任朝散大夫、檢校秘書少監兼御史大夫、上柱國，賜緋魚袋。妣高氏。祖貞遠，皇任儒林郎、守京兆府萬年縣令、柱國、緋魚袋。妣崔氏。父崇厚，皇任定難軍莭度觀察判官兼掌書記、朝請大夫、檢校左散騎常侍兼御史大夫、上柱國，賜紫金魚袋。妣巨氏。

公即先常侍之愛子也。家傳儒雅，代継簪裾。承貴胤之芳榮，顯華軒之令望。氷霜潔己，松韻操身。早登虎幄之門，聲揚外閫；不滯鵬搏之勢，美播丹霄。公始自乾化元年，故號國王覩茲直氣，委賛巡属，職倅雕陰，官及評事。累易寒暄之莭，偹觀明敏之才。暫歇郡城，来親府墎。至貞明三年，先王署攝當府莭度推官，方拘賓幕。深達理道，断决昭然。職分之餘，硯席兼著。逈超流輩，不墜家風。扵長興二年，又遷花幕，改轉階銜，辟命迎筵，請知筊管。朱衣銀印，皆自扵侯伯敷揚；粉署華資，盡沐扵天波帝誥。官崇上佐，貴列夏臺。繇是筆亞陳琳，言欺子貢。英通巧智，嘲吟之士子何偕；章檄詞能，吏理之賓寮罕比。以斯賢彦，孰可齊焉。清泰三年，即今府主初紹洪勳，榮聮河岳。又伸迎揖，請判軍戎。雖訓練之機繁，兼掌檄之無曠。匡持太府，數十載之筆陣文鋒；翊輔王門，幾千般之干天頌闕。因傳聲價，遂顯高名。不幸偶此違和，遽縈小疢，竒方莫驗，良藥何痊。俄奄謝以歸泉，人寰是弃；忽終天之墜世，隙影難留。慭[三]以哲人，嗟兮薄壽。扵天福七年七月十四日，卆于府之私苐，其享也五十有二矣。我元戎聞斯殂歿，悲悼流啼[2]，輟軍務繁機，衣素服令式。

娶清河張氏，先公早亡。嗣子二人：長曰文瞻，次曰文璨，方及束髮，俱在庠門。泣血號天，絕漿叩地。哀摧骨肉，恨聚會以無由；痛迫親姻，感追思之戀德。以其年九月九日，偹葬于朔方縣崇信鄉綏德里峻陵原之禮也。時乃風高葉墜，霜勁蘭彫。窮秋生慘淡之光，苦霧結颼飀之色。渥素熟公葉，久視強能。命以微才，紀斯盛事。其銘曰：

家傳令望，世紹簪纓。皆為傑俊，盡播芳名。生居洛汭，族茂連臺。華資貴胤，咸歎奇哉。始佐魚符，重条虎帳。落落宏詞，澄澄偉量。匡持大府，翊輔旌旃。文同賈馬，行比曾顔。粉署為郎，朱衣熌爛。薦自鈞恩，榮承天眷。偶縈衰運，巨至違和。針醫寡驗，忽措沉痾。大夜忙呑，神靈混颺[3]。哲士淪亡，人兮慘愴。可嘆浮生，流如舉瞬。石火難停，風燈易泯。冪冪煙霞，哀哀薤露。訣别容光，何因再遇。緬以年深，陵傾阜改。勒石

[1] 慭，《榆林碑石》録爲『湣』。
[2] 啼，《榆林碑石》録爲『涕』。
[3] 颺，《榆林碑石》録爲『揚』。

標文，千春萬載。

押衙楊從溥書　都料娥景稠鐫

疏證

誌文稱毛汶先祖原本居于河南的鞏縣、洛陽一帶，墓誌又稱之爲『滎陽毛公』，『滎陽』爲毛氏的郡望。《古今姓氏書辯證》云：『唐時，滎陽、北地毛氏，世系皆具《元和姓纂》。』但今本《元和姓纂》缺記。該家族自其父毛崇厚開始，兩代在夏州定難軍政權中任職。其父任定難軍節度觀察判官、兼掌書記。節度使判官職權頗重，胡三省稱『唐諸使之屬，判官位次副使，盡總府事。』（《資治通鑑》卷二一六）

毛汶于後梁乾化元年（911）被『故虢國王』闢爲僚屬。《舊五代史·李仁福傳》載長興四年（933）三月李仁福去世，其後『故夏州節度使、朔方郡王李仁福追封虢王。』所以『故虢國王』指定難軍節度使李仁福。毛汶在綏州時初授大理評事。後梁貞明三年（917），虢王李仁福署命毛汶爲攝定難軍節度推官。誌文載『清泰三年，即今府主初紹洪勳，榮聯河岳。又伸迎揖，請判軍戎。』清泰二年（935）三月，因李彝超去世，以其弟夏州行軍司馬李彝殷為本州節度使。』（《舊五代史》卷四七《唐末帝紀》）後唐清泰三年（936），定難軍節度使李彝殷闢毛汶爲定難軍判官。定難軍中的奉使『有大使、副使、判官』（《舊唐書》卷四三《職官志》），屬于節度使內的文職幕僚。毛汶于後晉天福七年（942）七月十四日逝世，其年九月九日，備葬于朔方縣崇信鄉綏德里峻陵原之禮也，即墓誌的出土地陝西省靖邊縣紅墩界鄉圪坨河村。毛汶享年五十二歲，則其生于唐昭宗大順元年（890）。

毛汶墓誌銘撰寫人牛渥在定難軍中任押衙兼觀察孔目官，爲藩鎮節度使親信武職僚佐。

研究成果見諸陳瑋《後唐定難軍判官兼掌書記毛汶墓誌銘考釋》（《西夏學》第八輯）。

捌　後晉·李仁福妻瀆氏墓誌銘

叙録

後晉天福七年（942）年二月刻石。內蒙古烏審旗無定河鎮（原名納林河鄉）十里梁出土，內蒙古烏審旗文管所藏。蓋佚，誌石高八十一點五厘米，寬八十二厘米，略呈方形。誌文正楷竪書，三十三行，滿行三十三字。書法工整、俊秀，文字清晰。內容爲李仁福妻瀆氏生平事迹，攝節度判官兼掌書記毛汶撰，書、鐫者無記。

大晉故虢王李仁福妻瀆氏墓誌銘拓片

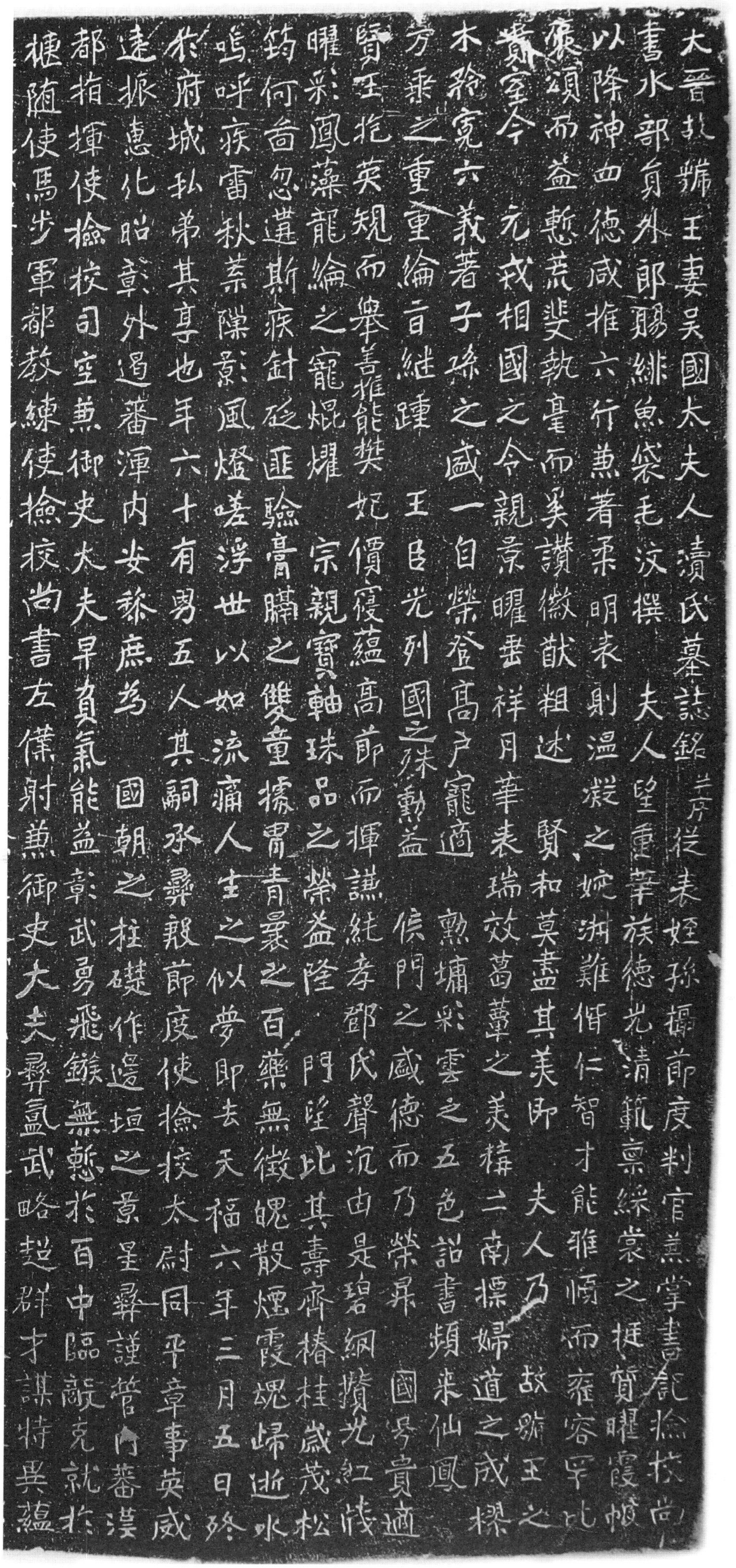
大晉故虢王妻吳國太夫人瀆氏墓誌銘并序　從表姪孫攝節度判官兼掌書記檢校尚
書水部員外郎賜緋魚袋毛汶撰　夫人望重華族德光清範稟綵裳之挺質曜霞帔
以降神四德咸推六行兼著柔明表則溫凝之姿淵雅偕仁智才能雅順而雍容罕比
褒頌而益懃荒斐執毫而美讚徽猷粗述　賢和莫盡其美所　夫人乃故虢王之
貴室令　元戎相國之令親榮曜垂祥月華表瑞效葛覃之美精二南標婦道之成標
木務寬六義著子孫之盛一自榮登高戶寵適　勳墉彩雲之五色詔書頻來仙鳳
方乘之重重綸言紺踵　王邑光列國之殊勳盖　侯門之盛德而乃榮昇　國号貴適
賢王挺英規而舉善推能樊　妃價寝蘊高節而揮謙紀孝郡氏聲況由是碧綱攢光紅綫
曜彩鳳藻龍綸之寵焜燿　宗親實軸珠品之榮益隆　門星比其壽齊椿桂歲茂松
筠何啚忽遘斯疾針砭匪驗膏肓之雙童攜胄青景之百藥無徵魄散煙霞魂歸逝水
嗚呼疾雷秋蕣隙影風燈嗟浮世以如流痛人生之似夢即去天福六年三月五日終
於府城私弟其享也年六十有男五人其嗣承彝親節度使檢校太尉同平章事英威
遠振惠化昭彰外過蕃渾內安黎庶為　國朝之柱礎作邊垣之景星彝謹管內蕃漢
都指揮使檢校司空兼御史大夫早負氣能益彰武勇飛鏃無虛於百中臨敵克就於
棟隨使馬步軍都教練使檢校尚書左僕射兼御史大夫彝氳武略超群才謀特異蘊

大晉故虢王李仁福妻瀆氏墓誌銘拓片右

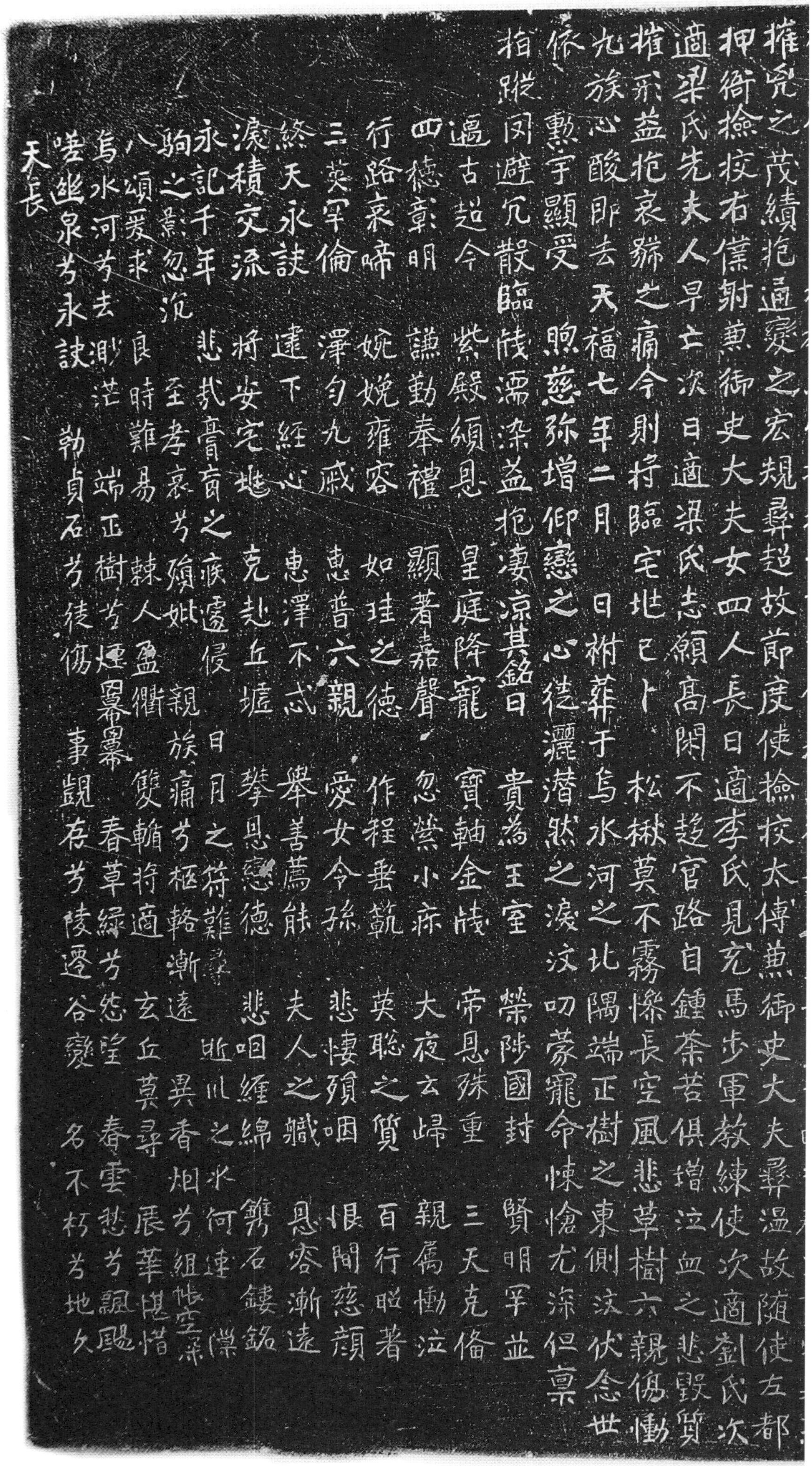
攉党之茂績抱通變之宏規彝超故節度使撿挍太傅兼御史大夫彝温故隨使左都
押衙撿挍右僕射兼御史大夫女四人長曰適李氏見充馬步軍教練使次適劉氏次
適梁氏先夫人早亡次曰適梁氏志願高閑不趍官路自鍾荼若俱增泣血之悲毀質
攉形益抱哀毀之痛今則將臨宅兆已卜松楸莫不霧慘長空風悲草樹六親傷慟
九族心酸即去天福七年二月日祔葬于烏水河之北隅端正樹之東側汝伏念世
依勲宇顯受 煦慈弥增仰戀之心徒灑潛然之淚汝叨蒙寵命悚惶尤深但稟
指蹤罔避冗散臨棧濡染益抱凄涼其銘曰 貴為王室 榮陟國封 賢明平並
邁古超今 紫殿頒恩 皇庭降寵 寶軸金牋 帝恩殊重 三天克備
四德彰明 謙勤奉禮 顯著嘉聲 忽縈小疾 大夜云歸 親屬慟泣
行路哀啼 婉娩雍容 如珪之德 作程垂範 英聰之質 百行昭著
三從罕倫 澤匀九戚 惠普六親 愛女令孫 悲悽殞咽 恨閒慈顏
終天永訣 遠下經心 惠澤不忒 舉善薦能 夫人之職 恩容漸遠
淚積交流 將安宅兆 克赴丘墟 攀恩戀德 悲咽纏綿 鐫石鏤銘
永記千年 悲哉膏肓之疾遽侵 日月之符難尋 逝川之水何速幰
駒之影忽沉 至孝哀兮殯妣 親族痛兮極輅漸遠 異香炮兮組帳空深
八頌愛求 良時難易 棘人盈衢 雙輴將適 玄丘莫尋 展華堪惜
烏水河兮去渺茫 端正樹兮煙冪冪 春草綠兮悠望 春雲愁兮飄颻
嗟幽泉兮永訣 勒貞石兮徒傷 事覬存兮陵遷谷變 名不朽兮地久
天長

大晉故虢王李仁福妻瀆氏墓誌銘拓片左

録文

大晉故虢王妻吴國太夫人瀆氏墓誌銘并序

從表姪孫攝莭度判官兼掌書記檢校尚書水部負外郎賜緋魚袋毛汶撰

夫人望重華族，德光清範。稟綵裳之挺質，曜霞帔以降神。四德咸推，六行兼著。柔明表則，温凝之婉淋難偕。仁智才能，雅順而雍容罕比。褒頌而益慙荒斐，執毫而奚讚徽猷。粗述賢和，莫盡其美。即夫人乃故虢王之貴室。今元戎相國之令親。景曜垂祥，月華表瑞，效葛覃之美稱二南，標婦道之成；樛木矜寬六義，著子孫之盛。一自榮登高户，寵適勳墉。彩雲之五色詔書，頻来仙鳳；萬乘之重重綸旨，繼踵王臣。光列國之殊勳，益侯門之盛德，而乃榮昇國號，貴適賢王，抱英規而舉善推能，樊妃價寢；蘊高莭而撝謙純孝，鄧氏聲沉。由是碧綱攢光，紅牋曜彩，鳳藻龍綸之寵，焜耀宗親；寶軸珠品之榮，益隆門望。比其壽齊椿桂，歲茂松筠，何啚忽遘斯疾，針砭匪驗，膏膈之雙童據胃，青囊之百藥無徵。魄散煙霞，魂歸逝水。嗚呼！疾雷秋葉，隙影風燈。嗟浮世以如流，痛人生之似夢。即去天福六年三月五日歿於府城私弟。其享也，年六十。

有男五人：其嗣承彝殷，莭度使檢校太尉同平章事，英威遠振，惠化昭彰。外遏蕃渾，內安黎庶，為國朝之柱礎，作邊垣之景星。彝謹，管內蕃漢都指揮使、檢校司空兼御史大夫。早負氣能，益彰武勇。飛鏃無慙扵百中，臨敵克就扵梱，隨使馬步軍都教練使、檢校尚書左僕射兼御史大夫。彝氳，武略超群，才謀特异，蘊摧兇之茂績，抱通變之宏規。彝超，故莭度使、檢校太傅兼御史大夫。彝温，故隨使左都押衙檢校右僕射兼御史大夫。女四人：長曰適李氏，見充馬步軍教練使。次適劉氏。次適梁氏，先夫人早亡。次曰適梁氏，志願高閑，不趍官路。自鍾荼苦，俱增泣血之悲，毁質摧形，益抱哀號之痛。今則将臨，宅兆已卜。松楸莫不霧慘，長空風悲草樹，六親傷慟，九族心酸。即去天福七年二月　日，祔葬于烏水河之北隅，端正樹之東側。汶伏念世依勳宇，顯受煦慈。弥增仰戀之心，徒灑潜然之淚。汶叨蒙寵命，悚愴尤深。但禀指蹤，罔避冗散。臨牋濡染，益抱淒涼，其銘曰：

貴為王室，榮陟國封。賢明罕並，邁古超今。紫殿頌恩，皇庭降寵。寶軸金牋，帝恩殊重。三天克偹，四德彰明。謙勤奉禮，顯著嘉聲，忽縈小疢，大夜云歸。親屬慟泣，行路哀啼。婉娩雍容，如珪之德。作程垂範，英聰之質。百行昭著，三英罕倫。澤勻九戚，惠普六親。愛女令孫，悲悽殞咽。恨間慈顔，終天永訣。逮下經心，恵澤不忒。舉善薦能，夫人之職。恩容漸遠，淚積交流。将安宅兆，克赴丘墟。攀恩戀德，悲咽纏綿。鐫石鏤銘，永記千年。

悲哉！膏肓之疾遽侵，日月之符難尋。逝川之水何速。隙駒之影忽沉。至孝哀兮殞妣，親族痛兮柩輅漸遠，异香烜兮組帳空深。八頌爰求，良時難易。棘人盈衢，雙輴将適。玄丘莫尋，辰華愖惜。烏水河兮去渺茫，端正樹兮煙冪冪。春草緑兮怨望，春雲愁兮飄颻。嗟幽泉兮永訣，勒貞石兮徒傷，事覩存兮陵遷谷變，名不朽兮地久天長。

疏證

濆氏墓誌稱其『望重華族，德光清節』，誌文的撰寫者爲濆氏的的從表姪孫任節度判官兼掌書記的毛汶，據此似乎濆氏出身于漢族。

濆氏爲『故虢王妻』。據《舊五代史》記載夏州節度使李仁福生前封朔方王，死後『追封虢王』（《舊五代史》卷一三二《李仁福傳》），所以濆氏爲李仁福之妻。誌文記濆氏與虢王李仁福育有五子，年齒順序爲長彝殷、次彝謹、三彝氳、四彝超、五彝温。彝殷（又名彝興）、彝超在新舊《五代史》、《宋史》有記：長興四年（933）李仁福卒，彝超繼立定難軍節度使，清泰二年（935）彝超卒，彝殷繼立。可能彝超襲位在前，彝殷襲位在後，故《宋史》誤記爲『彝興，彝超之弟也』，《濆氏墓誌銘》可糾其謬。

誌文記濆氏與李仁福有女四人：長曰適李氏，次適梁氏，次曰適梁氏。有關婚姻方面記載，彌補了史書缺佚，爲研究唐五代拓跋家族婚姻關係提供了彌足珍貴的材料。

濆氏天福六年（941）三月五日逝世，享年六十歲，則其生于唐中和二年（882）。天福七年（942）二月，濆氏祔葬于烏水河之北隅。又因墓誌出土于烏審旗無定河鎮（原名納林河鄉）十里梁，所以烏水即今天的納林河，濆氏的葬地當爲今天的内蒙古自治區烏審旗無定河鎮（原納林河鄉）附近的十里梁上。

玖　後晉·定難軍節度副使劉敬瑭墓誌銘

敘録

天福八年（943）七月刻石。陝西省横山縣雷龍灣鄉鄭安峁村南十五公里處出土，榆林市文物保護研究所藏。蓋、誌砂石質。蓋盝形，各邊長六十六厘米，厚十五點三厘米。蓋文篆書三行，行三字，刻『彭城郡劉公墓誌之銘』。殺面陰刻八卦圖。誌石正方形，邊長各六十六厘米，厚十三厘米。誌文楷書，三十四行，滿行三十六字。剥蝕較輕，基本完好。内容爲劉敬瑭生平事迹。觀察孔目官牛渥撰，押衙楊從溥書，石匠娥景稠鐫。

彭城郡劉公墓誌之銘蓋拓片

大晉故定難軍節度副使劉敬瑭墓誌銘拓片

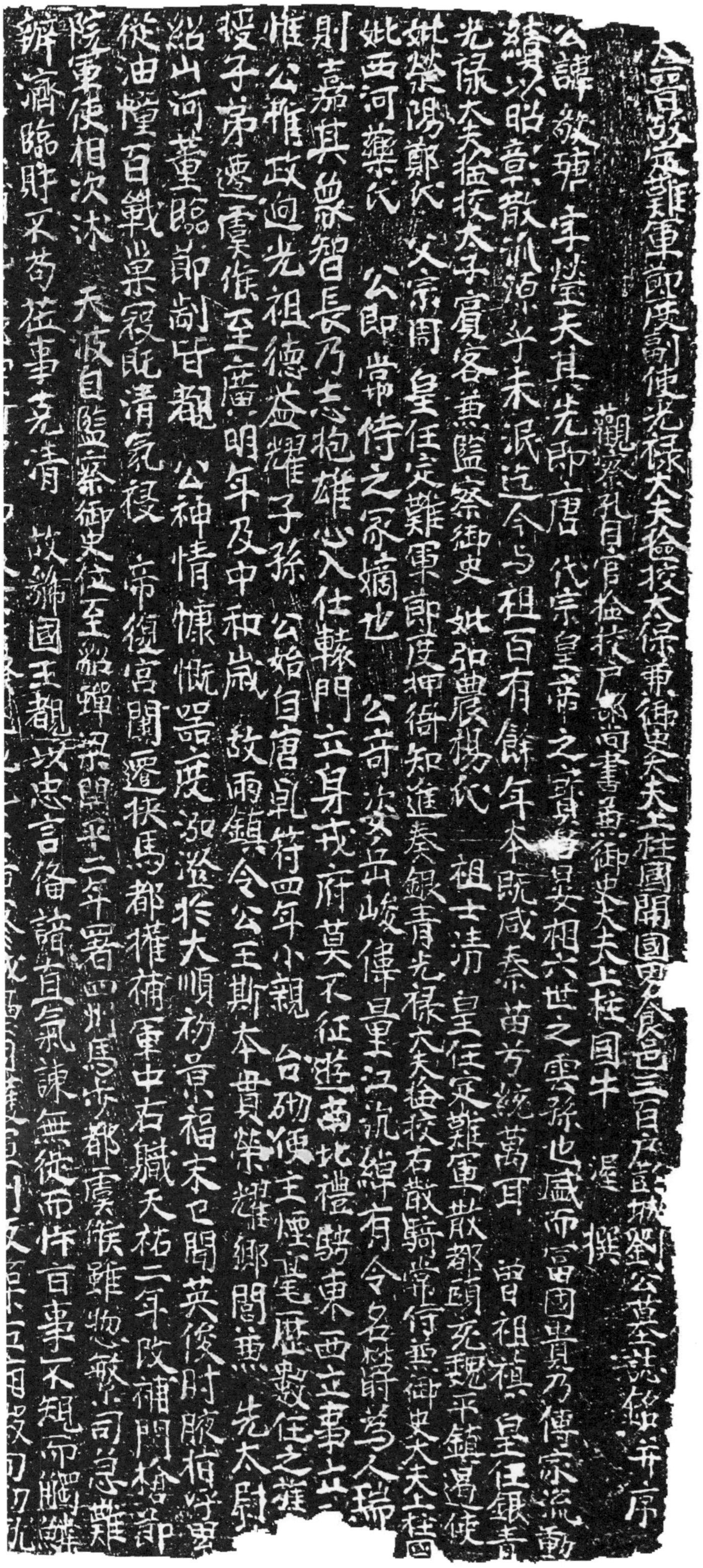

大晉故定難軍節度副使劉敬瑭墓誌銘拓片右

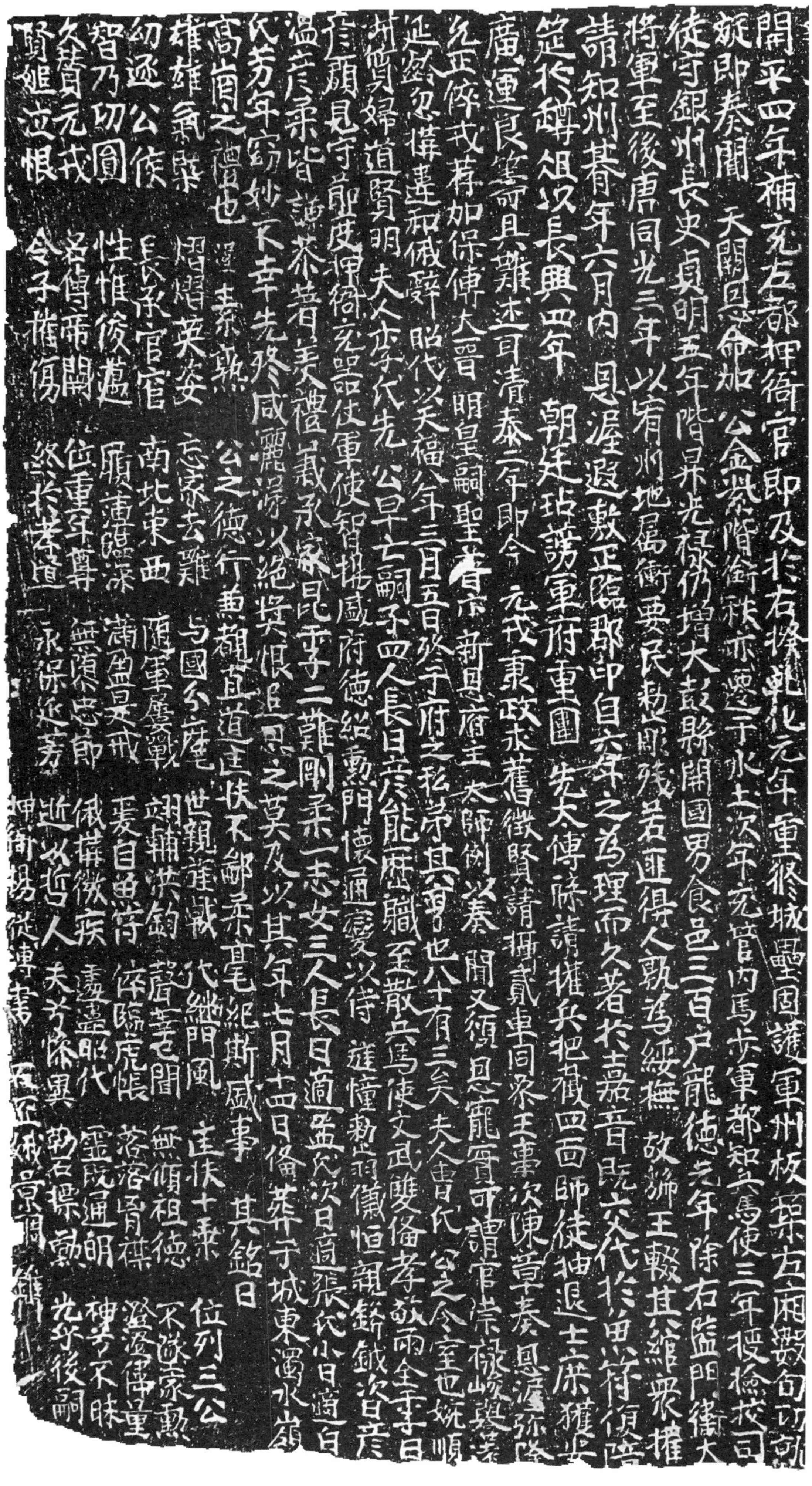

大晉故定難軍節度副使劉敬瑭墓誌銘拓片左

録文

大晉故定難軍節度副使光禄大夫檢校太保兼御史大夫上柱國開國男食邑三百户彭城劉公墓誌銘并序

觀察孔目官檢校户部尚書兼御史大夫上柱國牛渥撰

公諱敬瑭，字瑩夫。其先即唐代宗皇帝之賓臣晏相六世之雲孫也。盛而富國，貴乃傳家。流勳績以昭彰，散泒源乎未泯。迄今与祖，百有餘年，本既咸秦，苗兮統萬耳。曾祖禎，皇任銀青光禄大夫、檢校太子賓客兼監察御史。妣弘農楊氏。祖士清，皇任定難軍散都頭、充魏平鎮遏使。妣滎陽鄭氏。父宗周，皇任定難軍節度押衙知進奏、銀青光禄大夫、檢校右散騎常侍兼御史大夫、上柱國。妣河西藥氏。

公即常侍之家嫡也。公竒姿岳峻，偉量江沆，綽有令名，欝為人瑞。㓜則嘉其象智，長乃志抱雄心。入仕轅門，立身戎府，莫不征遊南北，禮騁東西。立事立勳，惟公惟政，迴光祖德，益耀子孫。公始自唐乹符四年，小親台砌，便主煙毫。歷數任之，旌麾授子弟，遷虞候。至廣明年及中和歲，故兩鎮令公王斯本貫，榮耀鄉閭，兼先太尉，纘紹山河，董臨節制，皆覩公神情慷慨，器度泓澄。扵大順初景福末，已聞英俊，肘腋指呼，累從油幢，百戰巢寇，既清氛祲。帝復宫闈，遷挾馬都，權補軍中右職。天祐二年，改補門槍節院軍使。相次沐天波，自監察御史位至貂蟬。梁開平二年，署四州馬步都虞候。雖摠繁司，急難辦濟，臨財不苟，莅事克清。故號國王覩以忠言，偹諳直氣。諫無從而忤旨，事不規而觸鱗。開平四年，補充左都押衙官，即及扵右揆。乹化元年，重修城壘，固護軍州。板築左廂，數旬功就。旋即奏聞天闕，恩命加公金紫階銜，秩亦遷于水土。次年，充管内馬步軍都知兵馬使。三年，授檢校司徒、守銀州長史。貞明五年，階昇光禄，仍增大彭縣開國男，食邑三百户。龍德元年，除右監門衛大將軍。至後唐同光三年，以宥州地属衝要，民埶凋殘，若匪得人，孰為綏撫。故號王輟其綰衆，權請知州。朞年六月内，恩渥遐敷，正臨郡印。自六年之為理，而久著扵嘉音。既交代扵魚符，復陪筵扵樽俎。以長興四年，朝廷玷謗，軍府重圍。先太傅牒請權兵把截四面，師徒抽退，士庶獲安。廣運良籌，具難述耳。清泰二年，即今元戎秉政，求舊徵賢，請攝貳車，同糸王事。次陳章奏，恩渥弥隆。允正倅戎，荐加保傅。大晉明皇嗣聖，普示新恩。府主太師，例以奏聞，又頒恩寵。實可謂官崇禄峻，譽遠延齡。忽搆違和，俄辭昭代。以天福八年三月五日，歿于府之私第，其享也八十有三矣。

夫人曺氏，公之令室也。婉順淋質，婦道賢明。夫人李氏，先公早亡。嗣子四人：長曰彦能，歷職至散兵馬使。文武雙偹，孝敬兩全。季曰彦頵。見守節度押衙，充器仗軍使。智揚盛府，德紹勳門；懷通變以侍旌幢，整羽儀恒親鈇鉞。次曰彦温、彦柔，皆謙恭著美，禮義承家。昆季二難，剛柔一志。女三人：長曰適孟氏，次曰適張氏，小曰適白氏。芳年窈妙，不幸先歿。咸灑涕以絕奬[1]，恨追思之莫及。以其年七月十四日，偹葬于城

[1]『奬』當爲『漿』。

東濁水嶺高崗之禮也。渥素熟公之德行，兼覩直道匡扶。不鄙柔毫，紀斯盛事。其銘曰：

雄雄氣槩，熠熠英姿。忘家去難，与國分麾。世親旌戟，代継門風。匡扶十乘，位列三公。幼逐公侯，長承官宦。南北東西，隨軍屢戰。翊輔洪鈞，聲華已聞。無傾祖徳，不墜家勳。智乃功圓，性惟俊邁。履薄臨深，滿盈是戒。爰自魚符，倅臨虎帳。落落肖襟，澄澄偉量。久賛元戎，名傳帝闕。位重年尊，無虧忠節。俄構微疾，遽違昭代。靈既通明，神兮不昧。賢姬泣恨，令子摧傷。終於孝道，永保延芳。逝以哲人，夫[1]兮慘昇。勒石標勲，光乎後嗣。

押衙楊從溥書 石匠娥景稠鐫

疏證

蓋面篆書『彭城郡劉公墓誌之銘』，四殺爲八卦圖。目前所見唐代墓誌蓋之行文順序常見爲自右至左，而同時期《後晉定難軍攝節度判官毛汶墓誌蓋》之蓋文亦是三行，順序爲自右至左。此墓誌蓋上『彭城郡劉公之墓誌之銘』三行字的行文順序爲自左至右，不知何故。

誌文稱劉敬瑭爲『彭城郡劉公』。彭城爲劉姓的郡望。《古今姓氏書辨證》載：『京兆、武功劉氏，本出彭城。』《新唐書》亦稱『京兆武功劉氏，本出彭城，後周有石州刺史懿。』誌文載其先世爲唐代宗時名臣劉晏的六世孫，或系攀附之論。

劉敬瑭曾祖父劉稹，任檢校太子賓客兼監察御史。檢校太子賓客非實職。監察御史爲唐御史臺監察機構官員，秩正八品上。祖士清，任定難軍散都頭、充魏平鎮遏使。散都頭爲定難軍武職僚屬。魏平位于綏州，劉敬瑭充魏平鎮遏使，唐時，每下縣鎮，輒補鎮遏使，負責安集户口。劉士清應是以『定難軍散都頭』之虛銜，充『魏平鎮遏使』之實職。

劉敬瑭于唐乾符四年（877），承蔭爲虞候。誌文稱『至廣明年及中和歲，故兩鎮令公王斯本貫』。『兩鎮令公』指李思諫，這是因爲在乾寧年間李思諫相繼出任定難軍和寧塞節度使。史載，乾寧二年（895），李思恭去世，李思諫繼任定難軍節度使。又《資治通鑑》卷二六一載乾寧四年（897），『以副都統李思諫為寧塞莭度使』。光化元年，劉敬瑭遷挾馬都指揮使，後補門槍節院軍使，署四州馬步都虞候，補充左都押衙官，充管内馬步軍都知兵馬使，守銀州長史，仍增大彭縣開國男，除右監門衛大將軍。至後唐同光三年，李仁福任劉敬瑭爲宥州知州。

劉敬瑭知宥州時，曾率軍抵抗後唐軍隊的進攻：『長興四年，朝廷玷謗，軍府重圍。先太傅牒請權兵把截四面，師徒抽退，士庶獲安。』所謂『朝廷玷謗』，即李仁福在世時『河西諸鎮皆言仁福連結契丹，嘗約虜使』，但實際上『仁福畏朝廷除移，揚言結契丹為援，契丹實不與之通也』。李仁福去世後，朝廷便命令其子李彝超爲延州刺史、彰武軍節度使，而徙彰武安從進代之，準備將夏州李氏移鎮，又『恐彝超不受代，遣邠州藥彥稠

[1] 夫，《榆林碑石》録爲『天』。

以兵五萬送進之鎮』。李彝超『果不受代，從進與彥稠以兵圍之，百餘日不克』。定難軍政權能獲取戰鬥的勝利，當與劉敬瑭等『党項萬餘騎徜徉四野，抄掠糧餉，官軍無所芻牧』有關。

至李彝殷任職定難軍節度使的清泰二年，又讓劉敬瑭『攝二車』，意即擔任誌文標題中所謂的『定難軍節度副使』。後晉建立後，劉敬瑭擔任原職，并于天福八年（943）三月五日逝世，享年八十三歲，可推知其生于唐咸通二年（861）。

研究成果見諸陳瑋《後晉定難軍節度副使劉敬瑭墓誌研究》（《北方文物》2020年第一期）；孫宜孔《後晉定難軍節度副使劉敬瑭墓誌銘考釋》（《西夏學》，2019年第十九輯）。

拾　後晉·夏銀綏宥等州觀察支使何德璘墓誌銘

叙録

天福八年（943）四月刻石。陝西靖邊縣紅墩界鄉華家窪林場出土，靖邊縣文物管理所藏。蓋、誌砂石質。蓋盝形，長四十九厘米，寬五十六厘米，厚十五點三厘米。蓋面篆刻三行，行三字，刻『南陽郡何公墓誌之銘』。殺面陰刻八卦圖。掉碴較多，四角殘。誌石長五十三厘米，寬五十九厘米，厚十四厘米。誌文楷書，二十七行，滿行二十九字。剥蝕較重，邊沿掉碴較多。内容爲何德璘生平事迹，銀州營田判官王卿撰，書刻者不詳。

南陽郡何公墓誌之銘蓋拓片

大晉國故夏銀綏宥等州觀察支使何德璘墓誌銘拓片

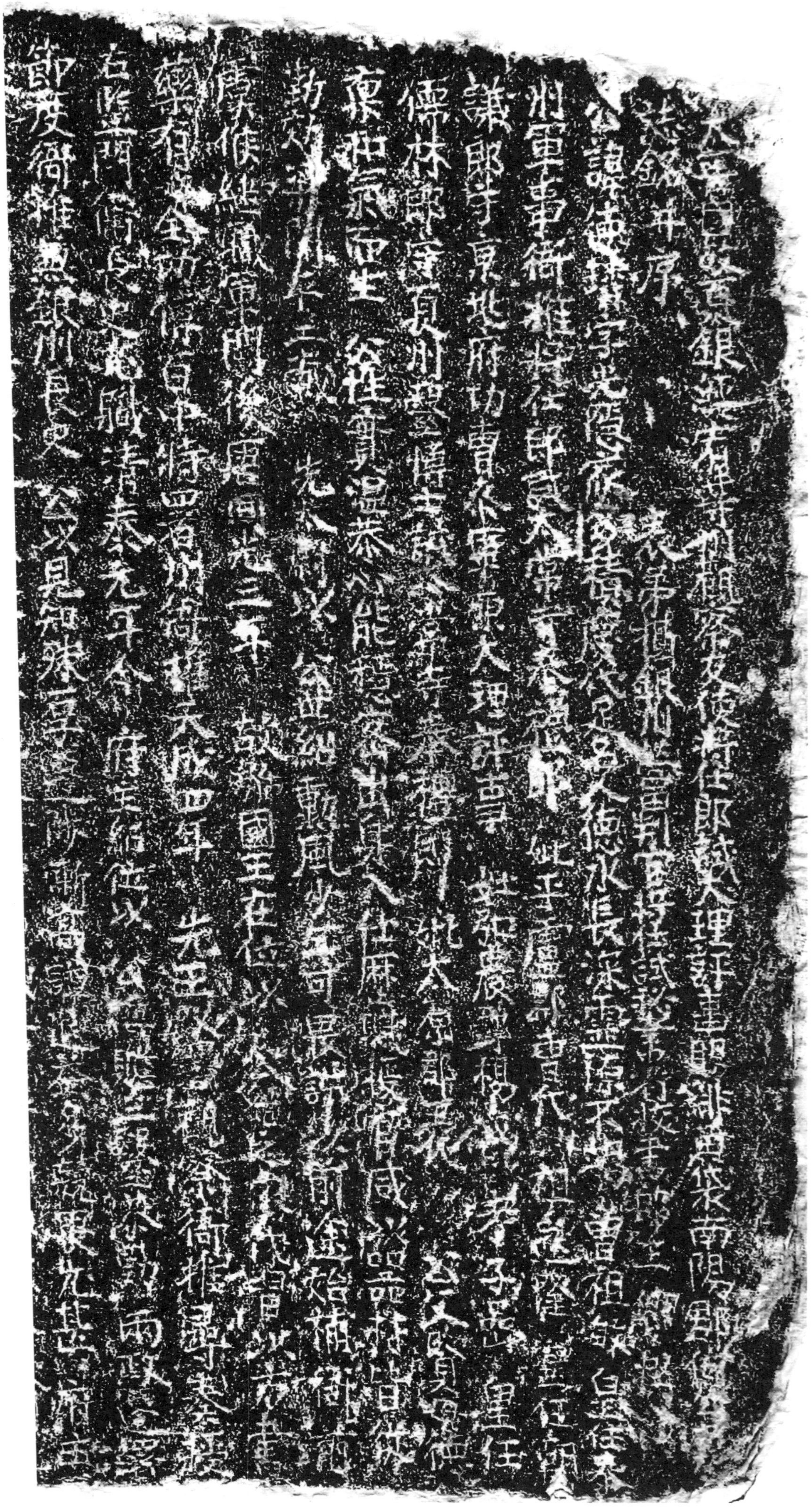

大晉國故夏銀綏宥等州觀察支使何德璘墓誌銘拓片右

大晉國故夏銀綏宥等州觀察支使何德璘墓誌銘拓片左

録文

大晉國故夏銀綏宥等州觀察支使将仕郎試大理評事賜緋魚袋南陽郡何公墓誌銘并序

表弟攝銀州營田判官将仕試秘書省校書郎王卿撰

公諱德璘，字光隱。家多積[1]慶，代足名人，德水長深，靈源不竭。曾祖敏，皇任泰州軍事衙推、将仕郎、試太常寺奉禮郎。妣平盧郡曺氏。祖遂隆，皇任朝議郎、守京兆府功曺条軍兼大理評事。妣弘農郡楊氏。考子嵒，皇任儒林郎、守夏州醫博士、試太常寺奉禮郎。妣太原郡王氏。

公父賢母德，稟和氣而生。公性實温恭，心能穩審，出身入仕，歷職授官，咸以㗊材，皆從勤効。梁開平二載，先太尉以公世紹勳風，少年可畏，許以前途，始補衙前虞候，継職軍門。後唐同光三年，故虢國王在位，以公継之家伐，習以方書，藥有□全，功傳百中，特署州衙推。天成四年，先王改署觀察衙推，尋奏授右監門衛長史□職。清泰元年，今府主紹位，以公博贍三醫，恭勤兩政，遷署節度衙推兼銀州長史。公以見知殊厚，遷陟漸高，謙退益多，兢畏尤甚。府主深益知之，頻所嘉歎，遂奏授觀察支使、将仕郎、試大理評事，仍兼朱紱。用□節槩，俾稱才能。公職列賓階，位親籌幄。沉機妙畫，皆成有國之規；忠論誠言，□元全家之道。其或民有迫切，公不隱藏。凡藥石以上聞，必春膏之普及。由是連朝継夕，承窨論於從容；贊理傾心，益群情之歎伏。何嵒皇天不祐，白日喪賢，堪傷構廈之材，俄積逝川之嘆。晉天福八年二月十四日，逝于府之私第，其享五十有六矣。

公合清河張氏，母儀婦道，紹後光前。嗣子二人：長曰紹文，藝可承家，術多濟世，□□禮讓，為衆所推。府主委而用之，賞其忠盡，署以觀察衙推兼綏州長史。次曰紹倫，幼年未仕。有女一人，適韓氏。生知四德，大合六親，號天泣血，哀毀痛極。以其年四月二十五日，俻葬于朔方縣崇信鄉綏德里張吉堡之右，禮也。所謂積善之家，必有餘慶者也。於戲！自古皆有死，没而有令名，又何患於喪乎？倗感公恩，私悲□逝，勉強揮毫，書公之實。其銘曰：

古猶今也，代有名臣。猗歟何公，高蹤少卿。忠義立性，聰敏為人。天何不吊，鍾禍于身。丈夫平生，重其節槩。公之操脩，輝映千載。盡瘁於主，死忠於代。高岸徒遷，佳名永在。今則青烏葉兆，白馬臨喪。去彼西□，□芳鬼鄉。大野蕭蕭兮万籟悲，孤魂嶕嶢兮藏日輝，重泉冥寞兮一去何時歸。□□荒郊兮黯望，佳城悄悄兮松依依。

表外甥押衙

[1] 積，《榆林碑石》録爲『精』。

疏証

誌主爲『南陽郡何公』，『南陽郡』爲何德璘家族之郡望。誌主曾祖名何敏，任泰州軍事衙推、將仕郎、試太常寺奉禮郎。祖何遂隆任京兆府判司僚佐功曹參軍事兼任大理評事。至其父何子喦一輩，始至夏州，任醫博士。

誌文載『梁開平二載，先太尉以公世紹勳風，少年可畏，許以前途，始補衙前虞候，繼職軍門。』《舊五代史》記載梁開平元年，李思諫被授爲檢校太尉兼侍中。開平二年（908）李思諫去世，稱『先太尉』。李思諫以何德璘補『衙前虞候』，爲節度軍中的軍將官員。後唐同光三年，李仁福闢德璘爲州衙推，天成四年改觀察衙推，尋奏授右監門衛長史一職。其後誌文敘及『清泰元年，今府主紹位……遷署節度衙推兼銀州長史』。『府主』應指李彝殷。然而，《舊五代史》記清泰二年三月，『以夏州行軍司馬李彝殷爲本州節度使，兄彝超卒故也』，與誌文記載有齟齬。後李彝殷奏授何德璘爲觀察支使、將仕郎、試大理評事，仍兼朱紱。

何德璘有子二人，長曰紹文，署以觀察衙推兼綏州長史。『觀察衙推』爲唐五代觀察使府文職僚佐之一。何德璘又兼任綏州長史一職。次曰紹倫。

誌主何德璘于後晉天福八年（943）逝世，享年五十六歲，則其當生于唐僖宗光啓元年（887）。下葬之地點，在『朔方縣崇信鄉綏德里張吉堡』，可證今靖邊縣華家坬林場一帶在唐代之建置。

研究成果見諸陳瑋《後晉夏銀綏宥等州觀察支使何德璘墓誌銘考釋》（《中國國家博物館館刊》2013年第四期）。

拾壹　後晉·綏州刺史李仁寶墓誌銘

叙録

開運三年（946）二月刻石。陝西省榆林市榆陽區紅石橋鄉拱蓋梁村出土，榆林市博物館藏。蓋、誌砂石質。蓋盝形，各邊長六十四厘米，厚十三厘米。蓋面楷書三行，行三字：『故隴西李公墓誌之銘』。殺面陰刻八卦圖。誌石正方形，邊長各六十四厘米，厚十一厘米。誌文楷書，三十行，行三十六字。蓋面有多道刻痕。内容爲李仁寶生平事迹，銀州防禦判官齊嶠撰，書刻者不詳。

故隴西李公墓誌之銘蓋拓片

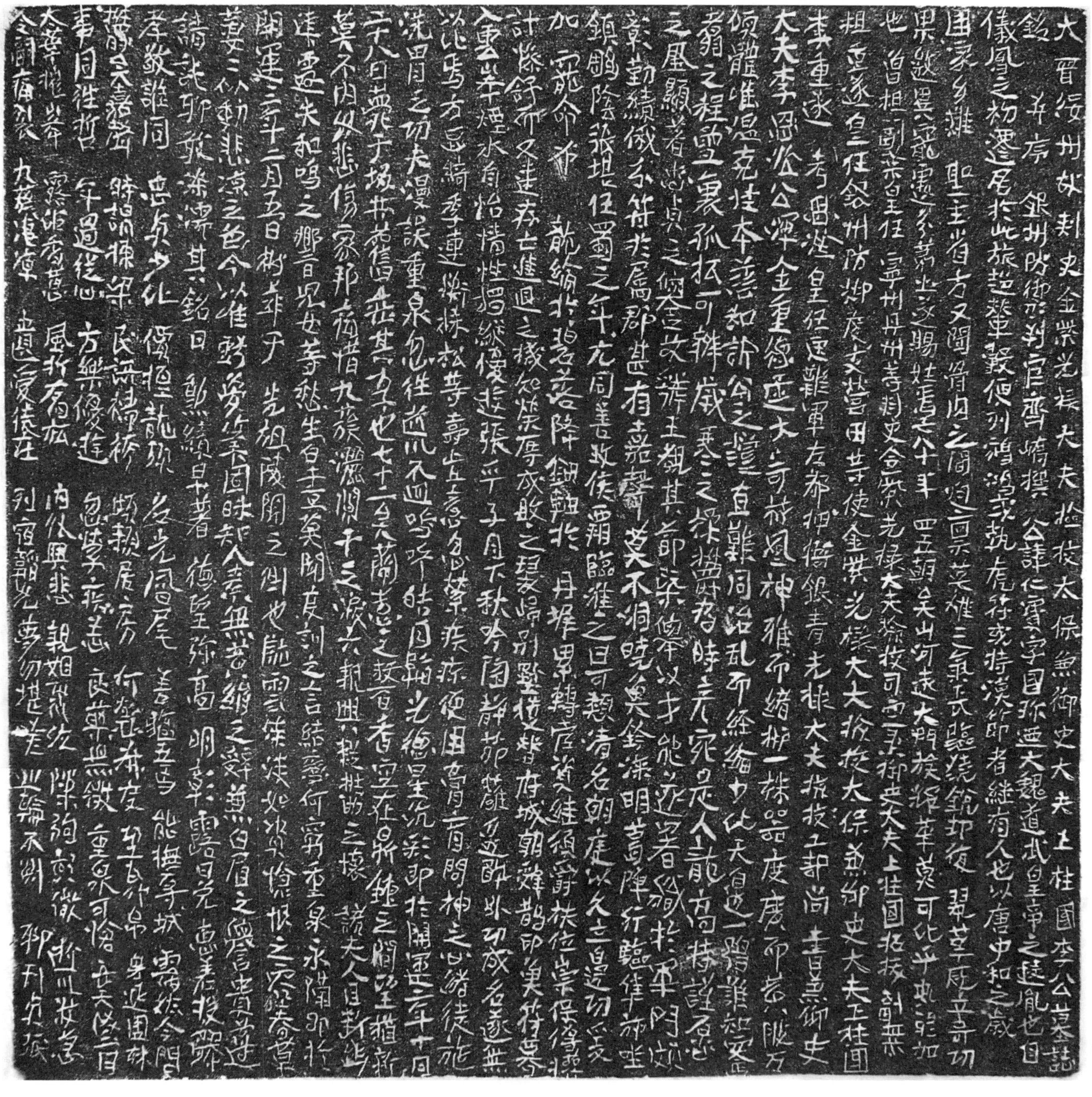

大晋綏州刺史李仁寶墓誌銘拓片

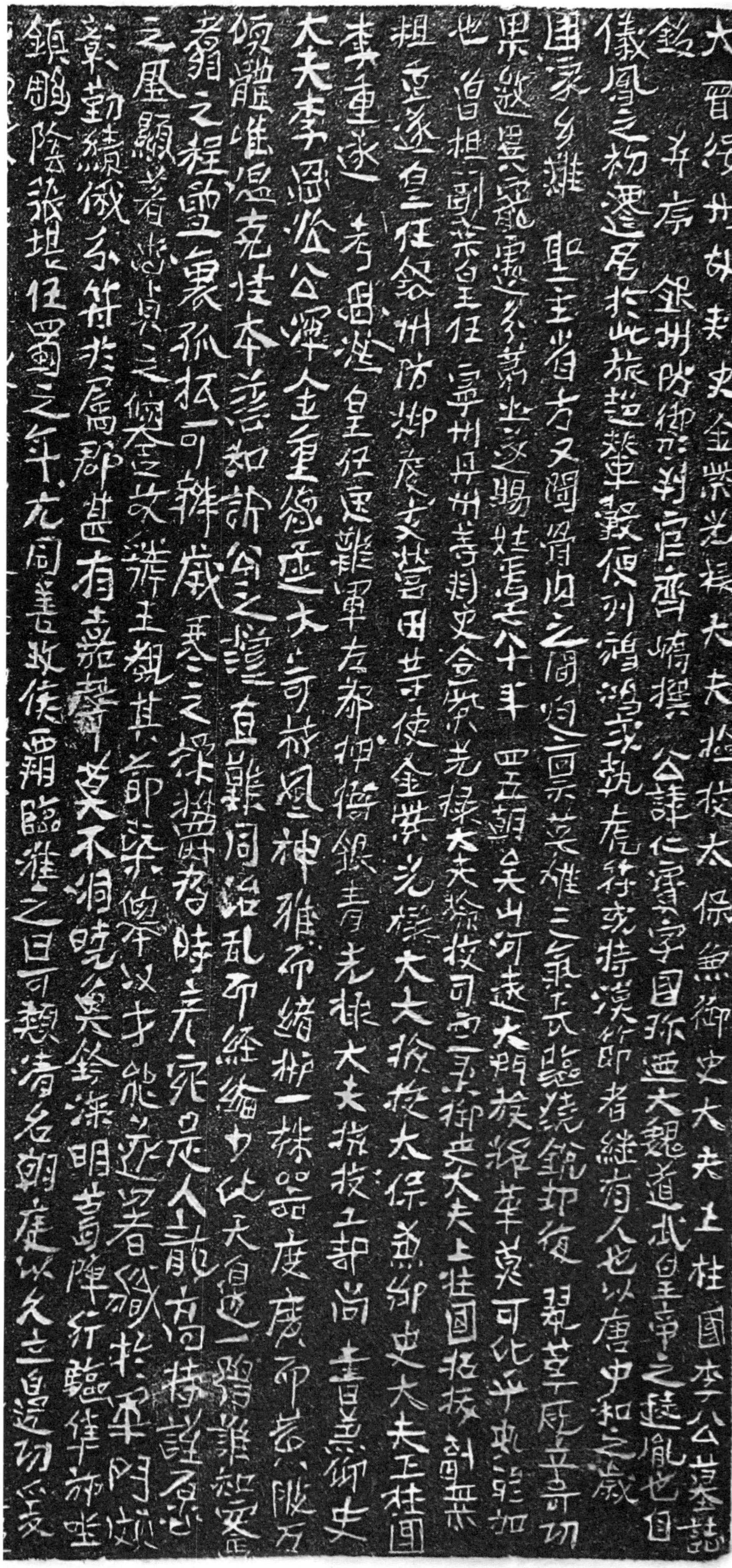

大晉綏州刺史李仁寶墓誌銘拓片右

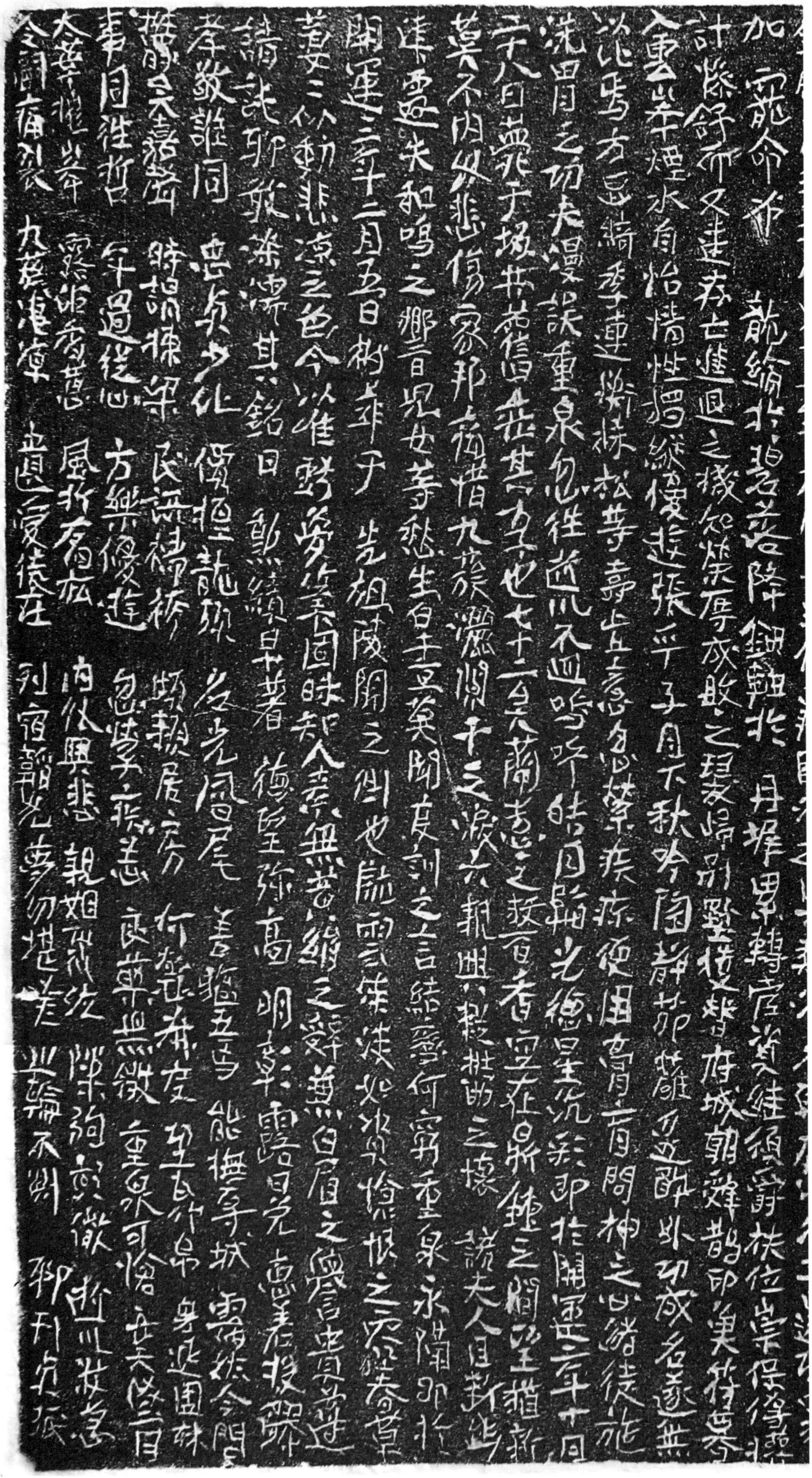

大晉綏州刺史李仁寶墓誌銘拓片左

録文

大晋綏州故刺史金紫光禄大夫檢校太保兼御史大夫上柱國李公墓誌銘并序

銀州防禦判官齊嶠撰

公諱仁寶，字國珎，廼大魏道武皇帝之遐胤也。自儀鳳之初遷居扵此，旅趋輦轂，便列鵷鴻，或執虎符，或持漢節者，継有人也。以唐中和之歲，國家多難。聖主省方。又聞骨肉之間，迥禀英雄之氣，長驅驍鋭，卻復翠華。厥立竒功，果邀异寵，遂分苐土，遂賜姓焉。七八十年，四五朝矣。山河遠大，門族輝華，莫可比乎，孰能加也。曾祖副葉，皇任寧州、丹州等刺史、金紫光禄大夫、檢校司空兼御史大夫、上柱國拓拔副葉。祖重遂，皇任銀州防御、度支、營田等使，金紫光禄大夫、檢校太保兼御史大夫、上柱國李重遂。考思澄，皇任定難軍左都押衙、銀青光禄大夫、檢校工部尚書兼御史大夫李思澄。

公渾金重德，遽大竒材。風神雅而緒柳一株，器度廣而黄陂万頃。體唯温克，性本善知。訴公之讜直難同，治亂而経綸少比。天邊一鶚，誰知騫翥之程；雪裏孤松，可辨歲寒之操。鬱為時彦，宛是人龍。高持謹愿之風，顯著忠貞之譽。故號王覩其節槩，舉以才能。遂署職扵軍門，頗彰勤績；俄分符扵属郡，甚有嘉聲。莫不洞曉魚鈐，深明葛陣。行驅隼旆，坐鎮雕陰。張堪任蜀之年，尤同善政；侯霸臨淮之日，可類清名。朝庭以久立邊切，爰加寵命，布龍綸扵碧落，降鈿軸扵丹墀。累轉官資，継須爵秩，位崇保傅，權計絛舒。而又逢存亡進退之機，知榮辱成敗之理。求歸別墅，獲替府城。朝辤鵲印奐符，暮入雲峯煙水。自怡情性，獨縱優遊。張平子月下秋吟，陶静莭籬邊醉卧，切成名遂，無以比焉。方昱綺季連衡，衡松等壽，豈意忽縈疾疹，便困膏肓。問神之心緒徒施，洗胃之切夫漫誤。重泉忽往，逝川不廻。嗚呼！皓月韜光，德星沉彩。即扵開運二年十月二十八日，薨于阪井舊莊，其享也七十二矣。

蘭臺之馨[1]香空在，鼎鍾之間望猶新。莫不内外悲傷，家邦[2]痛惜。九蔟灑闌干之淚，六親興□鬱之懷。諸夫人目断幽津，遽失和鳴之響；兒女等愁生白晝，莫聞庭訓之言。結戀何窮，重泉永隔。即扵開運三年二月五日，祔葬于先祖陵闕之側也。□雲淡淡，如資愴恨之容；春草萋萋，似動悲涼之色。今以唯虧夢筆，固昧知人，素無黄絹之辤，兼白眉之譽。貴遵請誌，聊敢涂濡。其銘曰：

勳績早著，徳望弥高。明彰露冕，恵若投醪。孝敬誰同，忠貞少比。價捏龍須，名光鳳尾。善驅五馬，能撫辱城。靄然令問，鬱矣嘉聲。時謂棟梁，民歌襦袴。頤親居房，何聲□度。望□竹帛，身退園林。事同往哲，年過從心。方樂優遊，忽縈疾恙。良藥無徵，重泉可愴。□天墜月，太華摧峯。露沾香蕙，風折喬松。内外興悲，親姻聚泣。隙駒□徵，逝川□急。令嗣痛裂，九蔟淒涼。遺愛徒在，列宿韜光。夢勿堪嗟，丘輪不測。聊刊

[1] 馨，《榆林碑石》録爲『數、酒』二字。

[2] 邦，《榆林碑石》録爲『幫』二字。

貞珉。

疏證

誌文稱李仁寶的先世『乃大魏道武皇帝之遐胤也』，系唐五代時期党項拓跋氏以族北魏拓跋氏家族爲族源認同的又一例證。又誌蓋書『故隴西李公墓誌之銘』，隴西爲李仁寶一族的郡望。平定黄巢之亂時拓跋思恭立下戰功，得到唐朝的賜姓李氏。党項拓跋氏在追溯自身族源的時出現了追溯北魏族源與唐朝賜姓伴隨着隴西郡望的雙重認同。

誌文稱該家族儀鳳初年遷居于夏州。『以唐中和之歲，國家多難……遂賜姓焉』概指李仁寶的先世拓跋思恭平定黄巢起義一事。唐朝末年，黄巢起義軍攻破長安，詔鄭畋爲京城四面都統，統轄各路大軍，時任宥州刺史的拓跋思恭也在徵調的大軍中。黄巢之亂平定後，拓跋思恭因功統銀、夏、綏、宥、静五州地，復賜李姓。李仁寶的曾祖拓跋副葉，任寧州、丹州等刺史。祖李重遂，任銀州防禦、度支營田等使。考李思澄，任定難軍左都押衙。

李仁寶因被『故虢王』李仁福賞識，署職于定難軍武職。其後李仁寶『坐鎮雕陰』，《舊唐書》卷三八《地理志一》云『綏州下，隋雕陰郡。』所以李仁寶『坐鎮雕陰』即指被派往綏州擔任刺史。李仁寶亦終官于此任。

開運二年（945）十月二十八日，李仁寶薨于阪井舊莊，開運三年（946）二月五日，祔葬于榆林市榆陽區紅石橋鄉拱蓋梁村的家族墓地。李仁寶享年七十二歲，則其生于乾符元年（874）。值得注意的是，李仁寶并未入葬定難軍歷任節度使所下葬的内蒙古烏審旗十里梁墓地，或許説明仁寶屬于拓跋氏疏族，并非族中的核心成員。

研究成果見諸趙斌、尹夏清《榆林出土西夏皇族先祖〈李仁寶墓誌〉》（《碑林集刊》2001年）；周偉洲《陝北出土三方唐五代党項拓拔氏墓誌考釋——兼論党項拓拔氏之族源問題》（《民族研究》2004年第六期）；陳瑋《後晉綏州刺史李仁寶墓誌銘考釋》（《西夏學》第十三輯。

拾貳　後漢・李彝謹妻里氏墓誌銘

叙録

乾祐三年（950）刻石，内蒙古烏審旗無定河鎮（原名納林河鄉）十里梁出土，烏審旗文管所藏。蓋佚，誌石高七十九厘米，寬七十九厘米。誌文正楷竪書，三十七行，滿行四十字，個別地方字迹漫漶。書法險峻嚴整。内容爲里氏生平事迹，攝節度推官劉夢符撰，押衙充隨使孔目官楊從溥書，石匠劉敬萬鐫。

大漢故沛國郡夫人李彝謹妻里氏墓誌銘拓片

大漢故沛國郡夫人李彝謹妻里氏墓誌銘拓片右

大漢故沛國郡夫人李彝謹妻里氏墓誌銘拓片左

録文

大漢故沛國郡夫人里氏墓誌銘并序

攝節度推官劉夢符撰

蓋聞陰陽渾同，二儀之形罔辨。玄黄判位，三才之道始彰。内分清濁之精，外蘊融和之氣。植梧桐而並秀，騰鸞鳳以雙飛。一則上應乾儀，一則下符坤性。或六藝以飾己，或四德以脩身。價齊麗水之金，美並崑山之玉者，即故沛國郡夫人，稟此异氣而生焉。

父皇甫訛移，任延州水北教練使兼南山開道指揮使。勇義兼身，機鈐出衆。處轅門之清給，立部族之強名。劍揮潭底之龍，箭落雲中之鷹。實為國器，夙振家風。本貫延州金明縣北界。妣拓拔氏，夫人容貞敦美，禮樂柔和。既為德行之人，方産賢明之女。我故沛國郡夫人，即教練使之長女也。夫人月淬陰精，霞分异彩。合三星而降恵，成四德以脩身，令淑早彰，雍容著美。窻下而花生彩綫，鏡前而云起香鬟。辯可解圍，文能詠雪。纔及破瓜之歲，禮諧合巹之□。時朔方王以業霸河西，塵清塞上。為子契和鳴之美，行人脩納□之儀：自適王門，久榮昌運。曽祖皆聦扵将相，伯叔咸列扵土茅。貂眼昭彰，盛公侯扵甲第。蟬冠掩映，列朱紫以盈門。事光簡冊之書，名貴淩煙之閣。熸乎竹帛，不汨聲光。夫見任綏州刺史、檢校司徒李彝謹，即追封韓王之次子也。行堅金玉，譽比芝蘭。敦詩書禮樂之名，蘊温潤謙和之敬。目臨千里，布政六條。民無瘵以可求，化有恩而及物，随輒雨潤，逐扇風清，如楊續匪受扵饋魚，似敬祖不燃扵官燭，光前絶後，獨振徽猷。夫人水玉交歡，賢明合道。處内則祖章匪失，處外則骨肉和平。儉素為心，温恭抱謹，實為兔絲附秀，樛木垂芳，梧桐轉茂扵清陰，琴瑟方調扵雅韻，奈以短長無定，榮槭有期，沉痾既染扵膏肓，妙術難諧扵響應。葉催秋露，花墮春風。徘徊孤鏡秉之鸞，悽切痛雲中之雁，即以乾祐二年九月十五日薨扵綏州私第，享年五十有四。痛深五馬，哀切六親。人民罷市以興嗟，骨肉號天而動泣。

有子五人：長曰光琇，守職節度押衙充綏州衙内指揮使、檢校右散騎常侍兼御史大夫。貞松梃操，秋月含輝。扵家懷孝悌之心，莅事有公清之節。即娶破丑氏之女。次曰光璉，守職綏州都知蕃落使、檢校國子祭酒兼御史大夫。玉瑩寒光，山高聳翠。有文武兼才之美，抱仁信及物之情。即娶蘇氏之女。次曰光義，節度押衙充馬軍第二都軍使、檢校右散騎常侍兼御史大夫。清白有聞，貞廉無染。執硯之仁慈既蘊，奉堇之孝道應全。咸為継體之人，盡保成家之者。即娶楊氏之女。次曰光璘、光琮，皆不仕。七絲雅韻，三秀靈苗。蘊玉湛隱徳之才，抱狄嗣顯名之譽。咸以哀毁過聲，涕泗交併。樹欲静而風不停，子欲養而親不待，信有之矣，不期然乎。

有女三人：長適野由氏，次適蘇氏，皆以婚成伉儷，礼配玄黄，秋霄永而圓月虧，春風急而好花落。遽□日皆奄黄泉。次曰喜娘，幼處閨窗，未諧匹偶。念女蘿之獨秀，傷棣萼以凋零。人間未及扵問名，泉下已歸扵閅□。短長命矣，噫亦痛焉。扵是地選邢山，川如淯水。正乙酉乙卯之位，當甲子甲午之阡。植孔樹以衆著，構玄堂之深邃。即以乾祐三年八月十九日，光琇等自雕陰護引夫人之靈，葬扵夏州朔方縣儀鳳鄉奉政里烏水之原也。

夜臺永閟，幽隧難尋。寒松嘘瀝以生風，野草萋萋而泣露。夢符才非徛馬，學愧雕蟲，難為撫掌之嗤，强副指蹤之命，乃為銘曰：

乾坤育性，融和蘊精。苓浦珠瑩，崑山玉貞。無為罕測，大諤難名。淬明月魄，我夫人生。其一。抱婉約情，禀雍容質。神降瓊樓，花藏金室。妻禽問名，佳期納吉。榮比鴛鸞，聲諧琴瑟。其二。恩沾私室，貴顯王門，龍旌虎節，玉乘金昆。貂蟬滿座，将相盈軒。乃文乃武，令子令孫。其三。祖列雙旌，夫榮五馬。分葉於堯，霸基于夏，清儉懸僉，賢明讓難，政理名光，揚春和寡。其四。方期貴盛，忽染膏肓。鴛衾失緒，鸞臺罷妝。青絲減翠，金鴨鎖香。術無百中，藥悞千方。其五。難返幽魂，奄歸玄闕。兒女哀號，軍民哽咽。九族悲傷，六親慘切。哀極於心，淚繼之血。其六。既辭靈帳，須卜昏庭。簠簋備設，黍稷咸藏。松風暗響，薤露愁聽。蔓草縈骨，懸窆泉坰。其七。垠田窮荒，痛深幽隧。白日長辭，玄堂永閟，德行追搜，言詞匪媿。刻紀燕然，千秋萬歲。其八。荒郊慘澹，兮愁雲連。野草萋迷，兮凝寒煙。人自老兮烏飛兔走，名不朽兮谷變陵遷。

押衙充隨使孔目官楊從溥書，石匠劉敬萬鐫。

疏證

里氏之父爲皇甫訛移，『訛移』爲典型的党項人名，如《宋會要輯稿·職官六六》云：『先是，遵裕數使蕃部乙訛及顧入西界，見蕃族梁訛移探事，且誘訛移來降。後乙訛爲西人所執，永德等擅發兵出塞追取』。從皇甫訛移之名以及誌文稱其『處轅門之清給，立部族之强名』，『本貫延州金明縣北界。』來看，皇甫訛移應爲延州金明縣一帶的党項人首領。皇甫訛移任『延州水北教練使兼南山開道指揮使』，所謂『水北』，即在金明縣匯入延河的杏子川以北，而『南山』則是延州與夏州交界處的山巒以南。

誌文稱里氏之夫李彝謹，『即追封韓王之次子也。』關于韓王，《李彝謹墓誌》稱李彝謹『列考諱仁福，皇任定難軍節度使，累贈韓王。』《李光睿墓誌》稱李光睿之祖李仁福『皇任夏州節度使、韓王』。《李繼筠墓誌》稱李繼筠曾祖『韓王，名諱仁福』。誌文中的韓王與誌文所稱『時朔方王以業霸河西』中的朔方王均指定難軍節度使李仁福。

誌文謂里氏『才及破瓜之歲，禮諧合巹之酒，時朔方王以業霸河西，塵清塞上。為子契和鳴之美，行人備納衆之儀』，即十六歲時被定難軍節度使李仁福遣使禮聘爲己子李彝謹之妻，時爲後梁乾化元年（911），而在前一年李仁福剛剛成爲定難軍節度使。反映了定難軍李氏與延州党項首領的聯姻。

里氏之夫李彝謹任綏州刺史、檢校司徒。誌文稱李彝謹『即追封韓王之次子也』。李彝謹之父李仁福，任夏州節度使，生前封朔方王，死後『追封號王』。誌稱李仁福韓王而不稱號王，當是避後周郭氏之諱。

里氏于乾祐二年（949）九月十五日薨于綏州私第，享年五十四歲，則其生于乾寧三年（896）。乾祐三年（950）八月十九日，里氏之子光琇等自綏州護引李氏之靈，歸葬于夏州朔方縣儀鳳鄉奉政里烏水之原。

里氏與李彝族謹有子五人，其中第四子爲光璘，但按照《故綏州太保夫人祁氏神道誌》，李光璘生母爲祁氏，因此里氏只不過是李光璘嫡母。

拾叁　後周·綏州刺史李彝謹墓誌銘

叙録

廣順二年（952）刻石。内蒙古烏審旗無定河鎮（原名納林河鄉）十里梁出土，烏審旗文管所藏。蓋佚，誌石高七十七厘米，寬七十七厘米。誌文正楷竪書，三十六行，行三十八至四十字，個別地方字迹漫漶。書法險峻嚴整。内容爲李彝謹生平事迹。節度判官郭峭撰，節度押衙楊從溥書，石匠劉敬萬鐫。

綏州刺史李彝謹墓誌銘拓片

綏州刺史李彝謹墓誌銘拓片右

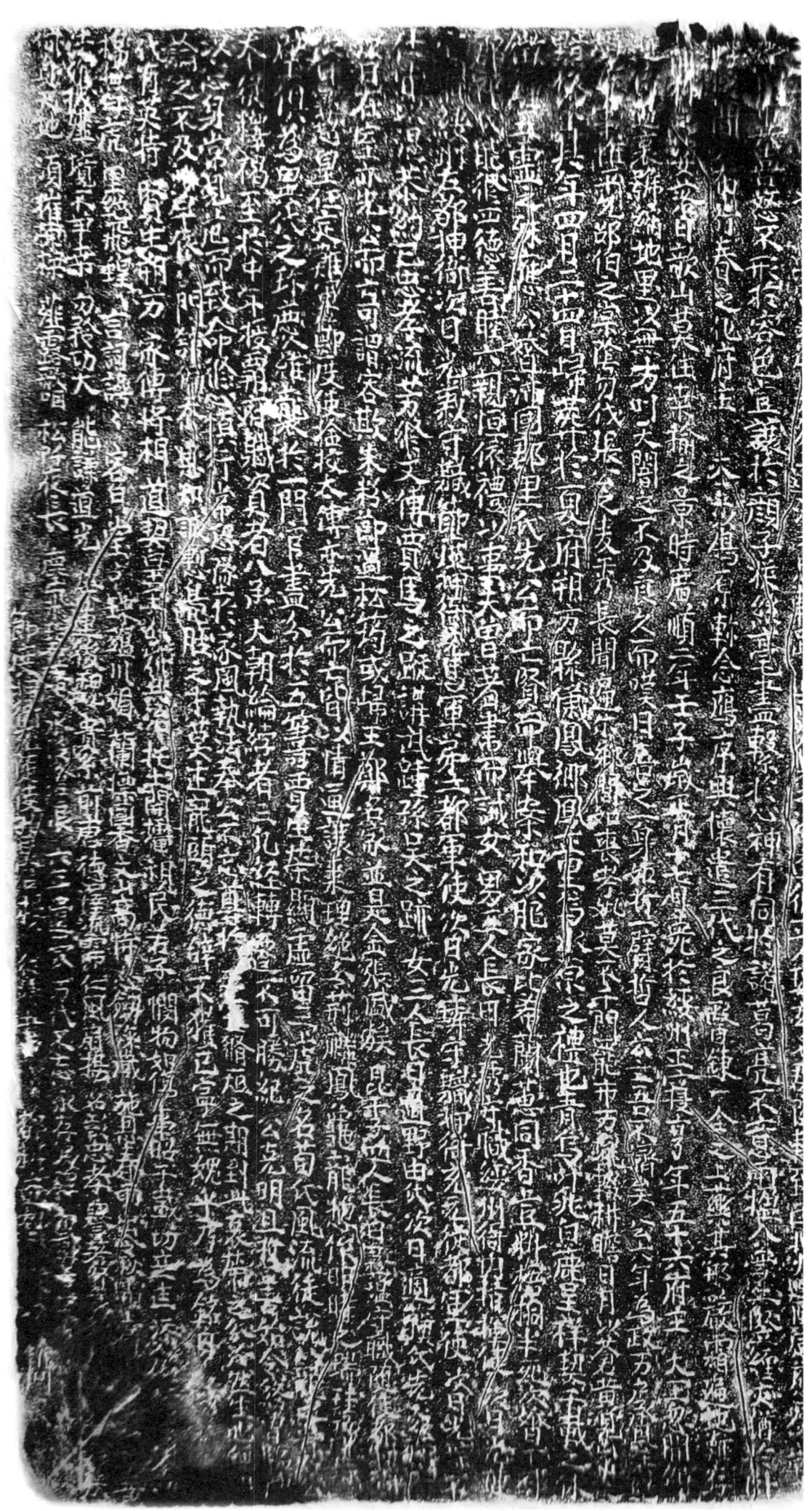

綏州刺史李彝謹墓誌銘拓片左

録文

故推誠翊戴功臣金紫光禄大夫檢校太保使持莭綏州諸軍事綏州刺史兼御史大夫上柱國李公墓誌銘并序

從表姪莭度判官朝議郎試大理評事賜緋魚袋郭峭撰

昔後魏威振朔陲，聲揚諸夏，控弦之士動逾十万，食臭之客何啻三千。粲合陂中，蜮有經天之氣。榆林塞外，常觀夾日之祥。尔後慴服羣豪，通和列國。平北之功勲益著，圖南之謀略潛施。動必應機，舉無遺筭。保全大魏，吞併中原。立事建功，光前絕後。故得家留餘慶，代不乏賢。枝沠[1]相因，英雄間出。果拎唐祚，又降奇才。尋遇國步艱難，人情叛亂。值劉琨之夜舞，當樊噲之横行。公先代首合師，誓除奸賊。安一人拎反仄，領十道之車徒。重立皇綱，始自公之先祖。今乃略而述之，不可盡也。

公諱彜謹，字令謙，本鄉客之大族，後魏之苹系焉。曾祖諱重建，皇任大都督府安撫平下番落使。曾祖妣破丑氏，累贈梁國太夫人。祖諱思□。皇任京城四面都統教練使，累贈太師。祖母梁氏，封魏國太夫人。烈考諱仁福，皇任定難軍節度使，累贈韓王。妣瀆氏，封吴國太夫人，公即韓王第二子也，爰自加冠，便謀入仕，非賢不舉，惟善是求，操心而有始有終，儉已而何憂何懼，遂得箴規衙事，標表戎行，家門傳可久之風，軍府起從長之論，外為手足，内作腹心，或事匪合宜，蹤龍鱗而亦犯，直而不撓，在雞口以争先。而乃仗信安人，傾忠事主。常居左右要藉，諮謀傾忠。□□中權，出臨属郡。府上有去思之意，綏州傳來暮之言，寔謂民戴二天，時謠五袴。朞年之内，闔境晏然。□□勸課耕桒，修崇廨署。減俸財而添濟，勉工役拎劬勞。雖土木暫興，致金湯永固。作山河之襟帶，為疆境之□□。而况此州適當大路，山水發道流之思，輪蹄通泉貨之源。逢彼正人，理茲名郡。随軒致雨，扣火迴風。感應屢彰，古□□异。喜怒不形拎容色，豈讓拎顏子推。絲毫盡繫拎心神，有同拎諸葛亮。不意雨楹入夢，二豎經災。猶拎臥□之間，大布行春之化。府主大王以鴒原軫念，鴈序興懷。遣三代之良醫，煉十全之上藥。其郁嚴霜遍地，難存□□之姿。落日歆山，莫住桒榆之景。時廣順二年壬子歲正月十七日，薨拎綏州正寢，享年五十六。府主大王忽聞□□，□過哀號。縮地里以無方，叫天闇之不及，良久而嘆曰：吾之一身，如折一臂。哲人云亡，吾不濟矣。

公六年為政，万户承恩。法絕煩嚴，事惟平允。邵伯之棠陰勿伐，張公之麦秀長聞。遍尔鄉閭，如喪考妣，莫不千門罷市，万衆輟耕。瞻日月以蒼黄，見山川之黯慘。卜其年四月二十四日，帰葬拎夏府朔方縣儀鳳鄉鳳正里烏水原之禮也。青烏鳴兆，白鹿呈祥。契千載之休徵，鍾五靈之殊應。

公婚沛國郡里氏，先公而亡。賢而舉案，和以服家。比希蘭蕙同香，豈料梧桐半死。次婚下邳郡祁氏，能修四德，善睦六親。恒依禮以事夫，曽著書而誡女。男五人：長曰光琇，守職綏州衙内指揮使。次曰光璉，守職綏州左都押衙。次曰光義，守職節度押衙充馬軍弟二都軍使。次曰光璘，守

[1] 沠，陳瑋《後周綏州刺史李彜謹墓誌銘考釋》（《西夏學》第五輯）録爲『流』。

職押衙充元從都軍使。次曰光琮，不仕。皆以温恭約己，忠孝流芳。脩文傳賈馬之蹤，講武踵孫吳之跡。女三人：長曰，適野由氏，次曰，適蘇氏，先公而亡。次曰，在室，亦先公而亡。可謂容欺朱粉，節過松筠。或帰王鄭名家，並是金張盛族。

昆季四人：長曰彝温，守職随使都押衙。次曰彝超，皇任定難軍莭度使檢校太傅，亦先公而亡，皆以情通讓乘，理絕分荊。麟鳳龜龍，物作明時之瑞，珪璋琮璧，俱為异代之珍。慶維襲於一門，官盡分於五等。賈生榮顯，虛留三虎之名。荀氏風流，徒説八龍之貴。公本從釋褐，至於中年，授霸府職資者八，承大朝綸綍者三，九經轉遷，不可勝紀，公克明且哲，善始令終。曾臨陣以忘身，常見危而致命。脩心慎行，常恐墜於家風。執法奉公，不忘尊於王室。脩短之期到此，哀榮之分必然。生也無涯，論之不及。峭早依公門館，偏忝恩知。誠慙鼂脛之才，莫述龍頭之德。辭不獲已，寧無媿乎。乃為銘曰：

代有英特，賢生朔方。家傳将相，道契皇王。分符共治，托土開疆。視民若子，憫物如傷。事昭千載，功立一世。添人襦袴，作國金湯。橋無白虎，里絕飛蝗。言詞諤諤，容貞堂堂。珠蘊川媚，蘭標國香。文山高特，心劍深藏。施恩春雨，出令秋霜。志同韓白，政比龔皇。法唯扶薤，境不争桒。勿矜功大，能謙道光。榮連後魏，貴系前唐。德澤流霈，仁風扇揚。名彰忠孝，譽著賢良。徵民不辭，牧守□□。何負天地，須摧棟梁。薤露歌咽，松阡夜長。塵飛碧落，水泛滄浪。六年遺愛，万代不忘。永存淚碑，勿剪甘棠。

莭度押衙充隨使孔目官楊從溥書。都料匠劉敬萬鐫。

疏證

誌文在介紹墓誌事迹之前，先大略叙述了拓跋氏自北魏興起以來，直到拓跋思恭助力唐朝平叛黃巢的事迹，其後方追溯墓主族源爲『後魏之莘系』。與前文所述立石于後晉開運二年（945）的《李仁寶墓誌銘》，稱李仁寶『乃大魏道武皇帝之遐胤也』論述一致，均將其家族視爲建立北魏的拓跋氏族裔。

誌文稱其曾祖父爲李重建，任大都督府安撫平下番落使。李重建其人，不見史傳。又記其祖父爲『思□』，任京城四面都統教練使，累贈太師。《新唐書·党項傳》載黃巢起義發生後拓跋思恭『中和二年，詔為京城西面都統、檢校司空，同中書門下平章事。俄進四面都統，權知京兆尹。賊平，兼太子太傅，封夏國公，賜李姓。』可知此缺字當時拓跋思恭之『恭』。李彝謹之父李仁福，任夏州節度使，朝廷追封其爲『虢王』，爲避後周太祖郭威之諱，故被稱爲韓王。

誌主李彝謹，僅有綏州刺史之宦迹，在任期間有勸課農桑，修葺廨署等政績。李彝謹病後，府主大王遣良醫爲其診病。『府主大王』指廣順元年至二年任定難軍節度使的李彝謹之兄李彝殷。

李彝謹廣順二年（952）正月十七日去世，同年四月二十四日，歸葬于夏府朔方縣儀鳳鄉鳳正里烏水原。李彝謹享年五十六歲，則其生于乾寧四年（897）。

研究成果見諸鄧輝、白慶元《内蒙古烏審旗發現的五代至北宋夏州拓拔部李氏家族墓誌銘考釋》（《唐研究》第八卷，2002年）；陳瑋《後周綏州刺史李彝謹墓誌銘考釋》（《西夏學》2010年第一期）。

拾肆　後周·銀州都知兵馬使宋從實賣地石契

叙録

廣順三年（952）刻石，陝西省榆林市横山區党岔鎮出土，横山區博物館藏。砂石質，長二十六點五厘米，寬二十五點四厘米，厚八點八厘米，内容豐富，從右至左竪文楷書，陽刻，共九行，滿行十八字，全文共計一百四十三個字，個別文字磨損嚴重漫漶不清。由于可能因書契者文化水平不高，致石契内容存在倒字、錯字、別字。契文内容主要是廣順三年十二月八日銀州都知兵馬使宋從實將自己的田地賣給本州人田彦明作墓地，在第三方的推定下，雙方約定田地價值爲茶十斤，買賣雙方當天將田地與茶交付完成，并約定先反悔者將要罰茶七斤與布三段給不反悔的人作爲違約懲罰。契文末有買賣雙方的署名。

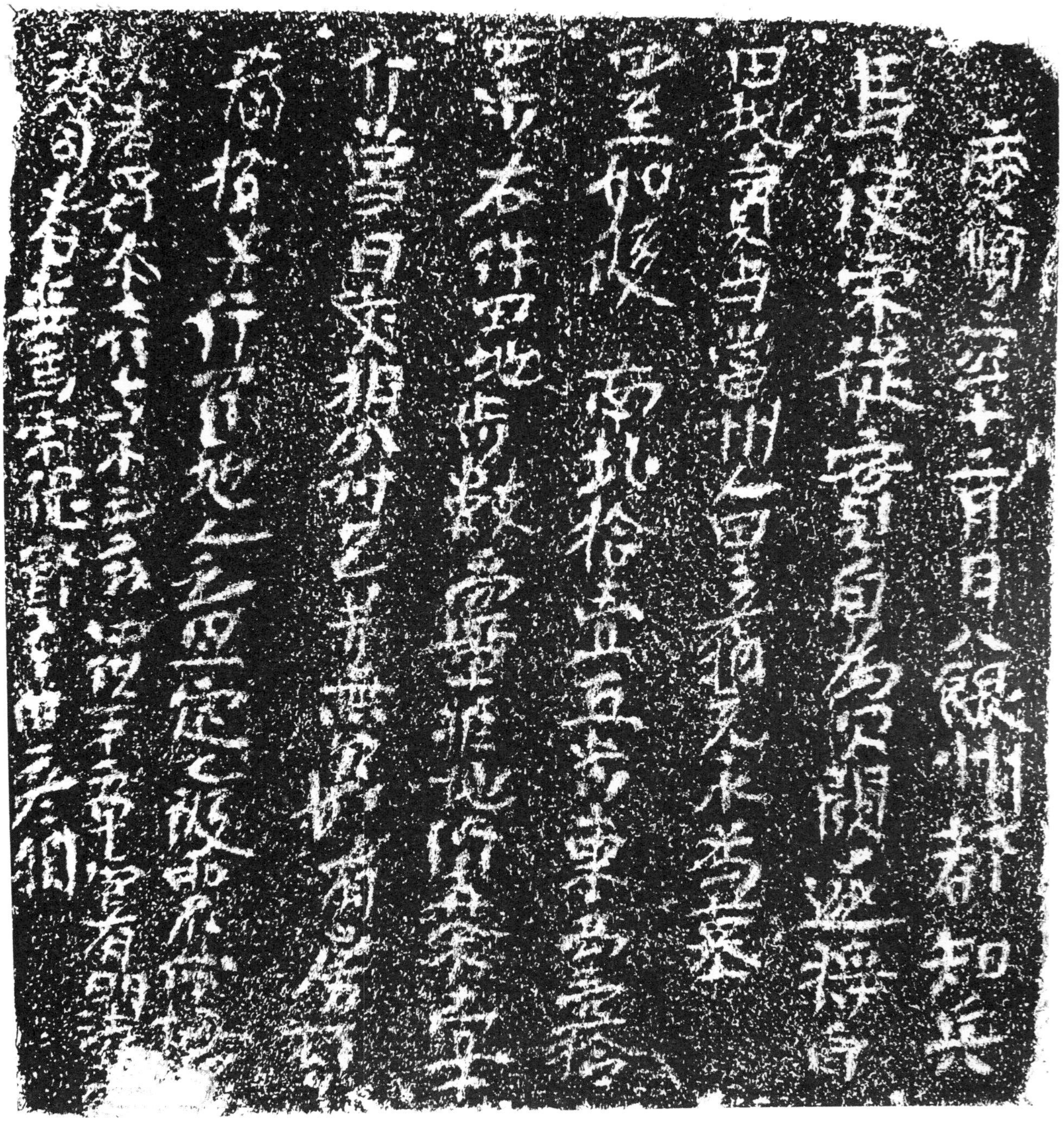

廣順三年銀州都知兵馬使宋從實賣地石契拓片

録文

廣順三年十二月日八，銀州都知兵馬使宋從實，自為欠闕，遂将自田地賣与當州人田彦明充永為墓。四至如後，南北拾壹五步，东西壹拾四步，右件田地步数，高犟推地價茶壹十斤，當日交相分付乙，并無欠，如有房□屋捨并行買地人。畫定已後，兩不休悔。先者罰茶七斤与不三段，兩供平章，官有明法，恐司者無憑。

宋從實　田彦明

疏證

《廣順三年銀州都知兵馬使宋從實賣地石契》是党項定難軍政權轄境内所出土的唯一一方石質契約文。相較于由定難軍節度使家族及其僚屬墓誌銘的行文流暢與辭藻華麗，這方石契存在多處錯字、別字、倒字，説明書契人文化水平不高。如第一行『十二月日八』應爲『十二月八日』，第四行『南北拾壹五步』應爲『南北壹拾五步』，第六行『交相分付乙』應爲『交相分付訖』，第八行『不三段』應爲『布三段』等。

唐五代之銀州轄儒林、撫寧、真鄉、開光四縣，治所在儒林縣（《舊唐書》卷三八《地理志》），即今横山縣東党岔鎮（石契出土地）。『都知兵馬使』爲唐、五代時期藩鎮使府軍將，主要掌管軍府兵權。唐代後期，都知兵馬使顯赫，爲藩鎮儲帥。至五代時，都知兵馬使仍爲武官職。但據一項基于敦煌文獻的研究，唐末五代時期歸義軍都知兵馬使在藩鎮中的政治地位呈越來越低的趨勢（榮新江《唐五代歸義軍武職軍將考》，《中國唐史學會論文集》，三秦出版社1993年版）。石契中的銀州都知兵馬使宋從實因『欠闕』而不得不在歲末青黄不接之際賣地，或許也能反映定難軍所屬支州都知兵馬使的經濟狀況較爲拮据。

除買賣雙方以外，契約中還出現了一個重要的第三方人物，即推定地價爲茶十斤的高犟，他的身份可能是一名牙商。即獨立于買賣雙方之外，負責評判貨物價值的第三方。

契文中的『如有房□屋捨并行買地人』，『行』在古漢語中有『授予』之意，如『論功行賞』等，這句話意爲將附着于田地具有經濟價值的房屋或田宅等一併轉讓給買主。而『兩供平章』即買賣雙方面對面平等的商量協議，是唐五代時期敦煌出土買賣契約中的常見慣用語。

相較于敦煌出土的後周民間買賣契約，這方石契内容明顯缺失兩個重要的契約要素，一是預防親鄰追奪干預條款，二是預防國家干預條款。在同時期敦煌出土契約文書中，賣地契一般會寫明如遇親鄰争訟，賣主應如何補償或如遇朝廷頒布恩赦，買賣結果是否應繼續成立等内容。對于這方石契前者的缺失，或許是因爲田三狗兒一方買地用作墓地，用以下葬家人或自己。如逝者已入土爲安，即便有買主之親鄰争訟，也無法接受敦煌出土契約中常見的『以上好田地充替』的解決措施，因而索性就不再寫入。至于預防國家干預條款的缺失，則更有可能與定難軍政權具備一定程度上的半獨立性，不受中原王朝政令約束有關。

研究成果見諸陳虹伊、王旭《陝西横山出土〈後周廣順三年銀州都知兵馬使宋從實賣地石契〉考釋》（《西夏學》第二十五輯）。

拾伍　後周・綏州太保夫人祁氏神道誌

叙録

後周顯德二年（955）刻石。内蒙古烏審旗無定河鎮（原名納林河鄉）十里梁出土，烏審旗文管所藏。蓋佚，誌石高六十四厘米，寬六十三厘米，厚九厘米。綏州軍事判官撰。誌文正楷竪書，二十三行，行二十六字左右。叙述墓主三從四德，親族敬愛。子李光璘，閲禮敦書，通明浚爽。

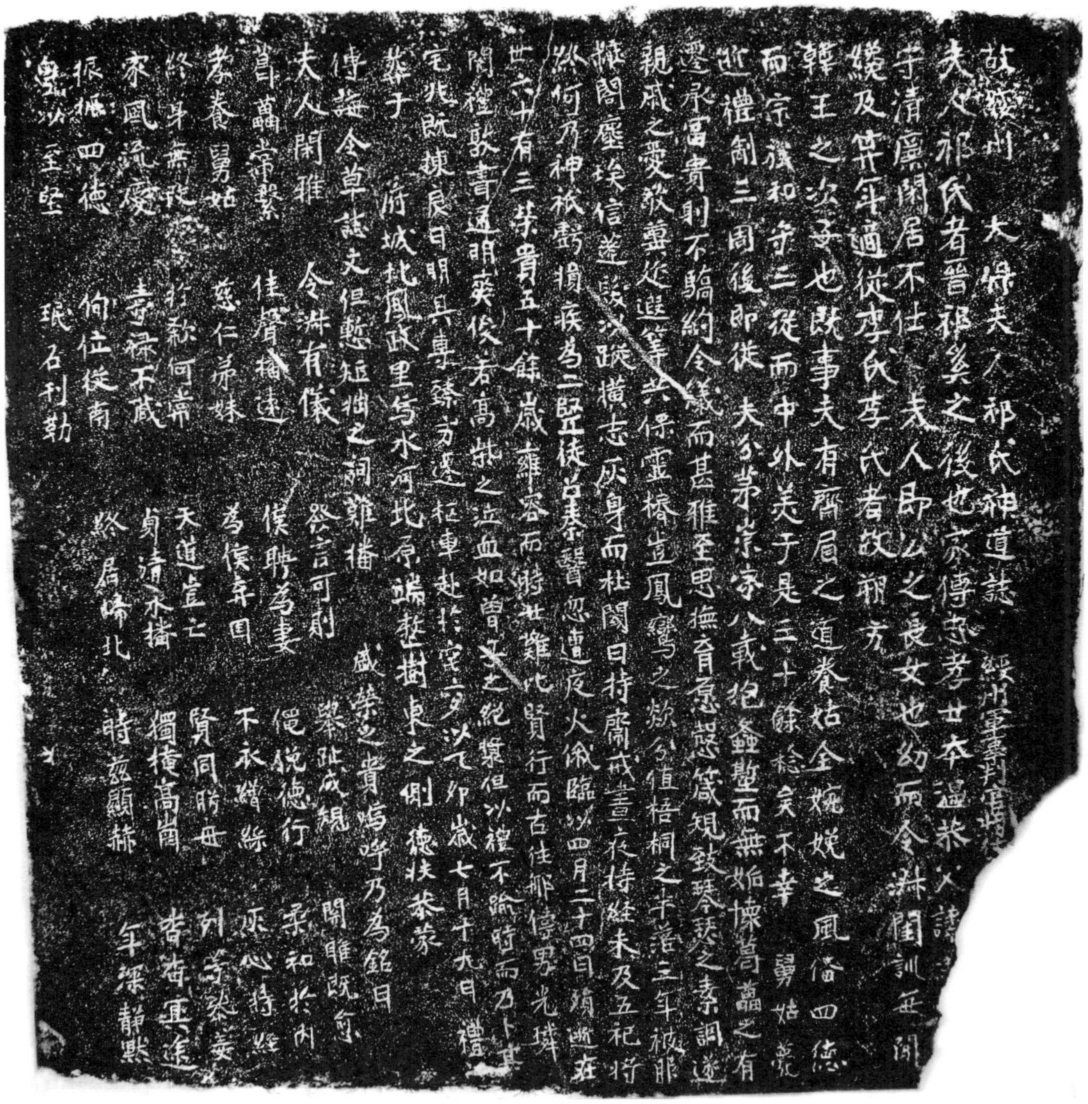

故綏州太保夫人祁氏神道誌拓片

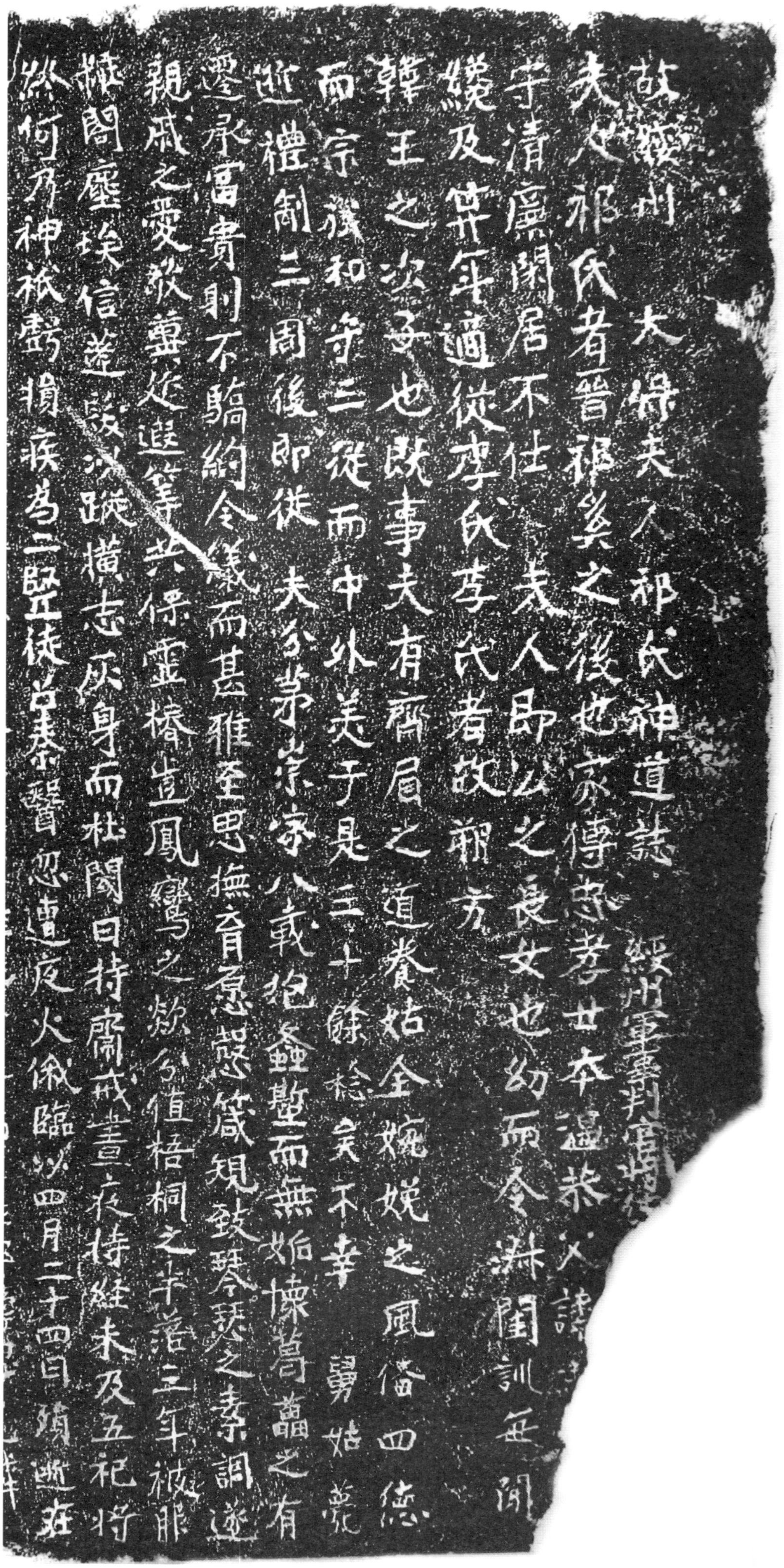

故綏州太保夫人祁氏神道誌拓片右

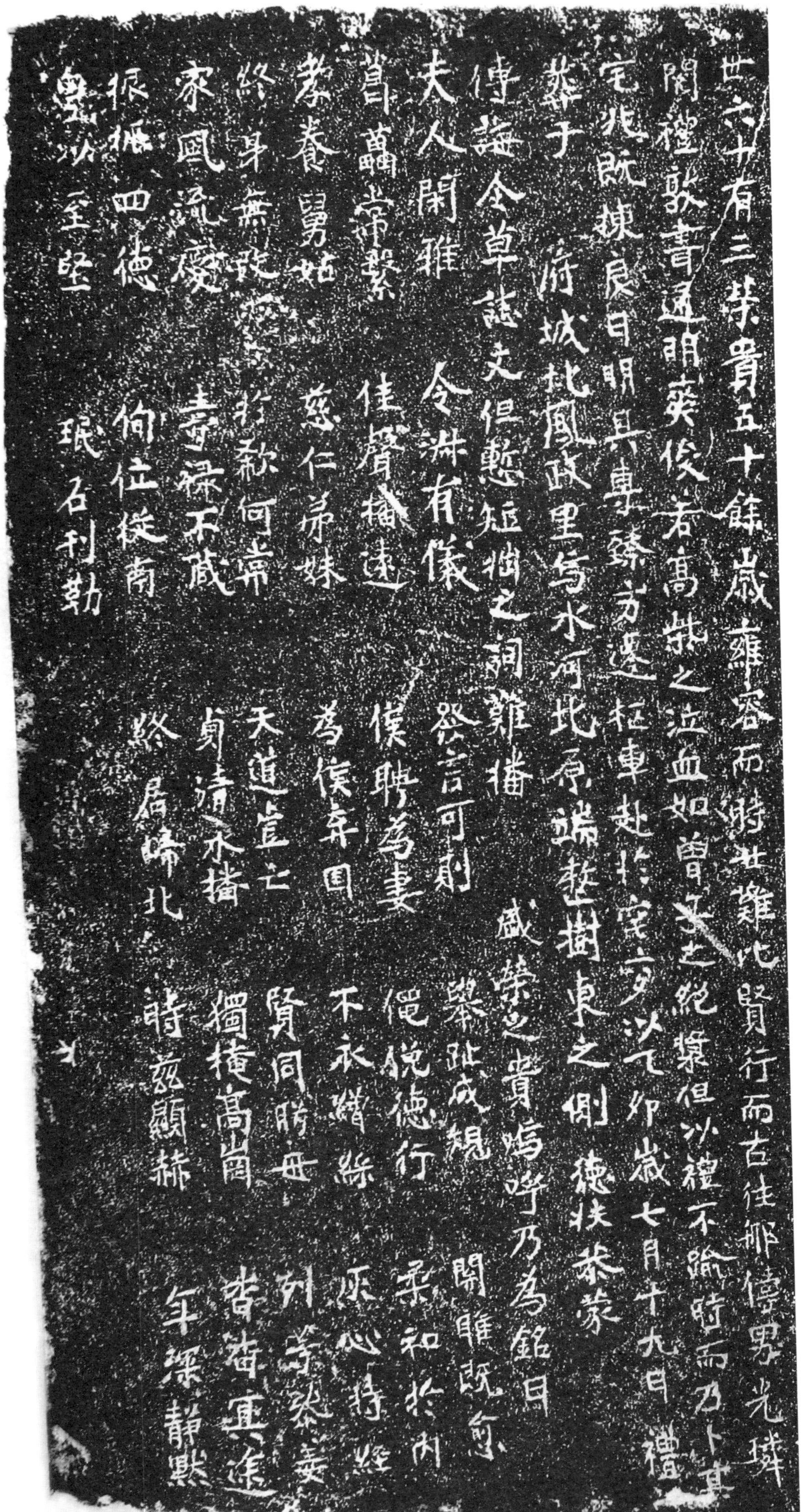

故綏州太保夫人祁氏神道誌拓片左

録文

故綏州太保夫人祁氏神道誌

綏州軍事判官□□□

夫人祁氏者，晉祁奚之後也。家傳忠孝，世本温恭。父諱□□，□守清廉，閑居不仕。夫人即公之長女也。幼而令淋，閨訓每聞，纔及笄年，適從李氏。李氏者，故朔方韓王之次子也。既事夫有齊眉之道，養姑全婉娩之風。備四德而宗族和，守三從而中外美。于是三十餘稔矣。不幸舅姑薨逝，禮剬三周。後即從夫分茅，崇家八載，抱螽蟴而無妬，懷葛藟之有遷。承富貴則不驕，約令儀而甚雅。至思撫育願慤箴規，致琴瑟之素調，遂親戚之愛敬。冀迩遐等，共保靈椿，豈鳳鸞之欻分，值梧桐之半落。三年被服，粧閣塵埃。信蓬髮以蹤横，志灰身而杜閾，日持齋戒，晝夜持経，未及五祀将終。何乃神祇虧損，疾為二豎徒召。秦醫忽遭，皮火俄臨，以四月二十四日殞逝。在世六十有三，榮貴五十餘歲。雍容而時世難比，賢行而古徃郍儔。

男光璘，閱禮敦書，通明爽俊，若高紫之泣血，如曾子之絕漿。但以禮不踰時，而乃卜其宅兆，既揀良日，明具專臻，方遷柩車，赴於窀穸，以乙卯歲七月十九日，禮葬于府城北鳳政里烏水河北原，端整樹東之側。德狀恭蒙傳誨，令草誌文。但慙短拙之詞，難播盛榮之貴。嗚乎！乃為銘曰：

夫人閑雅，令淋有儀，發言可則，舉趾成規。閞睢既愈，葛藟常縈。佳聲播遠，侯聘為妻。婉娩德行，柔和扵内。孝養舅姑，慈仁弟妹。為侯弃國，不衣繒絲。灰心持経，終身無改。扵欻何常，天道豈亡。賢同盼母，列等糸姜。家風流慶，壽禄不藏。貞清永播，獨掩高崗。杳杳冥途，振振四德。偭位從南，終居埽北。時茲顯赫，年深静黙，粤以至堅，珉石刊勒。

疏證

誌主祁氏爲定難軍政權綏州刺史李彝謹繼室，《李彝謹墓誌》稱之『下邳郡祁氏』。唐宋之姓氏書，多將祁姓郡望考爲樂陵郡或太原郡（《元和姓纂》卷二《五支》，《通志》卷二七《氏族略三》），未見有下邳郡之説。本誌稱之『晉祁奚之後也』，與《元和姓纂》等唐宋姓氏書相符。又誌文首行稱誌主爲『故綏州太保夫人』，綏州即李彝謹任刺史之地，太保則是李彝謹署銜中的檢校官稱。

祁氏自嫁給李彝謹後，除了協助丈夫之外，還曾『養姑全婉娩之風』，但『不幸舅姑薨逝』。按李仁福妻《瀆氏夫人墓誌》記載瀆氏第三女，即彝謹之妹『適梁氏，先夫人早亡』，又據《李彝謹墓誌》，其弟彝超『亦先公而亡』，故誌文方有『舅姑薨逝』之謂也。

《里氏夫人墓誌》記載誌主有子五人，分别爲光琇、光璉、光義、光璘、光琮，而誌文則記載祁氏夫人僅有光璘一子，考慮到里氏先于祁氏去世，李光琮或許是李彝謹其餘妾室所生。

誌文全文均未見年號紀年，唯存下葬時間『乙卯歲七月十九日』。結合誌主其夫李彝謹的生卒年，可大致推定此『乙卯歲』應爲後周顯德二年（955），按誌主享年六十三歲，可推知其生于唐昭宗景福元年（892）。

拾陸　北宋·隴西郡李碑

叙録

約立石于宋初。原在華池縣林鎮鄉黄渠村東北將軍臺宋代古墓前，2009年入藏華池縣博物館。碑石爲粉紅色砂巖質，基本完好，碑高二點一米，寬零點九七米，厚零點二五米。碑頭爲雙龍圖案，正中碑額高零點三五米，寬零點三米，碑額文字自右至左分三行竪刻，僅存『隴西郡李』四字，每字約五厘米見方，兩旁自右至左分三行竪刻文字，現可釋讀者僅有十一字，每字約兩厘米見方，楷書。碑文自右至左竪書，共二十三行，每行少則八字，多則三十九字，楷書，每字約爲三厘米見方。據碑文内容和原立石地點推測，碑刻的性質應是記載慶州党項人李某生平事迹的神道碑或先塋碑，由其子李景璋所立。碑文記載李某出身『戎魯』（戎虜），效力于静難軍節度使，擔任龍泉鎮使，鈐制蕃部等事迹。

隴西郡李碑拓片

録文

碑額

……里在渭州去
隴西郡李
京一百七十里……

碑文

寧州□□□静難軍押衙充龍泉鎮副使承父公勳故為父母建立碑文并序

夫人生扵天地，唯孝義而獨尊。感聲聞扵海内，播名烈扵乹坤。扵家慈孝，扵國盡忠，公[1]孝道□□□先宗，名傳勳業，祖世公門，能弘脩[2]標記，建碑銘扵墳垓。維長男承父公勳，補充龍泉鎮副兵馬使，孝親亡，襲無任龍泉鎮使李景璋為父母故立碑文。

□□□父自從少小，輔佐台庭[3]。赤心事主，慈孝忠貞，雖即長居戎魯[4]寔五百年，中間生丈[5]郎義之難，比武即世上絕名，遂使王侯憐念[6]，郡主安寧。令交曆職扵衙庭，朝日[7]不離扵左右，或即□□□，或即貢款扵王庭。琴棋迴出扵衆名，毬酒至高扵朱紫酒至高扵朱紫。脩身蘊德，禮樂成人。衙庭無怨惡之名，郡府絕是非之語。鄉閭欽敬，朋友知憐，恩寬似海，智慧如山。扵家有慈孝之名，扵國有忠貞之德，赤心無誑，扶護朝廷□□。唯雁北為疆，拱手盡歸南合。是以府主特酬見念，補充龍泉鎮使一□，約近四十年。有相□□□□□□□□□戎比□進貢于南。朝庭唯掃蕩剪滅戎妖，能鉗蕃部，善處鎮城南□□□□□□□□□□□□□□□□□□□□□□□□□□蕃無二心，命不恨訓，能部兵謀，依輪公道，長懷謹萠。男攻筆法，女教針□□□□□□□□□□□□□□□□□□□□□□□□□□□□□□□□□□□

[1]《安多藏族地區金石録》、《慶陽金石碑銘菁華》釋爲『於』。
[2]《華池金石志》、《華池文物》此處衍『於』字。
[3]《華池金石志》、《華池文物》釋爲『合』。
[4]『戎魯』應爲『戎虜』之訛，《安多藏族地區金石録》、《慶陽金石碑銘菁華》按碑文原貌釋爲『戎魯』，《華池金石志》、《華池文物》按文意釋爲『戎虜』。
[5]《安多藏族地區金石録》、《慶陽金石碑銘菁華》釋爲『文』。
[6]《華池金石志》、《華池文物》釋爲『將令』。
[7]《華池金石志》、《華池文物》釋爲『夕』。

年年□賜，歲歲加官，永不替移，誓同□□□□□□□□□□□□□□□□□□□生□□□□□□和蕃部，□□安民。誓不戰争，常□謹□□□□□□□□□□□□□□□□□□□□□□□□□□建邦，能皍政里，四鄰贊評□□□□□□□□□□□□□□□□□□□□□□□□□尊□□無□□□為妙，所以兴工聚業，逮立碑章，□并是前人殊勳有德，□□長□□□□□□□□□何期命掩黄泉，魂歸逝水，無限奈何，痛當悲耳。□亦□□□州亦□王□鎮□，故記之曰：

□□□□□□□□□□□顯德元年歲次甲寅十月壬寅朔二十九日庚午亡母，龍泉鎮使李

□□□□□□□□□以述立碑，□□□□公勳□□龍泉鎮使、前任當鎮副兵馬使李景璋

□□□□□□□□□□□□□□龍泉鎮副使、前任□□鎮使兼充親隨廳□□行首、静難軍莭度

□□□□□□□□□□□押衙銀青光禄大夫、檢校工部尚書兼使大夫李□。

疏證

雖然此碑之碑額有『隴西郡李』字樣，但碑文中稱李景璋之父『長居戎魯，是五百年』，可知這支李氏家族不是漢人，而是原系少數民族，後被唐朝賜姓李氏。又碑刻原立石地甘肅華池縣黄渠村，南距前揭《『大唐之國』碑》立石地之直綫距離尚不足十公里，兩碑均在今華池縣林鎮鄉轄境内的葫蘆河及其支流之畔，反映這兩個家族活動的地理空間較爲接近。故疑李景璋與野利李延玉可能存在親緣關係，至少應該都是改姓李氏的慶州党項東山部族。碑額中的『隴西郡李』，表明李景璋家族在改姓之後，也繼承了唐朝的隴西郡郡望。

碑文落款處雖標示立碑年代爲『顯德元年歲次甲寅十月壬寅朔二十九日庚午』，故《安多藏族地區金石録》、《慶陽金石碑銘菁華》、《華池金石志》等著作將其立石年代判定爲後周顯德元年。但碑文第一行又存『大宋寧州……』字樣，説明這方碑石的立石年代應在北宋初，『顯德元年』更可能是書寫者完成碑文撰寫的具體年代。

李景璋父子世代任職的龍泉鎮，是屬于静難軍節度使下轄的軍鎮，在傳世史料中又被稱爲『清泉鎮』（《金史·地理志下》，《讀史方輿紀要》卷五十四《陝西三·西安府下》載『金志縣有清泉鎮，當即龍泉矣』），按《資治通鑑》卷二六〇唐昭宗乾寧二年『李克用急攻梨園，王行瑜求救於李茂貞，茂貞遣兵萬人屯龍泉鎮』下有胡三省註文曰：『《九域志》邠州三水縣有龍泉鎮，在州東北』。據推測，龍泉鎮地望在今陝西旬邑縣城北焦家河村一帶，是關中地區前往環慶、鄜延兩路的交通要衝。龍泉鎮地勢『四面懸崖，石壁險固』（《舊五代史·符存審傳》），易守難攻，故静難軍將其視爲戰略要地，交由李景璋父子世代鎮守。

拾柒　北宋・定難軍管内都指揮使康成此墓誌銘

叙録

乾德四年（966）閏八月刻石，陝西省靖邊縣紅墩界鄉圪坨河村出土，榆林市文物保護研究所藏。蓋、誌砂石質。蓋盝形，四角内收成弧，各邊長五十七厘米，厚十七厘米。蓋中方框内篆文三行，行三字，刻『太原郡康公墓誌之銘』。殺面陰刻八卦圖。誌石正方形，邊長各五十八厘米，厚十一厘米。誌文楷書三十三行，滿行三十八字。誌面及邊棱輕度剥蝕，略有磕碰掉碴。内容爲康成此生平事迹，攝定難軍節度館驛巡官郭貽撰，書刻者不詳。

太原郡康公墓誌之銘蓋拓片

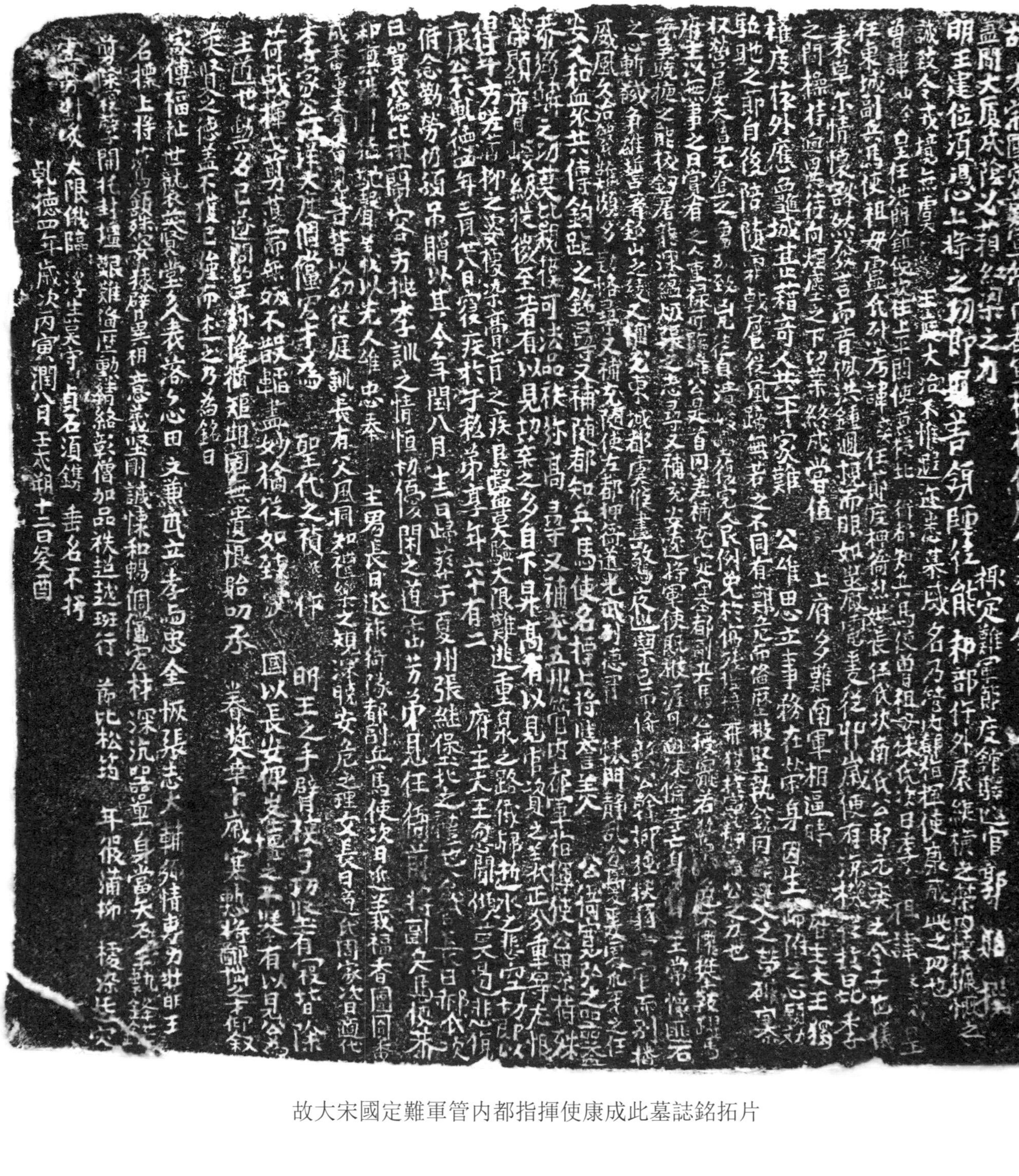

故大宋國定難軍管内都指揮使康成此墓誌銘拓片

故大宋國定難軍管内都指揮使康成此墓誌銘拓片右

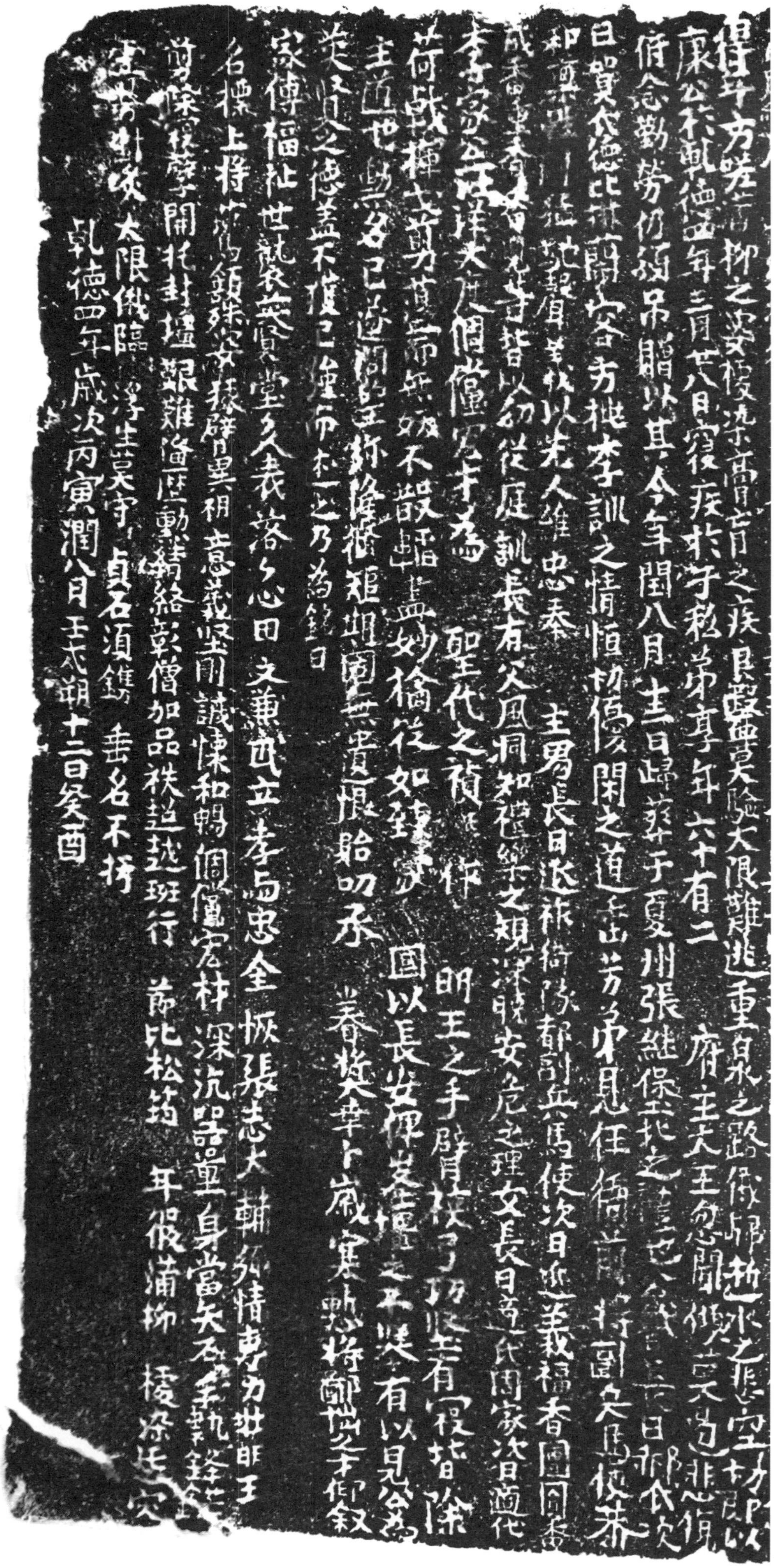

故大宋國定難軍管内都指揮使康成此墓誌銘拓片左

録文

故大宋國定難軍管内都軍指揮使康公墓誌銘并序

攝定難軍莭度舘驛巡官郭貽撰

蓋聞大厦成陰，必藉紅梁之力；明王建位，須憑上将之功。即見善領師徒，能祁部仵，外展縱横之策，内懷慷慨之誠。致令戎境無虞，王庭大治，不惟遐迩，悉慕威名，乃管内都指揮使康成此之功也。曾諱山全，皇任洪門鎮使，次任上平関使，兼授北衙都知兵馬使。曾祖母任氏，次曰李氏。祖諱文義，皇任東城副兵馬使。祖母盧氏。烈考諱爽，任節度押衙。烈妣長任氏、次南氏。

公即元爽之令子也。儀表卓尔，情懷豁然。發言而音似洪鐘，迴視而眼如巖電。爰從丱歲。便有沉機。從於昆季之間，操持迴异。待向煙塵之下，功業終成。甞值上府多難，南軍相逼。時府主大王獨權庋旅，外應龜城，甚藉奇人，共平家難。公唯思立事，務在榮身，因生歸附之心，願効驅馳之莭。自後陪隨霜戟，扈從風蹄。無若之不同，有艱危而偹歷。披堅執鋭，罔辭深入之勞；破寨收營，屢奮先登之勇。旋致兇徒自潰，峻壘復完，人民例免於傷殘，疆境再獲於寧静，蓋公之力也。府主以無事之日，賞有之人。重禄所臨，唯公是首，因差補充定塞都副兵馬。公授寵若驚，臨危不懼。攀鞍躍馬，每呈驍捷之能；拔劍屠龍，深藴恢張之志。尋又補充安遠将軍使。既被渥恩，迴殊倫等。亡身為主，常懷匪石之心；斬馘争雄，誓著銘山之綾。又補充東城都虞候。晝驚夜巡，潔己而偹彰公幹；抑強扶弱，當官而别播威風。久治繁難，頗多勤恪，尋又補充随使左都押衙。道光武列，德冠轅門。静亂分憂，爰處爪牙之任；安人和衆，共傳鉤距之銘。尋又補随都知兵馬使。名標上将，譽美公衙。寬弘之器益恭，弼輔之功莫比。規模可法，品秩弥高。尋又補充五州管内都軍指揮使。公累荷殊榮，顯膺峻級。從微至著，有以見功業之多；自下昇高，有以見官資之義。正分重尋，尤恨得年。方嗟蒲柳之姿，據染膏肓之疾。良醫莫驗，大限難逃。重泉之路俄歸，逝水之悲空切。即以康公於乹德四年三月廿八日，寢疾於于私第，享年六十有二。府主大王忽聞傾，莫遏悲傷。俯念勤勞，仍須吊贈。以其今年閏八月十三日，歸葬于夏州張継堡北之禮也。

公婚長曰郝氏，次曰賀氏。德比樹蘭，容方桃李。訓之情恒切，優閑之道垂芳。弟見任衙前将副兵馬使。恭和稟性，剛猛馳聲，義以先人，唯忠奉主。男長曰迊祚，衙隊都副兵馬使；次曰延義、福香、團圓、香成、香重、香香児等，皆以幼從庭訓，長有父風。洞知禮樂之規，深曉安危之理。女長曰適氏周家，次曰適氏代[1]李家。公汪洋大度，倜儻宏才。為聖代之禎□，作明王之手臂。挾弓功堅，有寝皆除。荷戟揮戈，剪蕩而無妖不散；韜盡妙擒，從如致家國以長安。俾峯疆之不舉，有以見公為主道也。勲名已遂，問望弥隆，倏短期固無遺恨。貽叨承眷獎，幸卜歲寒，慙將鄙拙之才，仰叙英賢之德。蓋不獲已，強而述之。乃為銘曰：

[1] 代，《榆林碑石》録爲『氏』。

家傳福祉，世襲英賢。堂堂人表，落落心田。文兼武立，孝与忠全。恢張志大，輔弼情專。力壯明王，名標上将。鶱領殊姿，猿臂异相。意義堅剛，誠懷和暢。倜儻宏材，深沉器量。身當矢石，手執鋒鋩。剪除寇孽，開托封疆。艱難备歷，勳績絡彰。僧加品秩，超越班行。節比松筠，年偃蒲柳。據染廷灾，虚勞針灸。大限俄臨，浮生莫守。貞石須鐫，垂名不朽。

乾德四年歲次丙寅潤八月壬戌朔十二日癸酉。

疏証

康成此的曾祖父康山全，任洪門鎮使，次任上平關使，兼授北衙都知兵馬使。據《新唐書·兵志》記載『其軍、城、鎮、守捉皆有使』以加强鎮壓。康山全出任使職的洪門鎮『本夏州地，唐邠寧節度張獻甫築洪門鎮城，置兵以防蕃寇。（《武經總要》前集卷十八下）』《金史》載顯州石樓有上平關。康成此還兼授北衙都知兵馬使。兵馬使一職，是節衙前軍職，總兵權，職任甚重。康成此的祖父康文義，任東城副兵馬使。康成此的父親康爽，任節度押衙。

誌文記載康成此在節度軍中受府主大王的器重，『府主大王』爲時任夏州定難軍節度使李彝殷。其後，康成此又因差補充定塞都副兵馬，并歷任安遠將軍使、東城都虞候、隨使左都押衙、都知兵馬使、五州管内都軍指揮使等職務。康成此于乾德四年（966）三月廿八日逝世，享年六十二歲。則其生于天祐二年（905）。乾德四年（966）八月十三日，歸葬于夏州張繼堡北。

誌文還記載了康成此親族的情況：其弟任衙前將副兵馬使。康成此先娶郝氏，再娶賀氏。男長曰延祚，衙隊都副兵馬使；次曰延義、福香、團圓、香成、香重、香香兒等。

誌文撰寫者爲攝定難軍節度館驛巡官郭貽，《新唐書》卷四九《百官志》載節度使設『館驛巡官四人』，負責管理驛政。

研究成果見諸戴應新：《有關党項夏州政權的真實記録——記〈故大宋國定難軍管内都指揮使康公墓誌銘〉》（《寧夏社會科學》1999年第二期）；陳瑋《統萬城出土粟特人康成墓誌研究》（侯甬堅等編《統萬城建城一千六百年國際學術研討會文集》，陝西師範大學出版社2015年）。

拾捌　北宋・攝夏州觀察支使何公墓誌銘

叙録

開寶二年（969）十一月刻石。陝西省靖邊縣紅墩界鄉伍梁沙村出土，榆林市文物保護研究所藏。蓋、誌砂石質。蓋盝形，邊長各六十七厘米，厚十一點五厘米。蓋中呈方塊狀凸起，篆刻三行，行三字：『南陽郡何公墓誌之銘』。殺面陰刻八卦圖。誌石長六十八點四厘米，寬六十六點六厘米，厚十一厘米。誌文楷書三十五行，滿行四十字。剥蝕較重，很多字模糊不清。攝節度掌書記郭貽撰，書刻者不詳。

南陽郡何公墓誌之銘蓋拓片

大宋攝夏州觀察支使何公墓誌銘拓片

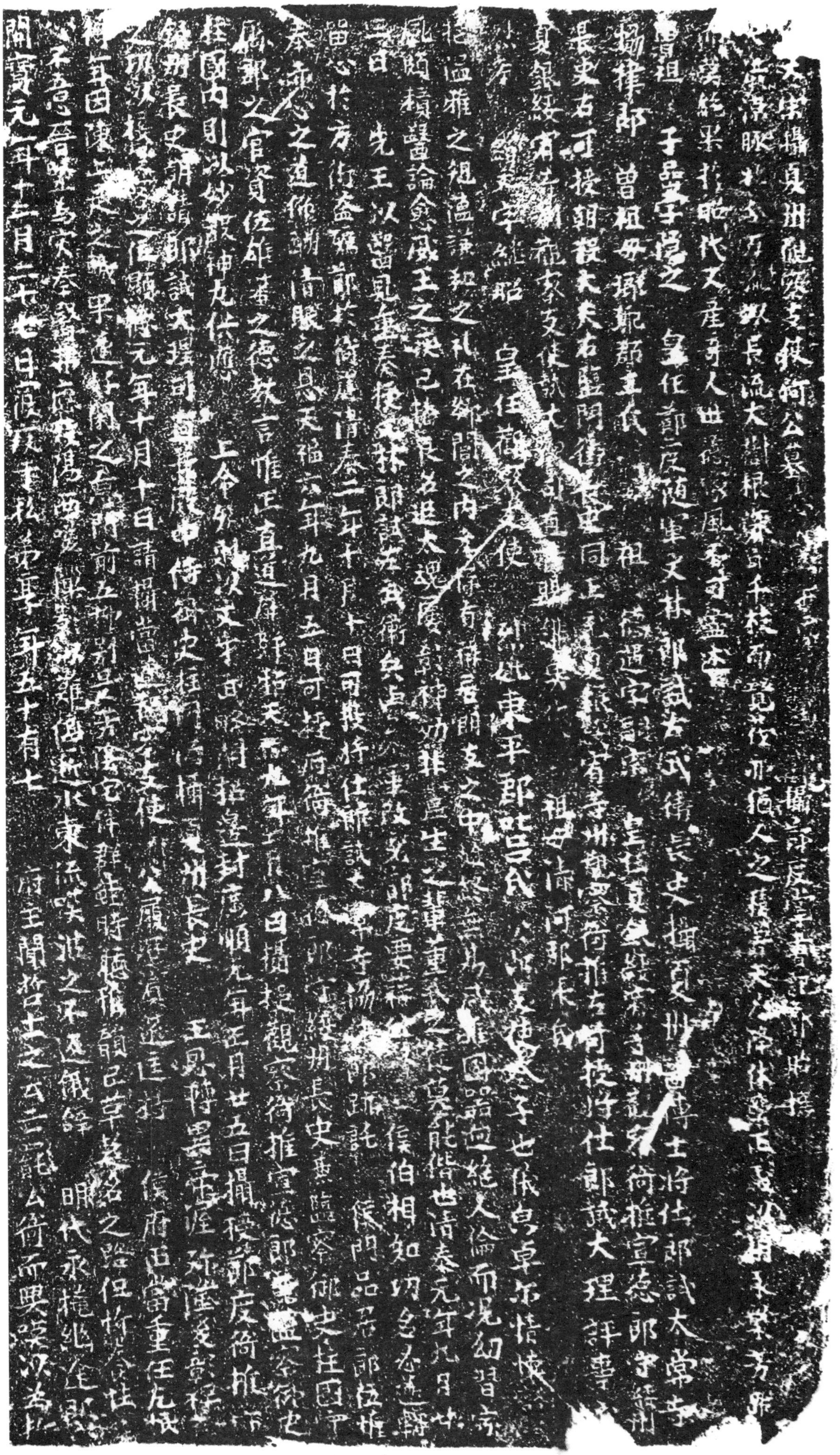

大宋攝夏州觀察支使何公墓誌銘拓片右

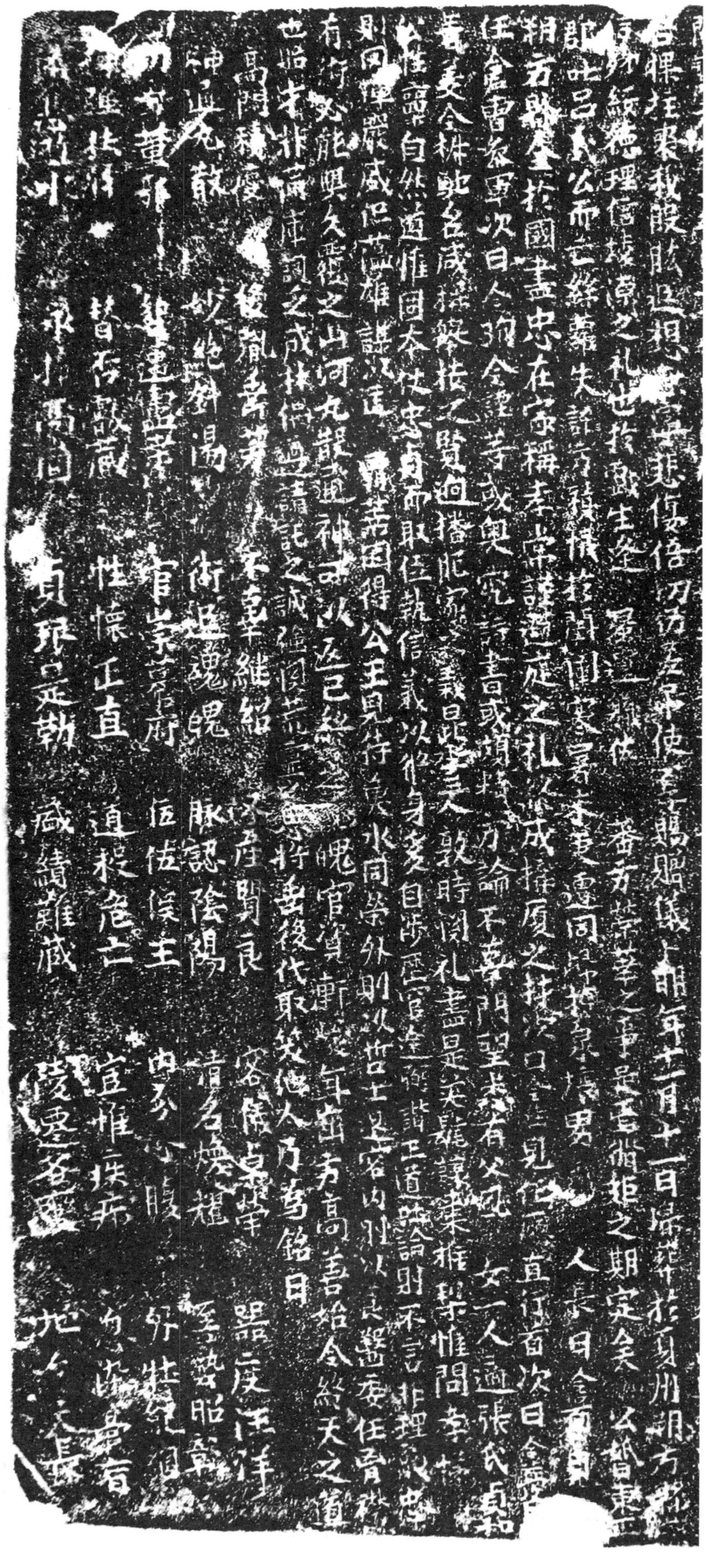

大宋攝夏州觀察支使何公墓誌銘拓片左

録文

大宋攝夏州觀察支使何公墓誌銘

攝莭度掌書記郭貽撰

夫洪源脈壯，分万派以長流；大樹根深，可千枝而覺茂。亦猶人之積善，天庭降休。策正義以相承，乘芳蹤而莫絕。果扵昭代，又産奇人。世德家風，不可盡述。曾祖子喦，字隱之，皇任莭度随軍文林郎、試右武衛長史、攝夏州醫博士、將仕郎、試太常寺協律郎。曾祖母琅邪郡王氏。祖德遇，字嗣宗，皇任夏銀綏宥等州觀察衙推、宣德郎、守綏州長史，右可授朝散大夫、右監門衛長史同正、充夏銀綏宥等州觀察衙推，右可授將仕郎、試大理評事、充夏銀綏宥等州觀察支使、試大理司直、□賜緋魚袋。祖母清河郡張氏。烈考維文，字継昭，皇任觀察支使。烈妣東平郡叱吕氏。

公即支使令子也。儀貌卓尔，情懷豁然。抱温雅之規，藴謙和之禮。在鄉閭之内，孝悌有稱；居朋友之中，始終無易。咸推國器，迥絕人倫。而況幼習家風，頗積醫論。愈威王之疾，已播良名；追太魂，屢彰神効。非盧生之輩，董氏之徒，莫能偕也。清泰元年九月廿三日，先王以醫見重，奏授文林郎、試左武衛兵曺叅軍，改充莭度要藉。公以侯伯相知，切名必遂。轉留心扵方術，益礪節扵衙庭。清泰二年十月十日，可授將仕郎、試太常寺協律郎。跡託侯門，品居郎位。惟奉赤心之道，仰酬清眼之恩。天福六年九月五日，可授府衙推、宣德郎、守綏州長史兼監察御史、柱國。守屬郡之官資，佐雄蕃之德教。言惟正直，道屏奸邪。天福九年二月八日，攝授觀察衙推、宣德郎兼監察御史、柱國。内則以妙散神丸，供應上命；外則以文才武略，開拓邊封。廣順元年正月廿五日，攝授莭度衙推、守銀州長史、朝請郎、試大理司直兼殿中侍御史、柱國，仍攝夏州長史。王恩轉异，帝渥弥隆。爰彰裨益之功，以接從客之位。顯德元年十月十日，請攝當道觀察支使。公履歷賓筵，匡持侯府，正當重任，尤恨得年。因陳止足之誠，果遂好閑之意。門前五柳，别是芳陰；宅伴群蛙，時聽雅韻。已革趍名之路，但忻養性之心。不意晉豎為灾，秦醫弗應。殘陽西，嗟隙影以難停；逝水東流，嘆波之不返。俄辤明代，永掩幽途。即以開寶元年十二月二十七日，寢疾扵私第，享年五十有七。府主聞哲士之云亡，罷公衙而興嘆，以為折吾樑柱，喪我股肱。追想無寧，悲傷倍切。仍差吊使，厚賜贈儀。卜明年十一月十一日，歸葬扵夏州朔方縣崇信鄉綏德理信埈源之礼也。扵戲！生逢景運，職佐番方。榮華之事是焉，修矩之期定矣。

公娶東平郡叱吕氏。公而亡，絲蘿失託，方積恨扵閨闈；寒暑未更，遽同帰扵泉壤。男五人：長曰令喦，見任朔方縣令。扵國盡忠，在家稱孝，常謹過庭之礼，終成構廈之材；次曰令柱，見任廳直行首；次曰令甍，見任倉曺叅軍；次曰令珣、令諲等，或奧究詩書，或頗精方論，不辜門望，悉有父風。女一人，適張氏，貞和著美，令淑馳名。咸稱舉案之賢，迥播肥家之義。昆季三人，敦時閲礼，盡是英髦。讓棗推梨，惟問孝悌。公性稟自然，道惟固本。仗忠貞而取位，執信義以脩身。爰自涉歷宦途，弼諧正道，吐論則不言非理。□忠則罔憚嚴威。但藴雄謀，以匡霸業。因得公王見待，魚水同榮。外則以哲士筵客，内則以良醫委任。胷襟有術，必能興久覆之山河；丸散通神，可以返已終之魂魄。官資漸峻，年齒方高，善始令終，天之道也。貽才非滿庫，詞乏成林。偶尊請託之誠，強閱荒虛之思。将垂後代，取笑他人。乃為銘曰：

高門積慶，後胤垂芳。不幸繼紹，又産賢良。容儀卓犖，器度汪洋。神通丸散，妙絕針湯。術追魂魄，脉認陰陽。清名煥耀，至藝昭彰。功□董郭，智邁盧桒。官崇幕府，位佐侯王。内分心腹，外壯紀綱。抑強扶弱，替否獻藏。性懷正直，道救危亡。豈惟疾疢，忽染膏肓。俄悲逝水，永掩高岡。貞珉是勒，盛績難藏。陵遷谷變，地久天長。

疏證

誌文未介紹墓主姓名，標題僅以『何公』稱之。據墓誌記載，『何公』曾祖子巖任節度隨軍、攝夏州醫博士。祖父名德遇，任夏銀綏宥等州觀察衙推、守綏州長史，後充夏銀綏宥等州觀察支使。父名維文，字繼昭，任觀察支使。按前述《何德璘墓誌》，何德璘之父亦名子巖，且與『何公』之祖父德遇同字輩，故此處之『何公』當爲何德璘孫輩人物。

清泰元年（934）九月廿三日，『何公』因醫術精湛被先王看重，奏授文林郎、試左武衛兵曹參軍，改充節度要藉。據《何德璘墓誌銘》記載清泰元年，李彝殷紹位……遷署節度衙推兼銀州長史。所以，此處的『先王』應指李彝殷。清泰二年（935）十月十日，授將仕郎、試太常寺協律郎。天福六年九月五日，授府衙推、宣德郎、守綏州長史、兼監察御史、柱國。天福九年二月八日，攝授觀察衙推、宣德郎、兼監察御史、柱國。廣順元年正月廿五日，攝授節度衙推、守銀州長史、朝請郎、試大理司直、兼殿中侍御史、柱國，仍攝夏州長史。顯德元年十月十日，請攝夏州觀察支使。

開寶元年（968）十二月二十七日，『何公』逝世，享年五十七歲，則其生于後梁乾化二年（912）。開寶二年（969）十一月十一日，歸葬于夏州朔方縣崇信鄉綏德里信堎原。與何德璘的葬地『朔方縣崇信鄉綏德里張吉堡』應該距離較近，這亦可反映二人同屬一個家族。研究成果見諸陳瑋《大宋攝夏州觀察支使何公墓誌研究》（《西夏研究》2016年第一期）。

拾玖　北宋・龍鎮碑記碑

叙録

開寶六年（973）刻石。原在華池縣林鎮鄉黄渠村東北將軍臺宋代古墓前，2009年入藏華池縣博物館。碑石爲粉紅色砂巖質，基本完好，碑高一點八二米，寬零點九三米，厚零點二四米。碑頭已殘，僅見雙龍圖案，正中殘存碑額高零點二五米，寬零點二九米，碑額文字自右至左分兩行竪刻，僅存『龍鎮碑記』四字，每字約爲十厘米見方，楷書。碑文自右至左竪書，共二十四行，每行少則八字，多則三十三字，楷書，每字約爲三厘米見方。碑文内容主要介紹李思順之父的個人品行與生平事迹。立碑者爲龍泉鎮使李思順，書寫者爲在華池鎮寄住的馬昱，篆額者巡官趙得元，刻石者吴温。

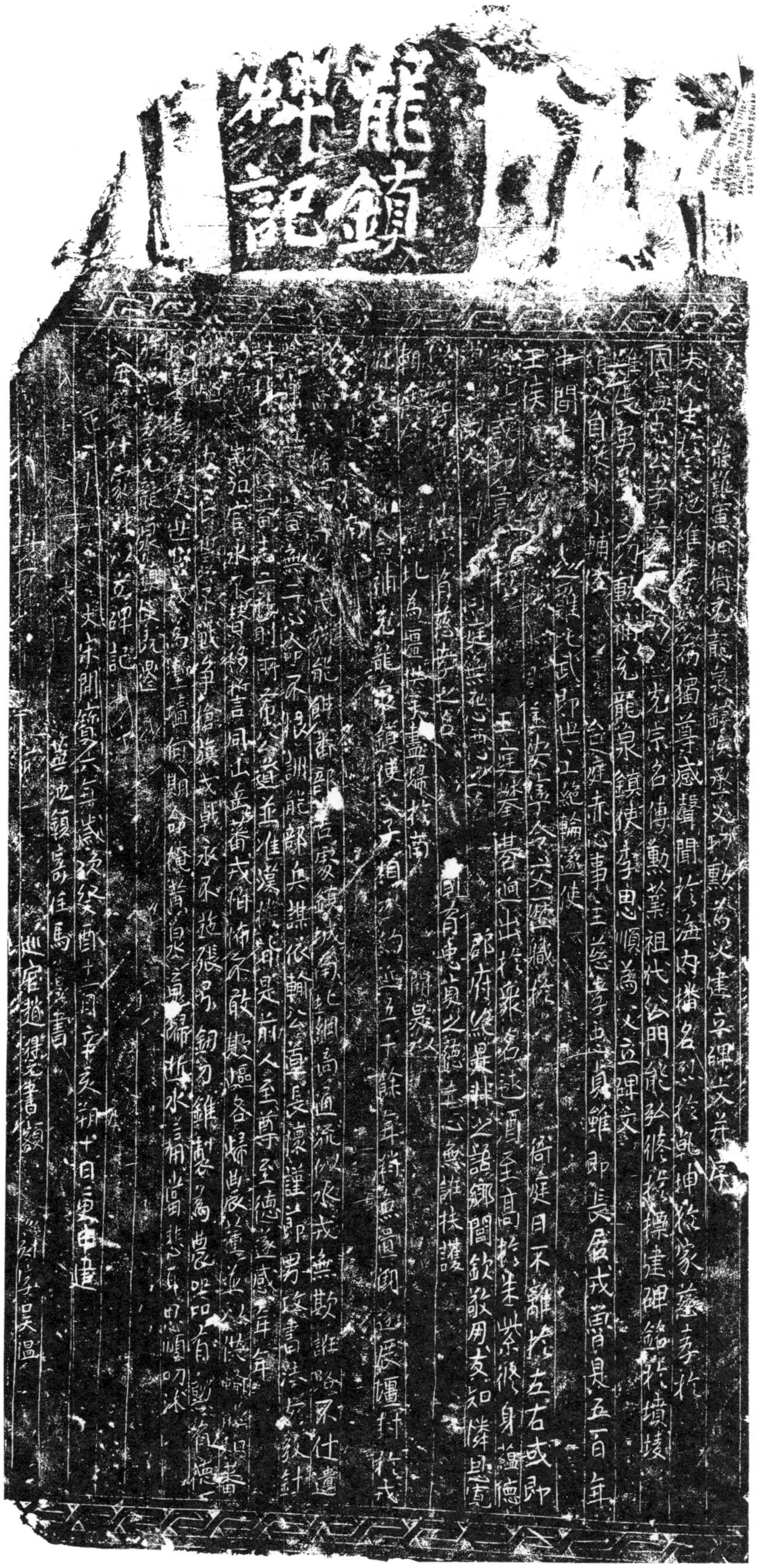

龍鎮碑記碑拓片

静難軍押衙充龍泉鎮使承父㓛勳為父建立碑文并序

録文

夫人生扵天地，維孝義而獨尊。感聲聞扵海内，播名烈扵乹坤。扵家慈孝，扵國盡忠。公孝道□敬先宗，名傳勳業，祖代公門，能弘脩扵標，建碑銘扵墳塋。維長男承父㓛勳，補充龍泉鎮使李思順為父立碑文。

維父自從少小，輔佐台[1]庭，赤心事主，慈孝忠貞。雖即長居戎魯[2]是五百年，中間生文[3]郎義之難，比武即世之絕輪。遂使王侯憐念，郡主安寧。令交曆職扵衙庭，日不離扵左右。或即得□，或即貢款于王庭，攀碁逈出扵眾名，毬酒至高扵朱紫。脩身蘊德[4]，禮樂成人，衙庭無怨惡之名，郡府絕是非之語。鄉閭欽敬，朋友知憐，恩寬似海，智慧如山。家有慈孝之名，國有忠貞之德，赤心無誑。扶護朝廷□□□。鳫北為疆，拱手盡歸扵南閏。是[5]以府主特酬見念，補充龍泉鎮使。父子相承，約近五十餘[6]年，稍無遺闕，遂展疆封扵戎□□進貢于南□。番戎歸之，□□戎□。能鉗[7]蕃部，善處鎮城，南北網商[8]，通流似水，戎無欺誑，路不仕遺[9]，□□□□，蕃無二心，命不恨訓，能部兵謀，依輪公道[10]，長懷謹節。男攻書法，女教針詩。□□□□，蕃志二礼[11]，則所希公道，并准漢機，皆是前人至尊至德，遂感年年[12]□賜，歲歲加官。永不替移，誓同山岳。蕃戎怕怖，不敢欺區。各帰農種，并以供輸。能和蕃部，□□安民，誓不戰爭。槍旗戎戟，永不施張。弓釰[13]刀錐，製為農器。有勳有德，比豐□□人世□

[1]《華池金石志》、《華池文物》釋爲『合』。

[2]『戎魯』應爲『戎虜』之訛，《安多藏族地區金石録》、《慶陽金石碑銘菁華》按碑文原貌釋爲『戎魯』，《華池金石志》、《華池文物》按文意釋爲『戎虜』。

[3]《華池金石志》、《華池文物》釋爲『使』。

[4]《華池金石志》、《華池文物》脱『德』字。

[5]《華池金石志》、《華池文物》釋爲『昊』。

[6]《華池金石志》、《華池文物》脱『餘』字。

[7]《華池金石志》、《華池文物》釋爲『鎮』。

[8]《安多藏族地區金石録》、《慶陽金石碑銘菁華》釋爲『高』。

[9]『路不仕遺』應爲『路不拾遺』之訛，《安多藏族地區金石録》、《慶陽金石碑銘菁華》將『仕』釋爲『什』，《華池金石志》、《華池文物》則按文意釋爲『拾』。

[10]《華池金石志》、《華池文物》釋爲『遵』。

[11]《華池金石志》、《華池文物》釋爲『孔』。

[12]《華池金石志》、《華池文物》脱『年年』。

[13]《華池金石志》、《華池文物》釋爲『刃』。

戎為塹墻。何期命掩黄泉，魂帰逝水，痛當悲耳！

思順叨沐□□，充龍泉鎮使，既遷[1]父母。罄付家財，以立碑記。

大宋開寶六年歲次癸酉十一月辛亥朔十日庚申建。

華池鎮寄住[2]馬昱書。

巡官趙得元書額。

刻字吴温。

疏證

除極個別字句以外，此碑内容與前揭《『隴西郡李』碑》基本雷同，又同立于一地，兩碑自然應歸屬于同一党項人家族。按年代推算，立碑者李思順極有可能是李景璋之子，因承襲了景璋龍泉鎮使之職，故爲父立碑追薦其人，猶似李景璋于後周末北宋初爲父立碑之事。

因碑文内容基本照搬《『隴西郡李』碑》，故碑文末尾款署處只見書碑文者、書碑額者與刻工，未見有碑文作者署名。這也意味着碑文對于李景璋生平研究的價值不大，幸而此碑後半部分較爲完整，彌補了《『隴西郡李』碑》後半部分字迹漫漶不清的缺憾，使讀者在兩個方面對碑文形成更深刻的認識。

其一是龍泉鎮的商貿地位，正如前文所考，龍泉鎮（今陝西旬邑縣東）所在地爲關中通往環慶與鄜延兩路的交通要衝，碑文稱之『南北網商，通流似水』，反映了這座市鎮商業貿易的繁榮。

其二是党項李氏家族對民族關係的看法，碑文中『男攻書法，女教針詩』，『……蕃志二禮，則所希公道，并準漢機』反映出李氏家族對漢文化的嚮往和認同；而『蕃戎怕怖，不敢欺區。各歸農種，并以供輸。能和蕃部，□□安民，誓不戰争。槍旗戎戟，永不施張。弓劍刀錐，製為農器』的書寫，則反映出身党項人卻效力于中原王朝的李氏家族希望蕃漢之間能維持和平和睦相處的民族關係。

[1]《華池金石志》、《華池文物》釋爲『仙』。

[2]《華池金石志》、《華池文物》釋爲『主』。

貳拾　北宋・定難軍節度使李光睿墓誌銘

叙録

太平興國四年（979）八月刻石。內蒙古烏審旗無定河鎮（原名納林河鄉）十里梁出土，烏審旗文管所藏。蓋、誌砂石質，蓋盝頂，長九十三點五厘米，寬九十三點五厘米，厚十五厘米。蓋文篆刻三行，行三字：『隴西郡李公墓誌之銘』。誌石高九十八厘米，寬一百一十三厘米，厚十三厘米。誌文正楷竪書，四十二行，行六十字左右。內容爲李光睿生平事迹。夏州觀察判官郭貽撰，定難軍押衙鄭繼隆書，石匠娥敬萬鎸。

隴西郡李公墓誌之銘蓋拓片

大宋故定難軍節度使李光睿墓誌銘拓片

大宋故定難軍節度使李光睿墓誌銘拓片右

大宋故定難軍莭度使李光睿墓誌銘拓片左

録文

大宋故定難軍莭度使檢校太尉贈侍中李公墓誌銘并序

夏州觀察判官承奉郎試大理司直兼監察御史賜緋魚袋郭貽撰

蓋聞，至高者天，環兩曜而列群星，昭其象也。至厚者地，立五岳而分四瀆，彰其儀也。是故，英靈下降，感之者稱帝稱王，精氣上騰，應之者，為公為伯哉？公蓋稟此義而生，為時而出也。本後魏之華宙，朔野之大族。曾祖諱　，字　皇任　。曾祖母　郡　氏。祖諱仁福，字□，皇任夏州莭度使、韓王。祖母　，列考諱彝殷，字　，皇任夏州莭度使、西平王，母　郡濆氏，見封秦國太夫人。一門之貴，數世相沿，或承家而建武功，或因地而封王爵。領繁劇之鎮，居廉察之司，綿歷數朝，将餘百載。乃拎昭代，又降哲人。此所謂，根固葉繁，源深流遠者哉。

公諱光睿，字　，即西平王之令子也。神傳貴緒，天付宏才。岳聳千峯，高示条天之狀，河分五色，雄流貫海之波。爰自戲童，便懷异識。志公摩頂，為天上石麟，相者試聲，乃人中英物。鄉閭共許，戚属相推，尔後暗蘊狀心，不拘小莭。每見高山廣澤，謂若軍營，終期大戟長幡，必光庭户。

時大周廣順元年，府主大王以郡邑封壃，開託[1]幾數千里，戎夷帳族，交雜踰百万家，户口雄豪，人心任直，每思共理，須藉奇人，因補公夏州管内蕃部越名都指揮使，奏授銀青光禄大夫、檢校尚書、右僕射兼御史大夫、上柱國。公承訓鯉庭，事父之名早著，分司戎部，奉公之莭尤堅。固曉變通，頗閒韜略，莫不明申賞罰，嚴示憲章。徃年悖乱之徒，咸令屏跡，昔日奸兇之党，罔不悛心，致邊境之無虞，俾群生之遂性。王見公之操持有則，劃製多謀，謂必構之才，可以付拎大事，乃奏授莭度行軍司馬。佩紫署金，荷明朝之盛秩，親戎御武，壯列土之雄名。至于首歷賓堦，位条使府，上則副賢君之委寄，下則分慈父之憂勤。外作忠臣，内為孝子，芳猷令德，美熟甚焉。

無何，大宋乹德五年，西平王遐齡不享，大限告終，河朔之間，人民乏主。高祖知公素懷貞莭，夙抱純誠，智善安邊，謀能卻敵。况夏臺高地，秦土餘封，非公果毅英明，莫能製也，特授公定難軍莭度，夏、銀、綏、宥、静等州觀察處置押蕃落等使，起復雲麾将軍、右金吾衛大将軍員外置同正員、檢校太保、使持莭都督夏州諸軍事、夏州刺史兼御史大夫、上柱國、隴西縣開國子，食邑五百户。

興嗣賞勞，國之盛典。公自軍列陟将壇，釋縗服以継弓裘，捨哀杖而持莭鉞，雖當人不讓，而受寵若驚，深增惕礪之懷，用副倚毗之念。但以勤官之道，恤物為先，惠愛所臨，澆風盡格，仁慈所及，异政克新。朝庭飛馹騎以推恩，降天書而褒美，就加推忠保義翊戴切臣，定難軍莭度，夏、銀、綏、宥、静等州觀察處置押蕃落等使，特進檢校太傅，使持等都督夏州諸軍事、行夏州刺史兼御史大夫、上柱國、隴西郡開國公、食邑三千户，

[1] 『托』當爲『拓』。

食實封八百户。

公履先良之任，居輔翼之資，位貫諸侯，秩崇五等，益多恭恪，惟務葺綏。皂盖朱輪，彰太守行春之德，紅旌白羽，綰将軍治乱之權。帝賴湲深，民稱愈甚。皇上運属休平，禮終告謝，方須好爵，遍及尤勲，又加推忠保順翊戴功臣檢校太尉，名高四世，望重三公。儼万乘之皇威，揔八方之戎事，仍分階品，漸峻井田。公累受深恩，旋膺大用，非盡治民之術，奚伸報主之門。扵是，徵妙道扵袁黄，法玄能扵廉賈。則獸渡河而蝗越境，未可言其政也，金作粟而馬為羊，不足語其清也。仁風大扇，疲俗頓蘇，藹有令名，光乎信史。公，臨極塞，鎮名都，控群胡，禦敵侵，然隼輿熊軾，久彰求瘼之切，而弦矢彤弓，未盡專征之志。不意上天降禍，妖竪為灾，疾卧，明時寧止，嗟乎之恨，魂歸厚[1]夜，徒懐盡尔之悲耶。以戊寅年四月二十七日，薨于私地，享年四十有四矣。主上聞良帥之云亡，動皇情而興歎，追封甚速，賻贈尤豐。卜明年歳次己卯八月二十五日，歸葬于夏州朔方縣儀鳳鄉奉政里之禮也。馬立佳城，自應千年之限，龜分吉兆，将延百廿之期。扵戲！日暗前山，雲遮遠天，寒風蕭瑟，流水潺湲。嘉樹參參兮夜猿鳴，衰草芊芊兮秋露圓，築孤墳扵兹地，享千年兮万年。

公婚濮陽郡吴氏，見封本郡夫人。次婚破丑氏，道義服家，賢明訓子。寶琴絃絕，宫商之韻已乖，素脸淚浸，桃李之容永謝。元昆二人：長曰光普，見任定難軍莭度行軍司馬。次曰光新，見任管内蕃漢都軍指揮使。寵弟五人，長曰光文，衙前都知兵馬使。次曰光憲，見任綏州刾史。次曰光美，見任衙内都虞侯。次曰光遂，見任管内蕃部越名都指揮使。次曰光信，見任馬軍都指揮使。或司戎職，或典郡符。趙璧隋珠，乃人間之异寶，祥鱗彩鳳，為天下之殊靈。男二人，長曰継筠，次公而亡，次曰継捧，見權知夏州軍府事。少貴承家，得鳳毛而不忝，衷誠許國，持龍莭以非遙。勇列有聞，恭和不撓，克踐構堂之業，定昌祚土之榮。女三人，長適蕹越羅，先公而亡。次適瀆羅馱。次在室。朱門稟氣，甲族聯姻。優閒之徳頗高，順穆之情倫顯。偉矣哉！枝泒相継，莫之与京，略而述焉，不可盡也。

公生自朔陲，長扵王室，抱風雲之氣，懐日月之光，聲若洪鐘，眼如巖電，以至宣威外閫，規莭明庭，愛民憂物之情，立事成功之道，無以加也。達興亡之理，闡教化之源，以温、良、恭、儉、讓之風，自謹扵己，以仁、義、禮、智、信之道，不欺扵心。盡其能，可以經天地而泣神鬼，究其妙，可以静邦國而定人民，有以見公為文之道也。歴韓、彭之任，踵頗、牧之能，計設六奇，謀深三覆。劔揮秋水，欃槍殞而妖孽除，絃激清風，社稷安而姧臣滅。銘鍾鏤鼎，未足以盡其勲，有以見公為武之道也。上遵皇化，下撫黔民，威肅百城，風行千里。仁及扵物，嘉禾异畝而同芳，徳感扵天，膏雨随軒而灑潤。既持滿盈之誡，豈踰寬猛之規，有以見公為牧之能也。富貴在天，不可長保，金玉滿堂，莫之能守。事君有禮，執法無私，獨霸一方，平覩万國。扵是乎，燕臺□築，弘閤常開，來英彦扵九州，納賢才扵四野。黄金白璧，乃是衆資，肥馬輕裘，未甞獨有。説魏遊秦之士，雨集庭闈，論天對日之徒，雲臻户牖。常曰：坐上客長滿，罇中酒不空，復何憂哉，有以見公延納之道。公帝祚傳芳，侯門積慶，享壽年鍾於四紀，增封户及扵万餘。异爵洪勲，已標竹帛，華資峻級，永焕圖書。崇高之望足焉，脩短之期定矣。貽叨依儉幕，久厠原賓，遽承見託之私，俾叙無窮之

[1]『厚』當爲『後』。

績。援毫述事，憂心徒積拎厚顔，變谷為陵，他日寧進拎拊掌。強搜鄙思，勉勒貞珉，謹為銘曰：

玄天罔惻，大道寧知。降乎精粹，産作英奇。波澄器量，岳立風儀。公侯紹業，将相傳基。銀河胤派，玉樹分枝。挺生俊德，出佐明時。為國之寶，作帝之師。分憂塞境，察俗邊陲。白旄黄鉞，虎節龍旗。宣揚号令，懾伏羌夷。化民有法，約己無私。抑遏強暴，矜恤孤危。仁沾物類，道合神祇。珠還令浦，麦秀兩歧。行軒所到，甘雨相随。人知禮讓，路絶姧欺。專心翼輔，竭力匡持。文從天受，武乃神資。毫飛舞鳳，箭發餓鴻。志輕鄧艾，膽大姜維。布政六條，均裴之德。運籌千里，越信奚為。龜城一任，鳳歷十移。雄藩結好，信不可驟。鄰封慕義，寇不敢窺。言千至道，事合恒規。□延□□，養育報節。勳庸克著，貴達猶宜。景分盈昇，壽有盛衰。疾生晉豎，藥誤秦醫。逝波不返，幽魄難追，将昭具美，用紀荒詞。孤墳一掩，万古成悲。

太平興國四年歲次己卯八月二十一日定難軍押衙兼觀察押司官 鄭継隆書，石匠都料娥敬万鐫。

疏證

李光睿的曾祖名諱缺載。按定難軍節度使政權本由拓跋思恭之孫彝昌擔任，『開平中，彝昌遇害，将士立其族子蕃部指揮仁福』，可見李仁福是在侄子輩李彝昌遇害的情况下襲位的，史亦不載其父即誌主曾祖的名諱。誌主之祖父李仁福，任夏州節度使，生前封朔方王，死後『追封號王』。誌稱李仁福韓王而不稱號王，當是避後周郭氏之諱。父李彝殷，任夏州節度使、西平王。《宋史・夏國傳》載李彝殷于清泰二年，加定難軍節度使。顯德初，又封西平王，與誌文記載相合。母『瀆氏，見封秦國太夫人』。前述《大晉故虢王妻吴國太夫人瀆氏墓誌銘》記載誌主祖母亦爲瀆氏。這是夏州拓跋氏盛行姑表親的明證，姑姑的兒子娶舅舅的女兒爲妻。

後周廣順元年（951），府主大王李彝殷因授李光睿爲夏州管内蕃部越名都指揮使。大宋乾德五年（967），李彝殷卒，特授誌主定難軍節度，夏、銀、綏、宥、静等州觀察處置押蕃落等使。李光睿卒于太平興國三年（978）四月二十七日，享年四十四歲。戊寅年即，推知其生在後唐末帝清泰二年（935）。太平興國四年（979）八月二十五日，歸葬于夏州朔方縣儀鳳鄉奉政里。

誌主『元昆之長』曰光普，次曰光新。『寵弟五人』，分别是光文、光憲、光美、光遂、光信，他們『或司戎職，或典郡符』。『男二人，長曰繼筠，次公而亡，次曰繼捧，見權知夏州軍府事』。由此可以知李光（克）睿兄弟八人，其中李光（克）文、李 光（克）憲就是後來迫使李繼捧交出節度使權力的『從父』，即《續資治通鑑長编》卷二十三太平興國七年五月癸巳：『綏州刺史、西京作坊使李克文，繼捧之從父也，表言繼捧不當承襲，請遣使與偕至夏州，諭繼捧令入朝。辛丑，以克文權知夏州，作坊副使尹憲同知州事』。

『府主大王』爲時任夏州定難軍節度使李彝殷。在他之前，拓跋夏州政權轄地一直是銀夏綏宥四州之地。乾祐二年（949）正月，後漢隱帝『詔以静州隷定難軍。二月辛未，李彝殷上表謝』（《資治通鑑》卷二八八後漢隱帝乾祐二年春正月）。『府主大王以郡邑封疆，開託（拓）幾數千里』，當指這件事。當時夏州拓跋政權統轄的人口『踰百萬家口』，雖有誇大之辭，但也反映出拓跋政權日益壯大的事實。

誌文載李光遂『見任管内蕃部越名都指揮使』，爲夏州節度政權的屬官。党項有于彌、烏彌、嵬名之謂，『越名』似爲于彌、嵬名的别稱或不同的譯音。誌主升任夏州管内蕃部越名都指揮使前，夏州拓跋政權内部出現了一次規模較大的動亂。後周天福八年（943）七月，綏州刺史李彝敏與夏州衙内指揮使拓跋崇斌密謀起兵，機密泄漏，李彝殷將拓跋崇斌等人『收擒處斬』，李彝敏攜家族二百餘口投奔延州，晋帝命縛送夏州斬之。同時任命宥州刺史李仁裕權知綏州。後周廣順元年（951），李光睿升任夏州管内蕃部越名都指揮使時，雖然距上次動亂已六七年時間，但維護穩定，加强對統治集團内部的控制仍是當務之急，誌稱其分司戎部，『明申賞罰，嚴示憲章，往年悖亂之徒，咸令屏跡；昔日姦凶之党，罔不悛心。致邊境之無虞，俾群生之遂性』。由此可見『蕃部越名都指揮使』的性質與『越名』的内涵。

誌文還記載了李光睿的婚姻情況：他先娶婚濮陽郡吴氏，再娶破丑氏。有男二人，長曰繼筠，次曰繼捧，權知夏州軍府事。

宋乾德五年（967）李彝殷卒，誌稱『高祖知公素懷貞節，夙抱純誠，智善安邊，謀能御敵』，特授定難節度使、夏銀綏宥静等州觀察處置押蕃落等使、右金吾衛大將軍、檢校太保、使持節都督夏州諸軍事、夏州刺史兼御史大夫、上柱國、隴西縣開國子，食邑五百户。實際上李克睿襲位，是李彝殷生前安排好的，李彝殷卒後，李光睿先『自權知州事』，宋太祖才冊封的。至于誌稱宋太祖因爲李光睿能幹，才予以冊封任命，只不過藉此抬高其地位罷了。

研究成果見諸杜建録、白慶元、楊滿忠、賀吉德《宋代党項拓跋部大首領李光睿墓誌銘考釋》（《西夏學》2006年第一輯）。

貳拾壹　北宋·定難軍莭度觀察留後李繼筠墓誌銘

叙録

太平興國四年（979）八月刻石。内蒙古烏審旗無定河鎮（原名納林河鄉）十里梁出土，烏審旗文管所藏。碑石高九十八厘米，寬一百厘米。誌文正楷竪書，三十行，行四十一至四十七字，缺字較多。碑文製作不夠精良。内容爲李繼筠生平事迹。攝節度掌書記郭正撰，押司官鄭繼隆書，石匠娥敬萬鐫。

隴西郡李公墓誌之銘拓片

大宋定難軍莭度觀察留後李繼筠墓誌銘拓片

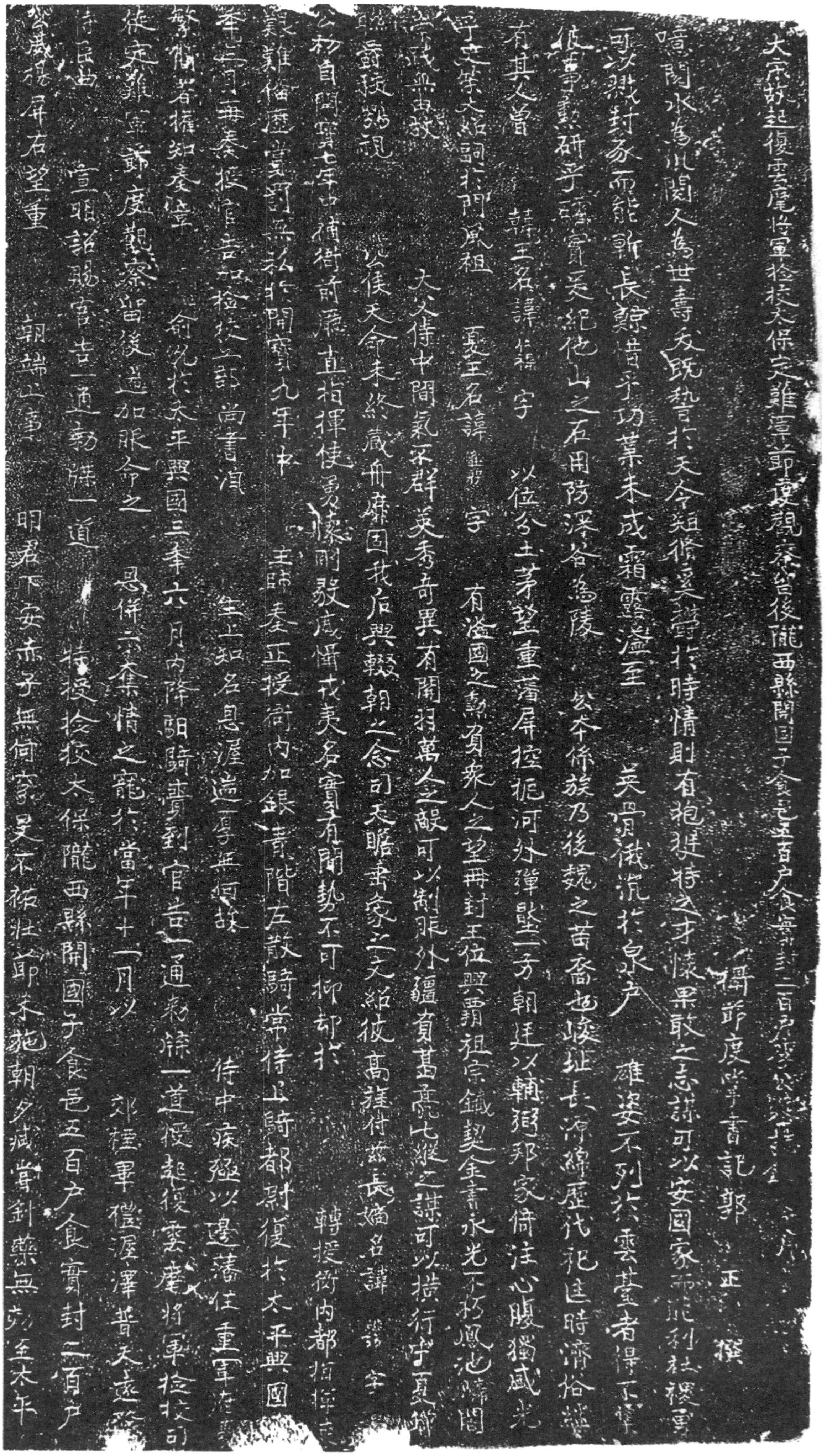

大宋定難軍節度觀察留後李繼筠墓誌銘拓片右

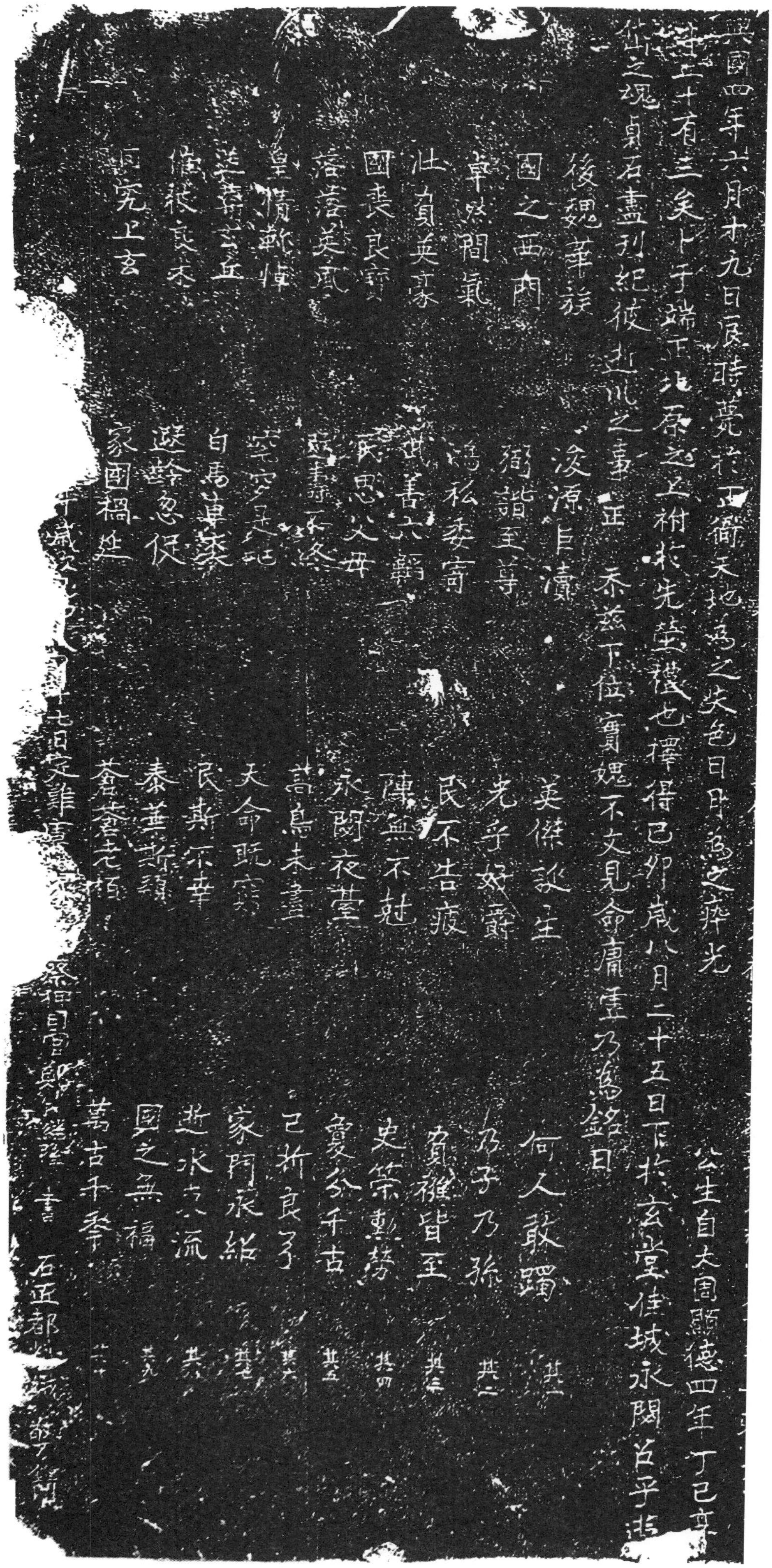

大宋定難軍節度觀察留後李繼筠墓誌銘拓片左

録文

大宋故起復雲麾将軍检校太保定難軍莭度觀察留後隴西縣開國子食邑五百户食實封二百户李公墓誌銘并序

攝莭度掌書記郭正撰

噫！閲水為川，閲人為世。壽夭既㞢於天令，短脩奚欝於時情。則有抱挺特之才，懷果敢之志。謀可以安國家而能利社稷，勇可以戮封豕而能斬長鯨。惜乎刅業未成，霜露溢至，英骨俄沉於泉户，雄姿不列於雲臺者，得不集彼事勳，研乎確實。爰紀他山之石，用防深谷為陵。

公本係族乃後魏之苗裔也，峻址長源，綿歷代祀，匡時濟俗，継有其人。曾 韓王，名諱仁福，字 ，以位分土茅，望重藩屏。控扼河外，彈壓一方，朝廷以輔弼邦家，倚注心腹。獨盛光乎史策，大紹嗣於門風。祖 夏王，名諱彜殷，字 ，有溢國之勳，負衆人之望。冊封王位，興霸祖宗。鐵契金書，永光不朽。鳳池麟閣，崇踐無由。故 大父侍中，間氣不群，英秀奇异。有開羽萬人之敵，可以制服外疆。負葛亮七縱之謀，可以横行守夏。蟬聯爵秩，鶚視公侯。天命未終，藏舟靡固。我后興輟朝之念，司天瞻垂象之文。紹彼高旌，付茲長嫡。

名諱継筠，字 。公初自開寶七年中，補衙前廳直指揮使。勇懷剛毅，威慑戎夷。名實有聞，勢不可抑，卻於轉授衙内都指揮使。艱難備歷，賞罰無私。於開寶九年中，主帥奏正授衙内加銀青階左散騎常侍卫騎都尉。復於太平興國□季三月，再奏授官告加检校工部尚書。洎主上知名，恩渥遄厚。無何，故侍中疾殛。以邊藩任重，軍府事繁。簡署權知奏章，俞允。於太平興國三季六月，内降馹騎賫到官告一通、勑牒一道，授起復雲麾将軍、检校司徒、定難軍莭度觀察留後。遄加服命之恩，併示奪情之寵。於當年十一月，以郊禋畢禮，渥澤普天。遠□侍臣，曲宣明詔。賜官告一通、勑牒一道，特授检校太保、隴西縣開國子、食邑五百户、食實封二百户。公威揚屏右，望重朝端。上事明君，下安赤子。無何穹旻不祐，壯莭未施。朝夕減嘗，針藥無効。至太平興國四年六月十九日辰時，薨於正衙。天地為之失色，日月為之瘁光。公生自大周顯德四年丁巳，享年二十有三矣。卜于端正北原之上，祔於先塋，禮也。擇得己卯歲八月二十五日，下於玄堂。佳城永閟，召乎逝岱之魂。貞石盡刊，紀彼逝川之事。正忝茲下位，實媿不文。見命庸虛，乃為銘曰：

後魏華族，浚源巨瀆。英傑誕生，何人敢蠲。其一。國之西門，弼諧至尊。光乎好爵，乃子乃孫。其二。卓然間氣，鴻私委寄。民不告疲，負襁皆至。其三。壯負英豪，武善六韜。陣無不尅，史策勳勞。其四。國喪良寶，民思父母。永閟夜臺，敻兮千古。其五。落落英風，遐壽不終。高鳥未盡，已折良弓。其六。皇情軫悼，窀穸是卜。天命既窮，家門永紹。其七。送葬玄丘，白馬車裘，民斯不幸，逝水東流。其八。摧彼良木，遐齡忽促。泰華斯頽，國之無福。其九。罔究上玄，家國禍延。蒼蒼老栢，萬古千季。其十。

□□□年歲次□□□□□十七日定難軍□□□□□察押司官鄭繼隆書，石匠都料娥敬万鐫

疏證

誌文中關于墓主族源的文字爲『公本系族乃後魏之苗裔也』、『後魏華族，浚源巨瀆』，表現了墓主家族的鮮卑認同。誌文清晰地寫明李繼筠的曾祖爲韓王李仁福，祖父爲夏王李彝殷，但其父之名諱卻未寫明，僅稱爲『大父侍中』。北宋太平興國三年五月，定難軍節度使李光睿『卒，太宗廢朝二日，贈侍中』，可知誌文中的『大夫侍中』即李光睿。

李繼筠于開寶七年（974）補衙前廳直指揮使，衙前廳直指揮使爲節度軍將官員，負責統御衙軍中的廳直軍。後轉授衙内都指揮使，升爲衙軍的最高將領。開寶九年（976），時任定難軍節度使的李光睿奏授李繼筠衙内都指揮使。太平興國□年三月，再奏授官告加檢校工部尚書。太平興國三年六月，朝廷授李繼筠定難軍節度觀察留後，節度觀察留後乃『節度使或出征，或入朝，或死而未有代，皆有知留後事，其後遂以節度留後爲稱』。

誌主李繼筠生于後周顯德四年（957），太平興國四年（979）六月十九日逝世，享年二十三歲。太平興國四年（979）八月二十五日祔于先塋。

研究成果見諸鄧輝、白慶元《内蒙古烏審旗發現的五代至北宋夏州拓拔部李氏家族墓誌銘考釋》（《唐研究》第八卷，2002年）；陳瑋《北宋定難軍節度觀察留後李繼筠墓誌研究》（《西夏研究》2014年第四期）。

貳拾貳　北宋・野利氏夫人墓誌銘

叙録

太平興國五年（980）三月刻石。2006年横山縣党岔鎮泗源溝出土，榆林市横山區博物館藏。誌石高七十七點五厘米，寬七十三點五厘米，厚十二厘米。無蓋。正面楷書誌文二十八行，滿行三十五字。全誌除個別字磨損風化以外，其餘基本完整。內容爲野利氏夫人事迹。作者爲營田判官王旦，書刻者不詳。

野利氏夫人墓誌銘并序拓片

録文

故野利氏夫人墓誌銘并序

營田判官、將仕郎、試秘書省校書郎王旦撰

夫人賢匹可以理肅於六姻，而德妻可以燮和於九族。始迄禮範，今古揆尋，貞恭奉上，葉美訓下，調親賢德者，即故野利氏夫人也。夫人容止雅澹，儀趣敦貞，咸儀淑麗，皆播馨香。父高退不仕，德稱郡城，茷莭超俗；孤松秀志，細柳風姿。乃妢自曽，四方仰吹於俊彦；及孫仍子，五郡咸鄭於嘉畯。一門所慶，合族貞純。

夫人即野利氏之長女也，以夫人純敏异時，特妻於定難軍莭度押衙、充銀州都知兵馬使、兼三族蕃落使、防河使、銀青光禄大夫、檢校禮部尚書兼御史大夫、上柱國拓拔氏良眷也。公高弼台座，偉治軍州，賞畏俱行，剛柔并立，嚚能留用而用，彰矚未刑而刑，嵒松迴標，秘鶚遐舉，拔智刁於群雄之上，張心鏡於衆望之中，實可裨郡府之嘉樣，寔可諧伉儷之綢美也。奚期不幸，早偹禮終。夫人露瑪瑙英，春融雪彩，淑德咸偹於雍容，韶姿俱盡於婉娧。平文顯貴，馬後可并於奇禎；敏俊稱賢，謝女寔連於解對。以門襲表瑞，族継傳芳，雖處銀寧，措然不侈，從德儉約，莫洎折人。尔奚即方臻多祐，忽染瘟瘥，仙蓂易凋，苑鳳暫止，以大宋太平興國己卯年仲冬月十有九日終於蒽室。夫人春秋七十八。

男七人，長曰寶璘，受莭度押衙兼防河使。次曰寶琪，充右都押衙兼衙内都知兵馬使、三族蕃落使、銀青光禄大夫、檢校太子賓客兼殿中侍御、雲騎尉。次寶瓊，防禦押衙、充防河使，皆天鎔雅器，神建英能，鈞索聰榮，合宗継秀，情由廓落，悃意廉清，賤玉帛而貴詩章，輸忠信而弼洪心，愛即親奉上，孰可比乎！次寶球、次寶瑭、次寶瓓、次寶璉，雖退匪仕，揔甚孝貞。女三人，長妻破丑彪羅，充本族指揮使。次娉破丑男受，次適野利乞己，皆仙花擢秀，娥魂騰光，雅標淑氏之詩，迴得夫人之道；咸諧伉儷，悉契良姻，昭顯賢和，彰明令訓焉！嗣子寶琪等居喪之合禮，得孝子之道哉。以大宋太平興國庚辰嵗季春月十有八日，葬於神樹泉大塋，禮也。嗚呼哀哉！玄悵幽壤，千古為依倚之宫；碧桂叅天，遐誌英妹之壠。旦謬叨，顧念造次，稟依媿非夢，鳳之粗述，英人之止，謹為銘曰：

女衆流輝，娥華耀豔；稟氣孤芳，鬢光物鑑。合淑威規，孰匪健羙；顯婦道才，播德猷媛。享祜方隆，膏肓縈焉；倏超逝渡，遄然若電。嗚呼！玉碎寒嵠，金沉麗浦。魂肅肅兮返蓬岫，靈悠悠兮歸湘楚。塋園杳杳兮訣白書，佳城鬱鬱兮鎮先所。存親籲兮良時愛，奄千古兮祠餚脯。

疏証

誌主出身自唐代党項八部之一的野利氏部族，『特妻於定難軍莭度押衙、充銀州都知兵馬使、兼三族蕃落使、防河使、銀青光禄大夫、檢校禮部尚書兼御史大夫、上柱國拓拔氏良眷也』，唐末拓跋思恭因助力唐朝平定黄巢之亂，而與其弟思諫一并被賜姓爲李氏。野利氏嫁給『拓跋氏』，説明拓跋思恭賜李姓後，仍有不少拓跋族人未改姓，而依舊使用拓跋姓氏。

野利氏之夫在定難軍下轄的銀州任節度押衙充銀州都知兵馬使。兩人育有七兒三女，其中三兒已在定難軍幕府中任職，三女分别出嫁于破丑氏、野利氏男子。

《故野利氏夫人墓誌銘》誌主的子嗣七人全爲『寶』字輩，與受賜姓的拓跋思恭一族依次使用『思』、『仁、』『彝』、『光』、『繼』等字輩完全不符。同時，野利夫人下葬于其夫任職地銀州城東不遠處，而拓跋思恭的後裔們則大多數與妻子合葬于今内蒙古烏審旗無定河鎮十里梁的定難軍節度使家族墓地。因此，野利氏的丈夫『拓拔氏』某，顯然不屬于與拓跋思恭較爲親近的部族，而是某支疏族。

誌主生于唐昭宗光化四年（901），卒于宋太宗太平興國四年（979），享年七十八歲。誌主去世後，約停柩權厝四月，而後下葬于距銀州城遺址東牆僅數百米的神樹泉（今横山區党岔鎮泗源溝神樹梁）一帶。

墓誌銘作者自署爲『營田判官、將仕郎、試祕書省校書郎王旦撰』。宋代以『王旦』爲名者，有生于莘縣人，太平興國五年進士王旦。

《故野利氏夫人墓誌銘》的撰寫年代『太平興國庚辰年』，似乎符合進士王旦生活年代。不過，王旦之父王祐『以文章自顯漢、周之際，逮事太祖、太宗，爲名臣』（《歐陽文忠公集》卷二二《太尉文正王公神道碑銘并序》），理應常年任職于後漢、後周與北宋中央政府，其子進士王旦亦不太可能任職于偏居西北的定難軍割據勢力。同時，宋代科舉殿試之舉辦時間沿襲唐制，通常于暮春舉行，至南宋光宗初年方『以省試春淺，天尚寒，遂展至二月朔卜日；殿試於四月上旬』（《宋史》卷一五六《選舉志二》），改爲夏初。野利氏夫人下葬之『大宋太平興國庚辰歲季春月十有八日』前後，『季春』即陰曆三月，王旦應在原籍大名府參與省試或在汴京參與殿試，理應無暇在西北邊陲爲野利氏撰寫墓誌。墓誌的作者『王旦』應該并不是太平興國五年進士，真宗景德朝拜相的王旦，而只是與他同名同姓，且生活于同時代的一名定難軍幕職僚屬。

研究成果見諸杜建録、王富春、鄧文韜《陝西横山出土〈故野利氏夫人墓誌銘〉初探》（《西夏學》2019年第二期）；高建國、王富春、杜林淵《陝北横山新發現党項族〈故野利氏夫人墓誌銘〉考釋》（《中國國家博物館館刊》2020年第二期）。

貳拾叁　北宋・管內蕃部都指揮使李光遂墓誌銘并序

叙録

北宋太平興國五年（980）十一月十三日立石。內蒙古烏審旗無定河鎮（原名納林河鄉）十里梁出土，烏審旗文管所藏。蓋、誌砂石質，蓋盝形，長七十六點五厘米，寬七十五厘米，厚十二厘米。蓋文篆刻三行，行三字：『隴西郡李公墓誌之銘』。誌石高七十七厘米，寬七十五厘米，厚八厘米。誌文正楷豎書，二十二行，滿行二十三字。內容爲定難軍管內蕃部都指揮使李光遂生平事迹。攝節度掌書記郭正撰，押衙兼書狀官張□□書，石匠娥知進鐫。

隴西郡李公墓誌之銘蓋拓片

大宋國故管內蕃部都指揮使李光遂墓誌銘拓片

録文

大宋國故管内蕃部都指揮使檢校禮部尚書
隴西郡李公墓誌銘并序

攝節度掌書記郭正撰

噫！日月麗天，尚有交而有蝕，江河盤地，豈無竭以無枯。幻化攸同，浮生罔究。至于貴賤千古，賢愚一時，旌閲水以難窮藏舟之靡固。上祖乃軒轅氏之苗裔，靈源殊泒，内著外揚。先 夏王諱名洎，氣稟中庸，智周上善。将壇夕拜，加九錫之崇封；相閣時開，柄三台之極位。無何奄弃，復紹基扃。次子光遂，初自建隆四年九月九日，授職牒一道，補管内蕃部都指揮使。安撫遠邊，播揚雄武。又扵乾德三年三月，内奏授官告一通檢校工部尚書。又扵開寶三年三月，内拜郊授官告一通加检校禮部尚書。尋降綵綸之命，復加爵秩之榮。蕃漢畏威，國朝旌善。公河眸海口，相封万户之侯；虎箭虵矛，勇負千人之敵。邊陲有賴，警急無虞。或一日寢疾扵床，藥石之間，難療深瘵。言未盡而二竪收魂，命将終而三彭歛氣。遐齡罔續，大限俄催。

公生自乙巳年，享壽三十有六，十月三日身亡。今擇取庚辰歲冬十一月十三日，扵端正北原之下祔葬于先塋禮也。貞魂不昧，随逝水以長流，至識無羌，閟佳而永固。或恐時世更易，陵谷變遷，庶可紀先代之名諱，故直書其事，乃述銘云：

稟天神識，生諸列國。海嶽奇姿，星辰秀德。懾伏戎夷，平凌鳫磧。輝電之眸，拔山之力。高鳥未盡，良弓已失。不异浮漚，何殊過隙。悲慟勲賢，慘傷往昔。巨壙将然，重開在即。老栢森森，植于墓側。万古千秋，揚名罕測。

太平興國五年十一月十三日石匠娥知進鐫，押衙兼書狀官張雋書

疏證

定難軍節度使拓跋李氏家族于五代宋初墓誌中多聲稱族出北魏皇族拓跋氏，在李仁寶、李彝謹、李光睿、李繼筠等人的墓誌銘中，均有類似『乃大魏道武皇帝之遐胤也』、『後魏之莘系』、『本後魏之華宙，朔野之大族』或『乃後魏之苗裔也』等類似記載。但將祖先更進一步追溯爲『軒轅氏之苗裔，靈源殊流，内著外揚』的，現可見者僅有《李光遂墓誌》。這種祖先叙事的來源與前揭《拓跋馱布墓誌》類似，應是《魏書·序紀》所載『昔黄帝有子二十五人，或内列諸華，或外分荒服，昌意少子，受封北土……』。誌文的撰寫者攝節度掌書記郭正可能是將李氏家族的北魏拓跋氏祖源認同與《魏書·序紀》結合，進行了再創作，最終書爲李光遂構建了黄帝後裔的身份。

誌文于李光遂先父名諱處空格，只稱其夏王，以示避諱。按《李繼筠墓誌》：『夏王，名諱彝殷』，又《李光睿墓誌》將光遂列爲『寵弟五人』

之一，而李光睿系李彝殷之子，亦可證明誌文中的『夏王』正是李彝殷。只不過《李光睿墓誌》載光遂爲彝殷第七子，而本誌文卻稱光遂爲彝殷『次子』，不知何故？按《李光睿墓誌》，至遲于後周廣順元年（951），身爲彝殷第三子的李光睿已出仕爲夏州管内蕃部越名都指揮使，而直到北宋建隆四年（963）九月，李光遂方才『授職牒一道，補管内蕃部都指揮使』，較光睿出仕已晚十餘年，其排行斷不可能位于彝殷次子，誌文或有誤。

按《宋史·職官志》，宋初檢校官共一十九級，依次爲『太師、太尉、太傅、太保、司徒、司空、左僕射、右僕射、吏部尚書、兵部尚書、户部尚書、刑部尚書、禮部尚書、工部尚書、左散騎常侍、右散騎常侍、太子賓客、國子祭酒、水部員外郎』，諸官員中『特除并換授諸司使已上加工部尚書』。管内蕃部都指揮使李光遂于乾德三年（965）授檢校工部尚書，又于開寶三年（970）加檢校禮部尚書，大致符合北宋檢校官的加官之制。

貳拾肆　北宋・河南開封繁塔夏州番落都知兵馬使李光文施財題記

叙録

約刻于北宋初年，在河南省開封市禹王台區繁塔西街三十號繁塔内。題記高二十四厘米，寬十二厘米，楷書，陰刻。共兩行，滿行八字，共十三字，爲夏州番落都知兵馬使李光文施財供建塔題記。

夏州番落都知兵馬使李光文施題名拓片

録文

夏州番洛都知兵馬使李光文施

疏證

『李光文』即《宋史》、《續資治通鑑長編》等典籍中所記載的宋代党項夏州定難軍節度使李克睿之弟『李克文』。據《宋史・夏國傳》記載，『克睿初名光睿，避太宗諱改『光』爲『克』，李光文改名爲『李克文』即因避太宗諱。他曾歷任銀州刺史、綏州刺史、豐州刺史、麟州防禦使等職，并在李繼捧入朝後權知夏州事兩年多時間。在内蒙古自治區烏審旗文管所保存的《大宋故定難軍節度使李光睿墓誌銘》中其名爲『李光文』，任職爲『衙前都知兵馬使』。該題刻中的『番洛』即傳世漢文典籍中的『蕃落』，陝北、内蒙古烏審旗出土的唐五代宋初夏州党項墓誌銘中也稱爲『番落』。如《後周綏州刺史李彝謹墓誌銘》中李彝謹曾祖李重建在唐朝時曾任『大都督府安撫平夏番落使』。夏州爲唐代内遷党項聚居地，『其原慶、靈、夏、延又管諸蕃落降者，為羈縻州』（《唐六典》）。夏州故址位于今陝西省靖邊縣統萬城遺址。夏州蕃落都知兵馬使即夏州管内蕃兵總帥，爲節度使麾下重要的武職僚佐。

研究成果見諸光建、鄧文韜《開封宋代繁塔夏州李光文題刻考述》（《石河子大學學報》2016年第三期）。

第二章　西夏碑刻題記

貳拾伍　西夏·寧夏固原須彌山石窟西夏游人摩崖題記

叙録

刻于拱化三年（1065），原在寧夏固原市原州區須彌山石窟第一窟，現已揭取保護。窟内共有墨書題記八則，其中四則分布于立佛左側衣裙下擺下緣底層泥皮上。題記中有西夏年號的共二則，分别記載䪁都四年與拱化三年僧人來游。字型大小不詳。

寧夏固原須彌山石窟西夏游人摩崖題記舊照

須彌山第一窟立佛衣裙下擺下方現狀

録文

題記一：僧惠鞢都四年二月十日僧/悟□□第賀山哥巡禮□立。

題記二：拱化三年七月十五日……彌山□巡□至竹石□山中……

疏證

『鞢都』與『拱化』均爲西夏毅宗李諒祚的年號，鞢都四年即公元1060年，拱化三年即公元1065年。

須彌山所在地爲唐代石門關，爲東西交通要衝，是北宋鎮戎軍（今固原市原州區）通往西夏天都山區的必經之路。慶曆二年（1042），北宋在鎮戎軍西北二十五里處建定川寨（《元豐九域志》卷三《陝西路·秦鳳路》），這是北宋中前期鎮戎軍西北方向最遠的堡寨，而須彌山石窟距鎮戎軍城約一百一十里，説明當時宋朝可能對須彌山地區鞭長莫及。相較之下，西夏文法典《天盛律令》卷一〇《司序行文門》中明確規定第五品城寨中有『須彌寨』，説明西夏極盛的元昊、諒祚時期，可能曾一度控制過須彌山地區，并設有堡寨鎮守當地。因此，方能有西夏僧人雲游、巡禮至須彌山石窟，并使用西夏年號在佛像上書寫題記。

相關研究成果見諸杜建録《須彌山石窟題記研究》（《寧夏文物》1993年第七期）。

貳拾陸　西夏·涼州重修護國寺感應塔碑

叙録

天祐民安五年（1094）立石。原藏涼州（今甘肅省武威市）大雲寺内，現藏武威市西夏博物館。碑高二百五十厘米，寬九十厘米，兩面刻文。陽面刻西夏文，碑額西夏文篆書『敕感應塔之碑銘』，正文楷書二十八行，行六十五字。陰面刻漢文，碑額現存篆書『□（州）重修□□（護）（國）寺感□（應）塔碑銘』，正文楷書二十六行，行七十字。兩面碑額各有一對綫刻伎樂圖。碑文主要記述重修感應塔之盛況，其中有關西夏國名、帝號、紀年、官制、農耕、工商、階級關係等方面的材料，彌足珍貴。

涼州重修護國寺感應塔碑

凉州重修護國寺感應塔碑拓片（漢文碑文）

凉州重修護國寺感應塔碑拓片（漢文碑文上部）

涼州重修護國寺感應塔碑拓片（漢文碑文下部）

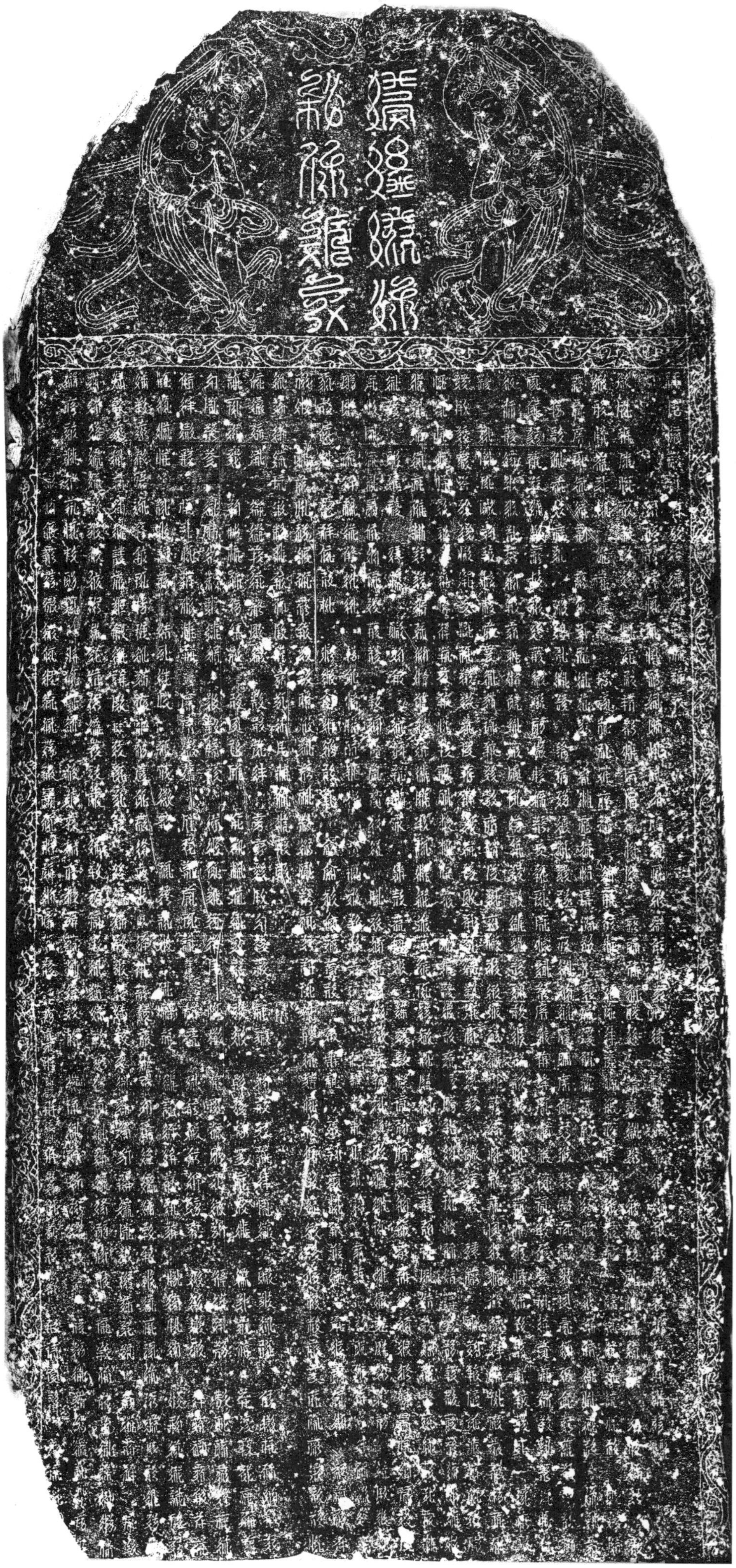

凉州重修護國寺感應塔碑拓片（西夏文碑文）

凉州重修護國寺感應塔碑拓片（西夏文碑文上部）

涼州重修護國寺感應塔碑拓片（西夏文碑文下部）

録文

西夏涼州重修護國寺感應塔碑銘（漢文部分）

……智慧因緣，種種比喻，□□□□，大抵與五常之教多有相似，其實入人深厚，令智愚心服歸向，信重汪洋廣博……阿育王起八万四千寶塔，奉安舍利，報佛恩重。今武威郡塔，即其數也。自周至晉，千有餘載，中間興廢，經典莫記。張軌稱制西涼，治其宮室，適當遺址……宮中數多靈瑞，天錫异其事。時有人謂天錫曰：昔阿育王奉佛舍利，起塔遍世界中，今之宮乃塔之故基之一也。天錫遂捨其宮為寺，就其地建塔，適會□□□技類班輸者來治其事，心計神妙，準繩特异，材用質簡，斤蹤斧跡，極其疎略，視之如容易可及，然歷代工巧，營心役思，終不能度其規矩。茲塔之[1]建，迄今八百二十餘年矣。大夏開國，奄有西土，涼為輔郡，亦已百載，塔之感應，不可殫紀。然聽聞詳熟，質之不謬者云：嘗有欹仄，每欲薦整，至夕皆風雨大作，四鄰但聞斧鑿聲，質明塔已正矣，如是者再。先后之朝，西羌梗邊，寇乎涼土。是夕亦大雷電，於冥晦中，上現瑞燈，羌人睹之，駭异而退。頃為南國失和，乘輿再駕，躬行薄伐，申命王人，稽首潛禱，故天兵累捷，蓋冥祐之者矣。前年冬，涼州地大震，因又欹仄。守臣露章具列厥事，詔命營治，鳩工未集，還復自正。今二聖臨御，述繼先烈，文昭武肅，内外大治，天地禋祀，必莊必敬，宗廟祭享，以時以思。至于釋教，尤所崇奉，近自畿甸，遠及荒要，山林磎谷，村落坊聚，佛宇遺址，隻椽片瓦，但毀壞有存者，無不必葺，况名跡顯敞，古今不泯者乎。故将是塔，旌乎前後靈應，遂命增飾。拎是，衆匠率職，百工效技，圬者績者，是墁是飾，丹雘具設，金碧相間，輝耀日月，煥然如新，麗矣壯矣，莫能名狀。况武威當四衝地，車轍馬迹，輻湊交會，日有千數，故憧憧之人，無不瞻礼隨喜，無不信也。茲我二聖，發菩提心，大作佛事，興無邊勝利，接引聾瞽，日有饒益，巍巍堂堂，真所謂慈航巨照者矣，异哉。佛之去世，歲月浸遠，其教散漫，宗尚各异，然奉之者，無不尊重讚嘆，雖兇很庸愚，亦大敬信，况宿習智慧者哉。所以七寶粧嚴，為塔為廟者有矣；木石瓴甓，為塔為廟者有矣，熔塑彩績，泥土沙礫，無不為之，故浮圖梵刹，遍滿天下。然靈應昭然，如茲之特异者，未之聞也。豈佛之威力獨厚于此耶？豈神靈擁祐有所偏耶？不然，則我大夏，植福深厚，二聖誠德誠感之所致也。營飾之事，起癸酉歲六月，至甲戌歲正月，厥功告畢。其月十五日，詔命慶讚，于是用鳴法鼓，廣集有緣，兼啓法筵，普利筭品，仍飾僧一大會，度僧三十八人，曲赦殊死罪五十四人，以旌能事。特賜黄金一十五兩，白金五十兩，衣著羅帛六十段，羅錦雜幡七十對，錢一千緡，用為佛常住。又賜錢千緡，穀千斛，官作四户，充番漢僧常住，俾晨昏香火者有所資焉，二時齋粥者有所取焉。至如殿宇廊廡，僧坊禪窟。支頹補□□一物之用者，無不仰給焉，故所須不匱，而福亦無量也。乃詔辭臣，俾述梗槩。臣等奉詔，辞不獲讓，抽毫抒思，謹為之銘，其詞曰：

巍巍寶塔，肇基阿育，以因緣故，興無量福，奉安舍利，粧嚴具足，歷載逾千，廢置莫録。西涼稱制，王曰張軌，營治宮室，適當遺址，天錫嗣

[1] 之，羅福頤《西夏護國寺感應塔碑介紹》（《文物》1961年Z1期）與陳炳應《西夏文物研究》（寧夏人民出版社1986年）均録爲『造』。

世，靈瑞數起，應感既彰，塔復宫毁。大夏開國，奄有凉土，塔之祥异，不可悉數，嘗聞欹仄，神助風雨，每自正焉，得未曾覩。先后臨朝，羌犯凉境，亦有雷電，暴作昏瞑，燈現煌煌，炳靈彰聖，寇戎駭异，收跡潜屏。南服不庭，乘輿再討，前命星使，恭有祈禱，我武既揚，果聞捷報，蓋資冥祐，助乎有道。况屬前冬，壬申歲直，武威地震，塔又震仄，淩雲勢撓，欲治工億，龍天護持，何假人力。二聖欽崇，再詔營治，圬者績者，冈有不備，五彩復焕，金碧增麗，舊物惟新，所謂勝利。我后我皇，累葉重光，虔奉竺典，必恭必莊，誠因内積，勝果外[1]彰，覺皇妙蔭，万壽無疆。

天祐民安五年歲次甲戌正月甲戌朔十五日戊子建，書番碑旌記典集令批渾嵬名遇，供寫南北章表張政思書并篆額，石匠人員韋移移崖、住遇子、康狗慶寺都大勾當銘賽正㖒□糸臣梁行者乜，慶寺都大勾當卧則囉正蕪頂直囉、外母囉正律晶賜緋僧卧屈皆，慶寺監修都大勾當三司正右厢孽祖叱介臣埋篤皆，慶寺監修都大勾當行宫三司正兼聖容寺、感通塔兩衆題擧律晶賜緋僧藥乜永銓，修寺準備吴箇行宫三司正湊銘臣吴没兜，修塔寺小監行宫三司正栗銘臣劉屈栗崖，修塔寺小監崇聖寺僧正賜緋僧令介成龎，護國寺感通塔番漢四衆提舉賜緋僧王那征遇，修寺諸匠人監感通塔漢衆僧正賜緋僧酒智清，修塔寺監石碑感通塔漢衆僧賜緋僧□□□[2]修塔寺結瓦□□……劉狗兒，石匠左支信、鄧三錘、左□□、王真、孫都兒孫□都、左□移、左伴兒、孫惹子、殷……

大白上國境凉州感通塔之碑銘（西夏文碑銘譯文）[3]

喻者仁師典禮司正、功德司副、聖贊提舉、學士曰：所顯足信，王奴雞。喻者仁師内宿神策承旨、行監軍司正、侍講珂貝等曰：所顯典集傾誠，屈長古□。坎性高古雖不動，風起出動波浪閃閃常不絕，正體於本雖不變，隨緣乘負惱禍沈溺永未息。如正迷愚，六道輪迴菩薩得名，聖合塵數，三界流轉有情獲生。上世最安，一一疾疾往者少，下獄酸楚，千萬趨趨至者多。廣悲發悲不捨悲，諸佛現世救民庶，無相立相不少相，摩竭拖國金剛座上成正覺。金口一聲演正論，依類悉解度脱貪愚爲師主，化身多現御邪魔，法界皆到育治迷愚是父母。過去未來，六度海識知最大，通行身瑞，一世多劫果皆滿。尊感日具畢，示現必入於涅槃，凡夫福未終，遺留莽輕莽輕真舍利。凉州塔者，阿育王所分舍利，天上天下八萬四千，奉安舍利而造，奉安中性眼舍利處。原塔雖已毁壞，張軌爲天子時，彼上適建宫殿，此名凉州武威郡也。張軌傳張天錫，承繼王位，遂舍其宫殿，速請匠人營治，乃造七級寶塔。其後，塔爲番所作，修造期間，求福供養，乃現瑞像，可爲國土支柱。前所爲者，迄至此天祐民安甲戌五年，達八百二十餘年。又大安二年中，塔基欹仄，識净皇太后，面壁城皇帝等，供給種種，命遣監匠等。泥瓦匠每欲薦整，至夕皆風大作，塔首出現聖燈，質明自然已正如前。

[1] 外，《西夏文物研究》録爲『累』。
[2] 修塔寺監石碑感通塔漢衆僧賜緋僧□□□，《西夏文物研究》未録。
[3] 譯文出自陳炳應《西夏文物研究》

又大安八年，東襲漢，心體具備，大軍一發，既圍□□，羌軍來攻凉州，彼時黑風漠漠，伸手相執莫辨，燈光□□繞塔，二軍自然敗走，由此莫敢窺視。此後，德盛皇太后，仁浄皇帝等臨御國土。又天安禮定二年中，頻頻燒香，布施願文等，令□不絶，漢中二遍。皇太后所乘坐騎一出，爾時夜間燈光□□，一出一滅，光明如過午日，乃亡入漢之地望，遂作大瑞。前前後後多所現者，皆此不可思議。瑞魔瑞像數遍，先昔人□顯現分明，因有如此廣大功力。此凉州金塔者，時光流逝，風擊雨著，幡色已退，去年地震大作，又材燒欹仄。德盛皇太后，仁浄皇帝等，上四恩報功，下廣有治緣，因爲六波羅蜜，以行四深大願，故命頭監，集聚諸匠，天祐民安癸酉四年六月十二日，匠事□□，翌年正月十五日匠事乃畢。妙塔七級七等覺，丹壁四面治四河，木檐□□如飛騰，金頭玉柱相映現，□珍莊嚴如□□，諸色莊校殊美好，繞覺奇寶光奕奕，懸壁菩薩□震震，一院殿帳現青霧。七級寶塔□□攀，細緯□垂花茂盛，點燃香燭（？）明□□，法物種種聚所善，供具一一全且足。爲佛常住，黄金十五兩，白金五十兩，衣著羅帛六十段，綾羅雜繡幡七十對，千緡錢。爲僧常住，又賜四户官作，千緡錢，千斛谷等。是年十五日，命中書正梁行者乜，皁城司正臥屈皆等，爲做贊慶，作大齋會，説法懺悔，安設道場，讀誦藏經，剃度三十八人，曲赦殊死罪五十四人，令準備種種香花、明燈，香浄水一一不缺。大小頭監，種種匠人等之官諾。各依上下，與者多夥。五色瑞雲，朝朝盈□噙金光，三世渚佛，夜夜必繞現聖燈。一現一滅，就地得道心踊喜，七級悉察，福智俱得到佛宮。天下黔首，苦樂二之可求福，地上赤面，力負俱之是根本。十八地獄，受罪衆生得解脱，四十九重，樂安慈氏愛遍至。三界昏暗，智燈一舉皆見顯，衆生樂海，更作惠橋悉渡運。聖宮造畢，功德廣大前無比，寶塔修成，善閲圓滿澤量高。人身不實，□□如浮泡芭蕉，人命無常，眼如秋露夏花同。施捨殊妙，三輪體空義悉解，志念堅固，不持二邊證彼岸。願王座堅必，如□瓜竹筍長且□，御意□盛，如高氍金海常盈盈。成爲□有，有意有力常獲利，計度緣熟，供佛供法求具得。風雨時降，寶谷永成，地境安靖，民庶安樂，法義深廣，意性不大，句才傳曰，智人勿□正行邪行，前□所寫□行記，善曰善曰，後人瞻仰永傳説。修塔寺兼作贊慶等都大勾當三司正南院監軍勸品臣埋領皆。修塔寺兼作贊慶等都大勾當行宫三司正聖贊感通塔等下提舉解經和尚臣藥乜永銓，修塔寺小監行宫三司承旨祭官臣木楊訛（？）口移，感通塔下羌漢二衆提舉賜緋僧臣王那徵遇，修塔小監崇聖寺下僧正賜緋臣令介成龐，匠人小監感通塔下漢衆僧正賜緋僧酒智清，修塔寺匠人小監感通塔漢衆僧副賜緋白智宣，修塔寺瓦匠頭監僧主張梵口移，匠人之準備頭監白阿山，書者旌記典集閤門令批臣渾嵬名迂，書漢碑銘者供寫南北章表臣張政思，緋白匠小監僧崔智行，木匠小監僧酒智□，網結頭監僧劉墨徵，孫□□，惟天祐民安甲戌五年正月甲戌十五戊子日贊慶畢，雕石頭監韋移移崖，任迂子，左支信，康狗名，鄧三錘，孫克都，左計口移，左党□，左阿□，楊真信，浪重□□，巠匠折□□，鐵匠……。

疏證

此碑爲夏漢合璧書寫。陽面的西夏文碑文和陰面的漢文碑文儘管在細部稍有出入，然其所述内容大略相同，皆爲紀念西夏天祐民安四年（1092）崇宗李乾順重修護國寺感應塔一事。

漢文碑文載『特賜黄金一十五兩，白金五十兩，衣著羅帛六十段，羅錦雜幡七十對，錢一千緡，用爲佛常住。又賜錢千緡，谷千斛，官作四户，充番漢僧常住，俾晨昏香火者有所資焉，二時齋粥者有所取焉。至如殿宇廊廡，僧坊禪窟』，描繪了爲慶祝護國寺感通塔竣工一事所舉行的法會活動的盛大程度。崇宗乾順不但給賜黄金白銀綾羅綢緞，還將依附于官府的四户農業生産者賞賜給護國寺。『四户官作』表明西夏存在着『官田』這種土地所有制形式，爲研究西夏的土地制度和階級關係提供了重要依據。

漢文碑文載『況武威當四衝地，車轍馬跡，輻湊交會，日有千數，故憧憧之人，無不瞻禮隨喜，無不信也』。西夏時期的凉州，因其處于絲綢之路樞紐之地關鍵的地理位置和發達的政治、經濟、文化，成爲地位僅次于興慶府的陪都。此地由于『當四衝地』，商貿繁榮，所以也成爲西夏時期重要的商貿都會，與其他民族政權及中亞各國貿易往來頻繁，因而出現了『車轍馬跡，輻湊交會，日有千數』的盛況。

西夏文碑文所載『風雨時降，寶谷永成，地境安靖，民庶安樂』的圖景表明在凉州地區農業在社會經濟中占據着主要的地位。這與西夏社會對于農業的重視和西夏人的農本思想是一脈相承的。

碑銘中出現兩處西夏國名，一處是『大夏』，共出現三次。一處是『大白上國』，只出現一次。大夏是西夏人自我聲稱的正式國名，在對外交往中使用，如宋臣富弼曾上奏稱『臣竊聞去歲十二月中趙元昊反，自立為大夏皇帝』（《宋名臣奏議》卷一三一《上仁宗論西夏八事》）；慶曆議和後，宋朝又冊封元昊『為大夏國主，永為宋藩輔』（《宋大詔令集》卷二三三《冊夏國主文》）。『大白上國』可能只在西夏境内使用，如西夏陵出土殘碑所見的『大白上國護城聖德至懿皇帝壽陵誌文』字様（參見《西夏陵墓出土殘碑粹編》圖版壹）。值得注意的是，碑文稱『大夏開國，奄有西土，凉爲輔郡，亦已百載』。按此，西夏人自我意識中的『開國』之始，似是李繼遷出奔地斤澤起，而非今人所認知的1038年元昊建國。

碑文又存『頃為南國失和』、『南服不庭』、『南北章表』等字句。這里的『南』，指的是北宋政權，西夏國内稱北宋爲『南朝』，如寶元元年（1038）元昊從父山遇惟亮欲降宋，其弟惟永勸阻道『南朝無人，不知兀卒所為，將不信兄，兄必交困』（《續資治通鑑長編》卷一二二仁宗寶元元年四月），又如陷于金朝的南宋人李宗閔曾轉述西夏人李屈移之言辭謂：『某昔年兩使南朝，其禮義文法，非他國之比』（《建炎以來系年要録》卷一八一高宗紹興二十九年正月）。相應的，西夏『謂契丹爲北邊』（《儒林公議》卷下《富弼使契丹》），碑文中的『北』當是指代遼朝。而西夏國主則自稱『西朝』或『西帝』（《續資治通鑑長編》卷一三九仁宗慶曆三年二月）。

『又大安二年中，塔基欹仄，識浄皇太后，面壁城皇帝等』，大安是惠宗秉常的年號，按活動年代推測，『識浄皇太后，面壁城皇帝』分别是秉常之母梁太后和秉常的尊號。後文中的『德盛皇太后，仁浄皇帝』則是天祐民安年間修復塔廟的崇宗乾順及其母梁太后的尊號。

『此後，德盛皇太后，仁浄皇帝等臨御國土。又天安禮定二年中，頻頻燒香，布施願文等，令□不絶，漢中二遍。』表明『天安禮定』年號并非行用幾個月或一年，而是直到崇宗乾順即位後仍然繼續行用。

碑文中的『中書正』、『皇城司正』、『大恒歷院正』、『統軍司正』、『三司正』、『監軍司正』、『行宮三司正』等官職，『正』應是各機構的長官，是正職的意思。

碑文中出現的『修塔寺兼作贊慶等都大勾當三司正南院』當是《天盛律令》中的『南院行宮三司』，由此可以推定西夏的『南院』應在涼州。『是年十五日，命中書正梁行者乜，皇城司正臥屈皆等，為做贊慶，作大齋會。』中書正梁乙逋死後，由于梁太后繼續執掌政權，所以梁乙逋的繼任者梁行者乜仍是梁氏族人。

漢文碑文中提及『番漢四衆』，『四衆』分指番、漢、吐蕃和回鶻。其中，番是西夏境內的主體民族，漢族是僅次于番族的主要民族。『番漢四衆』在西夏境内來往密切，交錯雜居，共同創造了燦爛的西夏文明。

相關研究成果見諸羅福成《重修護國寺感應塔碑銘》（《國立北平圖書館館刊》第四卷第三期），史金波《涼州感應塔碑西夏文校譯補正》（《西北史地》1984年第二期），陳炳應《西夏文物研究》（寧夏人民出版社1985年），吴峰天《〈涼州重修護國寺感通塔碑銘〉再認識》（《西夏學》第八輯），彭向前、侯愛梅《〈涼州重修護國寺感通塔碑〉西夏文碑銘互文見義修辭法舉隅》（《寧夏社會科學》2016年第六期）。

貳拾柒　西夏·黑水建橋敕碑

敘録

乾祐七年（1176）九月二十五日立石。原在甘肅省張掖市城西十里黑河東岸的下龍王廟，20世紀70年代徵集入藏張掖市文化館，1987年入藏甘肅省張掖地區張掖市博物館（今張掖市甘州區博物館）。碑高一百一十五厘米，寬七十厘米，陽面刻漢文，楷書十三行，行三十字。陰面刻藏文，二十一列，已漫漶過半。兩面碑額均無字，各綫刻一對托盤侍女像，周邊飾綫刻捲雲紋圖案。漢、藏碑文内容相同，記載夏仁宗對黑水諸神發布敕命，以求水患永息，橋道長久。筆手張世恭書，瀉作使安善惠刊。

黑水建橋敕碑原石

黑水建橋敕碑漢文碑文拓片

黑水建橋敕碑藏文碑文拓片

録文

黑水建橋敕碑（漢文部分）

勑鎮夷郡境内黑水河上下所有隱顯一切水土之主山神、水神、龍神、樹神、土地諸神等，咸聽朕命，昔賢覺聖光菩薩哀愍此河年年暴漲，漂蕩人畜，故□（發）大慈悲，興建此橋，普令一切往返有情咸免徒涉之患，皆霑安濟之福，斯誠利國便民之大端也。朕昔已曾親臨此橋，嘉美賢覺興造之功，仍罄虔懇，躬祭汝諸神等，自是之後，水患頓息，固知諸神冥歆朕意，陰加擁祐之所致也。今朕載啓神虔，幸冀汝等諸多靈神，廓慈悲之心，恢濟渡之德，重加神力，密運威靈，庶幾水患永息，橋道久長，令此諸方有情，俱蒙利益，佑我邦家，則豈惟上契十方諸聖之心，抑亦可副朕之弘願也，諸神鑒之，毋替朕命。

大夏乾祐七年歲次丙申九月二十五日立石。

主案郭那正成，司吏駱永安。筆手張世恭書，

瀉[1]作使安善惠刊。小監王延慶。都大勾當鎮夷郡正兼郡學教授王德昌。

黑水建橋敕碑（藏文部分直譯）[2]

唵嘛呲！鎮夷郡之境，額濟納上下住的顯否山水之神及龍靈神及土地神等，朕之旨聽！昔聖者善菩薩埵光眾事業，此河泛大年，每人畜多危，且庶民家財產漂流。彼景況見心憫悲，與慈心橋北建築，邦民庶眾利之，事與平安，成遍安置，昔聖者作稱頌。朕橋之附近，見信心及此住之神龍，汝等祭祀供施大獻，汝等危一切息滅作，朕之心願相符。極喜樂仍昔如住之神龍，汝等獻祭，悲憫仁慈之心護佑之！眾生多祈請如河清永息作！橋道等永久住眾生多利益成就，及朕之心願，亦上方之神境住之。聖者眾之心喜與朕之弘願亦廣大，成就之友助作是也！此住之神龍，汝等朕之旨如成就！火陽猴年月九二十五日石字之。總駕前鎮夷郡正王德昌，小監王延慶，文字刊者使安善惠，文字寫者駱永安，筆於張世恭。

---

[1] 吴國勝疑『瀉』字之偏旁『氵』可能是由後人刻上，或者風化刮痕恰巧形成狀似部首的假象，恐非原碑刻寫時已有者，應録爲『寫』。詳見吴氏《書評：杜建録〈党項西夏碑石整理研究〉》（《臺大歷史學報》第六十一期，2018）。今附其説，待考。

[2] 直譯文出自王堯《西夏黑水橋碑考補》（《中央民族學院學報》1978年第一期）。

疏證

『鎮夷郡』，即今張掖市甘州區，《元史・地理志》載甘州『宋初為西夏所據，改鎮夷郡，又立宣化府』。

『黑水河』即發源自祁連山，自南向北流經甘州的黑河、弱水（下游稱額濟納河）。

『賢覺聖光菩薩』，據記載爲漢代某未詳姓氏之『仙姑』，『張掖河北人，修道合黎山，見黑河橫溢，誓願建橋一座，以濟居民，言「橋成即我道成日也」。未幾，身投水中，起坐片木，至今廟處泊焉。經數日，鳶烏不侵，香聞數里，土人埋之，得鐵片「平天仙姑字」，共爲立廟』（《（乾隆）甘州府志》卷一一《仙釋・張掖縣》）。

碑文以藏漢合璧書寫，而非用國書西夏文撰寫，可能有三方面的考慮：其一是對活動于甘青一帶的藏族表示尊重，争取之意；其二是方便定居于甘州本地的吐蕃人閱讀，以向其宣示西夏皇家之意志；三是以通常用來書寫佛經的藏文鐫刻碑文，能提高碑石的神祕感與權威感。

碑文在形式上採用敕文，但實際内容則屬于祭文。西夏仁宗出于對佛教高僧的推崇，以及對漢藏信衆的籠絡，有意將碑文的『文』、『體』分離，造成了『文』不對『體』的現象。這一做法，雖不合漢法，但有利于團結部衆。這説明西夏在學習中原王朝禮法時，并不是僅僅注重形式，更加關照文體在實際政治生活中産生的作用。

相關研究成果見諸王堯《西夏黑水建橋碑考補》（《中央民族大學學報》1978年第一期），崔雲勝《西夏建張掖龍王廟史迹考述》（《西夏學》第七輯），彭向前《西夏〈黑河建橋敕碑〉藏文碑銘補註》（《西夏學》第八輯），陳瑞青《西夏〈黑水河建橋敕碑〉文體性質初探》（《西夏學》第十七輯）。

貳拾捌　西夏、金・韋娘原界堠碑

叙録

正隆四年（1159）立石。陝西省吴起縣長官廟鄉白溝村後梁山出土，吴起縣文管所藏。共有三塊，均青砂石質，出土時呈南北向一字排立，每塊間隔二百米。第一塊高六十八厘米，寬四十六厘米，厚六點五厘米。刻『正隆四年五月』、『韋娘原界堠』、『宣差兵部尚書光禄』、『分畫定』；第二塊高六十五厘米，寬五十四厘米，厚四厘米。刻『正隆四年五月』、『界堠』、『宣差兵部尚書光禄』、『分畫定』；第三塊高六十五厘米，寬四十六厘米，厚四厘米。内容同第二塊碑。

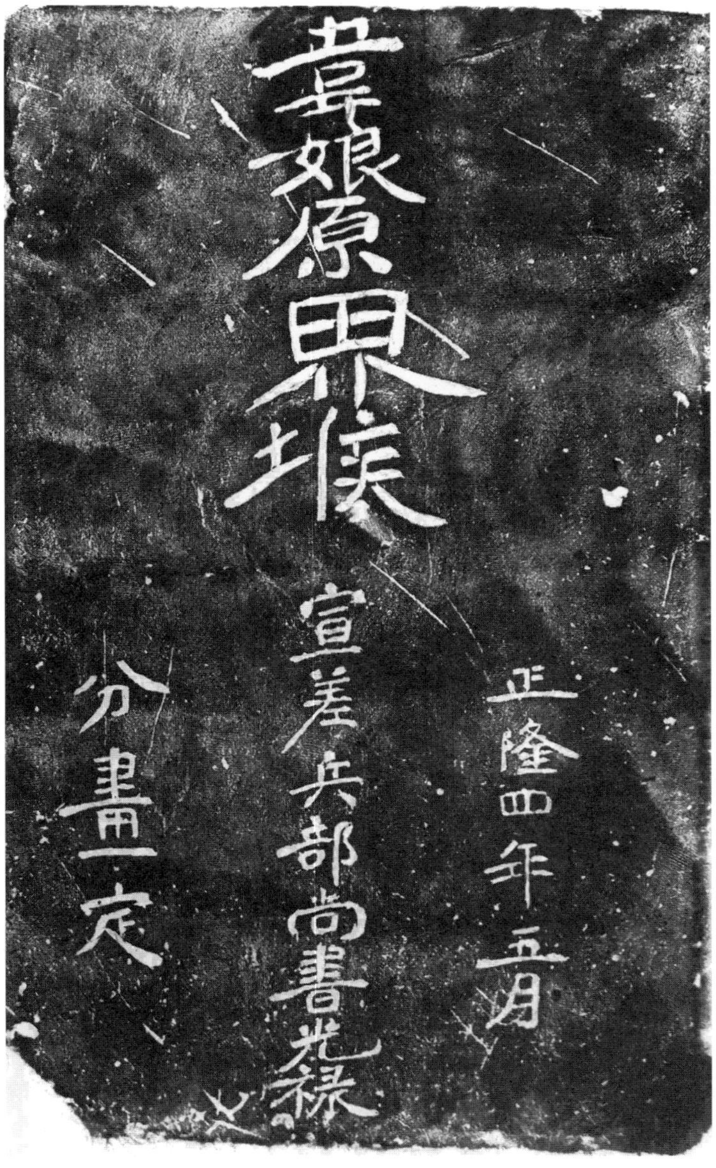

吴起韋娘原界堠碑拓片

疏證

金朝海陵王完顏亮弑熙宗并自立爲帝後，夏仁宗曾責難其告哀并論廢立之使者，表明出對海陵王弑逆行徑的不滿，爲海陵王一朝的金夏關係埋下了隱患。至正隆（1156～1161）初年，金夏之間爆發了數次戰役：『正隆二年、三年，金兵大敗夏人於河朔，因先二年夏人敗金師亮，至是遣大将軍郭相公破之，即有云奴也。兵至靈州，盡復前後所侵故地』（《南渡録》卷四）。因金夏關係的急轉直下，海陵王『命與夏國邊界對立烽候，以防侵軼』。這三塊界碑的樹立，正是在此歷史背景之下。

按《金史·海陵王本紀》載正隆四年『三月丙辰朔，遣兵部尚書蕭恭經畫夏國邊界』，同書《蕭恭傳》亦云傳主于正隆四年『遷光禄大夫，復爲兵部尚書。是歲，經畫夏國邊界』。故界堠碑中的『宣差兵部尚書光禄』其人應爲蕭恭。

『界堠』即立于兩國邊界上的堠子。而『堠子』則是指路旁標志里數的土壇，一般一里置一堠子。元人雜劇有『我為你撇弔了傢俬，遠遠的尋途次，恨不能五六瑞安個堠子』之謂，意即將五六里當一里，用來比喻内心之急迫。

相關研究成果見諸姬乃軍《走近長城》（《延安文博》第二輯）、孫繼民、宋坤《〈西夏考古論稿〉讀後感及補論》（《寧夏社會科學》2014年第五期）、孫繼民《元氏所出後趙時期界封刻石小考》（《廣州文博》2016年）。

吴起金夏劃界碑

貳拾玖　西夏・閩寧鎮西夏墓七號墓出土殘碑塊

叙録

刻石年代不詳，可能爲宋真宗天禧（1017～1021）年間。出土于寧夏銀川市永寧縣閩寧鎮木蘭村内的賀蘭山沿山公路西側西夏墓七號墓内，現存寧夏文物考古研究所，共十一塊。

篆書碑額殘塊一塊，爲青砂巖質，高十八厘米，寬十二厘米，厚三點五厘米。存半字二處，碑文已無法識别。

大字殘碑塊共二塊，寧夏文物考古研究所編號M7:28爲灰砂巖質，高十二厘米，寬六厘米，厚六厘米，存『兒戡[1]賢』三字；編號M7:32爲紅砂巖，高六厘米，寬三點五厘米，厚三厘米，存一個『武』字（此件未公布圖版）。

小字殘碑塊共八塊，均爲紅砂巖質，編號M7:23高十五厘米，寬九厘米，厚四點五厘米，存『有成』、『事公□』五字；編號M7:22高八厘米，寬二十一厘米，厚十七厘米，存『州』、『定西』、『祀』、『□』五字；編號M7:24高十六點五厘米，寬十厘米，厚四厘米，存『□』、『四年攻[2]』、『戀絕莫□』、『府直欲』、『帝治』十三字；編號M7:25高七厘米，寬十一厘米，厚五厘米，爲碑身下邊殘塊，存『而』、『火』二字；編號M7:26高十三厘米，寬十九厘米，厚十二厘米，存『利』、『全齊』、『元』四字；編號M7:27高十三厘米，寬六厘米，厚八厘米，存『八[3]日』、『二日』四字；編號M7:29高二十二厘米，寬二十二厘米，厚十七厘米，爲碑之左側邊殘塊，存『四海』、『時天禧』五字；編號M7:30高十點五厘米，寬五厘米，厚五點五厘米，存『撰』字。

原碑刻撰文、書寫、篆額者均不詳。

[1] 戡，字迹模糊，《閩寧村西夏墓地》未録。從圖版看，此字右偏旁爲『戈』，左半似爲『甚』，故録爲『戡』，存疑待考。

[2] 攻，《閩寧村西夏墓地》未釋，該字左半存『工』字旁，右半僅存起筆，似『攵』，故録爲『攻』。

[3] 八，《閩寧村西夏墓地》第六十三頁未釋，據圖37-2，第一行『日』字上有一撇，應爲『八』字起筆，故録爲『八』。

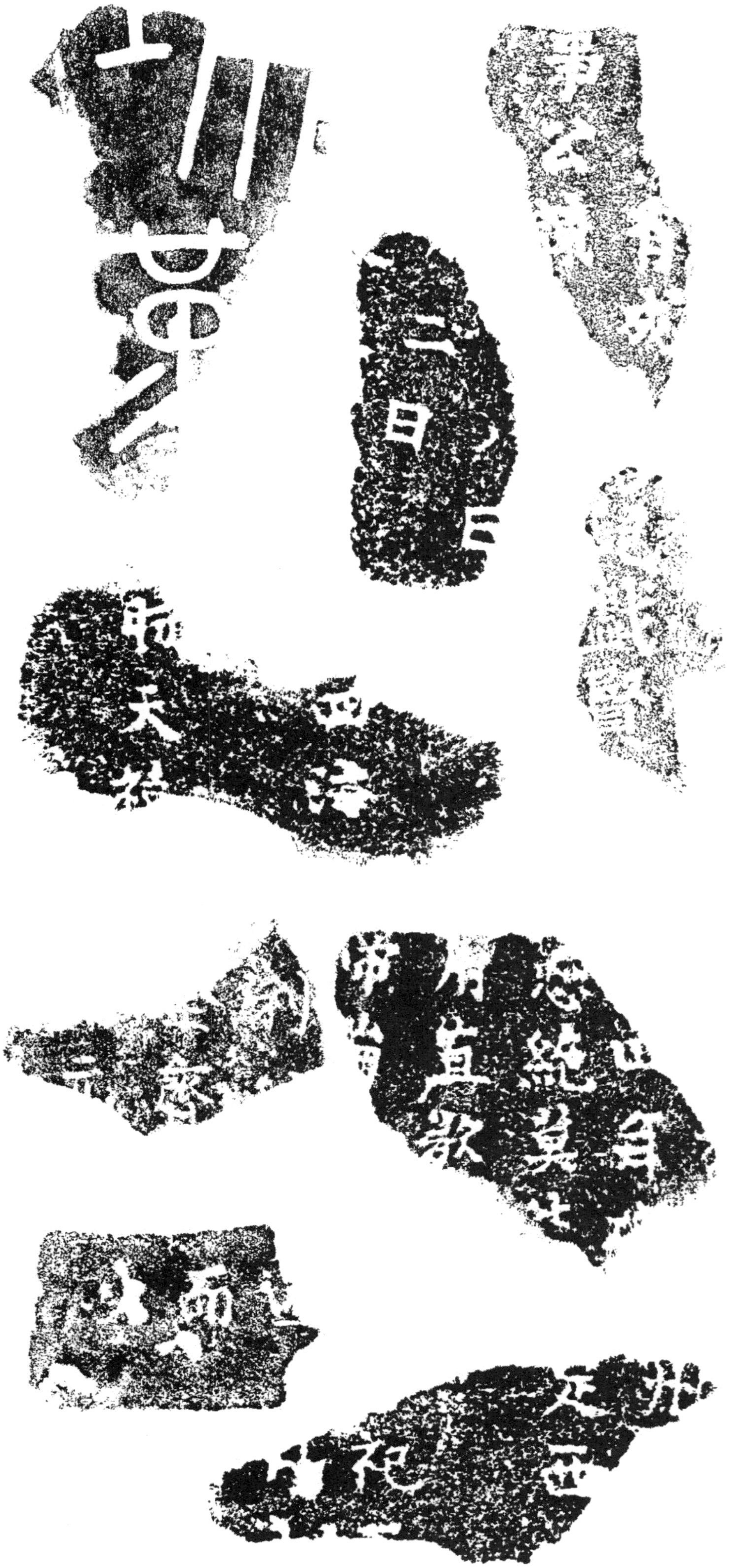

閩寧鎮西夏墓七號墓出土殘碑塊拓片

疏證

上述殘碑既出土于墓冢之中，其性質當爲墓誌銘。因過于殘缺，碑文内容多爲隻言片語，可考之處較少。疑『定西』爲定西寨，始建于太平興國（976～984）年間，下轄四座小型堡寨。其地望『東至三陽砦十五里，西至至伏羌砦四十里，南至州四十里，北至蕃界五里』，約在今秦安縣千户鄉東南葫蘆河沿岸。真宗時曹瑋坐鎮秦鳳路，對定西寨進行了增築。傳世史籍未見宋真宗時定難軍曾對定西寨展開軍事行動的相關記載，殘碑或可補史之缺。

叁拾　西夏·閩寧鎮西夏墓二號碑亭出土石碑殘塊

叙録

刻石年代不詳，疑爲天授禮法延祚元年（1038）前後。出土于寧夏銀川市永寧縣閩寧鎮木蘭村内的賀蘭山沿山公路西側二號碑亭遺址内，現存寧夏文物考古研究所，共有七塊。以下按寧夏文物考古研究所發掘編號介紹。

編號B2:104爲灰砂巖，碑面打磨光滑，上塗黑色顔料，大部分已脱落。長十四厘米，寬十六厘米，厚六厘米，存『壂昆』、『□失承天』。

編號B2:105爲砂巖，背面光滑，上塗黑色顔料，殘存一列文字，四字的半邊。長十厘米，寬六厘米，厚四厘米，無字（此件未公布圖版）。

編號B2:139爲砂巖，碑面塗黑色顔料，長十四厘米，寬十三點五厘米，厚四厘米，存『□（松）桂足[1]』、『御』四字。

編號B2:140爲砂巖，碑面打磨光滑，塗黑色顔料，長四厘米，寬四點五厘米，厚八點五厘米，存『大千』、『麗』三字（此件未公布圖版）。

編號B2:141爲紅砂巖，碑面塗黑色顔料，其上有兩道零點五厘米寬的金屬工具溝槽，長七厘米，寬十三厘米，厚八厘米，存『惟賢□』三字。

編號B2:177爲砂巖，碑面打磨光滑，塗黑色顔料，長六厘米，寬七厘米，厚五厘米，存『武帝』二字。

編號B2:178爲砂巖，高十二厘米，寬十七點六厘米，厚十八厘米，爲碑體右上角殘塊，存『大夏故中』、『臣聞野利』、『能制永』、『□錐』十二字。

原碑刻撰文、書寫、篆額者不詳。

[1] 足，《閩寧村西夏墓地》未録。據圖66-1，此字僅存左上部，右下半殘，似『足』字。又唐人袁氏少年有《賦南嶽廟》詩，其中有『松桂足清聲』之絶句（［清］彭定求等編《全唐詩》卷八六七《袁少年詩》），亦可印證，待考。

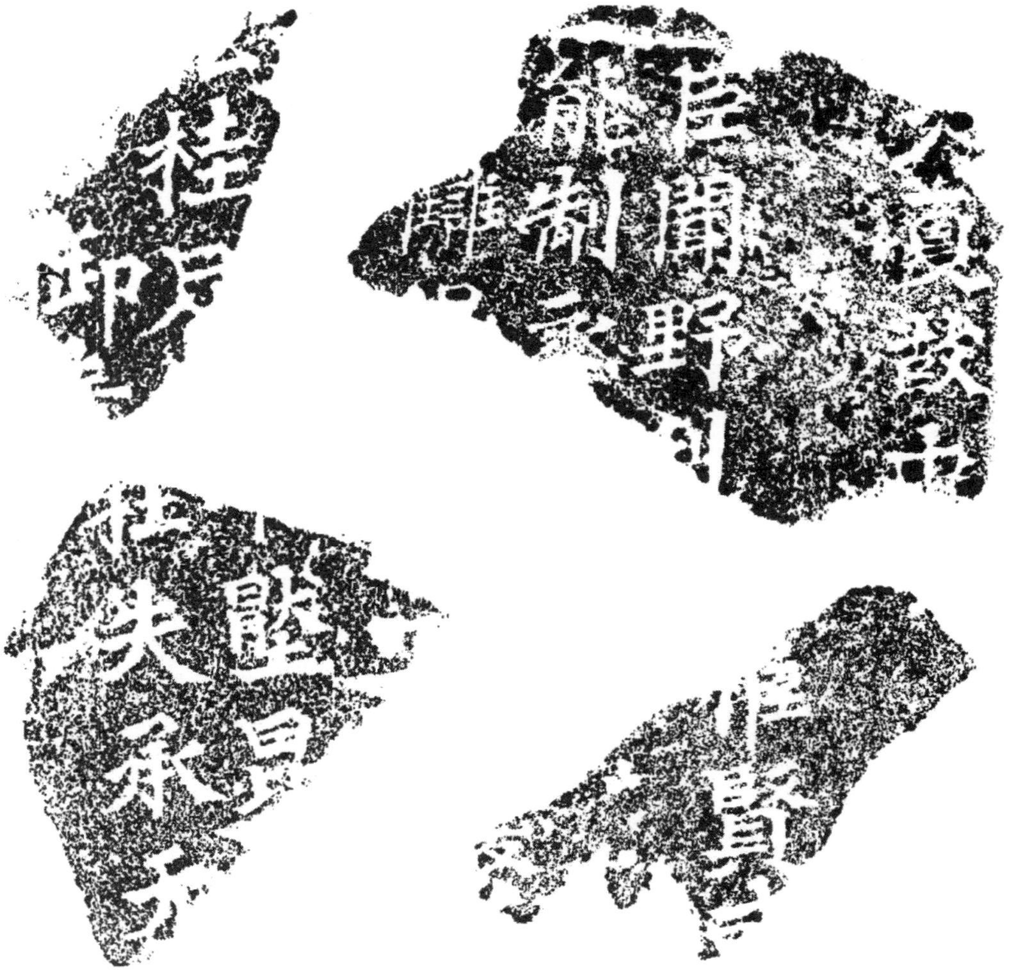

闽宁镇西夏墓二號碑亭遺址出土石碑残块拓片

闽宁镇西夏墓二號碑亭遺址出土“武帝”字样残块

疏證

較之閩寧鎮西夏七號墓出土殘碑塊，二號碑亭石碑殘塊信息量稍多且有助于爲此碑及其附屬墓葬的年代。關于七號墓出土殘碑塊中的『武帝』和三、四號碑亭出土石碑殘塊中的『武皇』，考古發掘報告認爲『李元昊死後，謚曰武烈皇帝，廟號景宗，墓號泰陵，這裏的武皇應該是「武烈皇帝」略稱』，報告又據此碑文撰寫年代謂：『此碑中出現『武皇』，説明撰寫此碑時李元昊已死。由此可見，碑文撰寫時間應在李諒祚在位期間（1049～1068）』（《閩寧村西夏墓地》）。然而，將『武皇』或『武帝』推測爲『武烈皇帝』簡稱，略去李元昊謚號中的『烈』字，頗不符合中國古代禮法制度且没有其他史料可供佐證。

除了元昊之外，西夏還有一位皇帝的謚號中有『武』字，即元昊之祖父李繼遷。據記載：『祥符五年，德明追上繼遷尊號曰「應運法天神智仁聖至道廣德孝光皇帝」。元昊追謚曰「神武」廟號太祖，墓號裕陵』（《宋史·夏國傳》）；清人畢沅考曰：『德明本未僭號，安得私尊其父爲帝？且既云太祖，即是廟號，安得又有武宗之稱？就如其言，則繼遷在德明時已有十四字之謚，何又云元昊追謚神武邪？今皆削而不取，但元昊追尊繼遷。』（[清]畢沅《續資治通鑑》卷四一仁宗寶元元年七月）。這個説法無疑是準確的，追謚繼遷爲帝至遲當在天授禮法延祚元年（1038），故此後西夏人可用謚號尊稱李繼遷爲『神武皇帝』。因此，殘碑中的『武帝』應是李繼遷『神武帝』謚號中的後兩字。同時，我們也可以將這方碑刻的撰文年代判定爲李繼遷被追謚的天授禮法延祚元年（1038）前後。

碑文中有『松桂足』三字，應出自唐人絕句詩『峰巒多秀色，松桂足清聲』（《全唐詩》卷八六七《袁少年詩·賦南嶽廟》），或系碑文作者用典以描述賀蘭山之峰巒秀麗，體現了碑文作者的漢文化修養。

『野利』系早期党項八部之一，值元昊開國前後，野利旺榮、野利遇乞兄弟分掌西夏左右兩廂兵馬，野利仁榮更參與了西夏文字的創製，加之元昊娶妻野利氏爲后。西夏野利氏部族在元昊開國的天授禮法延祚元年（1038）前後具有較爲崇高的政治地位。『大夏故中……』後缺失的官稱，或爲中書省要職。

相關研究成果見諸寧夏文物考古研究所編著《閩寧村西夏墓地》（科學出版社2004年版）。

叁拾壹　西夏·閩寧鎮西夏墓三、四號碑亭出土石碑殘塊

敘録

刻石年代不詳，疑爲天授禮法延祚元年（1038）前後。出土于寧夏銀川市永寧縣閩寧鎮木蘭村内的賀蘭山沿山公路東側三號、四號碑亭遺址内，現存寧夏文物考古研究所。均灰砂巖石質，有字者且公開者共一百零六塊。

編號T1:2，高三點六厘米，寬四厘米，存『其』字。

編號T1:3，高二點六厘米，寬四厘米，存『三』字。

編號T1:4，高四點二厘米，寬二點五厘米，存『之□』二字。

編號T2:2，高三厘米，寬十二厘米，存『□』、『發□』、『刻人』、『彭』六字。

編號T2:3，高五厘米，寬四點五厘米，存『邊』字。

編號T4:3，高六點六厘米，寬十厘米，存『陰』、『則以』、『國七』、『□□□』九字。

編號T6:1，高六厘米，寬五點六厘米，存『虬心』、『□□』四字。

編號T6:2，高三點四厘米，寬三點六厘米，存『必』字。

編號T7:3，高二點八厘米，寬三厘米，存『恕』字。

編號T7:4，高三點二厘米，寬四厘米，存『□塵』二字。

編號T8:2，高五厘米，寬二點五厘米，存『□之』、『□』三字。

編號T8:3，高二點八厘米，寬四點四厘米，存『威』字。

編號T9:1，高七點五厘米，寬五厘米，存『魚麗』、『朝』三字[1]。

編號T9:2，高八點五厘米，寬五厘米，存『星懸』二字。

編號T10:1，高十二厘米，寬三點五厘米，存『□（額）[2]并序』三字。

編號T10:2，高六厘米，寬三點五厘米，存『吳候』二字。

---

[1] 根據文字内容與裂縫缺口，此殘碑可與T12:7綴合。

[2] 額，《閩寧村西夏墓地》未釋，據圖84-5，此字右半部存『頁』，後兩字爲『并序』，因是碑文創作人員署名，或爲『篆額』之『額』字，待考。

編號T10:3，高三點三厘米，寬六厘米，存『月』、『殺』二字。

編號T11:1，高五點七厘米，寬八點五厘米，存『文字』、『扵典』、『□才』六字。

編號T11:2，高三厘米，寬十二厘米，存『□（拂）天』、『原』、『定』四字。

編號T11:3，高九厘米，寬六厘米，存『□（各）[1]既来□（軍）』四字。

編號T11:4，高六點六厘米，寬六點五厘米，存『□□』、『淳化』、『日一□』七字。

編號T11:5，高四厘米，寬九點五厘米，存『□之』、『爵』、『考』四字。

編號T11:6，高四厘米，寬十點五厘米，存『礫』、『邦』、『惟』三字。

編號T11:7，高三點五厘米，寬九厘米，存『□』、『□成』、『上』四字。

編號T11:8，高三點五厘米，寬六厘米，存『氣』、『□（先）[2]皇』三字。

編號T11:9，高五厘米，寬四厘米，存『祥符』二字。

編號T11:10，高四厘米，寬四點五厘米，存『事之』二字。

編號T11:11，高三厘米，寬五點三厘米，存『□』、『永』二字。

編號T11:12，高五點二厘米，寬三點五厘米，存『□鴻』二字。

編號T11:13，高二點三厘米，寬六點五厘米，存『躍』字。

編號T11:14，高十二點五厘米，寬五厘米，存『與』字。

編號T11:15，高二點八厘米，寬七厘米，存『漢』字。

編號T12:1，高六點五厘米，寬六點四厘米，存『節[3]度推官』四字。

編號T12:2，高十一點五厘米，寬十七點六厘米，存『劉季』、『□（蔽）[4]野旌旗』、『□杵人内[5]』、『謂家人曰』、『□春秋』十七字。

---

[1] 各，《閩寧村西夏墓地》未釋，據圖82-2補。

[2] 先，《閩寧村西夏墓地》未釋，據圖85-17，此字下半部殘，依上下文意與殘字補。

[3] 節，《閩寧村西夏墓地》誤録爲『郎』，此字部首殘缺，僅存『即』。史書中未見有『郎度推官』這一官職，則在唐、五代、宋朝史料中時常出現，故録爲『節』。

[4] 蔽，此字殘甚，《閩寧村西夏墓地》未録。據圖80-1，僅存下半部數筆，頗似『蔽』字下部。又范仲淹有詩《依韻答梁堅運判見寄》（見[宋]范仲淹著，李勇先、王蓉貴校點《范仲淹全集》卷六，四川大學出版社2002年版），内有『蔽野旌旗色，滿山笳吹聲』，故録爲『蔽』。

[5] 内，《閩寧村西夏墓地》録爲『肉』。

編號T12:3，高五點五厘米，寬九點四厘米，存『系虛[1]』、『□力追』、『癸丑[2]』七字。

編號T12:4，高十二厘米，寬六厘米，存『□（野）[3]利公諱』、『我朝結』七字。

編號T12:5，高八點四厘米，寬五厘米，存『郎張陟撰』、『材每』六字。

編號T12:6，高七點四厘米，寬九點五厘米，存『棺槨□』、『榮□』五字。

編號T12:7，高九厘米，寬六點五厘米，存『之陣』、『死魄』、『□□』[4]六字。

編號T12:8，高九厘米，寬六點五厘米，存『好』、『□要□』、『簡於』六字。

編號T12:9，高九厘米，寬二點八厘米，存『□克猛』三字。

編號T12:10，高八厘米，寬七厘米，存『□昭昭』三字。

編號T12:11，高四厘米，寬六厘米，存『□』、『□人』、『發』四字。

編號T12:12，高七厘米，寬四厘米，存『□□』、『日雄』四字。

編號T12:13，高四厘米，寬五厘米，存『□野』、『□略』四字。

編號T12:14，高四點七厘米，寬四點五厘米，存『陳餘[5]』二字。

編號T12:16，高五點五厘米，寬四厘米，存『海之』二字。

編號T12:17，高三厘米，寬七厘米，存『臣』、『青』二字。

編號T12:18，高四厘米，寬三厘米，存『回都』二字。

編號T12:19，高五厘米，寬三厘米，存『達南』、『也公』四字。

編號T12:20，高三厘米，寬五厘米，存『□尹』二字。

編號T12:21，高四厘米，寬六厘米，存『□』、『加』、『□』三字。

編號T12:22，高三點六厘米，寬三點五厘米，存『落』字。

[1] 虛，《閩寧村西夏墓地》未釋，據圖84-12補。

[2] 丑，《閩寧村西夏墓地》未釋。此字右上角殘，前一字爲『癸』，六癸爲癸丑、癸卯、癸巳、癸未、癸酉、癸亥，從筆劃來看更似『丑』字。

[3] 野，此字殘甚，此行『公』字前應該是姓氏，野利爲内遷党項八部之一，西夏大姓，今從《閩寧村西夏墓地》録爲『野』。

[4] 根據文字内容與裂縫缺口，此殘碑可與T9:1綴合。

[5] 余，《閩寧村西夏墓地》未釋。據圖85-1補。

編號T12:23，高二點三厘米，寬四厘米，存『洪』字。

編號T12:24，高三厘米，寬四厘米，存『跡』字。

編號T12:25，高六厘米，寬三厘米，存『驅』字。

編號T12:26，高四點五厘米，寬三點三厘米，存『爰』字。

編號T12:28，高四點七厘米，寬九厘米，存『二』字。

編號T12:29，高四厘米，寬三厘米，存『悦』字。

編號T12:30，高三厘米，寬四厘米，存『挍』字。

編號T20:2，高七厘米，寬五點五厘米，存『餘辭』、『刻貞□』、『□（驰）[1]』六字。

編號T20:3，高八厘米，寬五厘米，存『當山』二字。

編號T21:1，高五點二厘米，寬三厘米，存『萬』字。

編號T22:1，高一點六厘米，寬五點六厘米，存『丘』、『其』二字。

編號T25:1，高九點四厘米，寬四點七厘米，存『□揚茂績[2]』、『□□□身』八字。

編號T27:3，高七厘米，寬十二厘米，存『律』、『南陽』、『載張』、『□』六字。

編號T27:4，高九厘米，寬五點五厘米，存『也』、『車載構』四字。

編號T27:5，高五點五厘米，寬四厘米，存『□』、『武皇』三字。

編號T27:6，高五點五厘米，寬四點五厘米，存『篆[3]額』二字。

編號T27:7，高三點四厘米，寬七厘米，存『魑』、『同』、『□（临）[4]』三字。

編號T27:8，高五厘米，寬四厘米，存『雨』字。

編號T28:1，高七厘米，寬十厘米，存『□』、『師排』、『大石』五字。

[1] 此字左半部分偏旁已殘，右半部分存『也』，筆劃似『馳』字。《閩寧村西夏墓地》第一百三十頁未録，存疑待考。

[2] 績，《閩寧村西夏墓地》録爲『時』，據圖81-13改。

[3] 篆，《閩寧村西夏墓地》未釋，該字上半部分殘，據圖84-11和上下文補。

[4] 臨，《閩寧村西夏墓地》未釋，據圖84-13殘餘的右下角推測爲『臨』，待考。

編號T28:2，高七點五厘米，寬六點五厘米，存『學淺』、『□[1]謹』四字。

編號T28:3，高三點七厘米，寬三點七厘米，存『□（熊）[2]貔』二字。

編號T28:4，高四點五厘米，寬五厘米，存『副兵』二字。

編號T28:5，高三厘米，寬三厘米，存『音』字。

編號T28:6，高三點五厘米，寬四厘米，存『可』字。

編號T28:7，高四厘米，寬四厘米，存『埋』字。

編號T28:8，高六點六厘米，寬九厘米，存『欸』、『步止』三字。

編號T28:9，高五厘米，寬六厘米，存『請』字。

編號T29:1，高四點七厘米，寬三點三厘米，存『懇拎』二字。

編號T29:2，高三厘米，寬五厘米，存『之』字。

編號T29:3，高四厘米，寬八厘米，存『國之』、『□』三字。

編號T29:4，高七厘米，寬七厘米，存『□威』二字。

編號T30:3，高六厘米，寬五點三厘米，存『而與』、『金□』四字。

編號T30:4，高七點五厘米，寬十三點五厘米，存『□』、『者其』、『□』四字。

編號T30:5，高二點六厘米，寬三厘米，存『天』字。

編號T31:3，高六厘米，寬三點五厘米，存『次曰』二字。

編號T31:4，高四厘米，寬十二厘米，存『之』、『□□』三字。

編號T31:5，高四點八厘米，寬三厘米，存『星□』二字。

編號T31:7，高十厘米，寬三點五厘米，存『□當時』、『□□』五字。

編號T32:2，高二點六厘米，寬十點八厘米，存『□』、『普』、『豹』、『弁』四字。

編號T32:3，高三點五厘米，寬五厘米，存『□□』、『倫長』四字。

編號T32:4，高三點五厘米，寬六點五厘米，存『□』、『來』、『六』三字。

[1] 此字《閩寧村西夏墓地》録爲『杼』，但該字右側字形不類『予』，存疑待考。

[2] 熊，《閩寧村西夏墓地》未釋，據圖83-4補。

編號T32:5，高三點五厘米，寬六點二厘米，存『進』、『非』二字。

編號T32:6，高二點五厘米，寬七厘米，存『□[1]』、『全』二字。

編號T32:7，高三點六厘米，寬三點五厘米，存『雖』字。

編號T32:8，高一點八厘米，寬七厘米，存『興』字。

編號T37:1，高八厘米，寬十二點五厘米，存『□三軍』、『子四人』六字。

編號T37:2，高四點六厘米，寬十一厘米，存『癉』、『□（次）[2]曰』三字。

編號T37:3，高五厘米，寬四厘米，存『勝』、『期臨』三字。

編號T37:4，高四點五厘米，寬七厘米，存『良』、『甲』二字。

編號T37:5，高二點七厘米，寬三點三厘米，存『熊[3]』字。

編號T38:2，高八厘米，寬十一厘米，存『□長』、『□水恐』五字。

編號T40:1，高四厘米，寬九厘米，存『荒[4]』、『服舉[5]』、『□境』五字。

---

[1] 此字《閩寧村西夏墓地》録爲『心』字。從圖86-10來看，『心』應該是完整字的偏旁部首，而不是整字，故不録，待考。

[2] 次，《閩寧村西夏墓地》未録，此字僅殘餘下半部分，似『次』字。又左側一行無字，故此處文字應系墓誌中介紹墓主生平的最後一行（不排除後有讚頌銘文若干）。這裡的『次曰』很可能是按次序介紹墓主子嗣的文字，故推補爲『次』字。

[3] 熊，《閩寧村西夏墓地》誤録爲『能』，據圖86-8改。

[4] 荒，《閩寧村西夏墓地》未録，此字上半部分殘，從下半部分來看，似『荒』字，待考。

[5] 舉，《閩寧村西夏墓地》未録，據圖80-9來看，似爲『舉』，待考。

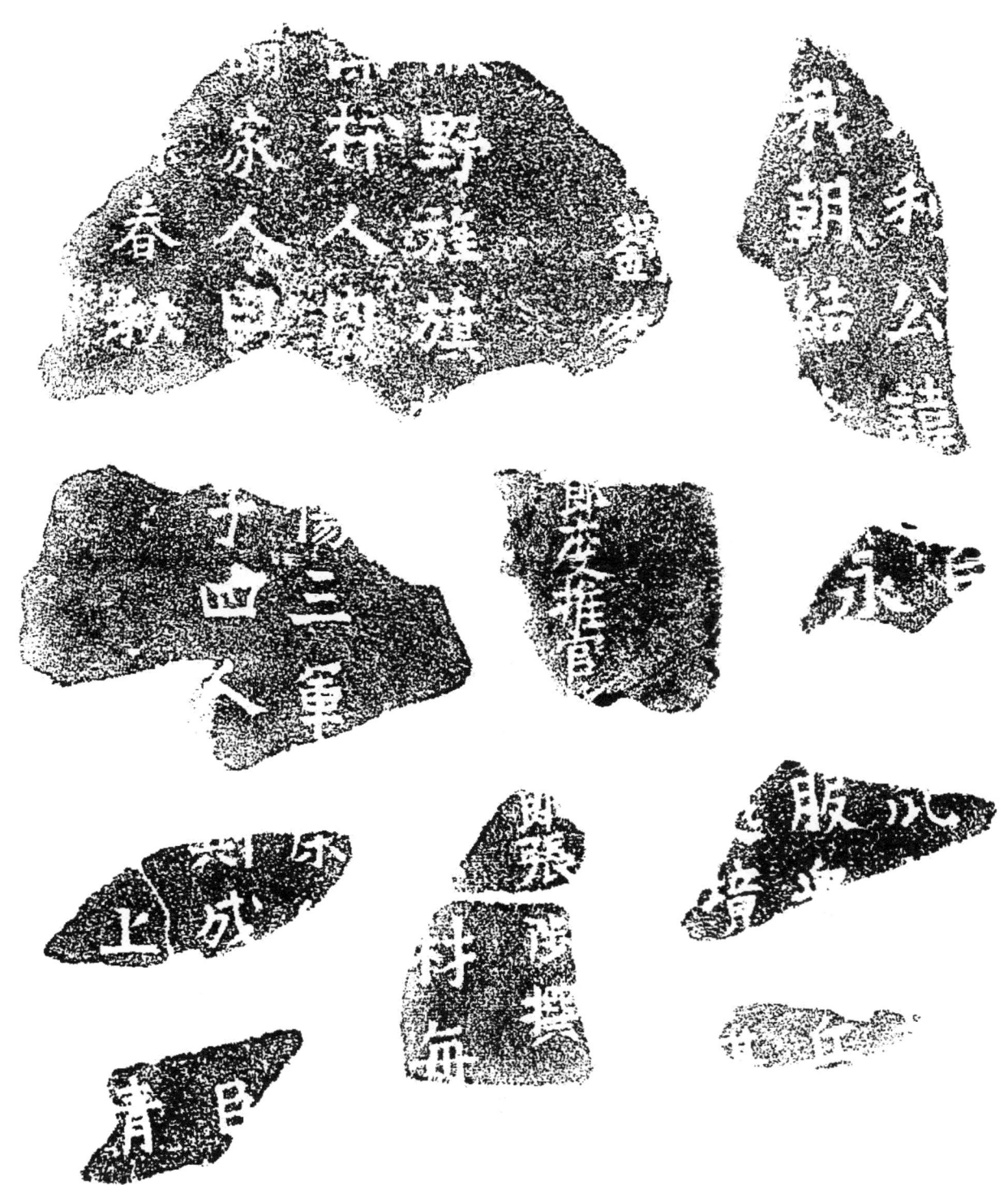

閩寧鎮西夏墓三、四號碑亭出土石碑殘塊拓片

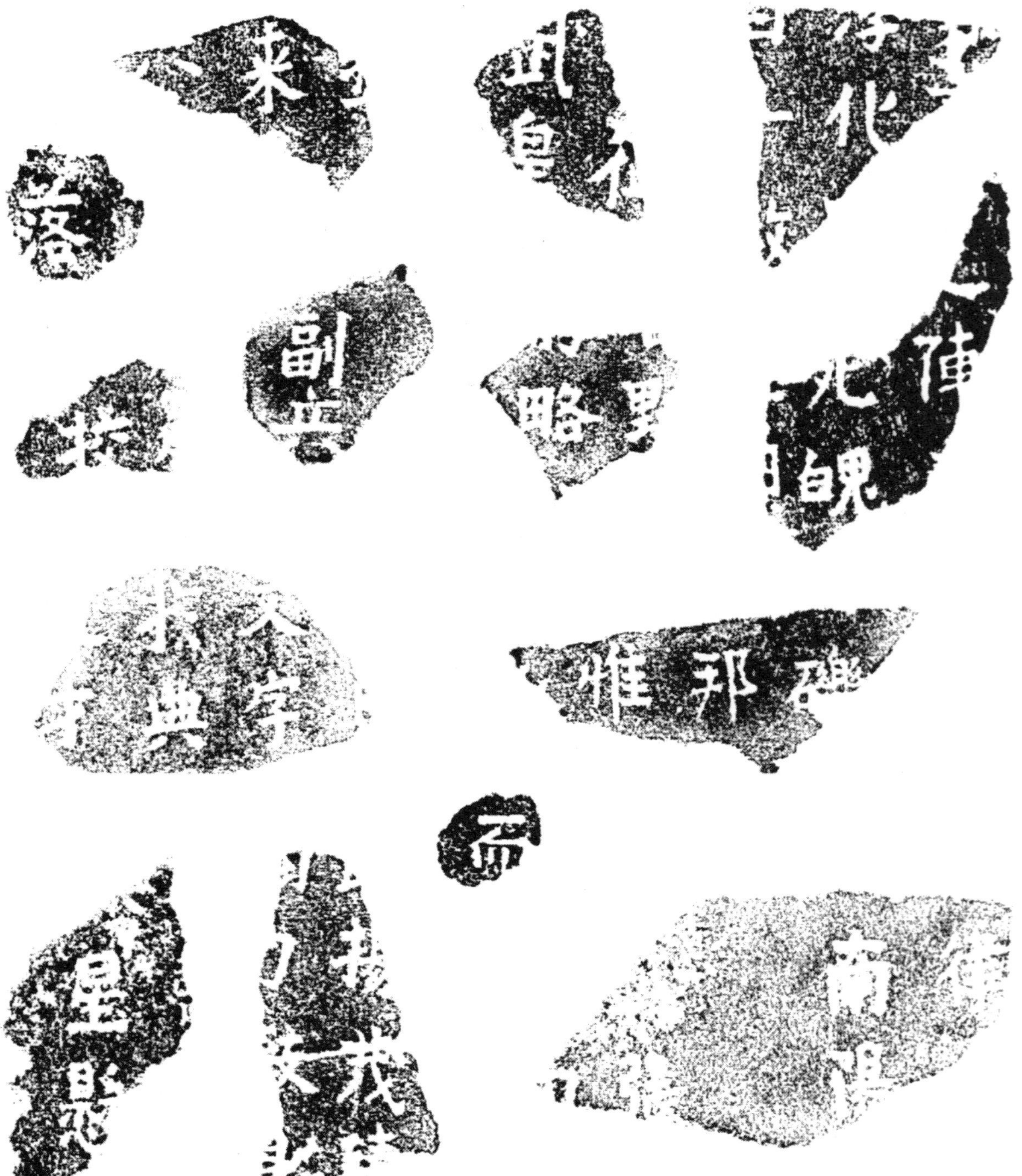
来
落
副
略
化
魄
雅
邪
典

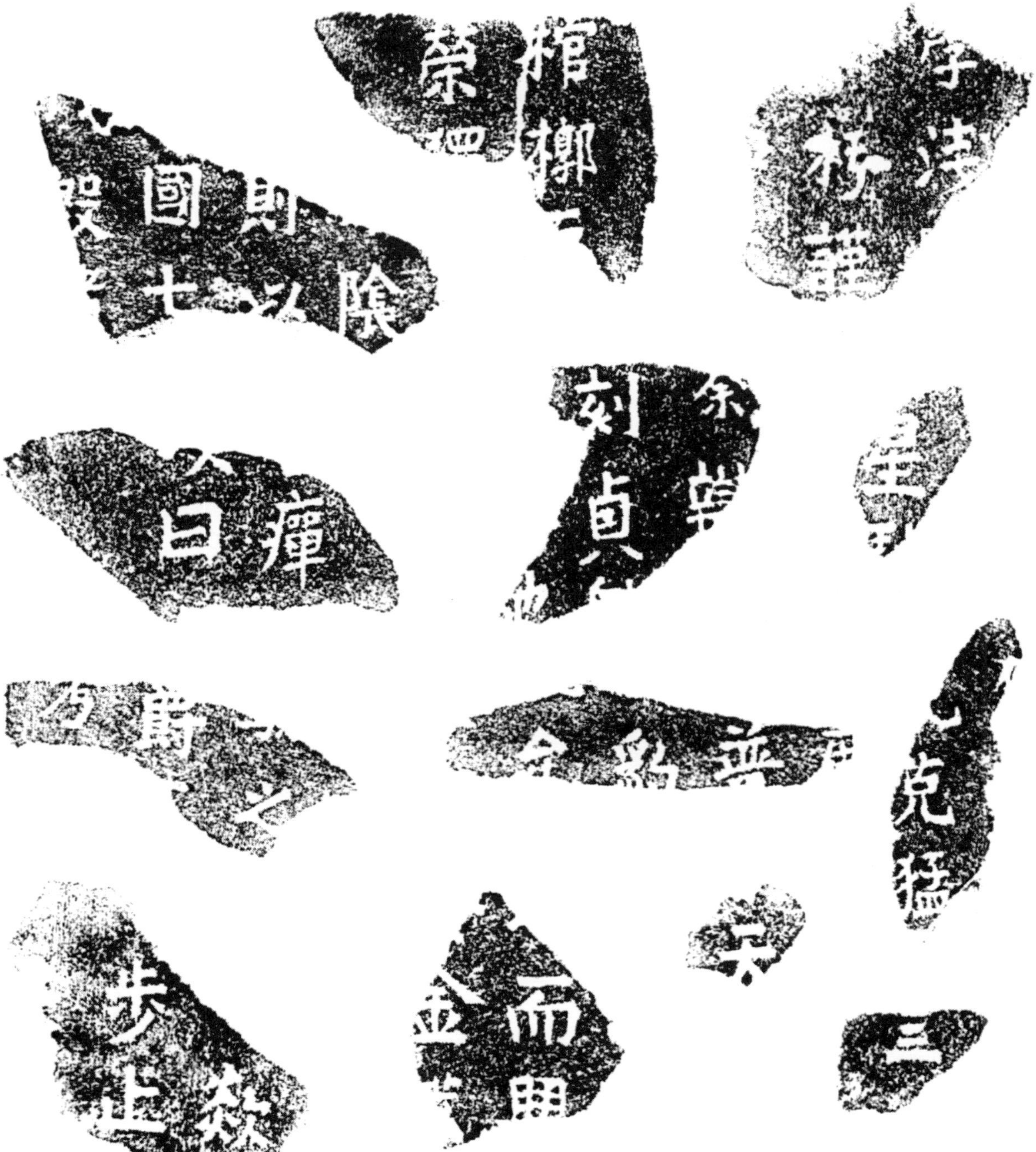

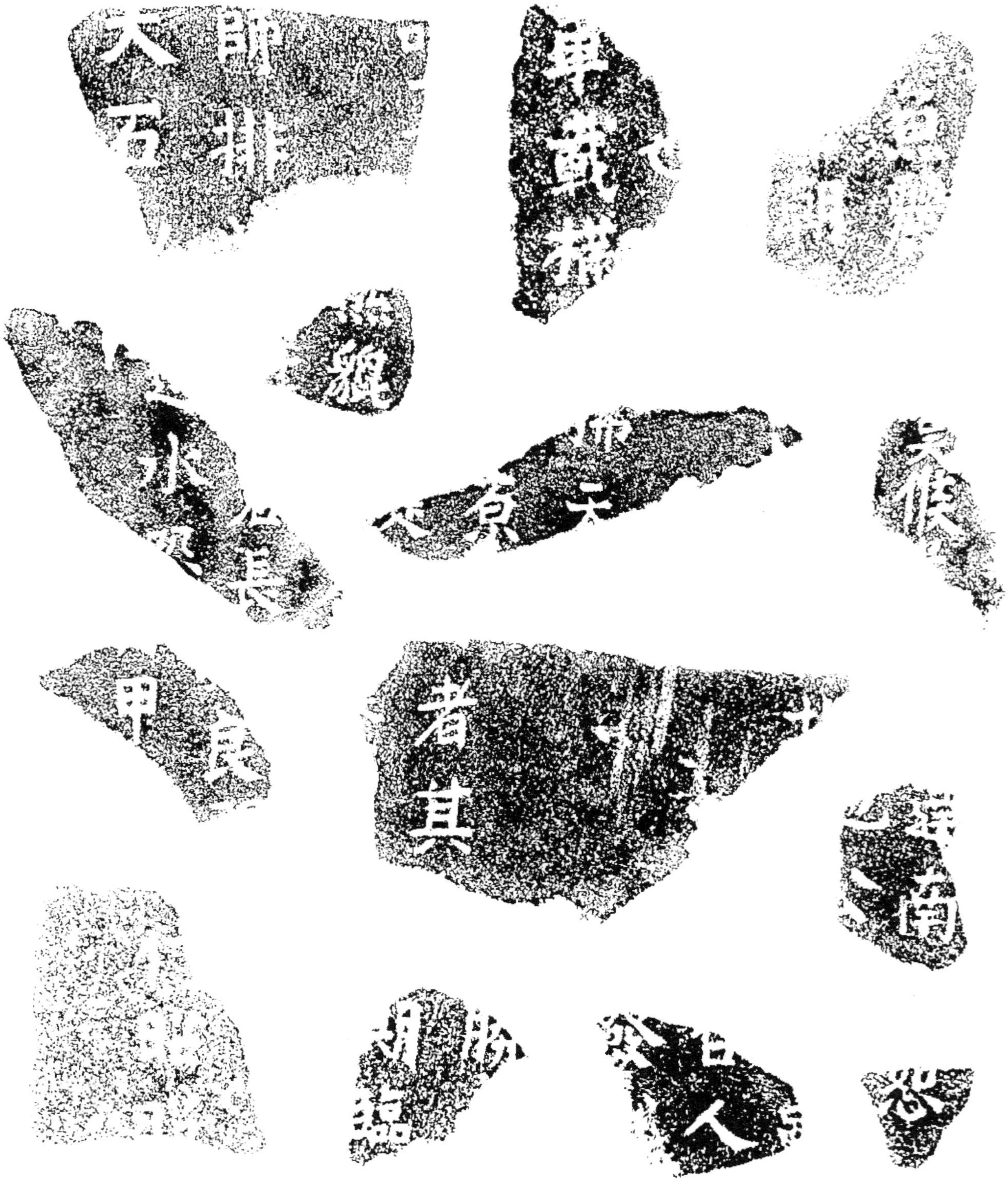

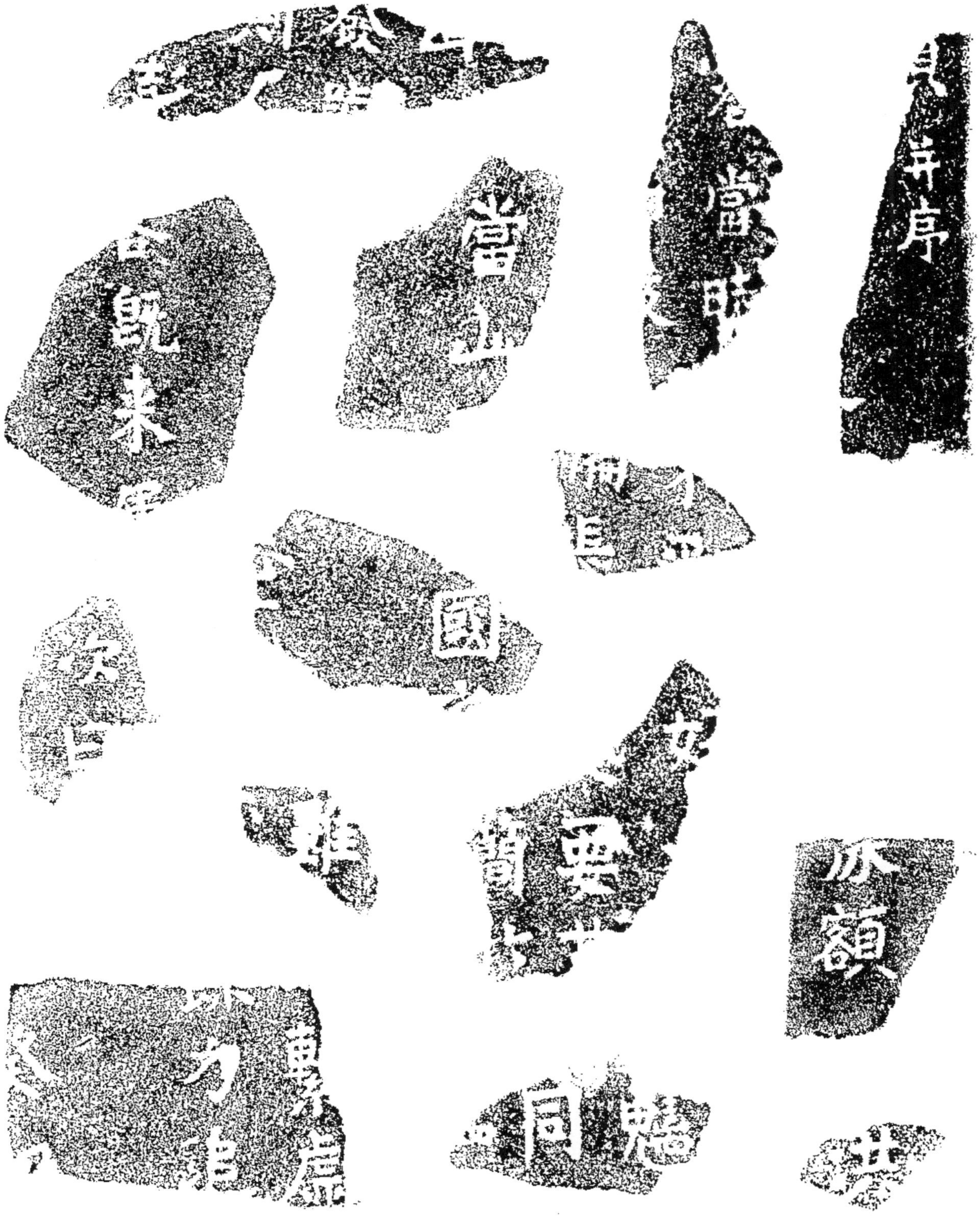

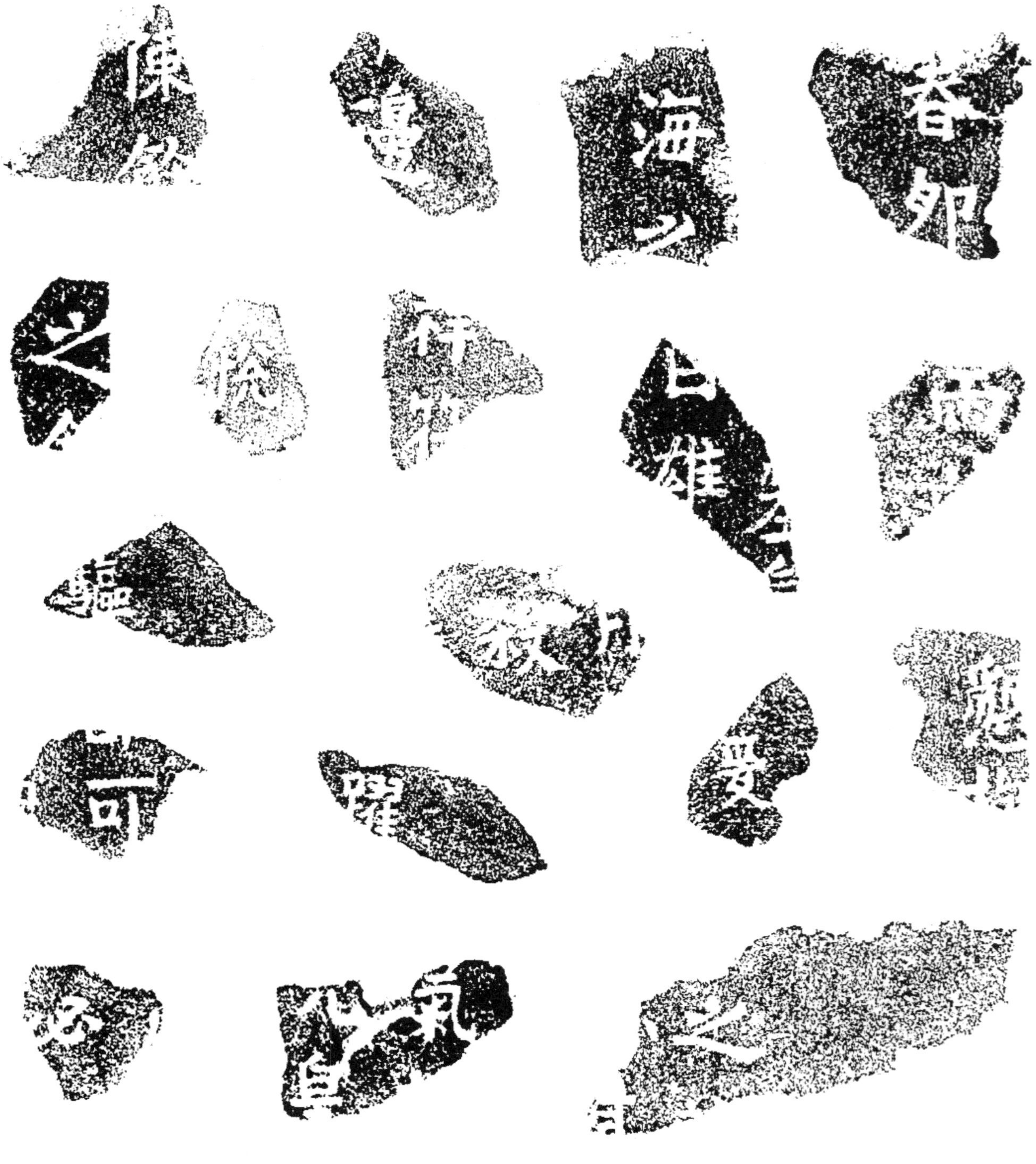

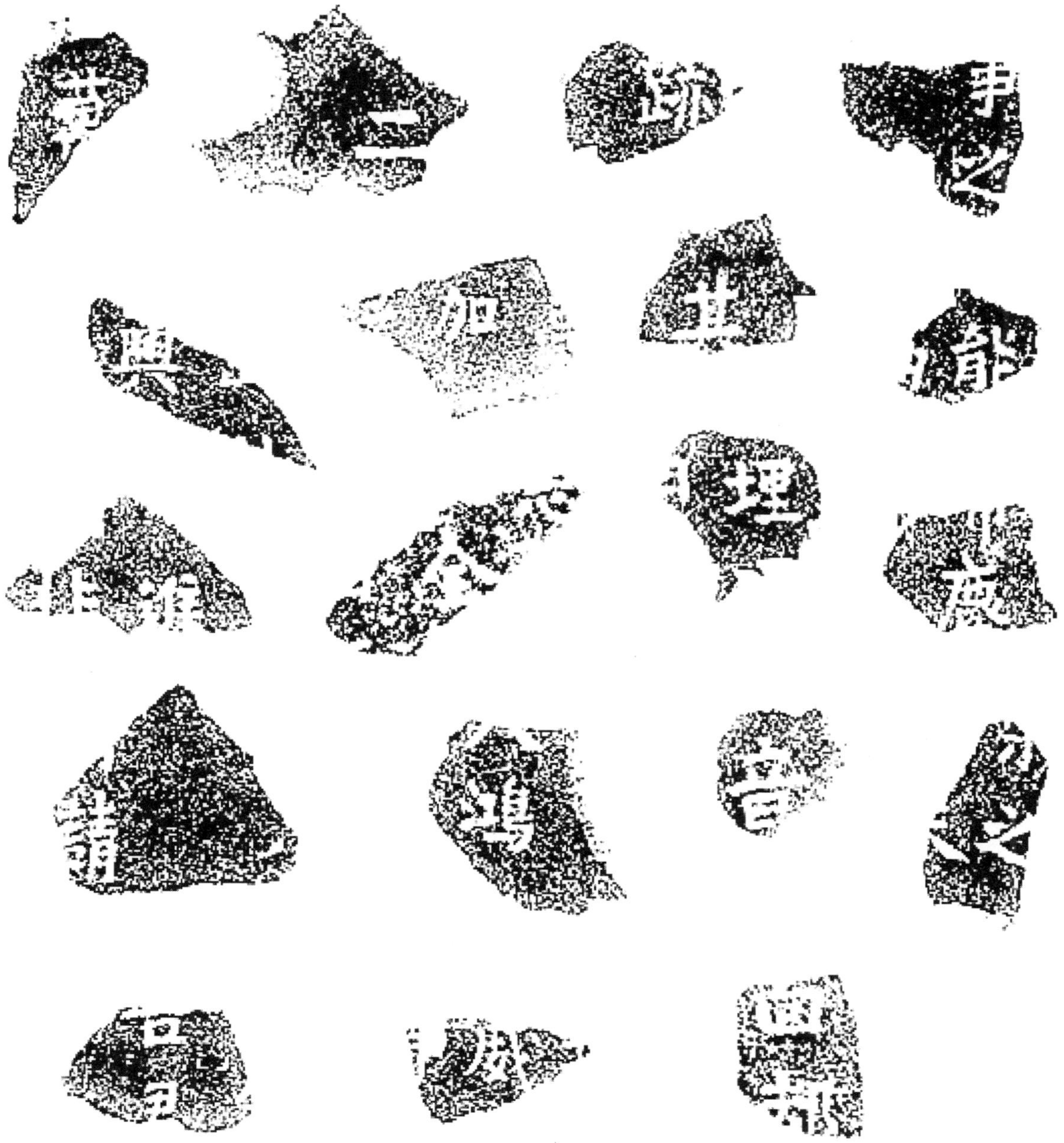

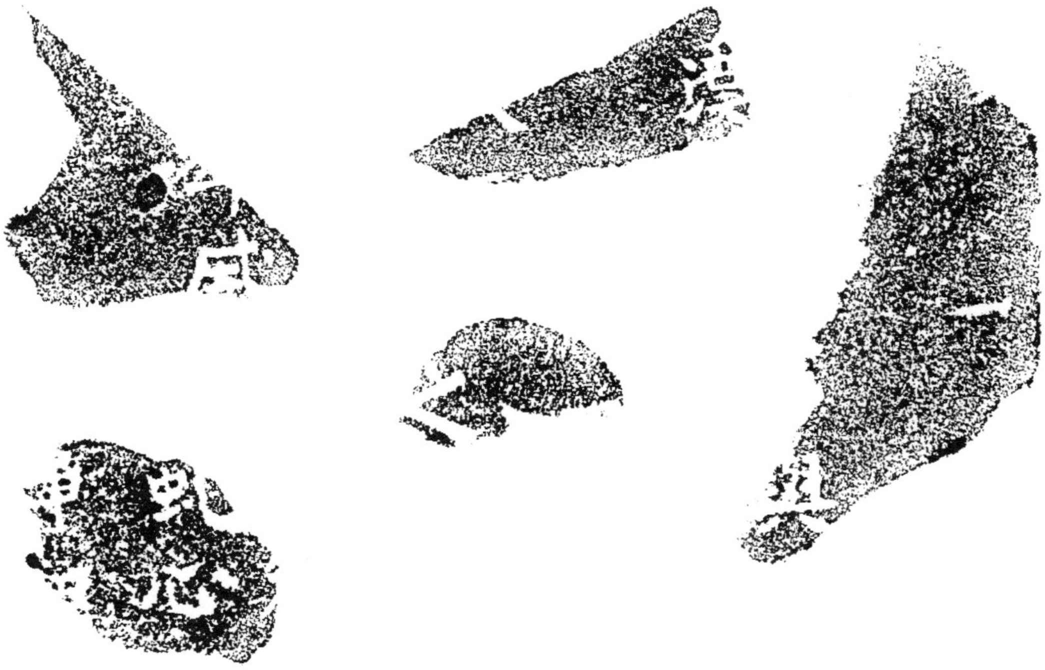

疏證

閩寧鎮西夏墓三號與四號碑亭出土殘碑塊蘊藏了不少涉及人物、年號、部族、職官、地理、軍事的專有名詞。

人物方面，除前文已考的『武皇』李繼遷以外，還有『張陟』與『劉季』。張陟是李元昊身邊的重要謀臣。景祐二年（1035），元昊擊敗嗃廝囉，『始大建官，以嵬名守全、張陟、張絳、楊廓、徐敏宗、張文顯輩主謀議』（《宋史·夏國傳上》）。《（嘉靖）寧夏新志》中保存的《大夏國葬舍利碣銘》，亦由張陟撰寫于1038年，文中張陟的官銜爲『右僕射兼中書侍郎平章事』，閩寧鎮出土殘碑文中張陟官名僅殘剩最末『郎』字，可能是『右僕射兼中書侍郎』的最後一字。

以『劉季』爲名的西夏人，在傳世與出土文獻中均未見。蘇軾曾于元祐五年（1090）十一月向神宗上奏，請求拔擢在宋夏三川口之戰中被李元昊俘虜後不降而死的劉平之子劉季孫（《蘇文忠公全集》卷三一《乞擢用劉季孫狀》）。但狀文稱當時劉季孫已有五十八歲，可知其生于1032年，張陟書寫碑文時劉季孫尚處幼年，是否能與西夏發生關聯還有待考察，未必就是殘碑文中的『劉季』。

除《大夏國葬舍利碣銘》推測的張陟署銜『右僕射兼中書侍郎』以外，碑文中還有『節度推官』與『副兵』兩種官稱。『節度推官』中的『節度』自然是指西夏國前身定難軍節度使政權，而『節度推官』則是設置于節度、觀察等使下執掌勘問刑獄的官員。至于『副兵』，應是『副兵馬使』的殘文，爲節度使的重要武職僚佐，在北宋沿邊蕃部中官府也任命副兵馬使（《續資治通鑑長編》卷二七〇神宗熙寧八年十一月）。西夏開國後未見設置『副兵馬使』一職，此處的『副兵馬使』既有可能是定難軍政權時期的官職，由墓主或相關人物出任，也有可能是宋朝蕃官，涉及西夏與宋朝對沿邊蕃部的争奪或戰争。

殘碑文字涉及年號者有『淳化』與『祥符』，前者爲宋太宗年號（990～994），後者全稱爲『大中祥符』，系宋真宗年號（1008～1016）。另外碑文中有『國七』字樣，似爲『太平興國七年（982）』之殘字。在這一年中發生了李繼捧入朝獻五州之地、李繼遷北奔地斤澤并攻打夏州等事，碑文應該追述的是一號墓主追隨『神武皇帝』李繼遷開國的事迹。

碑文中出現了地名『南陽』，可惜上下文殘缺，未知其詳。前揭唐五代定難軍節度使僚屬墓誌中有多人以『南陽』爲郡望，如何德璘、白敬立或白全周等人。殘碑文中的『南陽』不能排除是某人籍貫或郡望之描述。

『大石』在西夏或北宋史料中有三種意義。其一爲地名，北宋于河東路代州大石谷建有大石寨，在遼宋邊境（《續資治通鑑長編》卷六二真宗景德三年二月）。其二爲國名，又作『大食』，即黑衣大食，阿拉伯帝國阿拔斯王朝（750～1258），如黑水城出土西夏漢文《雜字》記載西夏物産有『大石瓜』。其三爲族名，即『大石族』，宋代文獻稱之爲『秦州戎人大石』（《續資治通鑑長編》卷一六太祖開寶八年十二月），曾與小石族一并攻擊土門寨，擄掠居民，後知秦州張柄擊走之。碑文中的『大石』更可能是族名。

碑文中涉及軍事方面的詞彙有『熊貔』、『魚麗』與『死魄』。『貔』是傳説中的猛獸，史載黄帝『教熊羆貔貅貙虎，以與炎帝戰於阪泉之野』（《史記·五帝本紀》），『熊貔』後來常被用來形容威猛的戰士，如《尚書》載武王伐紂之大軍『尚桓桓，如虎如貔，如熊如羆，於商郊』，註疏曰『貔，執夷，虎屬也。四獸皆猛健，欲使士衆法之，奮擊於牧野』（《尚書·牧誓》），碑文中出現的『熊貔』，其含義應與此類似。

『魚麗』爲古代軍隊陣法，最早運用于春秋時周鄭繻葛之戰。根據《左傳》記載，鄭軍之陣形爲『曼伯為右拒，祭仲足為左拒，原繁、高渠彌以中軍奉公為魚麗之陣。先偏後伍，伍承彌縫，戰於繻葛』，西晉杜預註文謂『《司馬法》：「車戰二十五乘為偏。」以車居前，以伍次之，承偏之隙，而彌縫闕漏也。五人為伍。此蓋魚麗陣法』（《春秋左傳正義》卷六，桓公五年）。概而言之，此陣法大致是指步卒隊形採取環繞戰車的疏散配置。党項人作戰不使用戰車，可能只是借鑑『魚麗之陣』的戰術思想來安排騎兵和步兵的協同作戰。

『死魄』又作『死霸』，是一種天文現象，意爲從下弦月至晦日的一段時間，古時謂月亮的有光部分爲明，無光部分爲魄，孟康注《漢書·律曆志》云『月二日以往，月生魄死，故言死魄。魄，月質也』，王國維考得：『既死霸，謂自二十三日以後至于晦也……蓋月受日光之處雖同此一面，然自地觀之，則二十三日以後月無光之處，正八日以前月有光之處。此即後世上弦下弦之由分，以始生之明既死，故謂之既死霸』（《觀堂集林》卷一《生霸死霸考》）。党項人在進行軍事行動時往往會避開晦日，正所謂『出戰率用隻日，避晦日，齎糧不過一旬』（《宋史·夏國傳》）。根據觀察每晚月亮是生魄還是死魄，西夏軍隊的統帥能判斷距離晦日之期，合理規劃作戰進程。

相關研究成果見諸寧夏文物考古研究所編著《閩寧村西夏墓地》（科學出版社2004年版）。

叁拾貳　西夏·西夏陵出土誌文支座題記

叙録

刻製年代不詳，寧夏銀川市西夏陵區六號（原編八號）陵碑亭遺址出土，寧夏博物館藏。白沙石質，近似正方體。長六十五厘米，寬六十七點七厘米，高五十七厘米，圓雕男性人像。上部一角陰刻西夏文三行，十五字，爲砌壘匠題記。

碑座背面陰刻漢文題記

西夏陵出土誌文支座

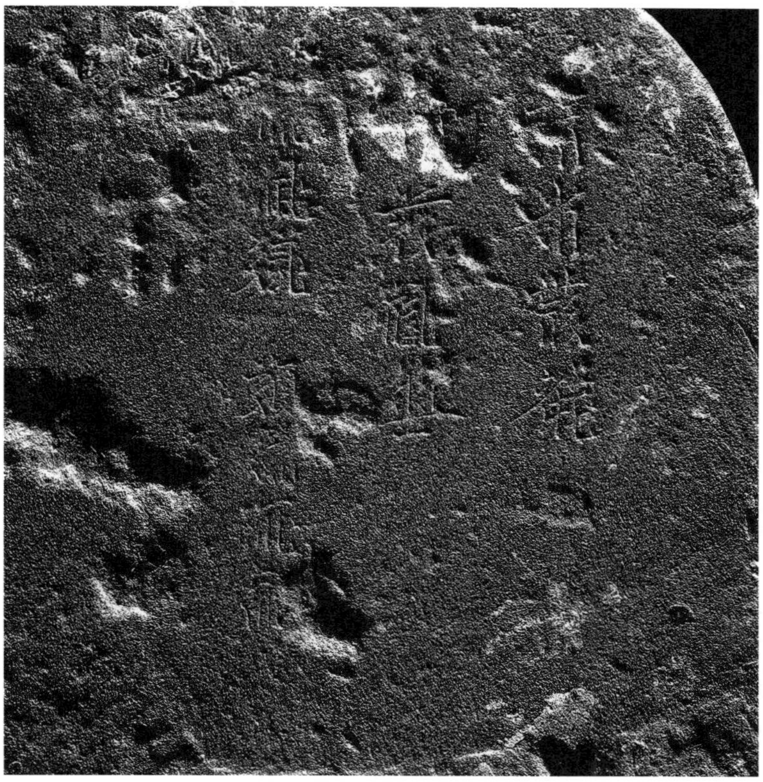

碑座上部西夏文題記

碑座上部西夏文題記拓片

録文

第1行（西夏文）：小蟲曠負。

第2行（西夏文）：誌文支座。

第3行（西夏文）：瞻行通雕寫流行。

碑座背面陰刻（漢文）：切壘匠高世昌。

疏證

西夏文之『漢』字爲左右結構，左側部分意爲『小』，右側部分意爲『蟲』，這顯然是党項族統治者在創作西夏文字過程中試圖擡高本民族地位，使之高于西夏境內漢人的手段之一。題刻者『小蟲曠負』以『小蟲』爲姓氏，表明他可能是党項化的漢人，以構成西夏文『漢』字的兩個組成部件，作爲了自己的姓氏。

叁拾叁　西夏·寧夏銀川賀蘭山巖畫西夏文題刻

叙録

刻石年代不詳，位于寧夏銀川市西北約六十公里處的賀蘭山賀蘭口北壁上。在高四十七厘米、寬三十二厘米的人面巖畫左側，題刻西夏文『[illegible]』（能昌盛正法）、『[illegible]』（五）、『[illegible]』（佛）。

賀蘭山巖畫西夏文題刻

叁拾肆　西夏·甘肅永靖炳靈寺石窟西夏文題記

叙録

刻石年代不詳，在甘肅省永靖縣炳靈寺石窟第一百六十八號窟外南側。題記長一百一十五厘米，雕刻西夏文九字，似表明一姓『明瑞』的西夏人曾定居于此處。西夏文題記左側刻漢文『馮藏人』三字。

炳靈寺石窟西夏文題記

叁拾伍　西夏·西夏陵石經幢

叙録

刻石年代不詳，寧夏銀川市西夏六號陵盗坑出土，銀川市西夏博物館藏。青灰砂石，八面柱體，高三十三厘米，直徑三十五厘米，上下各有圓柱形榫頭。幢石八面刻漢文，書寫菩薩名稱。

録文

第一面：藥王菩薩摩訶薩
第二面：藥上菩薩摩訶□
第三面：無邊身菩薩摩□□
第四面：越三界菩薩摩訶薩
第五面：□□□薩摩訶薩
第六面：□□菩薩摩訶薩
第七面：觀世音菩薩摩訶薩
第八面：大勢至菩薩摩訶薩

西夏陵石經幢

叁拾陸　西夏・內蒙古阿拉善右旗曼德拉山巖畫西夏文題記

叙録

刻石年代不詳，在內蒙古阿拉善右旗巴丹吉林沙漠中的曼德拉山巖畫景區內。第一處題記長八十五厘米，寬四十四厘米，共有西夏文七行，右側有一個綫刻的幡或旗。左上方四行西夏文大意爲：『金國□□地通諸處，帝于四月之時顯，祐助衆生，衆生頌於道上』。下方三行西夏文意爲：『君子净心時，於聖天八月時，會見到金色的聰慧之女，像燕子似的飛舞而過』，內容似與宗教修行有關。第二處題記整幅長五十四厘米，寬三十五厘米，有西夏文三行。第一行爲『一二三四五』；第二行爲『吒明小狗成』。第三行爲『□月二』，畫面右側還刻有一個騎馬者。

阿拉善右旗曼德拉山巖畫西夏文題記一

阿拉善右旗曼德拉山巖畫西夏文題記二

叁拾柒　西夏·寧夏中衛大麥地巖畫西夏文石刻

敘録

刻石年代不詳，位于寧夏中衛市大麥地巖畫遺址區，在人像旁刻西夏文『𗼃』（福）。

大麥地巖畫西夏文石刻

叁拾捌　西夏·寧夏靈武回民巷西夏文摩崖石刻

叙録

刻石年代不詳，2002年寧夏文物考古研究所採集自寧夏回族自治區靈武市回民巷沙漠戈壁，同年入藏寧夏文物考古研究所。2008年寧夏文物考古研究所移交寧夏博物館。灰砂巖，石面長一百九十六厘米，寬一百一十七厘米。整塊石面有左右兩部分石刻，各爲石碑形制。上以雙綫刻梯形碑帽，中間爲碑文，四周雙綫，下部刻束腰須彌座。左部石刻較寬，呈臥碑形。碑身寬八十五點三厘米，碑帽頂至須彌座底高度爲九十厘米。碑帽外正上部殘留西夏字四行，字迹多漫漶不清。文字部分高四十五厘米，寬八十五點三厘米，陰刻西夏文楷書二十七行，部分字剥落、漫漶不清。其中右面十二行爲正文，字較大，滿行十五字。字長約二點四厘米，寬約二點二厘米。第一行有國名、年款譯爲『大白高國　天慶辛酉八年六月中』，時爲西夏桓宗天慶八年（1201）。第十二行題款譯爲『天慶壬戌九年□月二十二日竟』，刻石時間應爲西夏桓宗天慶九年（1202）。後面十五行字體較小，多爲稱謂和人名，應爲立碑有關人名款識。碑座束腰部分雙綫陰刻三連圓環紋。右部石刻較高，呈立碑形。碑身寬六十七厘米，碑帽頂至須彌座底高度爲一百二十四點五厘米。中間文字部分高七十九點五厘米，寬六十七厘米。石面風化剥落，右下部保留幾個漫漶西夏字。束腰部分中間爲單綫陰刻開光花瓣紋，兩側刻畫紋飾似塔刹形。據譯文推測，摩崖石刻内容主要是記載開鑿年代、緣起、内容以及開鑿石刻的人員等資訊。

靈武回民巷西夏文摩崖石刻

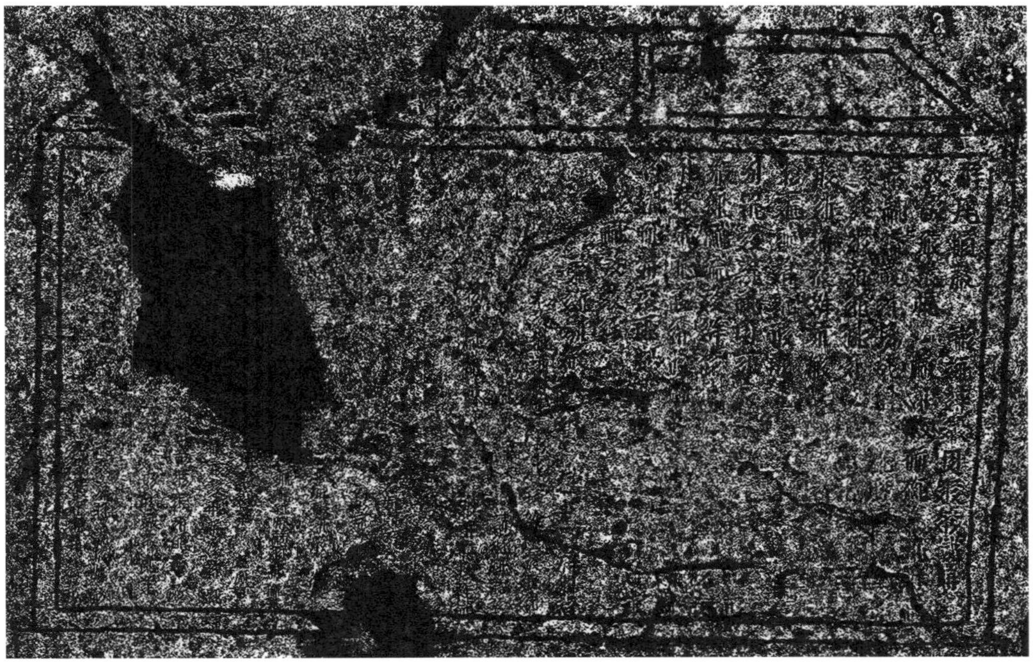

靈武回民巷西夏文摩崖石刻拓片

録文

靈武回民巷西夏文摩崖石刻（西夏文漢譯）[1]

白高大國天慶辛酉八年六月□□聖旨□□二，皇帝□之丘（陵）□□□作□□鑿成……而□同年九月一……侍同□數心同增……□成□密輪刻

潔……聖崇□施錢帛一段……所同令僧事心……午事做俱鑿□畢……金剛□□碑立□於……□□令菩提心……天慶壬戌九年……心妙 終

都大勾當……阿貝

……嵬名答□

都大勾當……都大勾

……心……

……司做……

……詔 同王……

……副磨堪司正□□□□

……承旨□□□□

……□□成就

……張葦、高田□、劉璋

……張宮□□劉□

……王二□□、鄭旺□、張

……訛□桀徵

[1] 譯文出自孫昌盛《靈武回民巷西夏摩崖石刻》，《寧夏社會科學》2017年第1期。

党項與西夏碑刻題記（下）

杜建録　鄧文韜　主編

國家古籍整理出版專項經費資助項目

三秦出版社
陝西新華出版傳媒集團

第三章　宋金境内党項人碑刻題記

大金大定戊戌十八年八月初三日
住持僧德思
敦武校尉

叁拾玖　北宋・鎮西軍留青村税户葬主鄧珣墓誌記暨買地券

叙録

刻石于天禧四年（1020），1978年出土于陝西神木縣永興鄉柳溝村銀地梁，現藏神木縣文管所。墓誌砂石質，平首削肩，無座，高六十七厘米，寬五十一點五厘米，厚八厘米。正面爲墓誌記，首端篆刻二行四字『墓誌銘記』，邊刻連弧紋，誌文楷書十二行，行十九至二十四字不等，兩邊刻多重水波紋。反面爲買地券，十二行，行二十四字，楷書。邊刻亦連弧紋與多重水波紋。買地券文記載留青村税户鄧珣從黄四族浪乜手買到一塊『東西一十五步，南北五十步』的土地，作爲墓地使用。賣地人浪乜與見人屈崖、利訛、乜移、弘訛等，從姓名來看皆爲党項人。

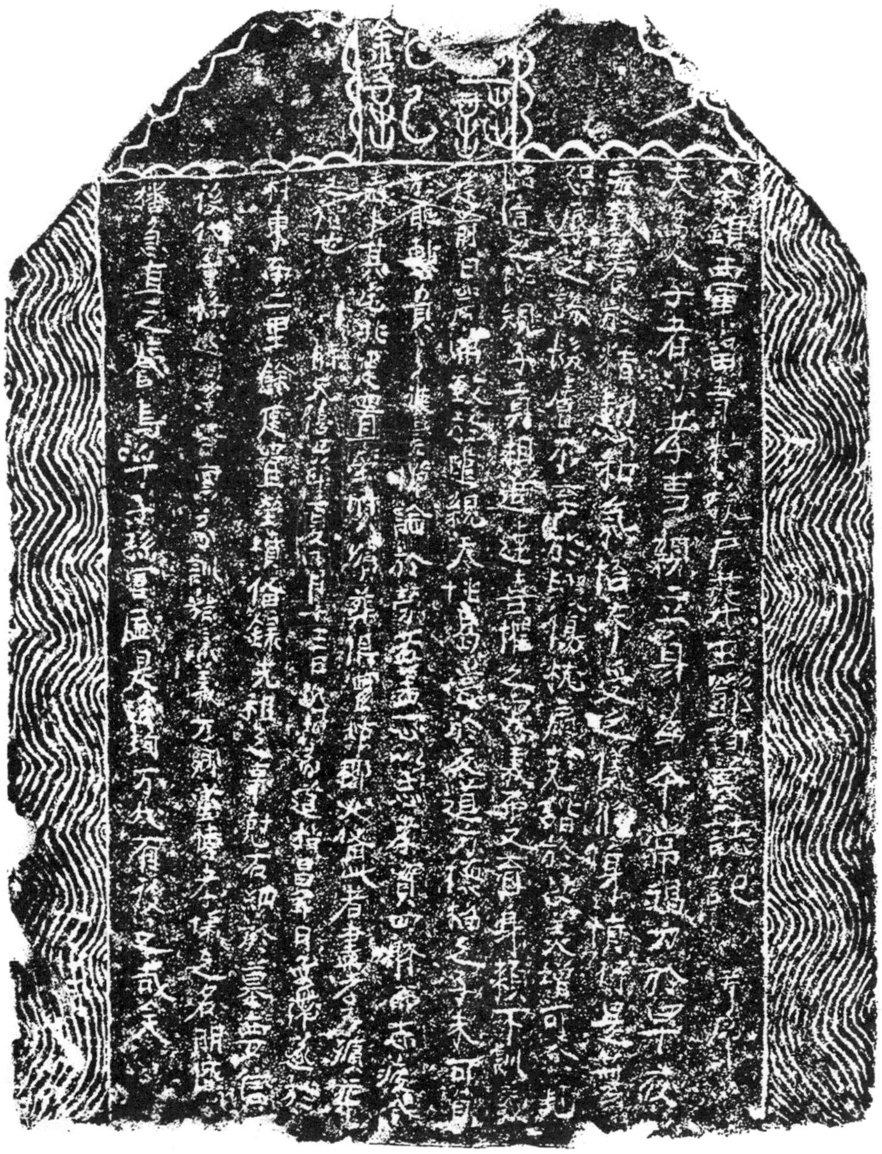

鄧珣墓誌記拓片

録文

正面

大宋鎮西軍留青村稅户葬主鄧珣墓誌記并序

夫為人子者，以孝事親，立身為本。常竭力於早夜，每致養於精懃。和氣怡奉受之儀。脩身慎行，是無怨辱之讓。髮膚不至於毀傷，枕扇克諧於啓美。增可龕見温清之條規，子貢相追達喜懼之要義。而又育身頬下，訓義庭前。曰嚴弗致于違親，天性曷當於反道。方懷橘之子，未可見于耻；慙負之徒，意憚論於勞苦。蓋一心以志孝，實四躰而忘疲。

今者卜其宅兆，建置塋墳，殯葬俱豐，棺槨必俻，此者盡孝子殯葬之禮也。時天禧四年夏四月十三日抵□□道指昌年月無滯，遂於村東南二里餘建置塋墳，俻録先祖之事，尅石納於墓要。信後代子孫延珣□，皆稟家訓，□識義方，鄉党傳孝悌之名，朋儕播急直之譽。烏呼，子孫昌盛，是追珣萬代有後之哉矣。

背面

大宋天禧四年十二月十日，留青村稅户鄧珣遂於義榮地東邊，買到黄四蔟浪乜地，東西一十五步，南北五十步，于地内置園一所，崔□作價𠁽八貫文，其𠁽當日交足。賣地人浪乜，見人屈崖𠁽二貫文，見人利訛𠁽八百，見人乜移𠁽四百，見人弘訛𠁽三百。房親鄧暉，妻何王，後妻宋氏，姪男若差兒。房弟鄧義，妻宫氏。房弟□主鄧珣，妻孟氏。男鄭留、張哥、郭八。男留□□兒。弟劉□，妻王氏。男楊得。房姪鄧策，妻趙氏。弟□□，妻劉氏。穴墓位□如後：祖穴□□□在甲，尹延初在庚，孫緒次庚，迎均生穴在丙，□真在乙，延普在丁，前面園四穴墓；延貴在甲，□□在庚，次庚，鄧璘，延飼在丙，延訓乙，延保丁。

陰陽人賈愚。

疏證

墓主鄧珣居住地爲『鎮西軍留青村』。麟州鎮西軍，原名建寧軍，後改爲鎮西軍，在今陝西省神木。『麟州，下，新秦郡。乾德初，移治吴兒堡。五年，升建寧軍節度。端拱初，改鎮西軍節度』（《宋史》卷八六《地理志》）。根據這方墓誌出土的地方可知鎮西軍留青村就是今陝西神木市永興鄉柳溝村。

鎮西軍位于宋夏沿邊地帶，由『麟州舊壤，實曰新秦……在河一曲，党項部族，漢民混居』（《乖崖先生文集》卷八《麟州通判廳記》）可知當地居民既有漢人又有党項人，黄四蔟應當是黄四族的异寫，由浪乜等人名可知，黄四族是党項的一個部族，此部落并未出現在當世可見的史書記載中，對其未知全貌，只從鄧珣地券中可以窺見，黄四族是唐朝時期遷徙或者宋朝初期内附到鎮西軍留青村的党項部落。

『浪乜』、『屈崖』、『利訛』、『乜移』、『弘訛』俱爲党項人名。其中『浪乜』和『乜移』在本書所收何家坬石窟党項人題記亦曾出現。屈崖，利訛，弘訛三個人名在以前的史料中并未出現。

相關研究成果見諸崔彦娟《鄧珣地券考》（《西夏學》第二十五輯）。

肆拾　北宋・領洛河川諸族巡檢胡懷節墓碣銘

叙録

刻石年代約爲宋朝初年，位于志丹縣永寧鎮楊城東莊後塔灣胡懷節家族墓。殘碑爲四螭首，贔屓座，現已殘損，碑座裸露地面，殘碑倒臥于土中，殘高一點五米，僅碑右幾行文字尚可辨識，其餘皆漫漶不清。碑額楷書『先合人之墓碣』，有异于一般碑額題銘。據殘餘碑文推測，是碑應爲胡懷節之神道碑。進士鄭某撰文，書刻者信息缺。

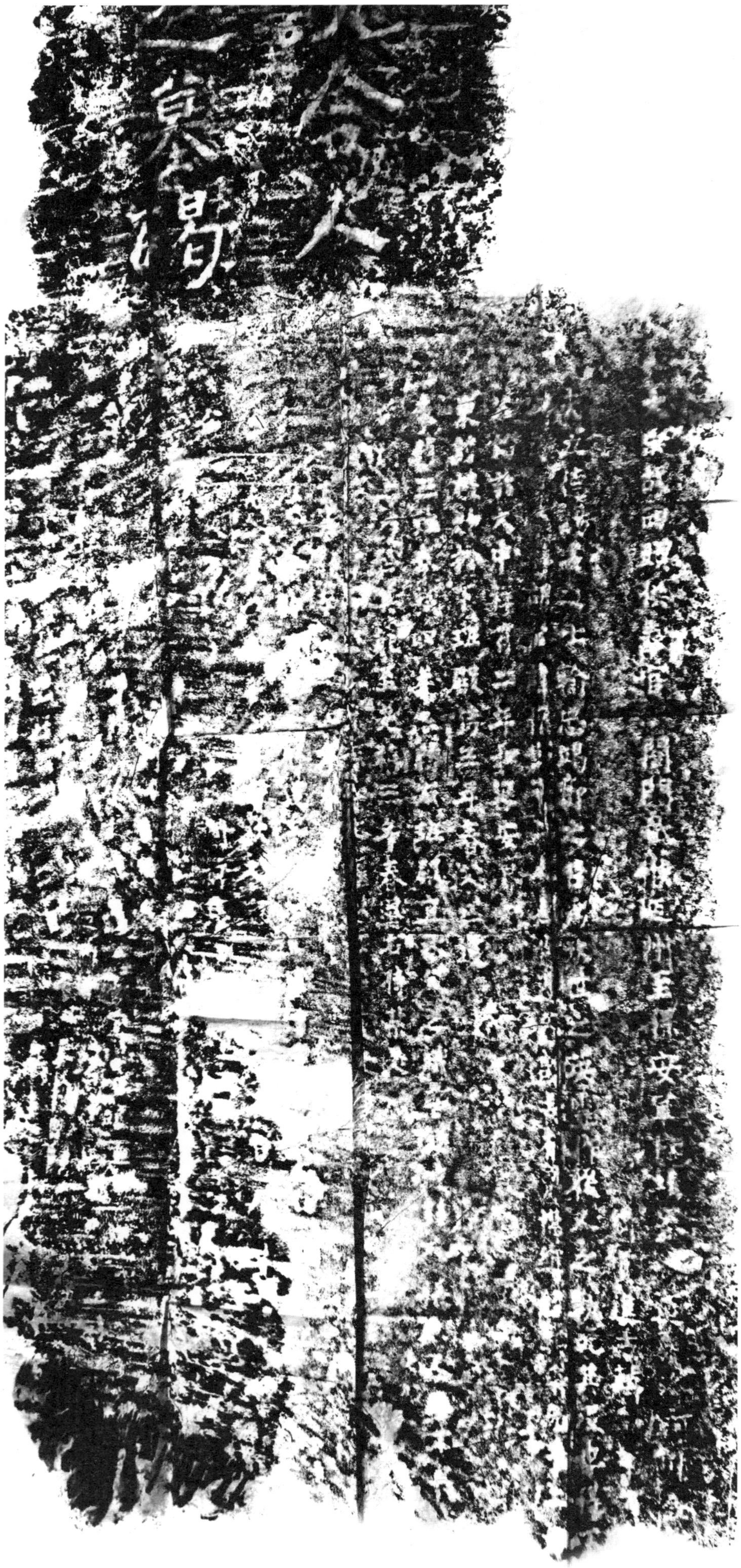

胡懷節墓碣銘拓片

録文

大宋故西頭供奉官閤門祇候延州至保安軍德靖寨延領洛河川□□□□□□□□□□諸族巡檢胡公墓碣之銘

鄉賢進士韓□撰

夫立德揚名之士，輸忠竭節之臣，爲永世之英靈，作後人之軌範，其歿也得不朽……頌□胡公，諱懷節，本土人也，少遵父訓，長有賢德，繼紹其節，争仁……父歿於大中祥符二年，和延安哀……策封禮物，授下班殿侍。三年春，□□邊事補三班奉職。四年，□□右班殿直。□父之職……□□□□其範。至天禧三年春遷右侍禁，是……兵戎深入北疆，以征不義……四年（以下闕）

疏證

墓主胡懷節爲北宋境内的党項小胡族首領，效忠于宋朝。《續資治通鑒長編》卷九五真宗天禧四年正月下記載『保安軍小湖族都虞候啫嵬、巡檢胡懷節等擊賊有勞，并進秩』，可證墓誌中記載墓主『兵戎深入北疆，以征不義』并獲得升遷的記載。

『德靖寨』原稱『建子城』，天聖中賜名爲德靖寨，爲隸屬于北宋保安軍管轄的三座城寨之一。其城址位置『東至軍六十里，西至金湯鎮六十里，南保勝砦七十里，北熨斗平川路，至金湯鎮六十里』，即在今陝西志丹縣旦八鎮城臺村。德靖寨建于洛河東北岸臺地上，地勢險要，『北控洛河川入西界金湯鎮大路』（《武經總要》），是北宋阻擋西夏軍隊順洛河而下的重要關口。胡懷節所謂『延州至保安軍德靖寨延領洛河川□□□□□□□□□□諸族巡檢』的署銜，應是指其負責管轄洛河自德靖寨以下河段沿岸衆多的党項部落。黑水城出土宋西北軍政文書中又稱這些部落爲『小胡等族』。

相關研究成果見諸段雙印、白寶榮《宋金保安軍小胡等族碑碣資料綜合考察與研究》（《寧夏社會科學》2014年第五期）。

肆拾壹　北宋·胡繼諤神道碑

叙録

約鐫刻于宋慶曆四年（1044）左右，位于永寧鎮楊城村東莊後塔灣胡懷莭墓地及墓碣右下方山麓臺地上，身首一石刻成，螭首，贔屓座，高三點零四米，非常宏偉。碑石上部文字已嚴重漫漶，僅下部文字尚可辨識，系胡懷莭子胡繼諤之神道碑。前進士鄭襄撰并書，刻石者不詳。

大宋故胡公神道碑

大宋故胡公神道碑拓片局部

録文

大宋故胡公神道碑銘并序

前進士鄭襄撰并書

……國之大事在戎矣，不得不□□安危伏戚咸系乎，藩守禦不壯乎哉……不聞乎□□□藏外之得人邊鄙之，使大業昌盛基固……而爲勳功忘家，州有禦寇稟孚介傑，非公而誰？公諱継諤，字則玉，□聞□□□……皇考□爲内苑使、本官閤門祇候、本族沿邊巡檢、贈左千衛將軍□□……□□邊務□爲□都虞侯，變本族指揮使□本族都虞侯□本……三班奉職，本務□西地，富有資産□□族萬户皆 公□□□□田億頃皆……公大築卷□□□□勲以扞寇，既成其績，于是□□□□資受右侍禁。十月□□……上嘉其英豪，賞其忠□□□□□殊拜受閤門□□……賜銀四百兩。十二月，改内殿承制。二年六月，□□閤門副使斯□授不次……長灑細淚曰□□□□曰□嵬咩曰……授殿侍。康定二年九月，授三班差使……借□□三年六月□□……磊落氣度，紹英□□□□□壯□□□□□賊□□□……尚幼康定二年……求笄而大歸……别族□□……長女也長子甲族，各留於私第，封金花縣君，□君即□□□改□□□□六宅□……其真邑式階□□授未其正也。慶曆元年□□□□生上以祀礼□□□□公□□□聞職事□□……國男食邑三百户，散官勲如故。二年，自號州移□□州，駐泊□□監三年……承聖旨引見揚命王庭顯……州公署，享年四十有六。時金花縣君洎第五子護喪扶柩故里□□……□□□□名顯方副倍□之用將保龜鶴之筭□□逝水□……嗣子右侍禁一日訪于僕館，且謂予曰子……秀稟五行，長于邊庭。傑□人英……□……公其忠良，撫弱遏強。披堅執鋭……所，爲万夫長。一舉戈矛，妖氣掃蕩……□……勤帝。且看人嗣，克前後継。悼靈光之墓……荒，咸孤守貽來考之歲，動勒真珉兮使万……朝奉男右侍禁保安軍界小胡等族巡檢……刊字……

疏証

胡継諤，字則玉，約卒于慶曆三年（1046）或稍後一點時間，享年四十六歲。以此推算，他當生于宋真宗咸平四年（1001）左右。

其父『皇考為内苑使、本官閤門祇候、本族沿邊巡檢、贈左千衛将軍』。此與胡懷節墓碣首題所銜官職基本吻合。地望也在胡氏家族墓地山腳下，二人爲父子關係無疑。内苑使和左千衛將軍，當是胡懷節死後朝廷追贈之職。

内苑使，原爲唐代設置的管理皇室莊田之官。宋代此官通常爲武官遷轉之職，并無實際執掌。北宋末改爲武略大夫。閤門祇候，爲宋代所設閤門司的屬官，掌官員朝會、宴享、外國使臣朝拜的班次順序之事。設東上閤門使三人、副使二人，掌慶禮奉表之事；西上閤門使三人，副使二人，掌貢禮進獻之事，屬官爲閤門祇候。後來這些官職也爲武官遷轉之職，并無實際執掌。

胡公家族世襲部落酋長，胡継諤也繼承了其父的本族首領、軍主地位，受封本族都虞候（後改爲都翼候）、本族指揮使、三班奉職。指揮使，是宋代下級武官名。指揮爲宋代基本軍事單位，統兵官爲指揮使、副指揮使，額定統兵五百名。以此看來，胡繼諤統率的部族蕃兵起碼也在五百名以上。小胡族『此族富庶，人馬強壯』，後來因爲大築堡寨『以扞來寇，既成其績』，被封予右侍禁、閤門祇候、内殿承制、殿侍等九品小武官的階官名號。『上嘉其英豪，賞其忠勇』，又賞銀四百兩，晉升内殿承制、閤門副使、殿侍。

慶曆元年（即康定二年，1041年，本年十一月改年號爲慶曆），其妻被封金花縣君稱號。胡繼諤又被封爲開國縣公、食邑三百户的爵位，不久調任虢州都監之職。此事還見于《續資治通鑑長編》慶曆元年七月乙丑條：『詔鄜延路部送保安軍小胡等族巡檢、内殿承制、閤門祇候胡繼諤赴京，仍令部署司擇諸族酋長才勇者代繼諤領其衆。』之所以如此，是『以延州龐籍言繼諤誅剥蕃部，其下多怨讟故也。』後來『及繼諤至京師，陝西轉運使卞咸乃言：邊人頗思繼諤，因以繼諤爲虢州都監，不復加罪。』

慶曆三年（1043）或稍後一些時間，殉職于任所，由其妻和第五子奔喪扶柩，歸葬故里祖塋。立碑人署銜爲『朝奉男　右侍禁保安軍小胡等族巡檢』，但名字和立碑時間缺佚。

宋制巡檢一職，爲正八品武官，掌管巡邏、捕盜、緝私之事。這裏的巡檢，是統領部落蕃兵的統領。北宋王朝在與西夏近百年的戰争中，大量起用了當地親宋的党項熟户與西夏對抗，組織了地方性的蕃兵部隊。據《宋史·兵志》介紹，大致是按其部落設置軍事單位，首領爲軍主、都軍主等。然後，按其地域，合數部族爲一都巡檢所統領。同時，各族首領是世襲的，即所謂『為首領者，父死子繼，兄死弟襲。家無正親，則推其旁屬之強者為首領……』其大首領上自刺史，下至殿侍，并補本族巡檢。小胡等族巡檢即是以小胡部落爲主的各部落蕃兵的統領官。《歐陽文忠公集》卷一六亦稱胡繼諤爲『延州蕃官』。

相關研究成果見諸段雙印、白寶榮《宋金保安軍小胡等族碑碣資料綜合考察與研究》（《寧夏社會科學》2014年第五期）。

肆拾貳　北宋·陝西志丹何家坬石窟党項人題記

叙録

約刻于北宋紹聖二年（1094）前後，位于陝西省延安市志丹縣旦八鎮何家坬村與義正鄉老君崖村交界處的樊川河南崖壁上的何家坬石窟中。該石窟窟室門楣左右兩側各有陰刻題記一處，長四點一五米，高零點三五米。左側題記爲小葫族等二十四指揮、維那頭首領吃多遇等一佰一十人發願文及施造者結銜題名，右側題記爲結銜題名及竣工題記。大窟南邊爲一未完成的小型佛龕，爲圓拱形石龕，高一點八米，寬零點九五米，現内無任何雕塑，南側龕沿陰刻一行題記『土地施助香通』。

門楣題記與周邊環境

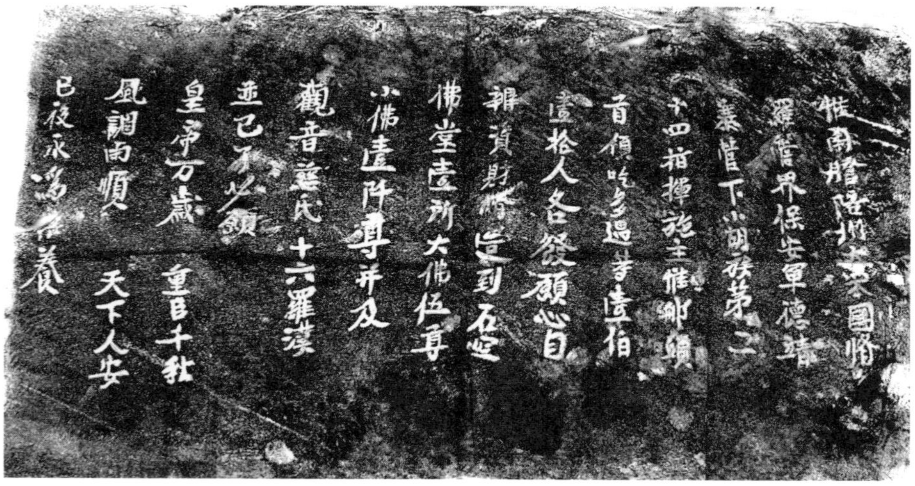

門楣發願文及施造者結銜題記（從左至右）拓片一

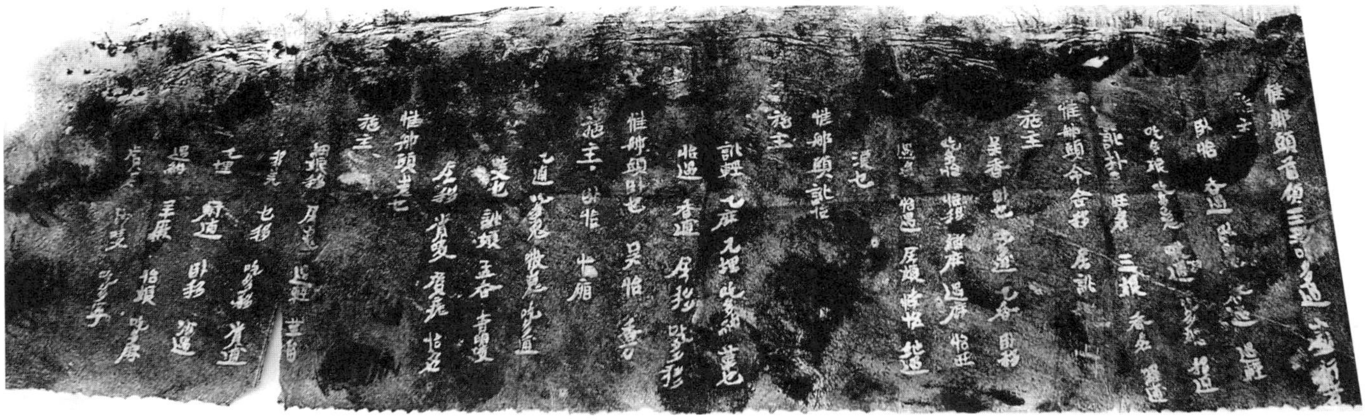

門楣發願文及施造者結銜題記（從左至右）拓片二

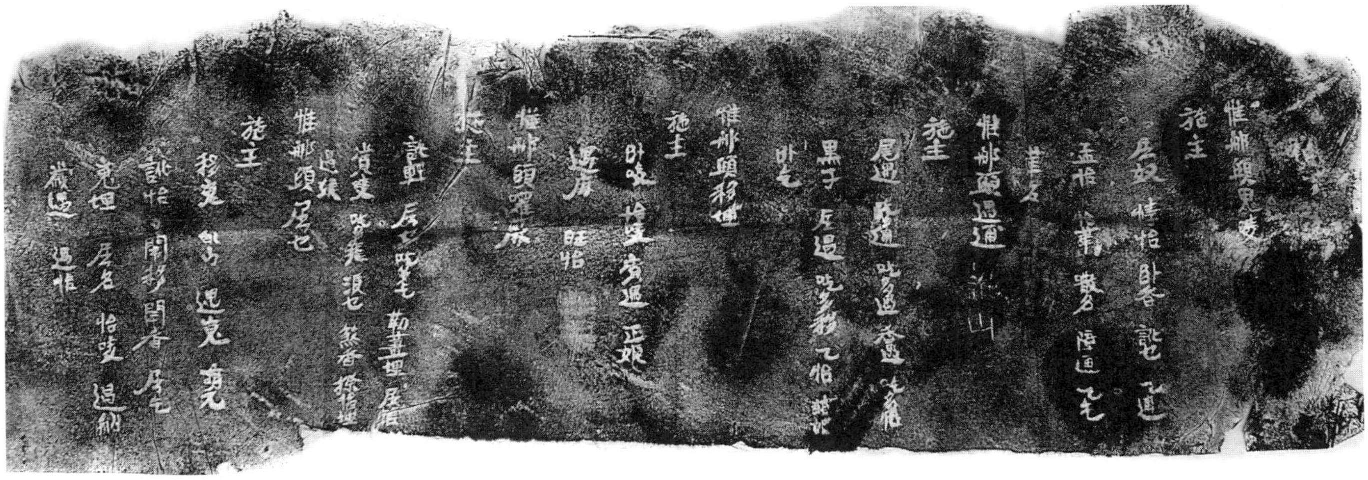

門楣發願文及施造者結銜題記（從左至右）拓片三

門楣發願文及施造者結銜題記（從左至右）拓片四

石窟内北壁造像與題記

“施主唛乜”等人題記拓片

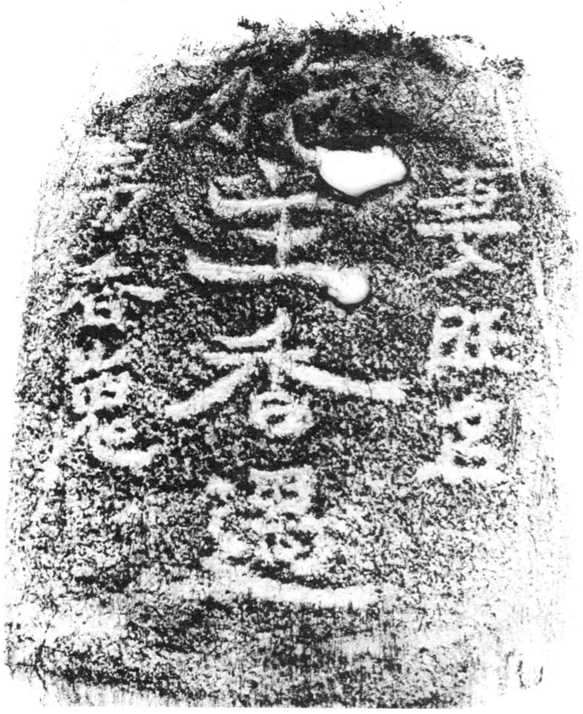

“施主香遇”題記拓片

“卧乜”等人題記

“命舍移”等人題記

“屈兀吃多移”等人題記

“屈兀吃多移”等人題記中部拓片

“屈遇”等人題記

“羅處”等人題記

“尚嵬”等人題記

“尚嵬”等人題記拓片

“帀主魏建”等人題記

“帀主魏建”等人題記拓片

“施主訛怡”等人題記

“施主黑子”等人題記拓片

“施主訛怡”等人題記拓片

“施主遇輕”等人題記

“觀音一尊施主吃多遇”等人題記拓片

“施主怡來”等人題記拓片

窟門上紹聖二年題記拓片

洞窟外壁“明昌六年大水”題記

小佛龕側“土地施助香通”題記

大窟南側的小型佛龕

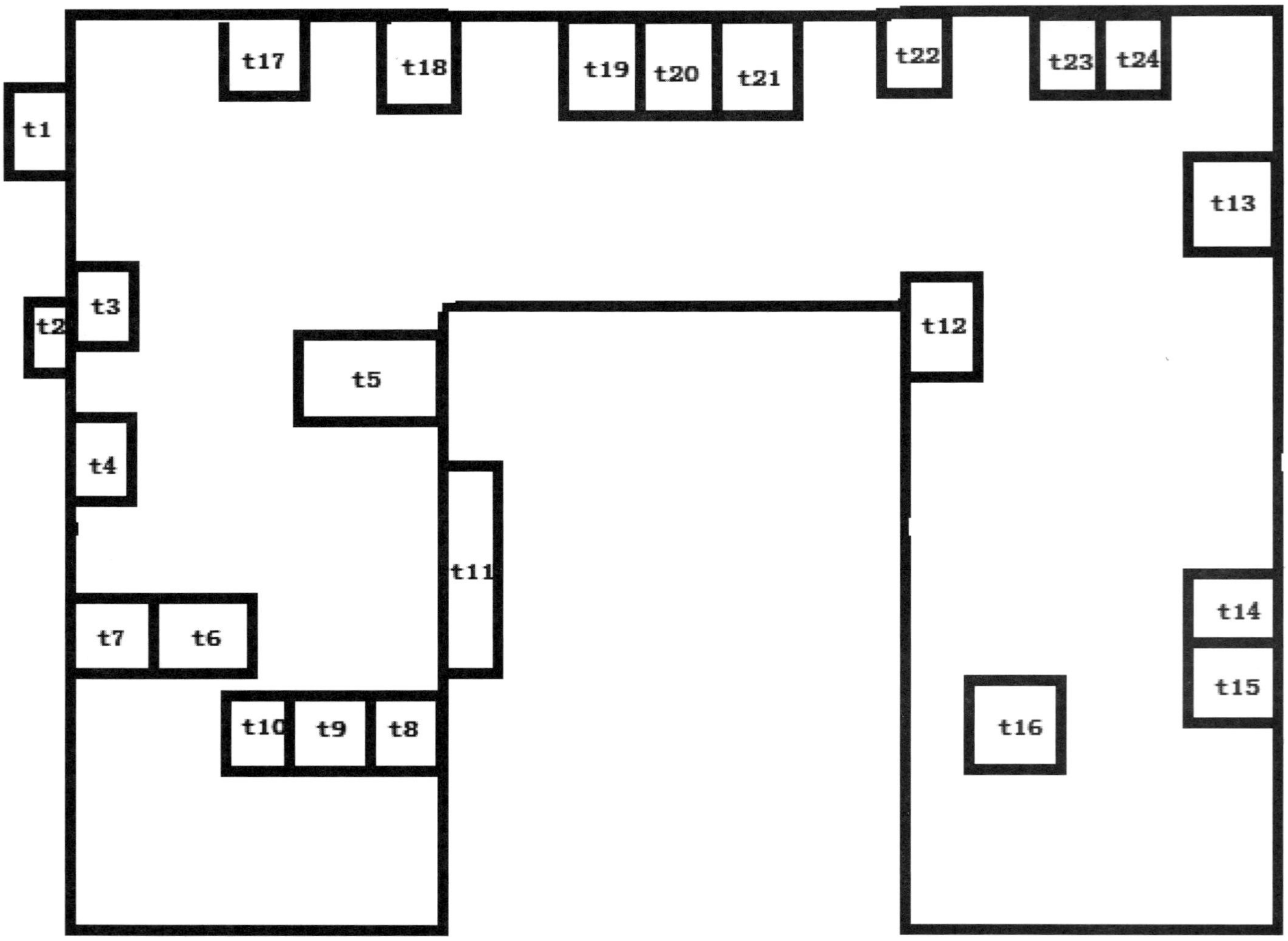

何家坬石窟內北壁題記位置示意圖

録文

一、窟前廊門楣題記

惟南瞻部洲大宋國脩羅[1]管界保安軍德靖寨管下小胡[2]族第二十四[3]指揮施主惟[4]郁頭首領吃多遇等壹佰壹拾人，各發願心，自辦[5]資財，脩造到[6]石空[7]佛堂壹所，大佛伍尊，小佛壹仟尊，并及觀音、慈氏、十六羅漢，並已了必。願[8]皇帝万歲，重臣千秋，風調雨順，天下人安，已後永爲供養。

維郁頭：首領三班吃多遇　小胡　行者。施主：卧怡　香遇　卧嵬　春遇　遇輕　吃多娘　吃多嵬　叱逋　吃多娘[9]　怡逋　訛扑　旺名　三娘　香名　羅逋[10]。

維郁頭：命舍移[11]　屈訛　□□。施主：吴香　臥乜　吃多逋　乙香　臥移　吃多怡[12]　怡移[13]　細麻　遇麻　怡旺　遇名　怡遇　屈娘　悖怡　地遇　浪乜[14]。

維郁頭：訛怡。施主：訛輕　乙麻　乙埋　吃多納　革乜　怡遇　香逋[15]　屈移[16]　吃多移。

[1]『修羅』，段雙印、白寶榮《宋金保安軍小胡等族碑碣資料綜合考察與研究》（以下簡稱段文）脱二字；李静傑《陝北宋金石窟題記内容分析》（以下簡稱李文）未釋『羅』。

[2]『小胡』，段文誤録爲『葫（胡）』。

[3]『第二十四』，段文誤録爲『等十四』。

[4]『惟』，段文誤録爲『維』。

[5]『辦』，李文未釋。

[6]『到』，李文未釋。

[7]『空』，李文未釋。

[8]『必願』當爲『心願』之訛，應系題記書寫者筆誤，李文録爲『畢□』。

[9]『吃多娘』，段文録爲『吃多媳』。

[10]『羅逋』，段文録爲『理逋』。

[11]『命舍移』，段文脱『舍』。

[12]『吃多怡』，段文録爲『屈移』。

[13]『怡移』，段文録爲『吃多移』。

[14]『浪乜』，段文脱『浪』。

[15]『香逋』，段文録爲『香遇』。

[16]『屈移』，段文録爲『乜移』。

維郍頭：卧乜 吴怡 香万。施主：卧怡 怡甪 乙逋 吃多嵬 散嵬 吃多逋 唛乜 訛娘 孟香 青明唛 屈移 賞唛 賞嵬 怡名[1]。

維郍頭：嵬乜。施主：細娘移[2] 屈嵬 遇輕 革留 移羌[3] 乜移 吃多移 賞逋[4] 乙埋 麻逋[5] 卧移 弥遇 遇約 羊厥 怡娘 吃多麻 賞吴 卧唛[6] 吃多寧。

維郍頭：鬼唛[7] 施主：奴[8] 悖怡 卧香 訛乜 乙逋[9] 孟怡 怡□ 散名 障逋[10] 乙乞 革名[11]。

維郍頭：遇逋[12]。施主：尾遇[13] □逋 吃多遇 香遇 吃多怡 黑子 屈遇 吃多移 乙怡 訛娘 卧乞。

維郍頭：移逋。施主：卧唛[14] 怡唛 □遇 正娘 遇麻 旺怡。

維郍頭：羅麻。施主：訛輕 屈乜 叱多乞[15] 勒□埋 屈怡 賞唛 叱多嵬[16] 浪乜 煞香 捺怡埋[17] 遇娘。

---

[1] 第三十一至三十四行，段文大部分文字均脱漏，僅録『香明咬 貴□ 貴□ 怡名』等字。
[2] 『細娘移』，段文脱『移』。
[3] 『移羌』，段文録爲『多羌』。
[4] 『賞逋』，段文録爲『貴逋』。
[5] 『麻逋』，段文録爲『麻通』。
[6] 『卧唛』，段文録爲『彌嵬』。
[7] 『鬼唛』，段文録爲『嵬淩』。
[8] 『屈奴』，段文脱。
[9] 『乙逋』，段文脱。
[10] 『障逋』，段文録爲『障通』。
[11] 『革命』，段文録爲『勒石』。
[12] 『遇逋』，段文録爲『遇通』。
[13] 『尾遇』，段文録爲『屈遇』。
[14] 『臥唛』，段文録爲『卧咬』。
[15] 『叱多乞』，段文録爲『叱多毛』。
[16] 『叱多嵬』，段文脱『嵬』。
[17] 『捺怡埋』，段文録爲『捺伯埋』。

維鄜頭：屈乜。施主：移嵬 乩山 遇嵬 萌兀[1] 訛怡 聞移 聞香 屈乞 嵬埋 屈名 怡嵬[2] 遇納 崴遇 遇怡。

地主：吃多香。

右巳佛堂自元祐八年六月二十一日下手，至紹聖二年正月二十八日了畢。自後願捨，財施主增福增壽，合家安樂，紹聖二年正月二十八日，惟鄜吃多遇，本族巡檢胡。

二、窟門外東側天王像旁題記

一當□□至合□□□綠到□□，糺首不知所何處□□□□□□。舍施□身外福□□□□□，好□檀……

三、窟門外西側天王像旁題記

從側知側寬也側，從寬知寬側也寬。成……

四、窟室内北壁西側題記

T1：

施主遇輕并妻都麻 男吃多娘

T2：

遇輕、都麻

T3：

施主：訛怡 香逋 訛輕 乙麻 □逋 怡遇 吃多納 革乜

T4：

羅麻 訛輕 立麼埋 摖怡埋 訛留 屈乜 吃多乜 浪乜 賞唛 沙香 怡都 遇娘

T5：

供養觀音 吃多遇 三娘

[1]『萌兀』，段文録爲『胡元』。

[2]『怡嵬』，段文録爲『怡咬』。

T6：

馬施者佛堂 尚嵬

T7：

施主 屈怡 □及兒三班□孫吃多 訛麻

T8：

幣主魏建

T9：

石匠戈達女夫 趙真并□□

T10：

鬼□ 屈奴 臥香 悖怡 乙逋 章逋 乙乞 訛乜 孟怡

T11：

紹聖二年正月二十八日到此王紀題□

五、窟室内北壁東側題記

T12：

施主：黑子 屈移

T13：

施主：怡□ 吃多嵬 吃多□

T14：

屈名 移嵬 乩山 訛怡 萌兀 聞移 聞香 嵬埋 屈乞 屈名 怡嵬 怡遇 遇納 歲遇 遇嵬

T15：

施主嵬乜 羊厥 遇納 移嵬 乜移 吃多移 遇輕 屈嵬 弥唛 賞吴 麻逋 吃多寧

T16：

妻旺名 施主香遇 男香嵬

六、窟内北壁門楣題記

T17：

觀音一尊施主吃多遇三班并妻三娘男李三□□　臥怡　訛朴

T18：

遇逋　屈遇　尾遇　吃多移　香遇　黑子　乙怡　吃多怡　吃多遇　□□

T19：

施主：□逋并香名　細娘

T20：

一佰一十人惟頭　吃多遇父遇乞母馬□願早升天界，記之。

T21：

屈乞　吃多怡　細麻　怡遇　臥乜　怡麻　遇麻

T22：

命舍移　臥移　吴香　吃多逋　怡移　乙香　遇名

T23

臥乜　屈移　青明唛　賞嵬　賞麻　孟香　怡名　訛娘　散嵬　吃多嵬　乙逋　嵬乜

T24

慈氏　施主：臥怡行者　達磨行者

七、大窟以南圓拱型小石佛龕（内無雕塑）邊框題記

土地施主香逋

八、窟外西側崖壁上

明昌六年大水六月二十四日，河水□至万佛寺

疏證

『大宋國修羅管界』是結合了世俗與宗教的地理概念，大致相當于宋金時期的陝西諸路。如莊浪韓店鎮出土宋代買地券有『大宋國修羅管界西德順軍水落城王家城里大道』等字，彭陽白陽鎮姚河村趙窪宋墓出土買地券有『大宋國修羅管界鎮戎軍彭陽城』等字，康樂縣八松鄉金墓出土買地券有『修羅管界大金國臨洮府康樂寨……』等字。『保安軍德靖寨』在今陝西志丹縣旦八鎮城臺村洛河沿岸的山頂平臺上。

『葫族等二十四指揮』，即小胡族等二十四指揮，結合《宋史・地理志》所載德靖寨下轄小胡等族兵員人數『六千九百五十六』來看，小胡等族每指揮下轄的兵力似乎至多不會超過平均兩百九十人的員額。《續資治通鑒長編》卷二七〇神宗熙寧八年十一月條下，記載陝西蕃兵編制標準爲『及五百人又加一指揮使』，題記顯示小胡族每指揮兵力不及官方所規定之標準。

『維那頭』爲佛教結社首領名，就何家坬石窟來看，首領吃多遇在門楣題記開篇與結尾先後自署爲『維那頭』（第十五行）與『維那』（第七十七行），兩種宗教職務在党項人佛社中似乎已然混用，進而失去區分主次的功能了。同時，窟前廊門楣上的題名還顯示一個党項人佛社中可以有多人充任宗教首領，如第一、二、四組社邑，皆有三人在『維那頭』下題名，這也是党項人佛社首領較爲鮮明的特色。

于『維那頭』之外，窟前廊東側天王像旁的墨書題記中還出現了『糺首』一詞，『糺』有糾集、集合之意，故『糺首』很可能是社邑的組織者，可惜由于題記字迹漫漶不清，無以做出深入分析。除此以外，其他北宋常見的地區民間佛社首領名，諸如邑長、邑録、邑正、副維那、次維那、都維那頭、都維那均不見于何家坬石窟題記中，似可反映小胡族的佛教結社尚處于初始階段，佛社中尚未出現較大宗教權利的分化。

首領吃多遇自署款銜爲『三班』，所謂三班，應是一種職銜的略稱。北宋官職中有『三班』二字者，主要有點檢三班公事、知三班院、勾當三班院公事等。宋初嘗以供奉官、殿直、殿前承旨爲三班，設有點檢三班公事，屬宣徽院，主管三班使臣注擬、升遷、賞賜。雍熙四年，朝廷又詔『即内客省使廳事置三班院，以崇儀副使蔚進知院事』（《續資治通鑑長編》卷二八太宗雍熙四年七月）。然而，自元豐改制以來，三班院便改爲吏部侍郎右選，十餘年後出現于何家坬石窟題記中的『三班』自然不可能再指代已然廢除的三班院官職，更何况三班院官員皆屬京朝官，而吃多遇僅爲宋夏緣邊堡寨管下的蕃官。正因如是，題記中的『三班』只能被理解爲低品級的武階官的簡稱，即三班奉職（從九品）或三班借職（從九品），兩類階官皆誕生于太宗朝，于徽宗政和初分别改名爲承節郎和承信郎。何家坬石窟開鑿于元祐末、紹聖初，符合這兩個武階官的使用年代。

研究成果見諸李静傑《陝北宋金石窟題記内容分析》，《敦煌研究》2013年第三期；段雙印《宋金保安軍小胡等族碑碣資料綜合考察與研究》，《寧夏社會科學》2014年第五期；杜建録、鄧文韜《宋夏沿邊熟户若干問題研究——以陝西志丹縣何家坬石窟党項人題記爲中心》，《西夏學》（第十四輯）。

肆拾叁　北宋·配軍番部遇厄磚墓誌

叙録

約刻石于崇寧四年（1105）前後，出土于河南省三門峽市湖濱區向陽街道向陽村以東的北宋陜州漏澤園遺址。其中兩塊出土于M0163號墓内，另一塊爲採集品。第一塊磚型爲大方磚，長三十厘米，寬三十厘米；第二塊爲大長方磚，長二十八厘米，寬二十厘米；第三塊爲大方磚，已殘。屬推字號，墓誌記載年紀爲四十六七歲的遞送配軍番部遇厄于城東廂郭再立店内身死，于崇寧四年十二月二十八日檢驗完畢，次日被埋葬入漏澤園。

録文

砖墓誌一

□（推）字号。遞送配軍番部遇厄，年约四十六七，城東廂郭再立店内身死，十二月二十八日捡驗了當，十二月二十九日依條立峯，葬埋記，識訖。

砖墓誌二

推字号。遞送配軍番部遇厄，年约四十六七，城東廂郭再立店内身死，十二月二十八日捡驗了當，十二月二十九日依條立峯，葬埋記，識訖。

配軍番部遇厄磚墓誌一拓片

配軍番部遇厄磚墓誌二拓片

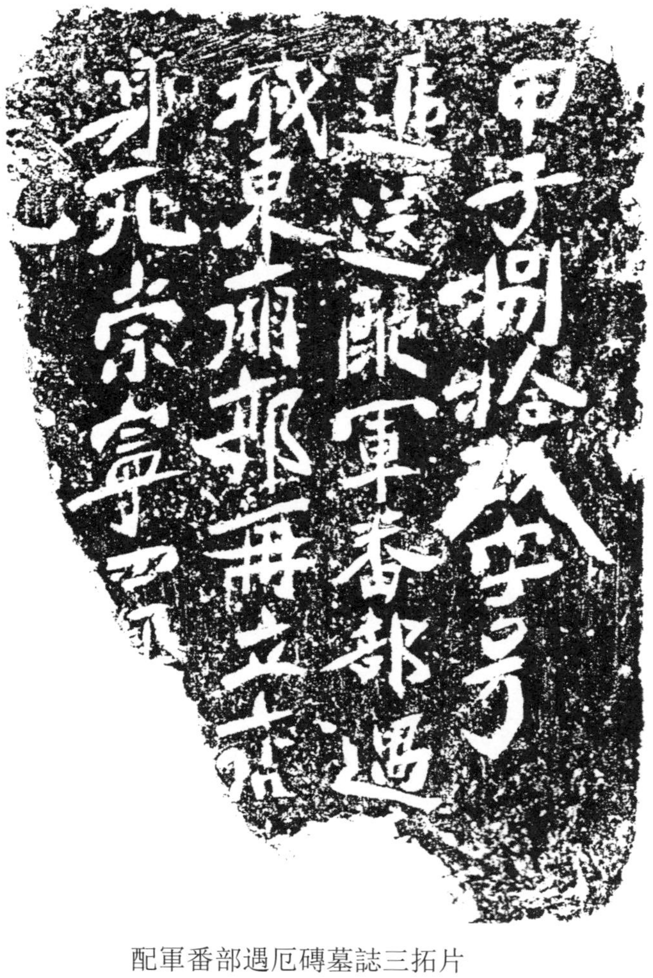

配軍番部遇厄磚墓誌三拓片

砖墓誌三

甲子捌拾八字号。遞送配軍番部遇厄，城東廂郭再立店內身死，崇寧四年□……

疏證

宋徽宗崇寧三年（1104），『中書言：州縣有貧無以葬或客死暴露者，甚可傷惻。昨元豐中神宗皇帝嘗詔府界以官地收葬枯骨，今欲推廣先志，擇高曠不毛之地置漏澤園。凡寺觀寄留櫬櫝之無主者若暴露遺骸，悉瘞其中。縣置籍，監司巡歷檢察。從之』（《宋會要輯稿·食貨》六八之一三〇）。此後北宋初將收葬無親無故或貧窮之人的公共墓地稱之爲漏澤園。

『配軍』即被判爲充軍的罪犯，『遞送配軍』説明遇厄被充軍後，成爲了一名遞鋪兵，負責在各驛站間傳遞公文。據考古發掘報告統計，除遇厄以外，北宋陝州漏澤園中還埋葬着陝州東門遞鋪兵士四名，南新店遞鋪兵士三名，磁鍾遞鋪兵士三名，橫渠馬鋪兵士一名，急脚鋪兵一名（《北宋陝州漏澤園》，文物出版社1999年）。或許是因爲遞鋪兵爲傳送情報信息而常年奔波于各地，在旅途中身亡後無親人收葬，方被埋入漏澤園。

番部于宋代史料文獻中可指代活躍于北宋西北邊境的党項、吐蕃部落。據陳瑋研究『遇厄』爲『典型的党項人名』，在党項西夏史相關史料文獻中較爲常見。故而這里的『番部』指的是党項。

關于番部遇厄及下文若干其他党項配軍的身份，存在兩種可能。第一種是西夏國內的党項人，如宋真宗時『環州言戎人入寇，出兵禦之，殺獲甚衆，生擒賊將慶移，部送闕下，請斬於藁街，以警蕃部。上曰：驅率而來，此亦何罪？止令配隸淮南』（《續資治通鑑長編》卷五九真宗景德二年四月），宋神宗時『涇原路經略司言，西人張靈州奴偽為漢人，來偵邊事，會德音當釋。詔刺配郴州牢城』（《續資治通鑑長編》卷三〇一神宗元豐二年十二月）。由以上兩例，可見宋朝可能會將西夏俘虜或間諜刺配充軍。第二種是宋朝境內的党項熟户，『自來陝西沿邊歸順熟戶蕃作過者，編置東南州軍』（《宋會要輯稿》兵四）。可惜限于没有更多史料佐證，我們并不能確定遇厄究竟是在宋夏戰爭中被俘，然後被配軍到遞鋪當差的西夏人，還是因犯罪而被發配的北宋緣邊党項熟户。

相關研究成果見諸陳瑋《新出北宋陝州漏澤園党項配軍墓誌研究》（《西夏學》第十七輯）。

肆拾肆　北宋・配軍番部香麦墓誌

叙録

約刻石于崇寧四年（1105）前後，出土于河南省三門峡市湖濱區向陽街道向陽村以東的北宋陝州漏澤園遺址M0164號墓内。磚型爲大長方磚，長二十八厘米，寬二十厘米。屬位字號，墓誌記載年紀爲四十一二歲的遞送配軍番部香麦于城東廂楊義店内身死，于崇寧四年十二月二十八日檢驗完畢，次日被埋入漏澤園。

香麦墓誌拓片

録文

位字号。遞送配軍番部香麦，年约四十一二，城東廂杨乂[1]店内身死，十二月二十八日捡驗了當，十二月二十九日依條立峯，葬埋記，識訖。

疏證

此磚墓誌出土于陝州漏澤園遺址M0164號墓，與前揭配軍番部遇厄墓（M0163）相鄰，且二者身份、年齡、死亡時間與地點相近，或存在一定社會關係。

相關研究成果見諸陳瑋《新出北宋陝州漏澤園党項配軍墓誌研究》（《西夏學》第十七輯）。

[1]《北宋陝州漏澤園》與《新出北宋陝州漏澤園党項配軍墓誌研究》均釋爲『×』。

肆拾伍　北宋·配軍番部嵬□珂墓誌

叙録

刻石年代不詳，應在北宋末年。出土于河南省三門峽市湖濱區向陽街道向陽村以東的北宋陝州漏澤園遺址M0252號墓。磚型爲條磚，長三十點五厘米，寬十五點五厘米。爲番部嵬□珂墓誌。

録文

甲子讚。番部嵬□珂，十一月十五日葬埋訖。

嵬□珂墓誌拓片

肆拾陆　北宋・果州團練使麟府路駐泊兵馬鈐轄知府州軍州事贈太尉折公神道碑

叙録

約立石于北宋宣和五年至七年間（1123～1125）[1]，1976年出土于府谷縣孤山鎮天平山折氏家族墓地，現藏西安碑林博物館。原碑高二百二十二厘米、寬一百零七厘米，全碑三十五行，滿行九十二字，内容主要記載折繼閔生平事迹，張叔夜撰文，蔡靖書丹。

北宋折繼閔神道碑拓片

[1] 關於立碑時代之考証，參見疏證。

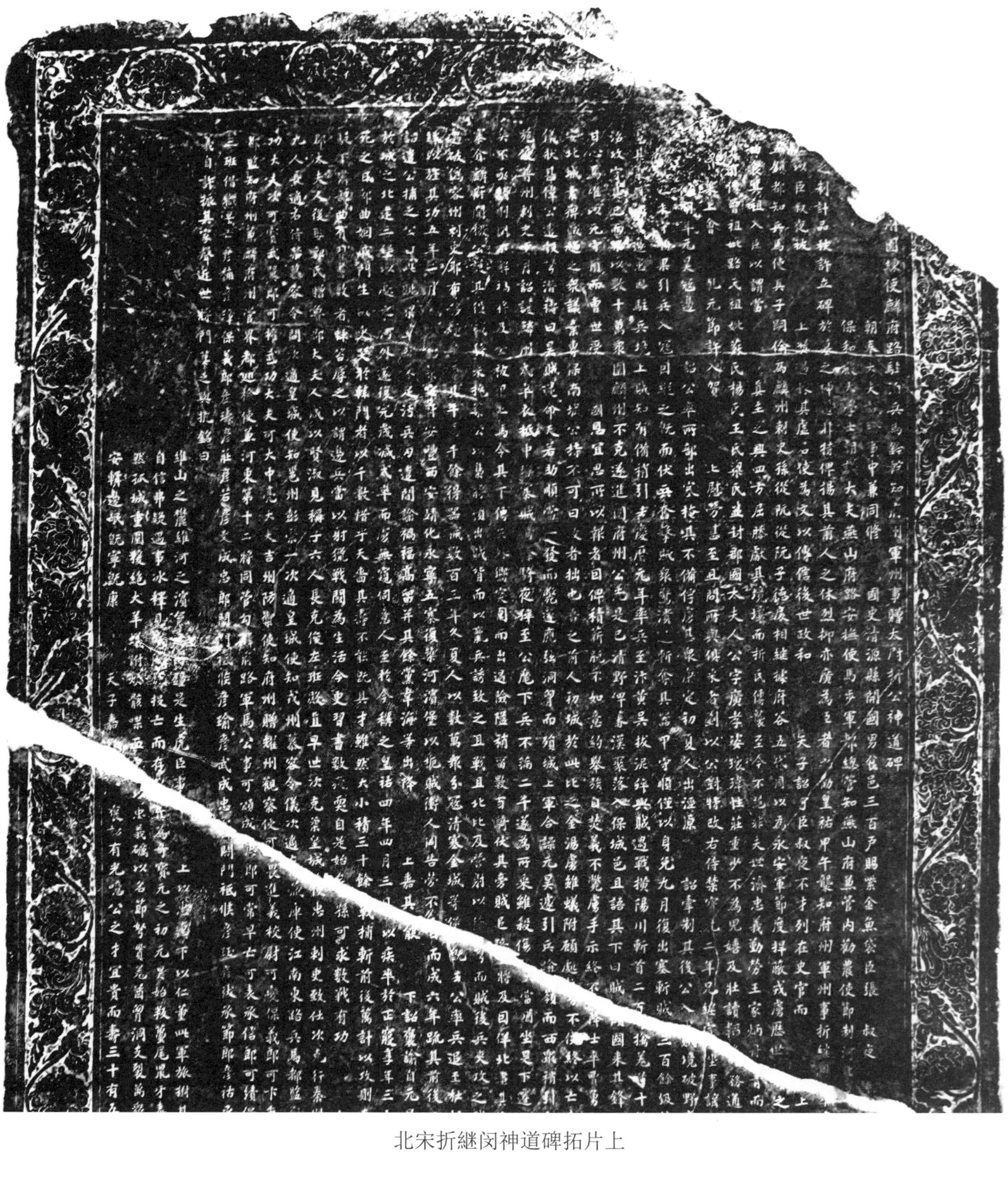

北宋折繼闵神道碑拓片上

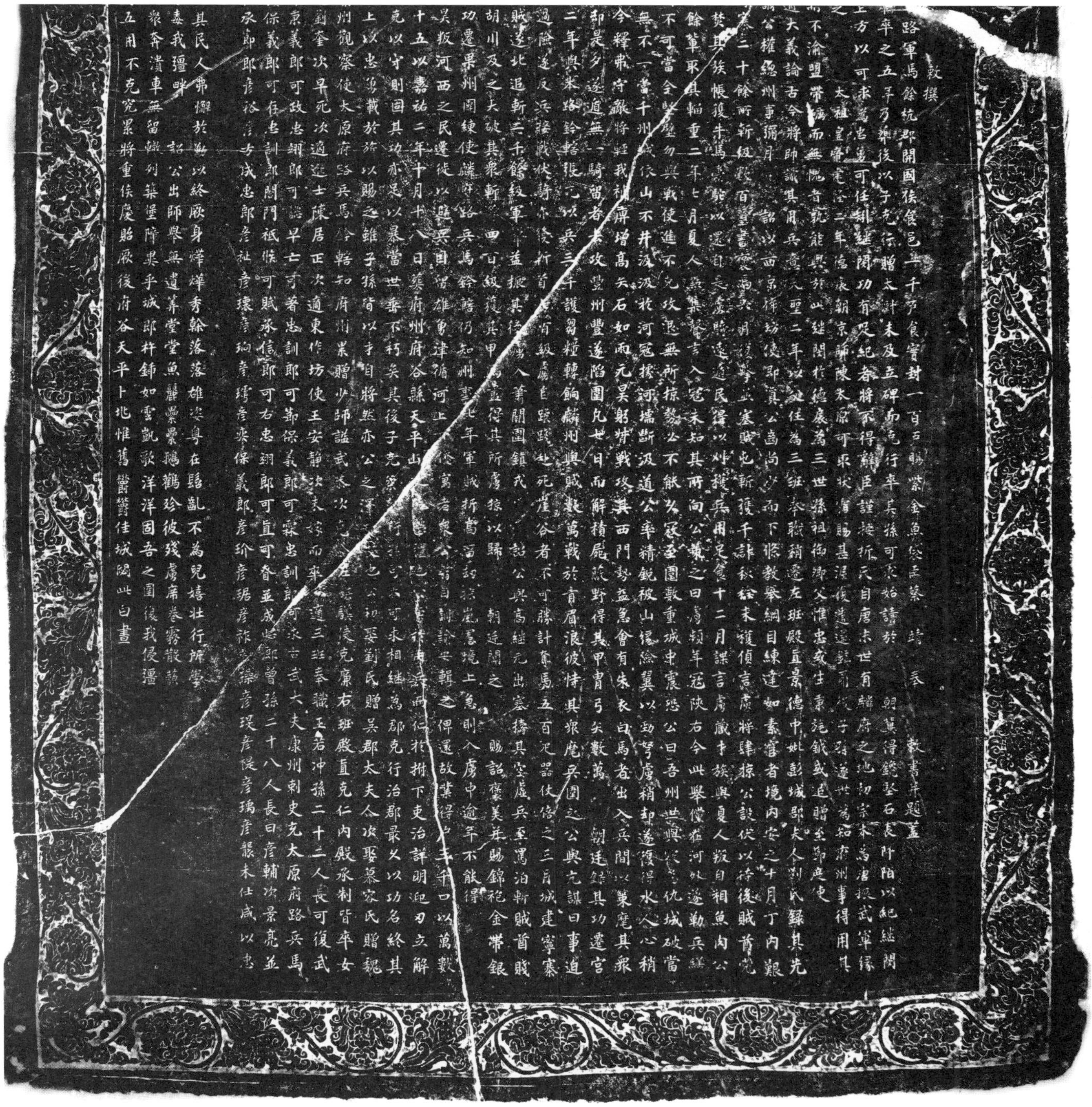

北宋折繼闵神道碑拓片下

録文

果州團練使麟府路駐泊兵馬鈐轄知府州軍州事贈太尉折公神道碑

朝奉大夫、試給事中兼同修國史、清源縣開國男、食邑三百户、賜紫金魚袋臣張叔夜奉敕撰。

保和殿大學士、朝議大夫、燕山府路安撫使馬 步軍都總管 知燕山府兼管内勸農使、節制河北四路軍馬、餘杭郡開國侯、食邑一千户、食實封一百户、賜紫金魚袋臣蔡靖奉敕書并題蓋。

□□之制，計品秩許立碑於墓之神道，非特俾揚其前人之休烈，抑亦廣為臣者之勸。皇祐甲午，襲知府州軍州事折繼閔卒，卒之五年乃葬。後以子克行贈太尉，未及立碑而克行卒。其孫可求始請於朝，冀得鑱堅石，表阡陌，以紀繼閔。且以臣叔夜被上獎遇，采其虚名，使為文以傳信後世。政和天子詔：可。臣叔夜不才，列在史官，而上方以可求為忠勇可任，矧繼閔功有足記者，將不得辭。

臣謹案折氏自唐末世有麟府之地，初，宗本為唐振武軍緣河五鎮都知兵馬使，其子嗣倫為麟州刺史，孫從阮，從阮子德扆相繼據府谷，五代周以為永安軍節度使，捍蔽戎虜，歷世賴之。太祖皇帝建隆二年，德扆朝京師，陳太原可取狀，□賜甚渥，復遣還鎮。爾後子孫遂□為知府州事，得用其部曲，食其租入。臣以謂當真主之興，四方屈膝獻其境壤，而折氏傳襲至今不絶，非夫世濟忠義，勤勞王家，炳丹青而不渝，盟帶礪而無愧者，孰能與于此！

繼閔於德扆為三世孫，祖御卿，父惟忠，或生秉旄鉞，或追贈至節度使，《國史》有傳。曾祖妣路氏，祖妣蘇氏、楊氏、王氏、梁氏，并封國太夫人。

公字廣孝，資瓌瑋，性莊重，少不為兒嬉。及莊，喜讀韜略，務通大義，論古今将帥，識其用兵意。天聖二年，以父任為三班奉職，稍遷左班殿直。景德中，妣彭城郡夫人劉氏録先世勛伐來上，會乾元節，許入賀，上尉勞甚至，且問所與俱來者，劉以公對，特改右侍禁。寶元二年，兄繼宣坐事謫，公權總州事。彌月，詔以西京作坊使即真，公齒尚少，而下條教，舉綱目，練達如素官，境内安之。十月，丁内艱，改知京使。

明年，元昊寇邊，詔公率所部出塞掩其不備，俘虜甚衆。康定初，夏人出涇原，詔牽制其後。公入賊境，破野寨二十餘所，斬級數百，璽書褒焉。六月，復擊并塞賊屯，斬獲千計。秋稔未獲，偵言虜將肆掠，公設伏之待。後賊酋党兒、僞觀察來守要引兵入寇，因縱之，既而，伏兵奮擊，賊衆驚潰，追斬奪其器甲，守順僅以身免。九月，復出塞，斬賊三百餘級，焚其族帳，獲牛馬駱駝以還。自是虜騎遠遁，民得以刈獲，□用足食。

十二月，諜言：虜藏才族與夏人叛，自相魚肉。公慮其乘勝且為邊患，因駐兵境上，賊知有備，稍引去。慶曆元年，率兵至汴黄、吴拔尼，猝與賊遇，戰横陽川，斬首二百，擒羌酋十餘輩，取其輜重。

二年七月，夏人點集，聲言入寇，未知其所向，公策之曰：『虜頻年寇陜右，今此舉□在河外。』遂勒兵繕治攻守具。已而果以數十萬衆圍府州。公先是已清野，俾蓄漢聚落，入保城邑，且語其下曰：『賊傾國來，其鋒不可當，今堅壁勿與戰，使進不克攻，退無所掠，勢必不能久。』冠至圍數重，城中震恐，公曰：『吾州世與寇為仇，城破，為甘心焉！唯有死守耳，爾曹世受國恩，宜思所以報者。』因俾積薪，樂如意，約舉族自焚，義不斃虜手，示終不□。士卒賈勇，無不一當千。州城依山，不井汲，汲扵河，寇據河堧斷汲道。公率精鋭，被山緣險，翼以勁弩，虜稍怯，遂復得水，人心稍安。北城素庳，賊趨之，衆議棄，專保南城。公持不可，曰：『攻者拙也，吾之前人初城于此，比之金湯。雖蟻附，顧處勢不便，終以亡；今釋弗守，敵將輕我。』補庳增高，矢石如雨。元昊躬督戰，攻其西門，勢益急。會有朱衣白馬者，出入兵間，以策麾其衆，儀狀甚偉。公遣彀弩，潛禱曰：『昊賊逆命，天若助順，當一發而斃。』遂慶弦洞胸而殞。城上軍合噪，元昊遽引兵瑜嶺山西，衆稍引却，是夕遂遁，無一騎留者。去攻豐州，豐遂險。圍凡七日而解，積尸蔽野，得其甲冑弓矢數萬，朝廷録其功，遷宫苑使，普州刺史。

十月，詔護麟州戍卒衣，抵中堠寨，賊萬餘騎夜猝至，公麾下兵不滿二千，遂為所乘，雖殺大當，猶坐是下遷。二年，與本路鈐轄張亢以兵三千護芻糧，轉餉麟州。與賊數萬戰於青眉浪，彼恃甚衆，麾兵圍之。公與亢謀曰：『事迫矣，不亟鬬，則圍不解，禍将及。』公披甲上馬，令其下傳矢外向，突圍而出。遇險隘，稍留數百騎伏其旁，賊追騎將及，因佯北，逮其過險，遂反兵接戰，伏騎亦發，斬首七百級。虜自蹂踐，赴死崖谷者不可勝計。奪馬五百匹，器仗倍之。三月，城建寧寨，寨介麟、府間，檄公護其役。賊騎來擾築，公以梟将預出賊背，而以羸兵誘致之，且戰且北。比及營，射以强弩，而賊後兵夾攻之，賊遂北，追斬二千餘級，軍聲益振。

其後虜入蕭關，圍鎮戎，詔公與高繼元出塞擣其空虛，兵至篤泊，斬賊酋賤遇，破偽容州刺史耶布移堡障，奪其牛馬千餘，得器械數百。三年冬，夏人以數萬衆分寇清寨、金城等堡，既去，公率兵追至杜胡川，及之，大破其衆，斬首四百級，獲其甲馬，盡得其所虜掠以歸。朝廷聞之，賜詔褒美，并賜錦袍、金帶、銀采以旌其功。

五年二月，詔築寧府、安豐、西安、靖化、永寧五寨。復築河濱堡以扼賊衝，人罔告勞，不日而成。六年，疏其前後功，遷果州團練使、麟府路兵馬鈐轄，仍知州事。

七年，軍賊折高留劫掠嵐憲境上，急則入虜中，愈年不能得。詔遣公捕之。公曰：『此跳梁草間，不足污兵刃。』遣間諭禍福，高留并其餘党韋海等出降，上嘉其能，下詔褒諭。

自元昊叛，河西之民遷徙以避兵，因留雄勇津，循河上下，僑遇者衆，公躬自訓諭安輯之，俾還故業，得户三千，□以萬數，於城之北建三堡以處之。河外遂復完，歲减戍卒，而虜無窺伺意，人至于今稱之。

皇祐四年四月三日，以疾卒于正寢，享年三十五歲。以嘉祐二年十月十八日葬府州府谷縣天平山之先塋，禮也。

公勇扵用兵而仁扵撫下，吏治詳明，迎刃立解。死之日，部曲、姻戚、門生、故吏哭扵轅門者以千數。惜乎天嗇其壽，不能既其才。雖然，大小積三十餘戰，捕斬前後萬計，以攻則克，以守則固，其功亦足以暴當世，垂不朽矣。

其後，子克柔、克行，丞可大、可求相繼為郡。克行治郡最久，以功告終。其馭下肅，部曲有習書數者，輒笞辱之，以謂：『邊兵當以射獵戰鬥為生活，今更習書數，疲軟自是始矣。』孫可求數戰有功，上以『忠勇』載于旗以賜之。雖子孫皆以才自將，然亦公之澤未艾也。

公初娶劉氏，贈吳郡太夫人。次娶慕容氏，贈魏郡太夫人。後娶郭氏，贈魯郡太夫人。咸以賢淑見稱。子六人：長克俊，左班殿直，早逝；次克柔，皇城使、忠州刺史致仕；次克行，秦州觀察使、太原府路兵馬鈐轄、知府州，累贈少師，謚武恭；次克儉，左麒麟使；克廉，右班殿直；克仁，內殿承制，皆卒。女九人：長適右侍禁慕容令問，次適皇城使知邕州彭崇一，次適皇城使知戎州慕容令儀，次適左藏庫使江南東路兵馬都監劉奎，次早死，次適進士陳居正，次適東作坊使王安靜，次未嫁而卒，次適三班奉職王若沖。孫二十二人：長可復，武功大夫；次可寶，武翼郎；可權，武功大夫；可大，中亮大夫、吉州防禦使，知府州，贈耀州觀察使；可畏，進義校尉；可變，保義郎；可卞，秉義郎；可政，忠翊郎；可懿，早亡；可著，忠訓郎；可莭，保義郎；可霖，忠訓郎；可求，右武大夫、康州刺史、充太原府路兵馬都監，知府州，兼麟府州管界都巡檢使，兼河東第十二将同管勾麟府路軍馬公事；可頌，成忠郎；可常，早亡；可表，承信郎；可績，保義郎；可存，忠訓郎，閤門祇侯；可賦，承信郎；可右，忠翊郎；可直，可替并成忠郎。曾孫二十八人：長曰彥輔，次景亮，并三班借職，早亡；彥補、彥璋，保義郎；彥□、彥莊、彥若、彥文，成忠郎，閤門祇侯；彥鈺、彥裓，承節郎；彥佑，承節郎；彥裕、彥方，成忠郎；彥祉，彥瓌、彥珣，彥□、彥弈，保義郎；彥玠、彥琚、彥祚、彥璪，彥瑖、彥禔、彥瑀、彥襲，未仕。咸以忠義自許，振其家聲，近世將門，莫之與抗。銘曰：

維山之麓，維河之濱，氣之所鍾，是生虎臣。事上以忠，惠下以仁，董此軍旅，撫其民人。弗懈於勤，以終厥身，煒煒秀千，落落雄姿。粤在髫齔，不為兒嬉，壯行所學，自信弗疑。遇事冰積，見賊風馳，投亡而從，□正為奇。寶元之初，元昊始叛，蠆尾鼠牙，毒我疆畔。詔公出師，舉無遺算，堂堂魚麗，纍纍鵝鸛。殲彼殘虜，席卷霧散，蕘然孤城，重圍援絶。犬羊蟻附，炊骸喋血，□以忠義，礪以名節。弩貫羌酋，胸洞之裂，萬衆奔潰，東無留撤。列築堡障，弃乎城郭，杅重如雲，凱歌洋洋。固吾之圉，復我侵疆，安輯邊氓，既寧既康。天子嘉祐，褒詔有光，噫公之才，宜貴而壽。三十有五，用不克究，累將重侯，慶貽厥後。府谷天平，卜兆惟舊，鬱鬱佳城，閟此白晝。

疏證

此碑碑文與款署處均無立碑年款。戴應新推斷爲政和（1111~1118）末年（氏著《北宋〈折繼閔神道碑〉疏證》，《中國考古學會第一次年會論文集》），高建國推斷爲宣和元年（1119）（氏著《宋代麟府路碑石整理與研究》，中國社會科學出版社2021年），但皆未説明原委。

碑文作者張叔夜與書者蔡靖所帶職銜分別爲『朝奉大夫、試給事中兼同修國史』與『知燕山府兼管內勸農使、節制河北四路軍馬』，這是判定刻石年代的一個依據。如從張叔夜署銜分析，《宋史·職官志》『給事中』條記載：『重和元年，給事中張叔夜言……』（《宋史》卷一六一《職官志一》）。如是可知張叔夜任職給事中在重和元年（1118）前後，似與戴、高二人所推測的立碑年代相符。

然而，從蔡靖署銜分析，『燕山府』本爲遼南京析津府（今北京市），宣和四年（1122）爲金軍攻占，五年（1123）轉歸北宋。同年九月，北宋以『知河間府蔡靖、同知燕山府詹度兩易其地』（《三朝北盟會編》卷一八徽宗宣和五年九月己巳），『以詹度知燕山府，又以王安中為宣撫使，駐燕山。閲數月，改蔡靖知燕山府』（《東都事略》卷一二五《附録三・金》）。又宣和七年（1125）三月，宋軍統帥童貫『至燕中，撫犒郭藥師以下常勝軍，罷王安中，陞蔡靖為宣撫，兼知燕山府』（《三朝北盟會編》卷二二徽宗宣和七年三月），可見蔡靖于1123年調任知燕山府，又于1125年三月起接替王安中爲河北河南燕山府路宣撫使。然而1125年十二月，燕山府爲金朝所攻占，蔡靖被俘入金。故蔡靖任『知燕山府兼管内勸農使、節制河北四路軍馬』，最久不超過兩年四個月（1123.9～1125.12）。則蔡靖以此署銜書寫碑文，當在宣和五年至七年間（1123～1125）。

由此可知，無論戴氏推定的『政和末年』還是高氏推定的『宣和元年（1119）』，其實都只是張叔夜撰寫碑文的年代，碑石的刻製年代肯定不會早于蔡靖自河間府調任燕山府的1123年9月，甚至是更晚。

又據戴應新介紹，殘碑表面受火炙灼致無數裂紋，斷裂成三大塊。蓋因府州折氏與西夏爲世仇而遭致報復，『折氏世守麟府，以抗夏人，本朝有其地遂以與夏，夏人夷折氏墳植而戮其屍』（《金史》卷一二八《張奕傳》），可知碑面火炙與碎裂痕迹爲西夏人所爲。而西夏攻陷府州，破壞折氏祖塋，則是在折可求被金人所害的1138年。據立碑年代最久不超過十五年，故戴氏發現碑面『文字刀筆尚新』。

碑文以『政和天子』稱呼宋徽宗，雖屬罕見，但非孤證。如政和五年進士李宏曾作《鳧山廟》詩，曰『政和天子謹祠祭，郡縣有請咸勿為』（《兩宋名賢小集》卷一四二《琴溪詩集》），永樂大典殘卷所收南宋《清漳志》載有地方長官黄因爲政和間赴京趕考的貢生陳大謀、大誥、大納送行詩：『政和天子丙申年，兄弟三人同得仙』（《永樂大典》卷三一四八《九真・陳》），又元人胡祗遹曾爲宋徽宗畫書寫題跋，謂『政和天子喜多能，書畫文詩要得名』（《紫山大全集》卷七《跋徽宗畫淵明〈夏居圖〉》），可見無論是當朝還是後世，文人都曾以『政和天子』代稱徽宗。

至于碑文中事關折氏世系與繼閔抗夏事迹之疏證，可參看戴應新《北宋〈折繼閔神道碑〉疏證》（中國考古學會編輯：《中國考古學會第一次年會論文集》，文物出版社1980年）一文。

肆拾柒　南宋·陝西志丹城臺石窟折仲強等題記

叙録

刻于建炎三年（1129），在陝西省志丹縣旦八鎮城臺村城臺石窟第二窟主室中央佛壇上左側造像（造像無存）須彌座束腰部。横長方形字幅，寬二十厘米，高十厘米。共七行，行三字，存二十餘字。書寫與刻石者不詳。

録文

折仲強、訾邦直、范子發，建炎己酉仲秋十六日同來。

疏證

建炎己酉即建炎三年，是年金軍在完顔婁室的率領下攻克鄜、延、坊等州，又迫使折可求以麟、府、豐三州歸降，攻破晉寧軍，殺宋將徐徽言。其時陝北地區似再無南宋之軍事據點。然而，保安軍德靖寨附近的城臺石窟中卻仍然出現了建炎年號，説明直到建炎三年（金天會七年）八月，至少德靖寨仍奉南宋正朔，尚未降金。又《完顔婁室神道碑》（見《全金石刻文輯校》，吉林文史出版社2012年）載次年（1130）『鄜、延復叛……睿宗皇帝時爲元帥，將親平陝右，使王先討定鄜、延。而宋將張浚率步騎十八萬壁富平。睿宗皇帝會諸軍迎敵，王至……』，可見完顔婁室徹底消滅陝北地區宋軍的殘餘勢力應在富平之戰前夕，此後凡城臺石窟題記再未見有款署南宋年號者。

題刻中的『折仲強』以『折』爲姓氏，不能排除族出党項府州折氏的可能性，故收入。

相關研究成果見諸石建剛、范建國《宋金兩朝沿邊德靖寨漢蕃軍民的精神家園（一）——陝西志丹城臺第二窟造像與碑刻題記内容調查》（《絲綢之路研究集刊》第四輯），段雙印、白寶榮《宋金保安軍小胡等族碑碣資料綜合考察與研究》（《寧夏社會科學》2014年第五期）。

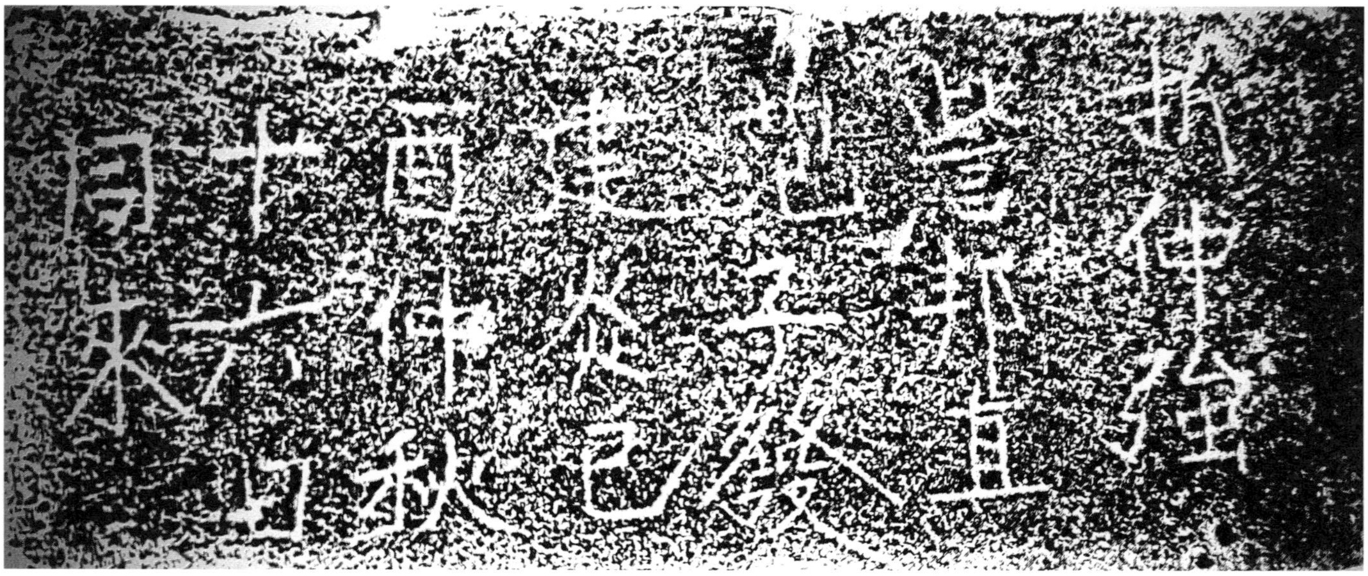

城臺石窟折仲強等題記拓片

肆拾捌　北宋・甘肅華池保寧院寺施主同修磚塔題名

叙録

刻石年代不詳，約在北宋中後期。位于今甘肅慶陽華池縣東華池寶寧寺塔内，鑲嵌于塔體第二層西南面。紅砂巖，長方形，楷書，陰刻，字徑一點五厘米，長五十六厘米，寬五十厘米，題名中載『風川』地名下有浪規、怡埋、薛奴等二十八個典型的党項人名。蓋僅書寫，吴再立石。

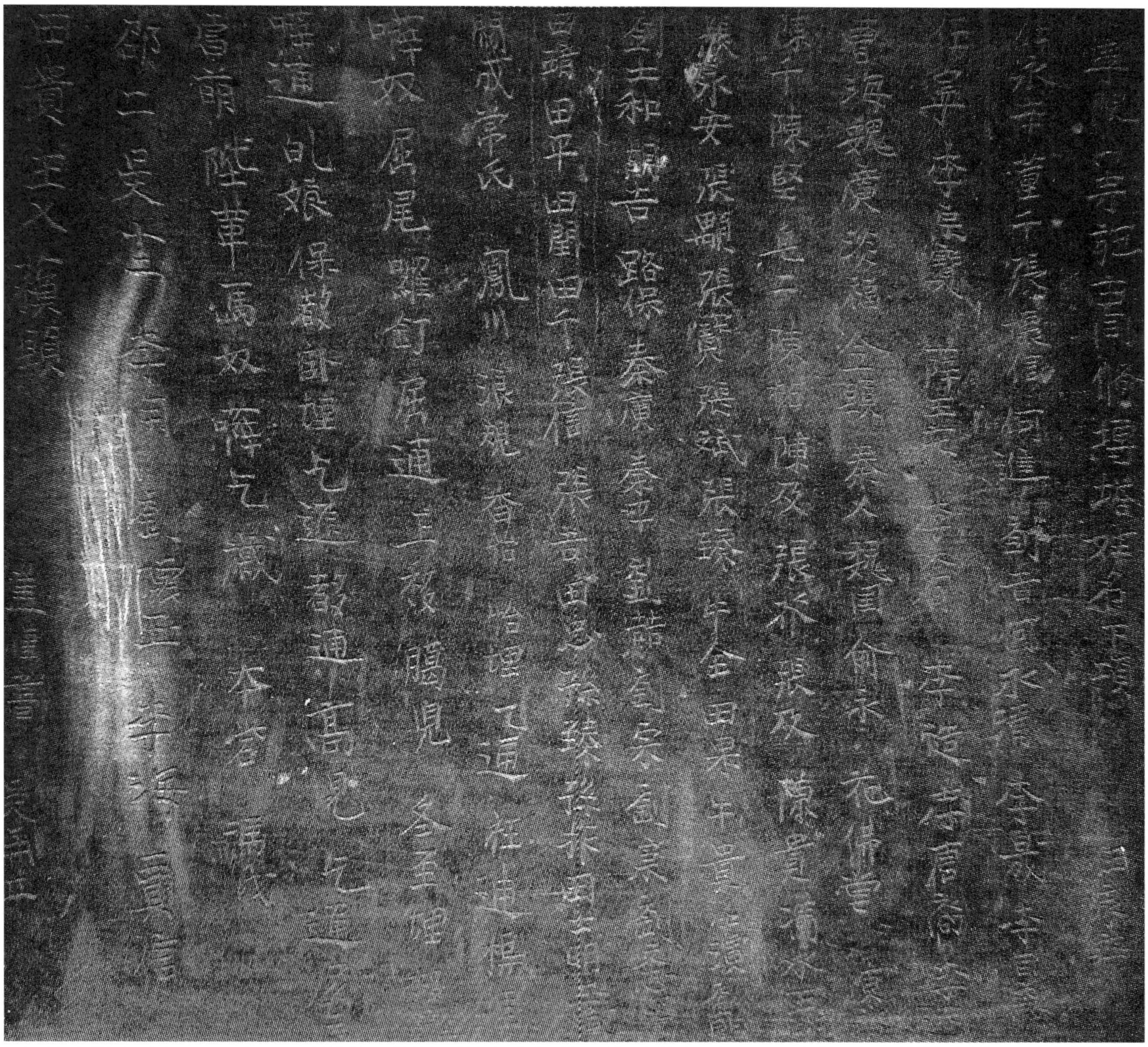

保寧院山寺施主同修磚塔題名

録文

保寧院山寺施主同脩塼塔姓名下項。

任家莊：任永辛、董千、張懷信、何進、劉吉、何永清、李晟、李自慶、任寧、李宗寶。

薛王[1]莊：李大有、李造[2]、李唐裔、李逵、曹海、魏廣、淡福、金頭、秦乂、魏閏、俞永。

花佛堂：陳永、陳千、陳堅、皂二、陳柘、陳及、張芥、陳貴、馮水、王政、張永安、張顒、張寶、張斌、張臻、牛全、田果、牛貴、牛演、劉明、劉士和、胡吉、路保、秦廣、秦平、劉喆、劉宗、劉亲、劉文志、田有、田培、田平、田閏、田千、張信、張吉、田忠、孫臻、孫拃、田士明、李斌、闞成、常氏。

風川：浪規、香怡、怡埋、乙通、枉逋、楊埋、蘚奴、屈尾、羅釘、屈逋、正移、臈児、冬至埋、移嵬、薛逋、乢娘、保移、臥埋、乞逋、移逋、高児、乞逋、□□、楊埋、富萌、陛革、馬奴、蘚乞成。

本砦：馮氏、邵二、吴小二、李用、劉懷玉、李海、賈信、田貴、王乂、穖顯。

蓋僅書，吴再立。

疏証

鳳川，爲北宋建制于今甘肅華池縣境内的鎮名，據《武經總要》記載，大中祥符年間（1008～1016），『因蕃族内附，特築業樂、鳳川、柔遠三城』（《武經總要》前集卷一八《邊防》），可見鳳川鎮的建制本身是爲了安置隸屬于宋朝的党項熟户，故此地應有爲數不少的党項人定居。此題記説明他們曾與定居當地的漢人共同建造佛塔，見證了各民族間的文化交流。

相關研究成果見諸陳瑋《新見北宋保寧院山寺党項民衆建塔碑研究》（《西夏學》第十九輯）。

---

[1] 張汶欽，舒森主編：《東華池塔》（甘肅文化出版社2016年版）與陳瑋《新見北宋保寧院山寺党項民眾建塔碑研究》（《西夏學》第十九輯）此處均誤釋爲『玉』。按『薛王莊』爲宋金時期合水縣華池寨轄境内的地名。唐睿宗第五子李業于睿宗即位後進封薛王（《舊唐書》卷九五《惠宣太子業傳》），又合水縣出土金代《唐宣賜薛王莊記》記載唐玄宗『賜諸王田宅各有差。薛王所賜子孫，因朱梁革命，皆爲州縣占據十五餘載。後唐重興，累降德音，翊先朝宗室遠祖，坊州司馬知軍州事，于同光二年二月十二日，兩詣闕自陳，蒙宗正寺給判元賜田宅。一榜云：祠祭鴨池諸莊及龔州院白谷新莊、華池界石門莊、薛王莊諸莊、崇州黑石莊、華州赤水諸莊店宅等』。這座『華池界薛王莊』應即本題名中的『薛王莊』，薛王莊條目下的人名『李唐裔』，或許也能證實這種可能。

[2] 造，《華池金石志》録爲『性』。

肆拾玖　南宋・河東

第二将折可存墓誌銘

叙録

建炎四年（1130）刻石，1939年府谷縣天平山折氏家族墓地出土，原藏府谷縣千佛洞，現藏府谷縣文管所（文廟）。墓誌青石質，長七十六厘米，寬八十厘米，誌文楷書，共二十七行，行二十八字，内容爲折可存生平事迹，范圭撰文并書丹，刻石者未知。

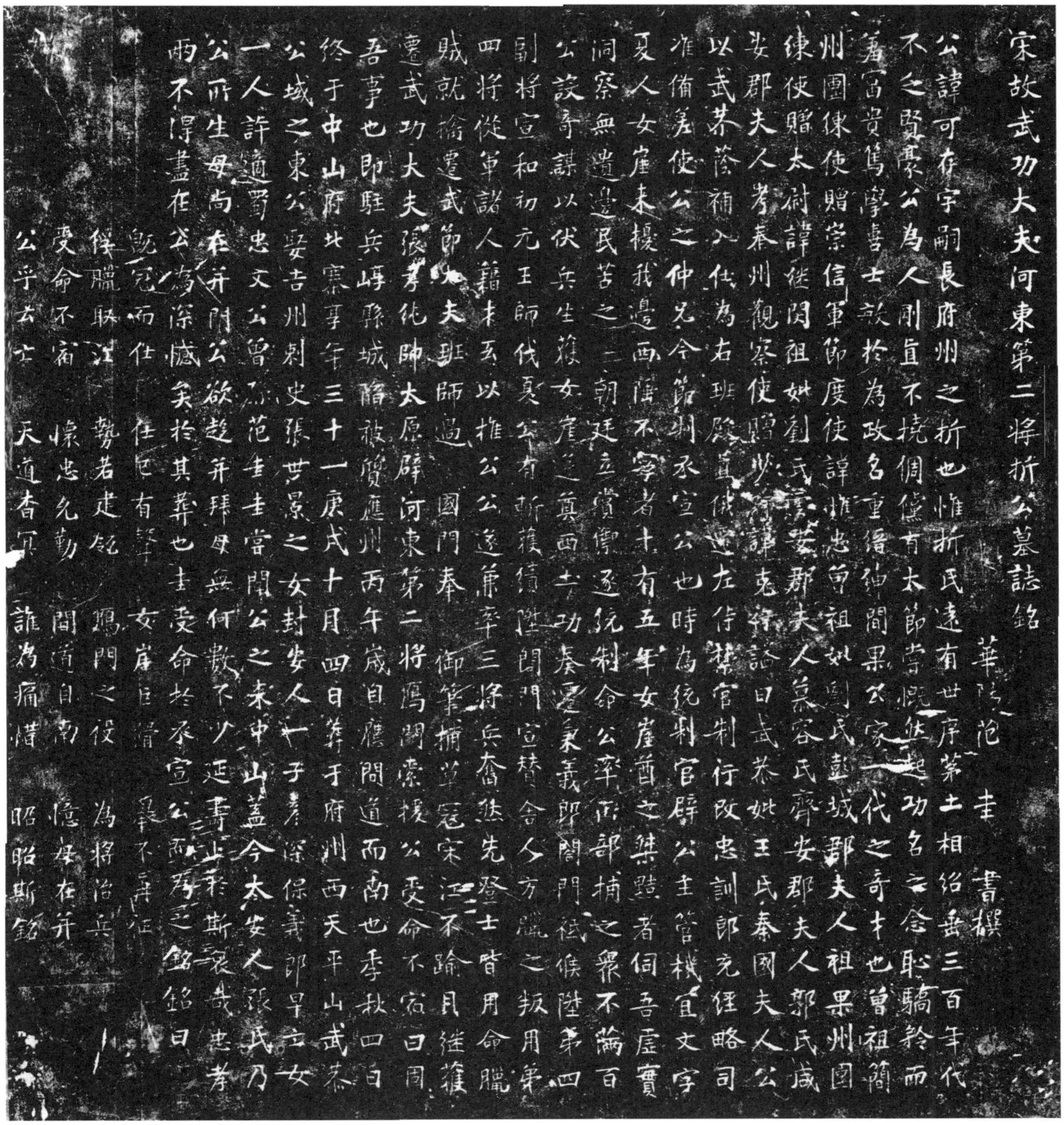

宋折可存墓誌銘拓片

録文

南宋故武功大夫河東第二将折公墓誌銘

華陽范圭書撰

公諱可存，字嗣長，府州之折也。惟折氏遠有世序，茅土相紹，垂三百年，代不乏賢豪。公為人剛直不撓，倜儻有大節，嘗慨然起功名之念，耻驕矜而羞富貴，篤學喜士，敏扵為政，名重縉紳間，果公家一代之奇才也。曾祖簡州團練使，贈崇信軍節度使，諱惟忠。曾祖妣劉氏，彭城郡夫人。祖果州團練使，贈太尉，諱繼閔。祖妣劉氏，雲安郡夫人；慕容氏，齊安郡夫人；郭氏，咸安郡夫人。考秦州觀察使，贈少師，諱克行，謚曰武恭。妣王氏，秦國夫人。

公以武恭蔭補入仕，為右班殿直，俄遷左侍禁。官制行，改忠訓郎，充經略司準備差使。公之仲兄，今節制承宣公也，時為統制官，辟公主管機宜文字。夏人女崖來擾我邊，西陲不寧者十有五年。女崖，酋之桀黠者，伺吾虛實，洞察無遺，邊民苦之。朝廷立賞御逐，統制命公率所部捕之。衆不滿百，公設奇謀，以伏兵生獲女崖，遂奠西土。功奏，遷秉義郎、閤門祗候，陞第四副將。

宣和初元，王師伐夏，公有斬獲績，陞閤門宣贊舍人。方臘之叛，用第四将從軍。諸人藉才，互以推公，公遂兼率三将兵，奮然先登，士皆用命。臘賊就擒，遷武節大夫。班師過國門，奉御筆捕草寇宋江。不逾月，繼獲，遷武功大夫。張孝純帥太原，辟河東第二將。鴈門索援，公受命不宿，曰：『固吾事也。』即駐兵崞縣。城陷，被質應州。丙午歲，自應間道而南也，季秋四日終于中山府北寨，享年三十一。庚戌十月四日，葬于府州西天平山武恭公域之東。

公娶吉州刺史張世景之女，封安人。一子彥深，保義郎，早亡；女一人，許適蜀忠文公曾孫范圭。圭嘗聞公之來中山，蓋今太安人張氏乃公所生母，尚在并門，公欲趍并拜母，無何，數不少延，壽止扵斯，哀哉！忠孝兩不得盡，在公為深憾矣。扵其葬也，圭受命扵承宣公而為之銘，銘曰：

既冠而仕，仕已有聲。女崖巨滑，舉不再征。俘臘取江，勢若建瓴。鴈門之役，為將治兵。受命不宿，懷忠允勤。間道自南，憶母在并。公乎云亡，天道杳冥。誰為痛惜，昭昭斯銘。

疏證

因碑文中有涉及鎮壓方臘與宋江的史料記載，《折可存墓誌銘》向來是研究宋代農民戰爭問題諸學人之重點關注對象，自出土以來先後吸引了張蔭麟、張政烺、翦伯贊、鄧廣銘等研究者撰文研討。通過數代學者的考察，已基本確定了墓誌中宋江就擒的結局可信。至于墓誌文中的其他信息，則有繼續考證之餘地。

就人物而言，碑文中闕署折可存入幕執掌機宜文字的『公之仲兄，今節制承宣公也，時爲統制官』，即兩宋之交的『知府州威武軍承宣使』（《建炎以來系年要録》卷一八建炎二年十一月壬辰）折可求。可存下葬于『武恭公域之東』，『武恭公』即折克行之謚號（《折克行神道碑陰》）。墓誌書寫者范圭爲『蜀忠文公』曾孫，按《歐陽文忠集》附録卷二所收祭歐陽修文，有署名『范蜀忠文公鎮』者，可知這里范圭曾祖父『蜀忠文公』即累官翰林學士，封贈蜀郡公的華陽人范鎮（字景仁）。

就涉及戰爭而言，除鎮壓方臘、宋江起義外，折可存還曾生擒西夏党項人首領女崖，可惜其他史料未載其事。碑文又載『宣和初元，王師伐夏，公有斬獲績』，『宣和初元』即宣和元年（1119），當年童貫『以种師道、劉仲武、劉延慶將兵至蕭關，取永和砦，割踏砦、鳴沙會，大敗夏人而還』（《東都事略》卷一二八《西夏傳》），折可存可能以鄜延路第四副將的身份參與了這次戰役。『雁門索援，公受命不宿，曰：「固吾事也。」即駐兵崞縣。城陷，被質應州』說明折可存參與了宋金雁門之戰，而『天會三年，伐宋……從破雁門』（《金史・郭企忠傳》），『從宗翰伐宋，降馬邑，破雁門，屯兵，進攻太原』（《金史・耶律懷義傳》）等史料説明此戰以金軍攻破雁門而告終。折可存遂被俘後『被質應州』，又于丙午歲（1126）『自應間道而南也，季秋四日終于中山府北寨』，似有南歸之意。然自當年正月，中山府便已被宋廷割讓與金，故于當年九月病逝于中山府北寨的折可存終究未能返回宋朝境內，作爲墓誌銘作者的女婿范圭遂稱之『忠孝兩不得盡』。

墓主于『庚戌十月四日』下葬于府州祖塋，庚戌年即1130年。『扵其葬也，圭受命扵承宣公而為之銘』，可見爲折可存下葬者爲其兄可求。當時折可求已降金，故墓誌中凡涉及1125年以後之紀年，不再書寫宋朝靖康、建炎年號，而是用干支紀年。

相關研究成果見諸張蔭麟《跋〈折公墓誌銘〉》（《益世報・文史副刊》1942年5月28日），張政烺《宋江考》（《歷史教學》1953年第一期），宋士彥《宋故武功大夫河東第二將折公（可存）墓誌銘》（《北京大學學報（哲學社會科學版）》1978年第二期），鄧廣銘《關于宋江的投降與征方臘問題》（《中華文史論叢》1982年第4輯），李裕民《折氏家族研究》（《陝西師範大學學報（哲學社會科學版）》1998年第二期）等。

伍拾　僞齊·陝西吴堡寨主折彦若重修水寨摩崖石刻

叙録

阜昌八年（1137）刻石，在陝西省榆林市吴堡縣吴堡石城外黄河西岸崖壁上。長方形字幅，高八十厘米，寬六十厘米，内容系寨主兼将折彦若因水寨毁陋，重修石城時所書題記。現爲吴堡縣重點文物保護單位。上党杜端臣記，匠人郝福、郝德、劉應全等人刻。

寨主折彦若重修水寨摩崖石刻

録文

□（廊）地祟陴，自昔居民之要，深溝固壘，尤今禦侮□（之）先。矧斯土之羇淪，致此城之隳弊，尹公察視，□（爰）自下車以來，慮水寨之毀陋，恨無力以堅新，□（今）率寨民，共勸修整，工興土木，不日而成。其功□（速）一何异哉。所渭臨河插徑，聿興障戍之隆，畨□（石）穿泉，遽復金湯之險，優賡前政，庶保永遐。

時□（阜）昌八年歲直丁巳三月甲辰二十日壬午。

上党杜端臣磨崖謹記。部役官高明。

監押解遵益。寨主兼將折彦若。保正杜沂、張昱。寨司杜適。

匠人郝福、郝德、劉應全。

疏證

折彦若，爲折繼閔的二十八個曾孫之一，排行第七，年長于彦文。其生平事迹在其他史料文獻記載中未見。吴堡寨爲北宋州所轄堡寨之一（《元豐九域志》卷四《河東路》），即今陝西省吴堡縣吴堡石城。原爲北漢據守之堡寨，開寶九年（976）由定難軍節度使李光睿率兵取之，遂入宋。西夏建國後占據吴堡，元豐四年（1081）九月再度由宋軍收復，隸河東石州，元符二年（1099）改隸晉寧軍。位于軍城南一百七十里，義合寨東六十里，東臨黄河，控綏德入河東大道。

1129年，完顔婁室率領的金軍先後攻克鄜、延、坊等州，又迫使府州折氏以麟、府、豐三州歸降，攻破晉寧軍，殺宋將徐徽言。吴堡寨當在此年前後降服于金朝，并在1132年歸屬僞齊統治，故摩崖石刻中使用僞齊阜昌年號。同時，在府州折氏投降後，金軍在陝北地區曾維持過『婁室、婆盧火守延安，折可求屯綏德，蒲察還守蒲州』（《金史》卷七二《婁室傳》）的戰略布局。據此，折彦若有可能是受到折可求的委派，前往綏德州以東的約四十公里的吴堡寨，鎮守綏德通過河東地區的交通要衝，并留下這方有關整飭吴堡水寨的摩崖石刻。

伍拾壹　金・陝西志丹城臺石窟田首領乙遇題記

叙録

刻于皇統九年（1149），在陝西省志丹縣旦八鎮城臺村城臺石窟第二窟内，位于前廊右壁下層第二尊羅漢造像右肩部。竪長方形字幅，寬二十三厘米，高三十厘米，共六行。内容爲田首領乙遇等人出資打造第四位羅漢造像，爲各人父母祈願。書寫者不詳，善果刻石。

皇統九年田首領乙遇題記拓片

録文

田首領乙遇、羊遇、羊奴、乙奴、山移、勒埋、遇唛、僧德昊大夫、行者、僧住打造第四位羅漢，伏願各人父母利益存亡。五月十六日善果上石。

疏證

此題記并非『田首領乙遇』在城臺石窟中的唯一題記，在第二窟前廊右壁上方，乙遇還以『第十九首領』的稱號與訛唛一并署名。據此，党項『田』族部落或許是德靖寨編制下排序第十九的部落。

相關研究成果見諸石建剛、范建國《宋金兩朝沿邊德靖寨漢蕃軍民的精神家園（一）——陝西志丹城臺第二窟造像與碑刻題記内容調查》（《絲綢之路研究集刊》第四輯），段雙印、白寶榮《宋金保安軍小胡等族碑碣資料綜合考察與研究》（《寧夏社會科學》2014年第五期）。

伍拾貳　金・陝西志丹城臺石窟首領閙香首領移傷題記

叙録

刻于皇統九年（1149），在陝西省志丹縣旦八鎮城臺村城臺石窟第二窟内，位于前廊右壁下層第三尊羅漢造像右肩部。方形字幅，寬二十八厘米，高二十七厘米，共八行。内容爲首領閙香、首領移傷等人出資打造第六位羅漢造像，爲各人父母、家眷祈願。書寫者不詳，善果刻石。

録文

首領閙香、首領移傷等發心打造第六羅漢壹尊已此，功德各人父母利益，存亡見保家眷增福長壽者。歲次皇統己巳五月十六日，善果□。

城臺石窟金首領閙香首領移傷題記拓片

伍拾叁　金・陝西志丹城臺石窟訛首領等題記

叙録

刻于皇統九年（1149），在陝西省志丹縣旦八鎮城臺村城臺石窟第二窟内，位于前廊右壁下部第二尊羅漢造像龕左側。竪長方形字幅，寬二十二厘米，高二十五厘米，共六行。内容爲俄首領并妻屈麻等人出資打造第十二位羅漢造像，爲各人健在或去世的父母祈願。書寫者不詳，僧善果刻石。

録文

俄首領并妻屈麻怡、二娘、小二娘、娓遇，男永忠、永誠，共打羅漢第十二位尊者。各人父母利益存亡。皇統九年五月十二日，僧善果上石。

疏証

俄，爲党項姓氏。張澍《西夏姓氏録》録西夏有『額』、『訛』、『臥』、『鄂』四種姓氏。湯開建疑四姓『皆一音之轉』，即某一党項姓氏發音的不同漢字譯寫，題記中的『俄』極有可能也是這一發音的另一漢字譯寫。由『俄首領』可知，『訛氏』可能來自于党項訛部落，此部族在西夏國與宋金陝西路境内皆有分布。

相關研究成果見諸石建剛、范建國《宋金兩朝沿邊德靖寨漢蕃軍民的精神家園（一）——陝西志丹城臺第二窟造像與碑刻題記内容調查》（《絲綢之路研究集刊》第四輯），段雙印、白寶榮《宋金保安軍小胡等族碑碣資料綜合考察與研究》（《寧夏社會科學》2014年第五期）。

城臺石窟訛首領等題記

伍拾肆　金・陝西志丹城臺石窟進義校尉俄九成題記

敘録

刻于天德二年（1150），在陝西省志丹縣旦八鎮城臺村城臺石窟第二窟内，共兩處。第一處位于前廊右壁布袋和尚造像右下方，横長方形字幅，寬三十七厘米，高三十二厘米，共八行。第二處位于前廊右壁下層羅漢造像龕右側緣，方形題記，現殘存兩行。兩處題記均涉及進義校尉卞移族巡檢俄九成的造像以感恩父母，祈禱職官升遷與家眷吉慶。其中第一處題記由僧善果刻石，第二處書寫、刻石者不詳。

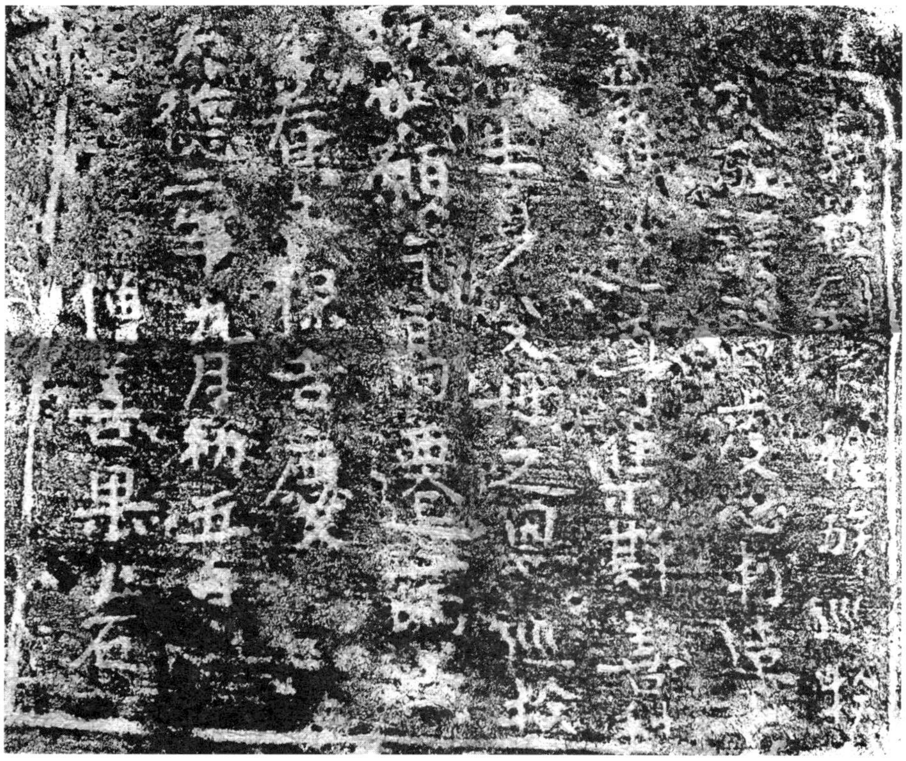

城臺石窟金天德二年進義校尉俄□成題記一拓片

城臺石窟金天德二年進義校尉俄九成題記二

録文

題記一

進義校尉卞移族巡検俄九成謹啟虔心打造□盡羅漢一尊，集斯善利者，生身父母之恩，巡検禄位願乞高遷，滿宅家眷各保吉慶。天德二年（1150）九月初五日。僧善果上石。

題記二

□□校尉卞移族巡檢俄九成謹啟虔心打造……

疏證

卞移族爲宋金境内之党項部族，《宋史・地理志》載鄜延路下轄肅戎軍，駐守有『卞移等八族，兵七百四十八、馬一百二十三』。宋金兩朝于西北地區蕃落中設各族巡檢，管理本族治安警戒事務。

相關研究成果見諸石建剛、范建國《宋金兩朝沿邊德靖寨漢蕃軍民的精神家園（一）——陝西志丹城臺第二窟造像與碑刻題記内容調查》（《絲綢之路研究集刊》第四輯），段雙印、白寶榮《宋金保安軍小胡等族碑碣資料綜合考察與研究》（《寧夏社會科學》2014年第五期）。

伍拾伍　金・陝西志丹城臺石窟本寨田德等題記

叙録

刻于天德二年（1150），在陝西省志丹縣旦八鎮城臺村城臺石窟第二窟内。位于前廊後壁左側壁面上方横長方形龕内第一尊造像左側，方形字幅，寬三十二厘米，高五十四厘米，共七行。内容爲本寨田德、劉沖、孫女婿驢子等打造十方佛一尊，爲健在與亡過親眷祈福。書寫者不詳，僧善寶刻石。

城臺石窟本寨田德等題記

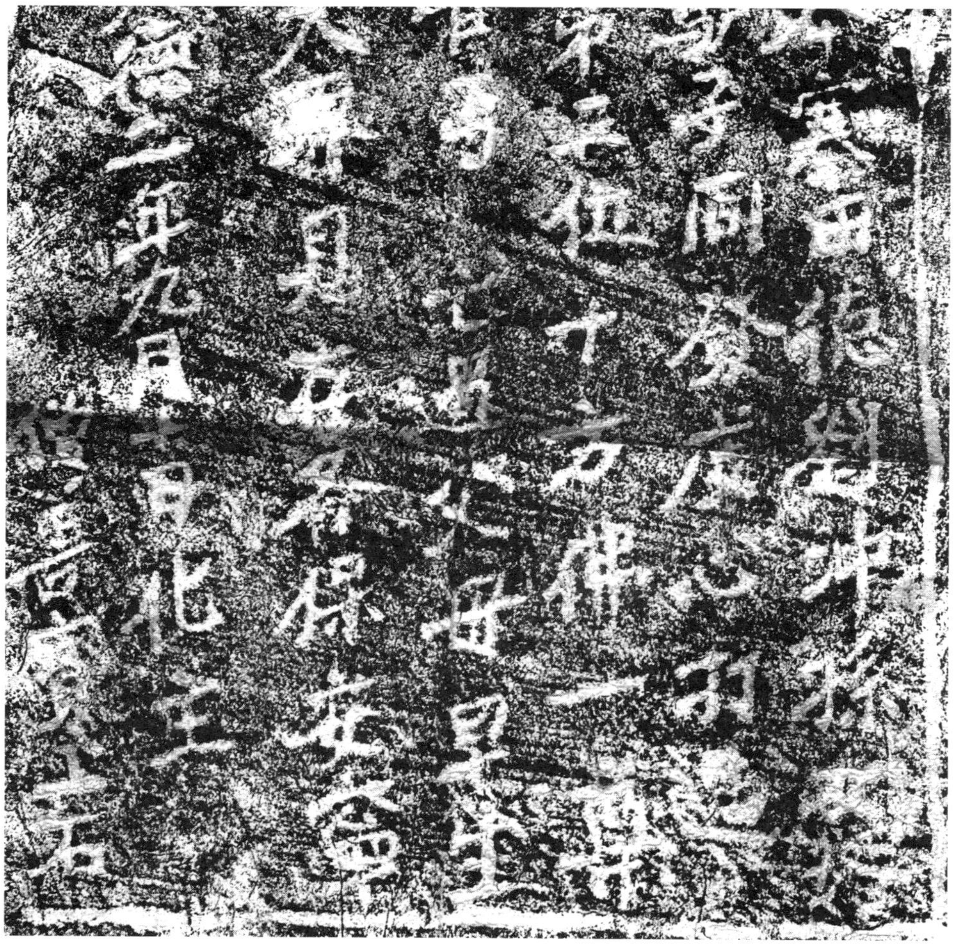

城臺石窟本寨田德等題記拓片

録文

本寨田德、劉沖、孫女婿驴子同發虔心，打造第二位十方佛一尊，唯丐亡過父母早生天界，見存各保安寧。天德二年九月十日，化主僧善寶上石。

疏證

由城臺石窟内出現的『田首領乙遇』，『田首領麦麻嘞移』等人名，可知德靖寨轄境内有使用漢姓田氏的党項人。此處題名的『本寨田德』不能排除是党項人的可能，故收録書中。

『十方佛』，指住在十方佛土的諸佛，又泛指一切無量諸佛，即東方善德佛、南方梅德佛、西方無量明佛、北方相德佛、東南方無憂德佛、西南方寶施佛、西北方華德佛、東北方三乘行佛、上方廣衆德佛、下方明德佛。（《佛説觀佛三昧海經》卷九《十方佛品》）。

相關研究成果見諸石建剛、范建國《宋金兩朝沿邊德靖寨漢蕃軍民的精神家園（一）——陝西志丹城臺第二窟造像與碑刻題記内容調查》（《絲綢之路研究集刊》第四輯），段雙印、白寶榮《宋金保安軍小胡等族碑碣資料綜合考察與研究》（《寧夏社會科學》2014年第五期）。

伍拾陸　金·陝西志丹城臺石窟小胡族弟二十二指揮訛遇題記

叙録

刻于天德二年（1150），在陝西省志丹縣旦八鎮城臺村城臺石窟第二窟内，位于前廊後右壁面下部右起第四尊羅漢造像左側樹冠内。方形字幅，寬二十九厘米，高二十九厘米。共七行，字迹漫漶不清。題記内容爲德靖寨小胡族第二十二指揮訛遇與其子訛伏等人共同出資打造神像，祈求闔家平安。書寫者不詳，僧善果刻石。

小胡族弟二十二指揮訛遇題記

録文

本寨小胡族弟二十二指揮訛遇并男訛伏□家德、永德、永見，并妻一娘等，共發心打造粧畫□神一尊，願闔家平安。天德二年九月一日僧善果。

疏證

小胡族，即前揭北宋党項人碑刻所見胡懷莭、胡繼諤父子之出身部族。何家坬石窟北宋紹聖二年（1094）題記中小胡族至少存在二十四指揮，本造像記發起者訛遇爲第『二十二指揮』，説明時至金天德二年（1150），小胡族兵力至少可以繼續保持二十二指揮以上，説明歷經五十六年的變遷與宋金易代，小胡族人口數量能基本維持原狀，没有大規模減少。

本寨，即德靖寨。由此可知自北宋真宗朝胡懷莭任『延州至保安軍德靖寨延領洛河川□□□□□□□□□諸族巡檢』以來，小胡族在德靖寨一帶的勢力維持了至少一世紀有餘。

相關研究成果見諸石建剛、范建國《宋金兩朝沿邊德靖寨漢蕃軍民的精神家園（一）——陝西志丹城臺第二窟造像與碑刻題記内容調查》（《絲綢之路研究集刊》第四輯），段雙印、白寶榮《宋金保安軍小胡等族碑碣資料綜合考察與研究》（《寧夏社會科學》2014年第五期）。

伍拾柒　金·陝西志丹城臺石窟卞移族巡檢俄洪題記

叙録

刻于天德二年（1150），在陝西省志丹縣旦八鎮城臺村城臺石窟第二窟內，位于前廊後壁左側壁面上方橫長方形龕內，第五尊造像左側。竪長方形字幅，寬二十八厘米，高四十一厘米。共五行。因洞窟曾遭遇洪水，題記被淤泥覆蓋，故字迹漫漶不清。題記內容爲卞移族巡檢俄洪打造十方佛一尊，爲亡故父母和健在家眷祈福。書寫、刻石者不詳。

卞移族巡檢俄洪題記

録文

卞移族巡檢俄洪同發虔心，打造十方佛一尊，願亡過父母超生天界，見存家眷永保平安，天德二年（1150）九月初六日。

疏證

前揭城臺石窟題記中已出現過『卞移族巡檢俄□成』題名，其題記刻製年代亦爲天德二年，説明金朝在夏金沿邊諸蕃部中設置的本族巡檢可能不止一員。

相關研究成果見諸石建剛、范建國《宋金兩朝沿邊德靖寨漢蕃軍民的精神家園（一）——陝西志丹城臺第二窟造像與碑刻題記内容調查》（《絲綢之路研究集刊》第四輯），段雙印、白寶榮《宋金保安軍小胡等族碑碣資料綜合考察與研究》（《寧夏社會科學》2014年第五期）。

伍拾捌　金·陝西志丹城臺石窟曹首領等題記

敘録

刻于天德二年（1150），在陝西省志丹縣旦八鎮城臺村城臺石窟第二窟内，位于前廊後壁右側壁面上方横長方形龕内，右起第二尊菩薩造像左側。豎長方形字幅，寬三十六厘米，高四十厘米。共八行。洞窟曾遭遇洪水，題記中部被淤泥覆蓋，字迹漫漶不清。題記内容爲曹首領等人爲家眷祈福。書寫者不詳，僧善妙刻石。

卞移族巡檢俄洪題記

録文

今具眾□……曹首領□……忠男胡九□……昌、子胡屈訛□……氏、梁氏、埸□……萌兒、危娘、福□……漢至移、吃多□……人，願家眷平安……□□（天德）二年九月十一日，僧善妙。

疏證

題記中出現了『曹首領』與『胡屈訛』兩個人名。『首領』系宋夏、金夏沿邊諸族蕃落酋長之稱呼，『曹首領』可能是一名使用漢姓的党項人首領。『胡屈訛』亦是一種漢人姓氏與党項名結合的人名，其人可能出身于宋金時期活躍于德靖寨一帶的党項熟户小胡族。

題記中書寫年款處僅殘存『二』字，餘字皆難以釋讀，但據同位置其他造像題記中的『天德二年』推測，這則題記可能亦書寫于同年。

相關研究成果見諸石建剛、范建國《宋金兩朝沿邊德靖寨漢蕃軍民的精神家園（一）——陝西志丹城臺第二窟造像與碑刻題記内容調查》（《絲綢之路研究集刊》第四輯），段雙印、白寶榮《宋金保安軍小胡等族碑碣資料綜合考察與研究》（《寧夏社會科學》2014年第五期）。

伍拾玖　金・陝西志丹城臺石窟田首領夌麻嗽移等題記

叙録

刻于貞元三年（1155），在陝西省志丹縣旦八鎮城臺村城臺石窟第二窟内，位于前廊左壁下層前起第三尊羅漢右上方。竪長方形字幅，寬五十厘米，高五十五厘米，共十三行。題記内容爲田首領夌麻嗽移等人發願打造佛入涅盤一會，施者共祈皇帝萬歲，臣宰千秋，親眷在世者長壽，去世者升天見佛。書寫、刻石者不詳。

田首領夌麻嗽移等題記

田首領夌麻嗽移等題記拓片

録文

□田首領麦麻嗽移、妻大娘□□□胡和尚、移良、埋讹、常和尚、怡嗽、移德兒、□屈、勒沙、曹十一、奴兒、五哥、俄和尚、屈逋、□逋、讹乞、乙讹、屈成、多至革、李小和尚、七哥、六娘、田和尚、永德、讹遇、乙讹、阿丹、怡斤、讹山、讹遇、七斤、讹昌、僧住、李六郎、行者、吃多兒、遇逋、讹德、韋和尚、唛逋、□□、五斤、午和尚、讹唛、五斤、陳奴卧、麦怡、□斤、滿至、怡訛、名娘。

虔心打造佛入涅盤一會，施者共祈皇帝萬歲，臣宰千秋，各人見□□□壽，亡過者生天見佛。

貞元三年三月十七日施造畢。

疏證

造像記中有近五十餘人題名，其中除了胡和尚、常和尚、李小和尚、曹十一、李六郎、韋和尚等似是漢名以外，餘者可能都是党項人名。發起者『□田首領麦麻嗽移』款署中的『首領』，乃宋夏沿邊党項部落酋首之謂，是本部落之長，『□田』可能是這支党項部族的族名。

相關研究成果見諸石建剛、范建國《宋金兩朝沿邊德靖寨漢蕃軍民的精神家園（一）——陝西志丹城臺第二窟造像與碑刻題記內容調查》（《絲綢之路研究集刊》第四輯），段雙印、白寶榮《宋金保安軍小胡等族碑碣資料綜合考察與研究》（《寧夏社會科學》2014年第五期）。

陆拾　金·陝西志丹城臺石窟首领屈怡等題記

叙録

刻石年代不詳，在陝西省志丹縣旦八鎮城臺村城臺石窟第二窟内，在前廊左壁下層前起第一尊羅漢左側，方形字幅，寬二十四厘米，高二十五厘米，共六行。風化嚴重。爲小首領屈怡等人題名。

録文

□小首領屈怡、僧善宗、□□、□屈、立埋、漢至□□共□□一位，□□□□官□□□□者……□□□。

首領屈怡等題記

陸拾壹　金·陝西志丹城臺石窟輕逋等題記

敘録

刻石年代不詳，在陝西省志丹縣旦八鎮城臺村城臺石窟第二窟内，位于前廊後壁右側壁面上層横長方形造像龕右側緣，方形字幅，寬三十厘米，高三十厘米，共六行。書寫處崖面不平，半數文字曾被洪水浸泡侵蝕，漫漶不清。爲輕逋等党項人爲父母超生天界祈禱之題記。書寫、刻石者不詳。

録文

漢

怡……怡、輕逋、遇逋、

至、訛遇、伏丁各人父母超生天

界，見在各保平安。

城臺石窟輕逋等題記

陸拾貳　金·陝西志丹城臺石窟移傷等題記

叙録

刻石年代不詳，在陝西省志丹縣旦八鎮城臺村城臺石窟第二窟内，位於前廊後壁右側壁面上層横長方形造像龕右側緣，竪長方形字幅，寬二十四厘米，高三十一厘米，共五行。書寫處崖面不平，半數字迹曾被洪水浸泡侵蝕，漫漶不清。

録文

□□移傷、妻□□娘□多、乞

□歲啟□見□□移成移各舍净財，造

菩薩一尊，各保合家平安，僧善妙

上石。

移傷等題記

陸拾叁　金・陜西志丹城臺石窟屈香等題記

叙録

刻石年代不詳，在陜西省志丹縣旦八鎮城臺村城臺石窟第二窟内，位于前廊後壁右側壁面上方横長方形龕内，右起第八尊菩薩造像左側。竪長方形字幅，寬二十五厘米，高三十一厘米，共五行。洞窟曾遭遇洪水，題記被淤泥覆蓋，字迹漫漶不清。

録文

屈香、訛唛、成怡、遇唛、訛仗各舍浄財造菩薩一尊。各願闔家平安。上石僧善妙。

屈香等題記

陆拾肆　金·陝西志丹城臺石窟第十九首領等題記

叙録

刻石年代不詳，在陝西省志丹縣旦八鎮城臺村城臺石窟第二窟内，位于前廊後壁右側壁面上方横長方形龕内，右起第九尊菩薩造像左側。竪長方形字幅，寬三十五厘米，高三十七厘米，共五行。題記内容爲第十九首領訛㖂等人打造菩薩一尊，祈福各自平安。書寫、刻石者不詳。

録文

第十九首領訛㖂、乙遇，首領乙訛、□兒、訛得、勒成、怡三、留丁、㖂勒、成萌、漢二各發心造菩薩一尊，各願平安。

第十九首領等題記

第十九首領等題記拓片

陆拾伍　金·甘肅合水安定寺石窟李世雄等題記

叙録

刻于大定十八年（1178），在甘肅合水縣太白乡安定寺石窟南壁門框上。不規則長方形間距，高八十厘米，寬六十厘米，楷書陰刻，共十四行。内容爲華池寨主管漢蕃本門人馬巡檢李世雄及其父于僞齊阜昌、金大定間兩度開鑿安定寺石窟，打造菩薩、羅漢造像的經過。書寫與刻石者不詳。

安定寺石窟李世雄等題記

録文

華池寨主管漢蕃本門人馬巡檢李大夫先扵阜昌二年自發虔心，請到延長縣青石匠王志并女夫馮淵、楊琪打造石空佛像一堂，内有菩薩、南壁羅漢未了。有李大夫男李世雄等請到僧德忍、良朋住持本院僧事，請到王志女孫馮佑等打造菩薩、羅漢了。并願各人生身父母速生佛界，見存者增添福壽。

大金大定戊戌十八年八月初三日。住持僧德忍、良朋、子瑁。敦武校尉、主管華池寨本門漢蕃人馬巡檢李世雄，弟敦武校尉李世能，敦武校尉李世保、李世昇、李世皋。次弟敦武校尉李世成、李世用、李世乹、李世淵。

青石匠馮祐、李琮。童行德德、甾住、馬僧、韓僧。四官人并房氏管菩薩，願合家□□。

疏證

華池寨，爲金代慶陽府合水縣所轄的三座堡寨之一（《金史》卷二六《地理志下》）。華池縣于南北朝西魏時期始置，隋唐五代時履建履廢，北宋熙寧四年（1071）、七年（1074）先後被降爲鎮、寨，并下轄東華池與西華池兩寨（《宋史》卷八七《地理志三》）。其地理位置在今甘肅華池縣林鎮鄉東華池村一帶（崔玉謙《論北宋華池寨地望及其功能》，《保定學院學報》2012年第三期）。

所謂『主管漢蕃本門人馬巡檢』，前人指出党項大族下多分『門』（湯開建《五代遼宋時期党項部落的分布》，《西北民族研究》1993年第一期），各門應是各大部落的支系，因此本門即本族之意。『如果李氏家族是漢族，就不會如此稱呼。所謂漢蕃人馬，其重點在「蕃」。李氏家族應該是華池鎮党項三族也就是三小部落之一』（周峰《甘肅合水安定寺石窟金代党項人題記考釋》，《西夏學》第八輯）。前揭華池縣博物館藏『大唐之國碑』和『隴西郡李碑』等資料顯示，改姓爲『李』的唐代党項東山部落後裔野利氏曾于五代宋初時期活躍于大鳳川一帶。安定寺石窟的開鑿者——李氏家族，可能正是他們的後裔。

相關研究成果見諸周峰《甘肅合水安定寺石窟金代党項人題記考釋》（《西夏學》第八輯）。

陸拾陸　南宋·福建泉州九日山折知剛等祈風摩崖石刻

叙録

刻石于南宋淳熙十五年（1188），在福建省泉州南安市九日山風景區東峰。竪長方形字幅，高一百八十五厘米，寬七十八厘米，字徑十厘米。陰刻正書五行，行十五字。石刻風化較爲嚴重，石面有裂紋三處。題記内容系南宋泉州地方官員在完成夏、冬兩季祈風祭祀活動後，遊山玩水留名紀事，其中有出自府州折氏家族的折知剛。撰文、刻石者不詳。

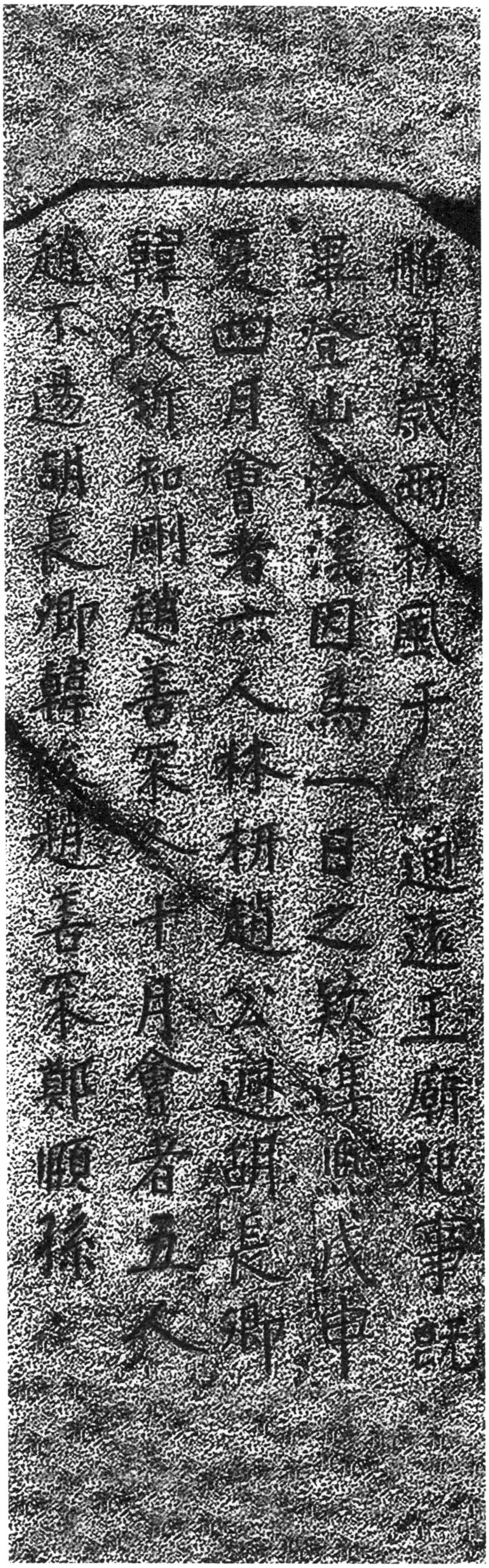

折知剛等祈風摩崖石刻

録文

舶司歲兩祈風于通遠王廟。祀事既畢，登山泛溪，因為一日之歎。淳熙戊申夏四月會者六人：林枅、趙公迴、胡長卿、韓俊、折知剛、趙善罙。

冬十月，會者五人：趙不遏、胡長卿、韓俊、趙善罙、鄭頤孫。

疏證

宋末金初，党項府州折氏因分屬不同政權統治而逐漸分化爲兩支，折可適、折可直降金後，其後裔爲北支；而折可適之子折彦質則繼續效力于宋高宗，成了府州折氏南支鼻祖。史載折彦質有子名折知常，故前賢認爲題記中的折知剛『爲折知常兄弟行』（李裕民《折氏家族研究》，《陝西師範大學學報（哲學社會科學版）》1998年第二期），即其人亦党項後裔。又折知剛嘗于南宋淳熙中任職泉州通判（《（弘治）八閩通志》卷三二《秩官》），故能參與南宋市舶司在泉州舉辦的祈風活動。

相關研究成果見諸鄧文韜《金代與南宋府州折氏後裔彙考》（《西夏學》第十二輯）。

陸拾柒　金・陝西志丹城臺石窟正將李公重修石空寺記碑

叙録

刻于泰和二年（1202），在志丹縣旦八鎮城臺石窟第二窟前廊右起第二方立柱正面上方，方形龕内嵌方形碑記。碑身斷裂爲三塊，高八十厘米，寬七十厘米，左下角殘缺，正書二十五行，題記内容爲金朝晚期『正將李公』等重修城臺石窟的過程。撰者應爲進士張某，書寫、鐫刻者皆不詳。

正将李公重修石空寺記碑

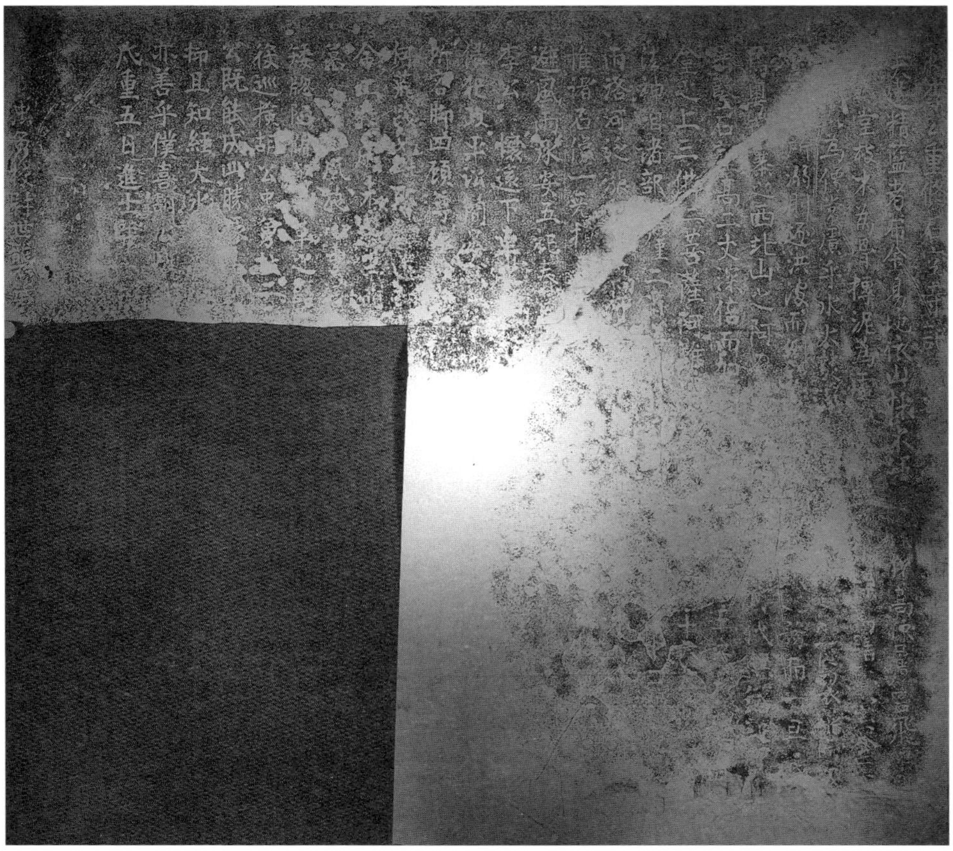

正将李公重修石空寺題記拓片

正將李公重修石空寺記

録文

夫建精藍者，布金易地，依山採木，運□□，高棟層廬，飛鳶[1]□□為堂，枝木為骨，摶泥為膚□□□□□為□□□□□為像，常慮乎水火焚溺……則頂裂陷而成□燒，為水所溺，則遂洪波而倒□□□□□□之務，而一旦泯□焉。粵我寨之西北，山之阿石……代無……石窟高二丈，深倍而加……工以……龕之上三佛、二菩薩、阿南、迦……十六□□□□諸神，洎諸部□僅二者……雨，洛河泛漲……惟諸石像一无所……避風雨，承安五祀春……李公懷遠下車之……侵犯，政平訟簡……所容腳四頎尊……何荒踐如此，即……會……慕□□風，施以……矮牕陋，積……而□之……役巡檢胡公、忠勇校尉……公胠成此勝蹟……抑且知經大水……亦善乎僕喜胡公……戊重五日進士張……忠勇校尉、世襲第……

疏證

『正將李公』，應是駐紮保安軍的鄜延路第七將正將，散官『懷遠將軍』的李某。據『巡檢胡公』、『忠勇校尉』、『世襲五』等殘句推測，刊石人應爲正將李公的部屬、世襲五部諸族巡檢胡某。很有可能就是北宋党項蕃官胡懷苗、胡繼諤父子的後代。

段雙印先生據碑文中出現的『承安五祀春』推測此碑應刻于承安五年。但細品碑文，承安五祀春似是重修活動的發起者『正将李公』來到德靖寨任職的時間，非碑刻立碑之時。按文末款署『……戊重五日進士張』，重五日即五月初五，是碑刻的立石月份，那麼『□戌』自然應是干支紀年，1202年即金泰和二年爲壬戌年。故此碑當刻于泰和壬戌（1202）。

『忠勇校尉』爲金朝正八品上階之武散官。

相關研究成果見諸孫繼民《俄藏黑水城文獻宋代小胡族文書試釋》（《中華文史論叢》2007年第二期），石建剛、范建國《宋金兩朝沿邊德靖寨漢蕃軍民的精神家園（一）——陝西志丹城臺第二窟造像與碑刻題記内容調查》（《絲綢之路研究集刊》第四輯），段雙印、白寶榮《宋金保安軍小胡等族碑碣資料綜合考察與研究》（《寧夏社會科學》2014年第五期）。

[1] 鳶，《宋金兩朝沿邊德靖寨漢蕃軍民的精神家園（一）——陝西志丹城臺第二窟造像與碑刻題記内容調查》録爲『梁』。

第四章　元明西夏遺民及其後裔碑刻題記

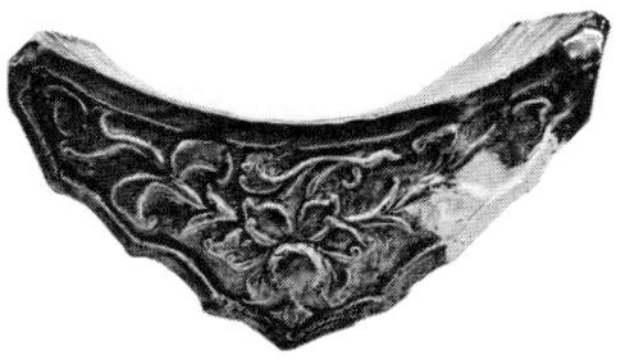

陸拾捌　元·呼和浩特萬部華嚴經塔西夏僧惠善題記

叙録

至元八年（1271）七月二十八日墨書，在今呼和浩特市賽罕區東郊白塔村西南方萬部華嚴經塔内第三層，尺寸不詳，共三行，爲西夏國仁王院僧惠善題記。

萬部華嚴經塔西夏僧惠善題記

録文

大朝至元八年七月二十八日西夏國仁王院僧惠善到此。

疏證

大朝，即元世祖改國號爲『元』以前，大蒙古國所使用的漢文國號之一。至元八年（1271）十一月，元世祖『建國號曰大元』（《元史》卷七《世祖紀四》），惠善游萬部華嚴經塔在當年七月二十八日，其時朝廷距頒布《建國號詔》尚有三個多月，故猶以『大朝』爲國號。

此題記載1271年西夏國仁王院的僧人惠善東游來到豐州一帶，開展佛事交流活動。1227年，西夏末帝李睍投降于蒙古，西夏滅亡。在書寫題記的1271年，届時西夏國已滅亡，然而題記書寫人仍自稱『西夏國仁王院僧惠善』，可見他抱有對西夏故國的認同。

陸拾玖　元・宣差大名路達魯花赤小李鈐部墓誌

叙録

至元十五年（1278）二月刻石。2013年9月大名縣陳莊村出土，現藏大名縣石刻藝術博物館。墓誌爲圓首竪碑狀，有碑座，寬三十五厘米，高六十厘米，厚十一厘米，碑座寬四十七厘米，高三十二厘米，厚二十六點五厘米。墓誌兩面書寫，一面爲西夏文，共兩行十一個字；一面爲漢文，頂部有篆書『小李鈐部公墓誌銘』八字，正文共二十一行，每行四至三十字不等。主要記載小李鈐部歸附成吉思汗并隨從蒙古軍征戰，最終任職大名路達魯花赤之事迹。由墓主長孫教化誌石。

小李鈐部墓誌正面

小李鈐部墓誌正面西夏文拓片

小李鈐部墓誌背面漢文拓片

漢文録文

宣差大名路達魯花赤小李鈐部公墓誌

公鈐部，其先河西肅州之世系，祖塋在焉。公生而通敏，長有才略。丙戌間遭家不造，歸附上國，遂命公征開[1]西。既回，復輔阿荅赤、忽都帖木兒取沙州[2]，彼恃衆堅守。戰閗不一時，忽都馬乏，不克前進，以己馬負之而出，公獨進攘敵，俱免其難。後蒙上顧問：『向之臨陣，以己之馬濟人之危，何其自輕耶？』公伏奏曰：『彼則有功于國，信任已久，臣則新附，未有寸効，故爾。』上奇之。沙州既平，賜人口一百有六。後征阿思充千户，隨行，未幾城陷，皆公之佐欤。遂命公同合荅行断事官事。丙午，復命公同牙魯花赤行天下斷事官。辛亥，改授大名路都達魯花赤。戊午秌七月廿有八日以病卒，年六十九歲。

夫人田氏，六十五歲。男三人，孫三人，長愛魯，襲父爵寵，授虎符，至元四年十月間改授雲南安撫使；次子羅合，中統三年宣授大名等路行軍万户，至元元年八月十二日卒；次子小鈐部，以兄愛魯出仕南國，襲爵如前，加昭勇大将軍，至元十三年二月内[3]卒。長孫教化，是年四月有四日祗授宣命，虎符，襲爵，加嘉議大夫兼大名路諸軍奥魯達魯花赤；次孫帖木兒，次孫万奴。

噫！一門之中，襲爵承宣，枝葉不替，非公之積德累功能至此耶？長孫教化以父之出仕未還，念祖之權厝未葬，是以改卜新塋，仍刻貞石以誌其後。

至元十五年二月有五日，嘉議大夫大名路達魯花赤兼諸軍奥魯達魯花赤孝長孫教化誌。

正面西夏文録文[4]

田氏婦人阿母

小李鈐部大人

[1]『開』，劉廣瑞、朱建路《大名新出夏漢文合璧墓誌銘的價值和意义》，《光明日報》2014年5月21日14版録爲『辟』。

[2]『州』，《大名新出夏漢文合璧墓誌銘的價值和意义》録爲『洲』，下同。

[3]『内』，《大名新出夏漢文合璧墓誌銘的價值和意义》脫。

[4]録文出自史金波《河北邯鄲大名出土小李鈐部公墓誌芻議》，《河北學刊》2014年第四期。

疏證

碑文載『丙戌間遭家不造，歸附上國，遂命公征閑西。』此處記載與《秋澗先生大全集·大元故大名路宣差李公神道碑銘并序》所載『及丙戌冬，師次敦煌，公審天命之攸歸，憤兄忠之不果，遂拔部曲詣軍門迎降』合。『遭家不造』即指小李鈐部之兄肅州路達魯花赤昔李都水計劃投降蒙古卻不幸被殺，于是小李鈐部率領部曲投降蒙古。

碑文稱『阿荅赤、忽都帖木兒取沙州』；王惲所撰的《大元故大名路宣差李公神道碑銘并序》載『命圉将忽都帖木兒偕公招諭沙州』；程鉅夫撰的《雪樓集·魏國公先世述》記載『公因扈駕徂徵，俾與阿答赤往招沙州。』不禁令人生疑，前往招諭沙州的人是阿荅赤還是忽都帖木兒？據屠寄考證，『阿答赤』應系蒙古語『阿黑塔赤』之音譯，意爲『馬官』。忽都鐵木兒和阿答赤并非二人。

碑文載『遂命公同合荅行斷事官事。丙午（1246），覆命公同牙魯花赤行天下斷事官。』《大元故大名路宣差李公神道碑銘并序》載『歲甲辰（1244），詔選勳能佐行臺扵燕上，以公克諧，往焉。』《魏國公先世述》記載『太宗皇帝命公與也迷折兒為也可扎魯火赤。定宗即位，又命公與合答為也可扎魯火赤。丁未年（1247），又命與牙老瓦赤爲也可扎魯火赤，治事扵燕京。』姚燧《牧庵集·魏國公謚忠節李公神道碑》載：『又俾同伊瑪齊為斷事官扵朝。歲丙午，定宗即位，曰：「是大名，昔朕分封，卿往為監。」至燕，則同斷事官哈達署行臺。』結合以上四種文本，可知1244年，太宗皇帝命昔里鈐部與也迷折兒（在《魏國公謚忠節李公神道碑》中被四庫館臣改譯作『伊瑪齊』）；定宗即位，命他與合答爲也可扎魯火赤；又命他同牙魯花赤任斷事官。

『戊午秋七月廿有八日以病卒，年六十九歲。』王惲所撰《大元故大名路宣差李公神道碑銘并序》記載昔里鈐部去世的日期爲『己未春……其年秋七月，竟以疾薨扵位，春秋六十有九。』姚燧所撰《魏國公謚忠節李公神道碑》『至歲己未，凡為監十四年。當繼饋世祖南伐，未踰淮，輿疾歸，薨其家，七月二十有八日。年六十九。』所以，小李鈐部的死在己未年（1259）而非《墓誌》記載的戊午年。

『次子羅合，中統三年宣授大名等路行軍萬户，至元元年八月十二日卒』，《元史》記載至元十二年，肅州路達魯花赤阿沙奉命『籤河西軍』；至元二十四年（1287）九月，『乙巳，以米二萬石，羊萬口給阿沙所統唐兀軍』，可知肅州路達魯花赤麾下有河西軍若干。又第二任大名路達魯花赤愛魯去世後，由其弟羅合接替愛魯統帥其軍隊，爲大名路行軍萬户，而由愛魯幼弟小鈐部『代兄民職』，爲不負責軍事事務的民職達魯花赤；而當愛魯長子教化承襲大名路達魯花赤後，又重新『佩金虎符』，可知由教化開始，大名路達魯花赤依舊掌握着一支軍隊。

碑文稱小李鈐部的『次子小鈐部，以兄愛魯出仕南國，襲爵如前，加昭勇大将軍，至元十三年二月内卒。』昔里鈐部去世後，愛魯襲爲大名路達魯花赤。至元五年，愛魯從雲南王征金齒諸部。所以，小李鈐部承襲爵位任大名路達魯花赤。碑文祇交代小李鈐部于至元十三年卒，卻并未説明他因何去世。《元史》載至元十三年（1276），教化的叔父、昔里鈐部的三子小鈐部任大名路達魯花赤時因奸贓伏誅，没其家。對于這一段不光彩的歷史，教化採取直接略過的方式。

研究成果見諸劉廣瑞《河北新出西夏文墓誌銘簡釋》（《西夏研究》2014第三期），史金波《河北邯鄲大名出土小李鈐部公墓誌芻議》（《河北學刊》2014年第四期），朱建路《元代〈宣差大名路達魯花赤小李鈐部公墓誌〉考釋》（《民族研究》2014年第六期）等。

柒拾　元·浙江樂清雁蕩山龍鼻洞玉李朶兒赤等摩崖石刻

敘録

至元二十六年（1289）刻，在温州市雁蕩山靈巖景區龍鼻洞西壁上。現存六行，除第二行與第六行僅存三字外，其餘諸行皆六字。字徑約十七厘米，楷書。内容爲時任温州路總管的河西人李朶兒赤與玉連赤不花等人來游龍鼻洞題記。該題刻第六行上半部分被鑿去，重新以小字刻兩行文字，然而已漫漶不清，難以釋讀，不知是否與此次刻石有關。

玉連赤不花與李朶兒赤題刻

題刻第六行上方鑿去後重刻的小字

録文

至元己丑暮秋三日，奉印給事相公玉連赤不花，偕牧守總管李朶兒……宜玉章。

疏證

至元己丑，即至元二十六年（1289）。清人戴咸弼撰《東甌金石志》卷九跋此題刻云：『府志有同知温州路總管府事李朶兒赤，赤字未見。末行三字，當有闕文。』又《（洪武）蘇州府志》卷二〇稱李朶兒赤爲『河西人』，可知此温州路總管李朶兒赤爲西夏後裔。

雁蕩山在元代屬温州路樂清縣轄，按摩崖推測，至遲于至元己丑（至元二十六年，1289年），李朶兒赤已就任温州路總管，又據《（萬曆）温州府志》卷七，李朶兒赤曾任温州路同知。元制上路總管府諸正官，達魯花赤與總管并正三品，同知僅從四品，因此依升遷順序推測，李朶兒赤理應是由温州路同知而升任總管的。

柒拾壹　元・浙江杭州飛來峰大元國杭州佛國山石像贊

叙録

至元二十六年（1292）刻，在杭州市飛來峰景區冷泉溪南岸崖壁第六十六龕下，高一百六十厘米，寬一百三十六厘米。摩崖正書十四行，字徑三點三厘米。内容爲歌頌楊璉真迦在杭州開窟造像事迹。住靈隱虎巖净伏謹述，大都海雲易庵子安書丹，武林錢永昌刊。

大元國杭州佛國山石像贊碑周邊環境

大元國杭州佛國山石像贊碑

大元國杭州佛國山石像贊碑拓片

録文

大元國杭州佛國山石像贊

永福楊總統，江淮馳重望。旌靈鷲山中，向飛來峰上。鑿破蒼崖石，現出黃金像。佛名無量壽，佛身舍万象[1]。無量亦無邊，一切入瞻仰。樹此功德幢，無能為此沉。入此大施門，喜有大丞相。省府衆名官，相継來稱賞。其一佛二佛，□起模畫樣。花木四時春，可以作供養。猿鳥四時啼，可以作迴向。日月無盡燈，煙雲無盡藏。華雨而紛紛，國風而蕩蕩。願祝聖明君，與佛壽無量。為法界衆生，盡除煩惱障。我作如是説，此語即非妄。

至元二十六年重陽日，住靈隱虎巖净伏謹述，大都海雲易庵子安書丹，武林錢永昌刊。

疏證

楊總統，即西夏人僧侶楊璉真迦，『永福』爲其尊號。至元十四年（1277）二月，忽必烈設立江南諸路釋教都總攝所，『詔以僧亢吉祥、憐真加、加瓦并為江南總攝』（《元史》卷九《世祖紀》），管理江南地區的佛教事務，憐真加，即爲楊璉真迦。據推測，不遲于至元二十四年（1287）楊璉真迦就已升任『江南釋教都總統』，故刻于元至元二十六年（1292）碑文中記載楊璉真迦的身份爲『永福楊總統』。

摩崖題記文旨在吹捧江南釋教都總統楊璉真迦在飛來峰開窟造像，功德無量。明代的田汝成記載『飛來峰……其下巖扃窈窕，屈曲通明，壁間布鐫佛像，皆元浮屠楊璉真伽所為也』（《西湖游覽志》卷十《北山勝迹》）。楊璉真迦在江南深入貫徹忽必烈重教輕禪的宗教策略，大力提倡喇嘛教，修建了多座喇嘛教寺廟和佛像，這個題記即是力證。

[1] 佛身舍万象，《西湖石窟》録文中無此句。

柒拾貳　元·浙江杭州飛來峰多聞天王造像記

敘録

至元二十九年（1292）刻，在杭州市飛來峰景區冷泉溪小橋南端飛來峰第四十六龕東壁上，當爲楊璉真迦或其子楊暗普所造多聞天王造像題記。寬六十厘米，高六十厘米。摩崖正書七行，字徑三厘米有餘。書寫、鐫刻者不詳。

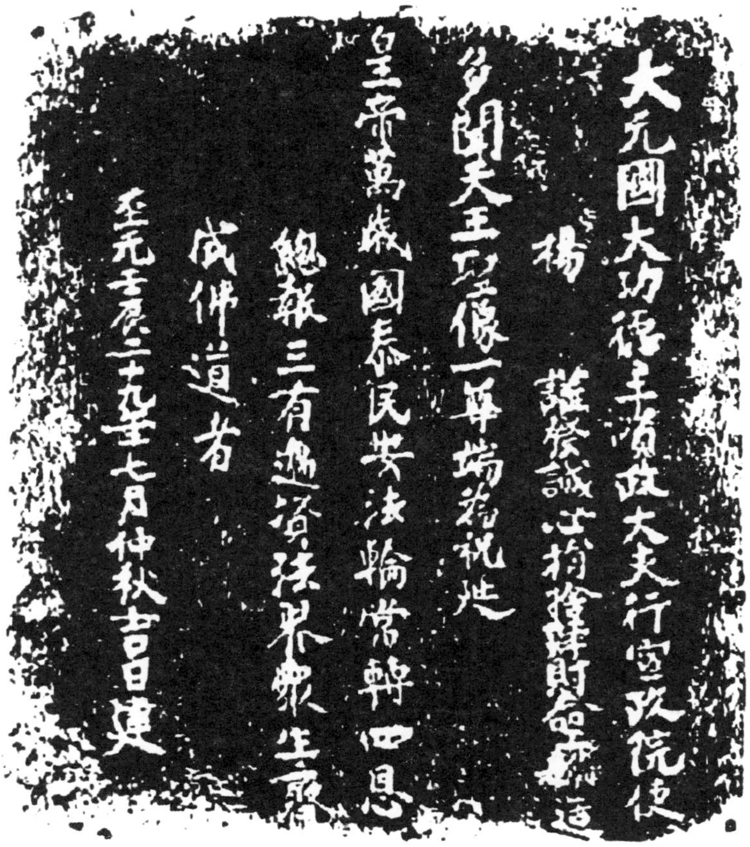
大元國大功德主資政大夫行宣政院使
楊　謹發誠心捐捨淨財命工鐫造
多聞天王聖像一尊端爲祝延
皇帝萬歲國泰民安法輪常轉四恩
總報三有均資法界衆生同
成佛道者
至元壬辰二十九年七月仲秋吉日建

多聞天王造像記拓片

多聞天王造像

録文

大元國大功德主、資政大夫、行宣政院使楊，謹發誠心，捐捨净財，命工鑄造多聞天王聖像一尊，端為祝延皇帝萬歲，國泰民安，法輪常轉，四恩總報，三有遍資[1]，法界衆生齊成佛道者。

至元壬辰二十九年七月仲秋吉日建。

疏證

『大元國大功德主、資政大夫、行宣政院使楊』即楊璉真迦之子楊暗普。至元二十八年，桑哥被元世祖處死，同爲桑哥一党的楊璉真迦也逐漸失勢，但楊璉真迦之子楊暗普却接替了楊璉真迦的事業。據《元史》記載，『（至元三十年）二月己丑，從阿老瓦丁、燕公楠之請，以楊璉真加子宣政院使暗普為江浙行省左丞。』（《元史》卷一七《世祖紀》）據此，楊暗普至遲在至元三十年之前就已出任宣政院使一職，宣政院使爲主管宣政院的長官，秩正一品。而刻于至元二十九年（1292）七月《多聞天王造像記》中以『行宣政院使楊』稱呼楊暗普，可將他出任行宣政院使一職的時間提前爲至元二十九年（1292）七月。此外，題記還反映楊暗普出任行宣政院宣政院使一職後繼續貫徹楊暗普的宗教政策，在飛來峰開龕造像。

[1] 資，《西湖石窟》録爲『格』。

柒拾叁　元・浙江杭州飛來峰呼猿洞西方三聖造像記

叙録

元至元二十九年（1292）刻，在杭州飛來峰呼猿洞西側懸崖上第九十八龕内左側。高六十二厘米，寬一百六十厘米。摩崖正書九行，每行字數不等。内容爲楊璉真迦等造像題記。書寫、鐫刻者不詳。

西方三聖造像及題記全景

録文

大元國功德主宣授江淮諸路釋教都總統永福大師楊，謹發誠心，捐捨净財，命工鐫造阿彌陁佛、觀世音菩薩、大勢至菩薩聖像三尊，端為祝延皇帝聖壽萬安，闊闊真妃壽齡綿遠，甘木羅太子、帖木厄太子壽筭千秋，文武百官常居禄位，祈保自身世壽延長，福基永固，子孫昌盛，吉祥如意者。

至元壬辰二十九年七月仲秋吉日建。

疏證

《元西方三聖造像記》與《多聞天王造像記》是一同刊刻的記文。《多聞天王造像記》中記載『宣授江淮諸路釋教都總統永福大師』楊璉真迦。此方碑刻應和《多聞天王造像記》一樣爲楊暗普以其父楊璉真迦的名義所鐫刻，記載其鐫造阿彌陀佛、觀世音菩薩、大勢至菩薩聖像三尊。題銘中的皇帝指元世祖忽必烈，闊闊真妃則指太子真金長皇后，而甘木羅太子、貼木厄太子分別爲闊闊真的長子甘麻剌和三子鐵穆耳，而『江淮諸路釋教都總統永福大師楊』即楊璉真伽。這個題銘與第四十六窟多聞天造像題銘中的『謹』字皆爲虛詞，并非人名。

西方三聖造像題記拓片

西方三聖造像題記

柒拾肆　元・杭州飛來峰呼猿洞無量壽佛、文殊菩薩、救度佛母造像記

叙録

至元二十九年（1292）刻，在杭州飛來峰呼猿洞西側懸崖上九十九龕下，高六十厘米，寬一百四十厘米。摩崖正書十一行，每行字數不等。刻有楊院使造像題記，書寫、鐫刻者不詳。

呼猿洞九十九龕全景

録文

大元國功德主資政大夫行宣政院使楊，謹發誠心，捐捨净財，命工鐫造無量壽佛、文殊菩薩、救度佛母聖像三尊，祝延聖壽萬歲，闊闊真妃壽齡綿遠，甘木羅太子、貼木皃太子壽筭千秋，祈保自身世壽延長，福基永固，子孫昌盛，如意吉祥者。

至元壬辰二十九年七月仲秋吉日建。

疏證

該造像記與《元西方三聖造像記》與《多聞天王造像記》是一同刊刻的記文。造像記中記載『行宣政院使楊』是楊暗普，該造像記建造的目的與《元西方三聖造像記》一致。

飛來峰呼猿洞無量壽佛、文殊菩薩、救度佛母造像題記

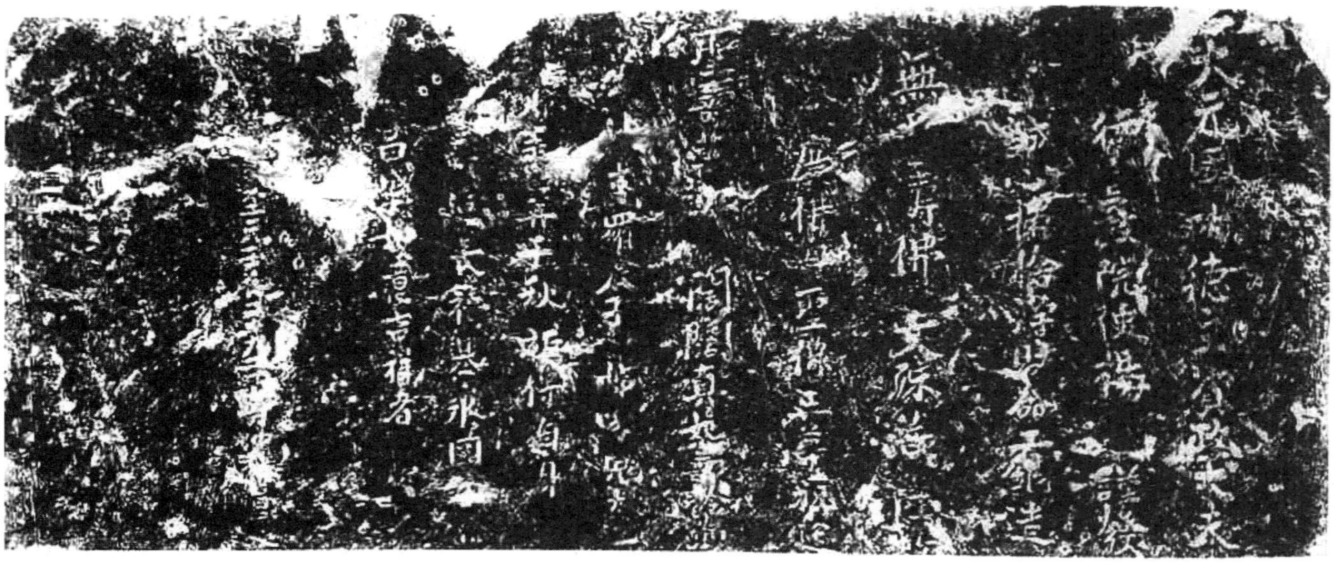

飛來峰呼猿洞無量壽佛、文殊菩薩、救度佛母造像題記拓片

柒拾伍　元·雲南行尚書省右丞李公墓誌

敘録

至元二十九年（1292）二月刻石。1990年3月河北省大名縣舊治鄉陳莊村出土，現藏大名縣石刻藝術博物館。高七十一厘米，寬五十八厘米，厚十六厘米，青石質。共三十三行，滿行三十六字。記述上至誌主李愛魯上下六代十五人事迹，涉及原西夏境内沙陀李氏在元初的活動。大名路教授王彧撰文，墓主之子教化誌石。

雲南行尚書省右丞李公墓誌拓片

録文

元故資善大夫雲南行尚書省右丞贈銀青榮禄大夫平章政事毅敏李公墓誌

公諱愛魯，其先沙陀貴種，唐末之亂，餘裔流寓隴右，遠祖後徙酒泉郡之沙州[1]，遂□□□□曾王父府君，西夏省官兼判樞密院事，顯祖府君官肅州鈐部，譜牒散失，名諱無□□□□府君諱益立山，調沙州鈐部。初[2]，天兵次燉煌，與國同歸我太祖皇帝，帝异其材，俾充其部斷事官。庚寅秋征阿思，擢千夫長。甲辰後，屢詔充天下斷事官者七年。辛亥，憲宗皇帝以勳舊錫金虎符，充大名路達魯花赤。顯妣夫人田氏、白氏，生三子，長即公也，生於壬辰三月五日，天資英偉，才識明敏。

己未襲世爵，佩虎符，充大名路達魯花赤。中統建元，主上優寵，以前職佩虎符。至元五年，從雲南王征金齒等國，錫虎符，授金齒國安撫使。七年，改充中慶路達魯花赤兼管諸軍事。十四年，陞廣南西道左右兩江宣撫使兼招討使。十六年，遷雲南諸路宣慰使、都元帥。十七年，進拜中奉大夫、參知政事行雲南等路中書省。十九年，陞資善大夫、中書左丞，行雲南等路中書省。二十四年正月，陞中書右丞，行雲南諸路中書省，二月改雲南諸路行尚書省右丞，隨從鎮南王深入交趾，冒炎瘴遘疾，以其年六月十有八日薨，享年五十有八。上聞之震悼，特贈銀青榮禄大夫、平章政事，以太常攷行，謚曰毅敏公，仍遣次子銜命馳馹護柩北還，以二十九年二月二十有七日葬之大名縣臺頭里之先塋，禮也。

夫人王氏，娶金紫光禄大夫、提點太醫院王公之女，德性淑慎，嚴恪而和，善女工，盡婦道，家事所助者多，先公十四年薨，今祔焉。弟二人，曰羅合，終于大名行軍萬户，曰小鈐部，代公前職，佩虎符，充大名路達魯花赤。子男三人，長曰教化，幼警悟，好問學，志豪邁，十三年，襲爵，拜嘉議大夫、充大名路達魯花赤。十五年，陞正議大夫、佩虎符、充大名路達魯花赤兼新附軍萬户，二十年，以職讓其弟萬奴，還宿衛於春宮。二十二[3]年，[4]拜中奉大夫、江淮等處行中書省參知政事。二十四年，改江淮等處行尚書省叅知政事。二十六年，陞資善大夫、江淮等處行尚書省左丞。二十七年，陞資德大夫、江淮等處行尚書省右丞。次曰帖木兒，素雅重，孝友忠厚，賢而有文，宣授敦武校尉、固鎮鐵冶提舉。二十六年，遷承直郎、簽淮西道提刑按察司事。是年陞太中大夫，簽四川行尚書省。二十八年，陞嘉議大夫、漢中道肅政廉訪使。二十九年，改簽江淮等處行中書省。次曰忽都答兒，未仕。姪一人，曰萬奴，氣質清峻，洞達時務，入侍中朝。二十年，拜中順大夫，充大名路達魯花赤，代兄前職。二十四年，陞

[1] 州，朱建路、劉佳《元代唐兀人李愛魯墓誌考釋》（《民族研究》2012年第三期）録爲『洲』，下同。
[2] 初，《元代唐兀人李愛魯墓誌考釋》（第七十六頁）脱。
[3] 二，《元代唐兀人李愛魯墓誌考釋》（第七十七頁）脱。
[4] 此處，《元代唐兀人李愛魯墓誌考釋》（第七十七頁）衍『以職』二字。

少中大夫，餘如故。女三人，長適忽都虎宣慰次子，次適也先不花平章次子，次尚幼。孫三人，曰阿丁、曰黑厮、曰元元。女孫四人，俱幼。顧公爲社稷重臣，殊勳异政，胡可殫舉？必詳之史筆，表之墓碑，用詔來世。

簽省嘉議公按朱文公誌石例，命大名路教授王彧直叙其始末云。資德大夫江淮等處行尚書省右丞、孝子教化誌。

疏證

本誌誌主爲前述《小李鈐部墓誌》誌主之子李愛魯。關于該家族的族源，碑文載『其先沙陀貴種，唐末之亂，餘裔流寓隴右，遠祖後徙酒泉郡之沙州』，較之王惲撰《大元故大名路宣差李公神道碑銘并序》中『其先系沙陁貴種，唐亡，子孫散落陝隴間。遠祖曰仲者，與其伯避地，遁五臺山谷，復以世故，徙酒泉郡之沙州，遂為河西人』的叙述，本誌未見有『與其伯避地，遁五臺山谷』的情節，簡化了該家族在沙州定居前的繁枝錯節。誌文載誌主之父于『甲辰後（1244），屢詔充天下斷事官者七年。』《大元故大名路宣差李公神道碑銘并序》載『歲甲辰（1244），詔選勳能佐行臺於燕上，以公克諧，往焉。』『駐燕斷事官類似於中原宰相之職，故中原漢人以金代的行臺尚書省比附其機構，稱之為「行尚書省」、「燕京行尚書省」，或者叫「行臺」、「大行臺」。（張金銑《元代地方行政制度研究》，安徽大學出版社，2001年）』所以《大元故大名路宣差李公神道碑銘并序》稱佐行臺于燕上即指駐燕斷事官。然而，據推測昔里鈐部在窩闊臺時地位并不高，1236到1241年曾從拔都西征，以功授千户。以他的資格不可能擔任具有大蒙古國首相性質的大斷事官。他擔任的大概是大斷事官屬下的一般斷事官（張帆《元代宰相制度研究》，北京大學出版社1997年）。姚燧所撰《魏國公謚忠節李公神道碑》載誌主之父去世後，皇帝命人『傳護轊車返葬肅州，祔其先塋。別封虛墓大名，求便歲祠』（《牧庵集》卷一九），即派人護送小李鈐部的靈柩返回肅州，祔葬于昔李氏在肅州的祖塋。又在大名做衣冠冢，以便歲時祭祀。然而到誌主去世時，皇帝『仍遣次子銜命馳馹護柩北還，以二十九年二月二十有七日葬之大名縣臺頭里之先塋』，就直接葬于大名的先塋。這説明，從愛魯這一輩起，已把大名作爲祖塋。

碑文稱愛魯有『女三人，長適忽都虎宣慰次子，次適也先不花平章次子，次尚幼。』忽都虎宣慰參與了元朝平定南宋的戰役。至元十六年，改授浙西道宣慰使，奉詔征占城。至元二十四年，忽都虎從征交趾。也先不花，蒙古怯烈氏。也先不花于至元二十三年拜雲南諸路行中書省平章政事，其次子名爲禿魯。至元二十四年，李愛魯升雲南諸路中書省右丞，二月改雲南諸路行尚書省右丞，亦『隨從鎮南王深入交趾』。李愛魯兩個女兒的婚配對象的家族爲李愛魯的同僚，都曾奉命征交趾。

至元二十四年（1287），李愛魯去世，終年五十八歲，則其生于1230年。愛魯去世後，皇帝遣愛魯的次子萬奴護送其靈柩北還，至元二十九年（1292）愛魯葬于大名縣昔李氏家族的祖塋。

碑文還補充了昔李氏家族第四代成員的史料，記載愛魯有孫三人，分別爲阿丁、黑厮和元元。

研究成果見諸朱建路、劉佳《元代唐兀人李愛魯墓誌考釋》（《民族研究》2012年第三期），趙生泉《〈元代唐兀人李愛魯墓誌考釋〉補正》（《寧夏社會科學》2015年第四期），朱建路《元代唐兀人李愛魯墓誌釋補》（《寧夏社會科學》2016年第一期）。

柒拾陸　元・敏公請經功德碑

敘録

立石年代不詳，據内容推測可能爲元代世祖至元年間。原嵌于武威北城門，1939年移至文廟保存，現藏武威博物館。碑高一百二十四厘米，寬七十厘米，厚十三厘米，碑額殘缺，四周邊緣均有被裁截痕迹，邊緣文字殘損較爲嚴重，部分文字漫漶不清。碑文從上到下分四格，每格二十一行，每行九至十三字不等，分别用楷書、行書和草書陰刻四段碑文。背面滿碑横書『通化門』三個大字，右邊靠邊自上而下行書陰刻『凉州衛指揮使司立』字樣。第一個由紫川福俗書寫，第二格雁宕山人精堂□益書寫，第三、四行書者，及碑刻刻石者不詳。

敏公請經功德碑

敏公請經功德碑拓片

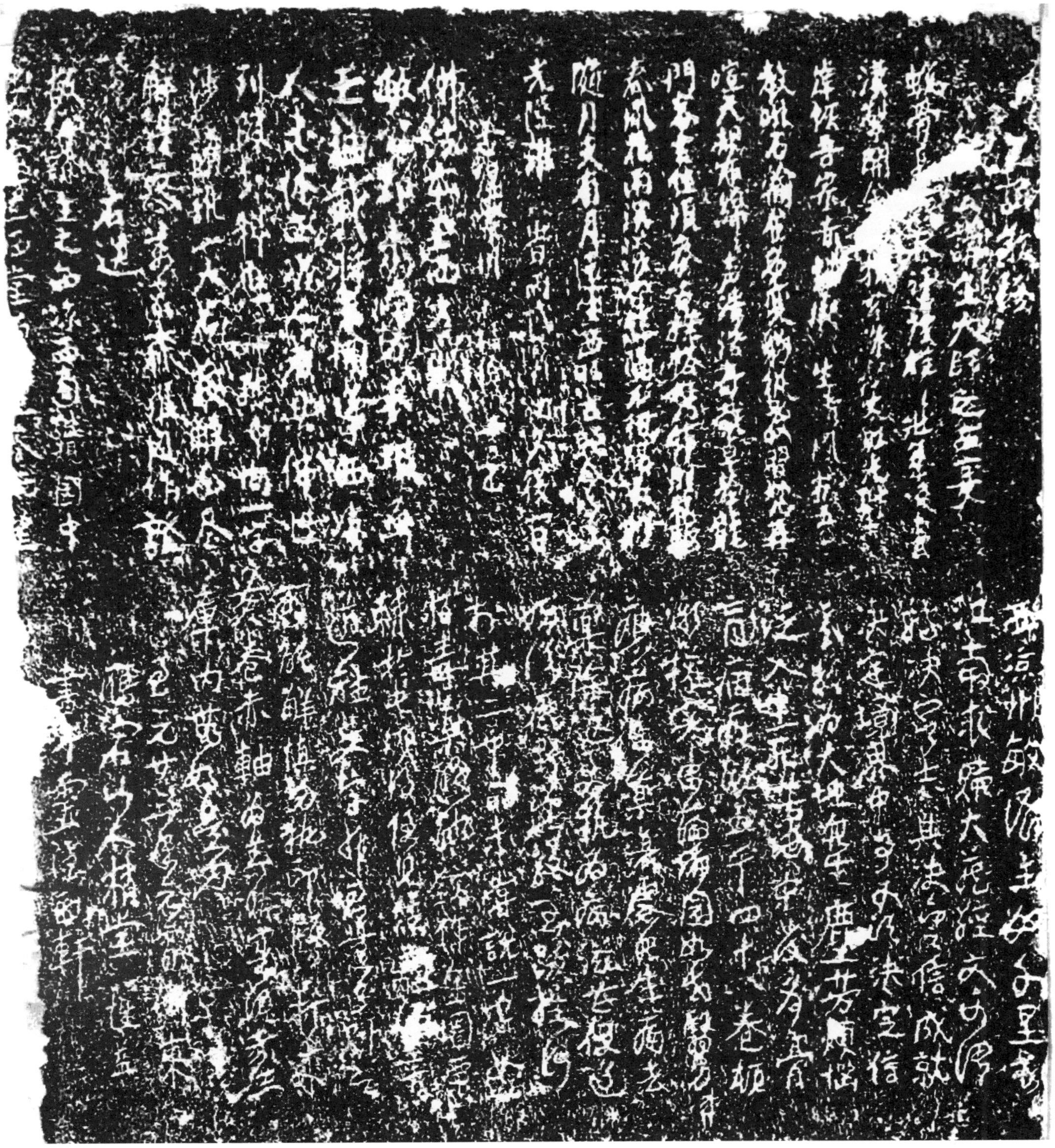

敏公請經功德碑拓片上

敏公請經功德碑拓片下

録文

第一格

公諱敬跋。敏公講主[1]大師之西夏，蛻骨長□，春□□雄壯，氣淩雲漢，掣開金□□□玄朱，文如光射□岸，恢吾宗赤□□生清[2]風□吾教吼石輪[3]金多變豹，從益[4]習梵，每喧天規，布綿綿聲、浩浩音哉。旦□龍門客去住煩參□□□□□□□春風花雨，溟濤在然，臨□□□□□隨月支，有月遠生，西照古照今子光陛，維時丙戌□初冬後一日。

古□紫川福俗□書。

佛法本由西方出，敏公卻來南方求。琅函玉軸[5]載將去，開導[6]西涼人未休。西涼人若具[7]佛性，列段分科[8]但□□。中間一字涉誵訛，一大□□解不尽。解得尽來還森羅。同[9]作證。右送：敏公講主之西涼西蜀[10]継規园中。□□□西堂□□□□□……（後缺）

第二格

西涼州敏講主□千里去江南求贖大藏經文，可謂稱決定志，其□□信成就，決定境界中事，□□決定信奉。故为大地眾生，塵勞[11]煩惱，泛入生死苦海中，發为膏肓痼疾，故五千四十八卷。願漸權實□落倫園，如□醫□痼病，□藥湯處，眾生病去，藥除返事，號为病滋□浸道，始後鹿野以

---

[1]『講主』，高輝、于光建《元〈敏公講主江南求法功德碑〉考釋》，《西夏研究》2012年第三期，第十八頁録爲『諱生』。

[2]『清』，《元〈敏公講主江南求法功德碑〉考釋》，第十八頁録爲『濤』。

[3]『輪』，《元〈敏公講主江南求法功德碑〉考釋》，第十九頁録爲『翰』。

[4]『益』，《元〈敏公講主江南求法功德碑〉考釋》，第十九頁録爲『夜』。

[5]『琅函玉軸』，《元〈敏公講主江南求法功德碑〉考釋》，第十九頁録爲『□應王載』。

[6]『導』，《元〈敏公講主江南求法功德碑〉考釋》，第十九頁録爲『學』。

[7]『若具』，《元〈敏公講主江南求法功德碑〉考釋》，第十九頁録爲『者其』。

[8]『列段分科』，《元〈敏公講主江南求法功德碑〉考釋》，第十九頁將『段』録爲『陵』，『科』録爲『神』。

[9]『同』，《元〈敏公講主江南求法功德碑〉考釋》，第十九頁録爲『自』。

[10]『蜀』，《元〈敏公講主江南求法功德碑〉考釋》，第十九頁録爲『南』。

[11]『勞』，《元〈敏公講主江南求法功德碑〉考釋》，第十九頁録爲『梵』。

□，終至跋提河，求其二□□，未甞説一字，如將毒藥醍醐[1]鎔作金□□，練于此，成得便見結□□青道經文字非至道□□不能解。慎勿勒印□打成黄卷赤軸，为壽宜興□主庫内無[2]好是□。至元廿三年元霄，浙東雁宕山人精堂□益書於靈隱西軒。

第三格

西凉曾未□□□藏靈文，已故梵具眼宗師輕夆[3]侶珠回玉轉壽。吾皇敏公講主遠奉聖旨及大国師法旨，特取大藏經回。見其忍苦捍夢，□知洞山之大藏，只是今之寶□。又僧問雲門：『如何是一代時教？』雲對一説。又僧問：『五祖睦州送一大藏，教只是不灱□，且道灱什麼字？』祖云：『入羅娘君前三大者恁麼提持，若識得渠親灱處便見。大光明[4]藏，不在内，不在外，若是伶利』。講主聊聞夆[5]著，便乃知灱。大振此[6]宗，竪法憧，燃[7]法矩，告天祝壽，報佛恩，孰不綽綽然有餘裕哉。因其行，信笔書□……（後缺）

第四格

初見敏公講主……□置心取三乘權實聖之恒，宜貴金言之常，住時俾[8]將沉之。佛日重使，欲滅之惠燈耳。□□殊勳，願保皇基之永固，以此無□弘正法之流通。雖然如是藏，即今在什麼處，遠知道出息入息陰界，眾□百万億卷文。大隋遂□得半藏，且可如何得全。□漂入眼，將地出遠遊。大經卷量等三千界□一切塵悉，然有一聰惠經卷，且問[9]何者是？此□眺聽恩講試辯看，遠涉歸程，驛路長臨，忙昔年貝葉[10]，雖西域出，古杭佶岸，如金堤似錦，野花芳情。如此去……（後缺）

[1]『將毒藥醍醐』，《元〈敏公講主江南求法功德碑〉考釋》，第十九頁録爲『惜壽藥能也』。
[2]『無』，《元〈敏公講主江南求法功德碑〉考釋》，第十九頁録爲『茹』。
[3]『夆』，《元〈敏公講主江南求法功德碑〉考釋》，第十九頁録爲『峯』。
[4]『光明』，《元〈敏公講主江南求法功德碑〉考釋》，第十九頁録爲『梵如』
[5]『夆』，《元〈敏公講主江南求法功德碑〉考釋》，第十九頁録爲『峯』。
[6]『此』，《元〈敏公講主江南求法功德碑〉考釋》，第十九頁録爲『屯』。
[7]『染』，《元〈敏公講主江南求法功德碑〉考釋》，第十九頁録爲『然』。
[8]『俾』，《元〈敏公講主江南求法功德碑〉考釋》，第十九頁録爲『伴』。
[9]『問』，《元〈敏公講主江南求法功德碑〉考釋》，第十九頁録爲『同』。
[10]『貝葉』，《元〈敏公講主江南求法功德碑〉考釋》，第十九頁録爲『具禁』。

疏證

碑文主要記述元代西涼州城某寺院的僧侶敏公，奉旨赴杭州求取大藏經的事迹。按第一格末題款，敏公講主大致于『丙戌年初冬』前後到江南地區的杭州路求取大藏經文，元朝的丙戌年有至元二十三年（1286）和至正六年（1346）。又第二格碑文末款署『至元廿三年元霄，浙東雁宕山人精堂□益書於靈隱西軒』，可見此處的『丙戌年』應爲至元二十三年（1286）。

碑文載敏公講主遠赴江南求贖大藏經系『遠奉聖旨及大國師法旨』，此處之『聖旨』即元世祖聖旨，而『大國師法旨』則是國師下達之旨意。按《元史・釋老傳》，元世祖朝歷任國師依次爲八思巴、亦憐真、答兒麻八剌、亦攝思連真、乞剌斯八斡節兒。其中，答兒麻八剌于至元十九年嗣位，『二十三年卒』，同年由亦攝思連真接嗣。可惜當年兩名國師寶座交接的具體月份不詳，因此我們尚不能確定令敏公講主前往江南求取佛經的究竟是答兒麻八剌還是亦攝思連真。

按西夏文《過去莊嚴劫千佛名經》發願文所載，元世祖在位時曾在杭州刻印西夏文佛經：『令經院西壁小狗鐵等報，以不可解德音，聖敕已出，江南杭州實板當做已為，以主僧事西壁土情行敕，知覺和尚慧中，始為先遣』。至元三十年，又于萬壽寺中刻印西夏文大藏經，終于元成宗大德六年竣工。敏公講主前往江南求贖佛經，便是在此歷史背景之下。

研究成果見諸高輝、于光建《〈敏公講主江南求法功德碑〉考釋》（《西夏研究》2012年第三期）。

柒拾柒　元・福建福州烏山雪巖總統沙羅巴摩崖石刻

叙録

刻石于大德二年（1298）。在福建省福州市鼓樓區烏山上，均鎸刻于石天東壁。南側摩崖刻于大德二年四月，字徑約十六厘米，楷書四行，行八字，爲沙羅巴與苑吉祥、李溥光題記；北側摩崖刻于大德二年秋，字徑約十厘米，爲沙羅巴與趙文昌賦詩與題記，住山釋烏石知炬摹刻。

石天沙羅巴兩方摩崖石刻全景

烏石山石天南側沙羅巴摩崖石刻

烏石山石天北側沙羅巴摩崖石刻

録文

南側摩崖

雪巖總統沙羅巴、海巖總統苑吉祥、雪菴宗師李溥光，大德二年四月望同登絕頂。

北側摩崖

城繞青山市繞河，市轂南北際山阿。雲來雲去三晡雨，霜後霜前兩熟禾。東郭農人報豐稔，西皋老子亦婆娑。肩輿到處皆名刹，時與高人醉踏歌。

大德二年立秋日，同雪巖總統飲烏石之道山亭，濟南趙文昌題，住山釋烏石知炬摹刻。

疏證

雪巖總統，即沙羅巴，積寧氏，秦州人。善吐番音，兼解諸國文字。元世祖賜大辯廣智大師之號，授江浙等處釋教都總統。史載其常年傳教于西夏故地，深受尊重，『河西之人尊其道而不敢名，止稱其氏』（《佛祖歷代通載》卷二二）。有學者認爲其族屬爲西夏人（傅海波著，楊富學、樊麗莎譯《元代西夏僧人沙羅巴事輯》，《隴右文博》2008年第一期），故收録與其相關的兩方摩崖石刻于本書。

由于楊璉真迦在任時，江浙地區的釋教積弊已久，朝廷派沙羅巴任江浙等處釋教總統以整治風氣。《佛祖通載》卷二二載：『既至，削去煩苛，務從寬大，其人安之。既而，改授福建等處釋教總統。』直到大德三年（1299）五月壬午，罷江南諸路釋教總統所期間（《元史·成宗紀三》），沙羅巴均在江浙和福建釋教總統任上。摩崖石刻便是沙羅巴在福州與當地士人交游之例證。

福建等處釋教總統不見于《元史·百官志》記載，其員額、品秩、職能皆不詳。石刻文反映除『雪巖總統沙羅巴』，當地還有『海巖總統苑吉祥』，説明福建等處釋教總統所與福建閩海道廉訪司等地方機構類似，設有兩名長官。

柒拾捌　元・中書右丞塔出墓碑

敘録

大德十一年（1307）六月立石，出土于菏澤市趙王河郭莊段，2008年徵集入藏菏澤市博物館，現陳列于博物館南牆側的碑廊中，爲自東向西數第四方。石灰巖質。碑身高一百四十八厘米，寬七十九厘米，厚二十六厘米。圓首。碑首左上角殘缺，又有長方形底座，長九十七厘米，寬三十三點五厘米，厚二十四厘米。爲中書省右丞塔出墓碑，立碑者爲其子必宰牙。

中書省右丞塔出墓碑

録文

男中奉大夫工部尚書必宰牙
節婦劉氏明理太夫人，中書省右丞塔出相公之墓
大德十一年丁未六月十四日立石。

疏證

塔出，爲元朝初年的西夏人將領，歷官山東統軍使、淮西等處行樞密院僉事、淮西行省參知政事、江西宣慰使、江西行省右丞等職官，在滅宋戰争中多有功績。《元史》本傳詳于其人事迹，卻略于世系，僅有『布兀剌子也』五字。而『布兀剌』系何人，則史籍難考。

墓碑之立碑者，爲『男工部尚書必宰牙』。按許有壬《至正集·故漕運同知粘合公妻逸的氏墓誌銘》載誌主『高祖察罕，太師、河南武宣王，開國有功。父必宰牙，遼陽行省右丞』，是可知必宰牙爲察罕曾孫，則塔出爲河南王察罕之孫，布兀剌爲察罕之子。《元史》將《塔出傳》置于卷一三五，將《察罕傳》置于一二〇，是誤將一家族人物拆入兩卷中。

《元史·塔出傳》記載塔出『妻明理氏，以貞節稱，旌其門閭』，缺載明理氏夫人之姓氏。而墓碑卻將明理氏缺載的漢姓『劉氏』記録了下來，謂之『節婦劉氏明理太夫人』。據此推測，這位女性更有可能是一名西夏人或廣義上的漢人。

此外，碑文還補充了元朝官方對塔出的追贈，即碑文中提到的『中書省右丞』。

研究成果見諸劉志月《菏澤博物館藏兩方元代西夏遺民墓碑史料價值初探》（《西夏學》2020第二十一輯）。

柒拾玖　元・宗密圓融大師塔銘

叙録

刻石于延祐元年（1314），河南洛陽白馬寺出土，現藏洛陽市博物館。全稱『故釋源宗主宗密圓融大師塔銘』，塔銘高七十三厘米，寬七十七厘米，楷書二十六行，滿行二十七字。保存較爲完好。記載宗密圓融大師楊慧覺生平事迹，沙門法洪撰文，周新刊。

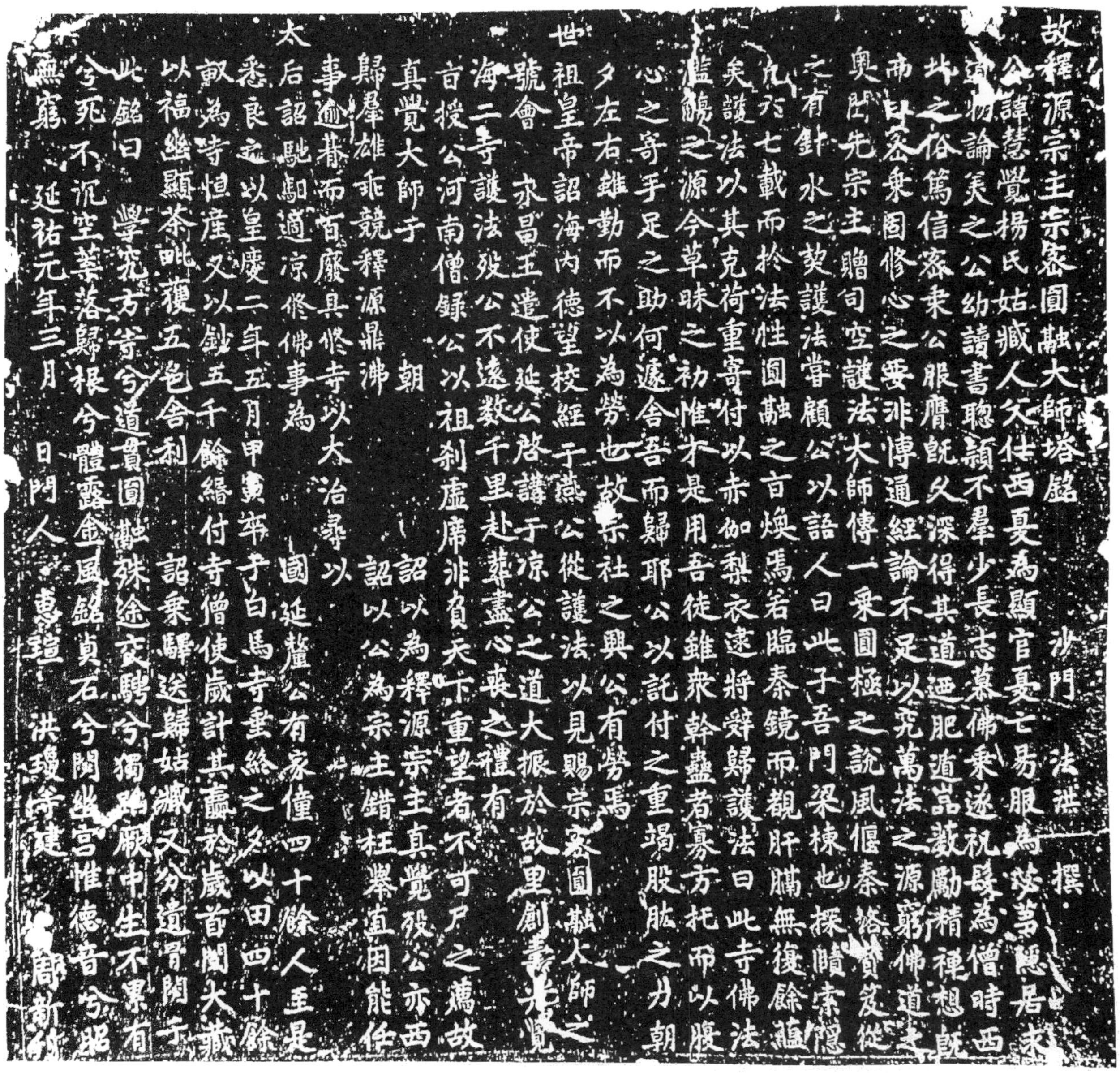

宗密圓融大師塔銘拓片

録文

故釋源宗主宗密圓融大師塔銘

沙門　法洪　撰

公諱慧覺，楊氏，姑臧人。父仕西夏為顯官，憂亡易服為苾蒭，隱居求道，物論美之。公幼讀書，聰穎不羣；少長，志慕佛乘，遂祝髮為僧。時西北之俗，篤信密乘。公服膺既久，深得其道。迺肥遁嵓藪，勵精禪想。既而曰：『密乘固修心之要，非博通經論，不足以究萬法之源，窮佛道之奥。』聞先宗主贈司空護法大師，傳一乘圓極之説，風偃秦洛。負笈從之，有針水之契。護法嘗顧公以語人曰：『此子，吾門梁棟也。』探頤索隱，几六七載。而於法性圓融之旨焕焉，若臨秦鏡而覩肝膈，無復餘蘊矣。護法以其克荷重寄，付以赤伽梨衣。逮將辭歸，護法曰：『此寺，佛法濫觴之源。今草昧之初，惟才是用。吾徒雖衆，幹蠱者寡。方託而以腹心之寄，手足之助，何遽舍吾而歸耶？』公以託付之重，竭股肱之力，朝夕左右，雖勤而不以為勞也。故宗社之興，公有勞焉。世祖皇帝詔海内德望，校經于燕。公從護法，以見賜『宗密圓融大師』之號。會永昌王遣使延公，啓講于凉，公之道大振於故里。創壽光、覺海二寺。護法歿，公不遠數千里赴葬。盡心喪之禮。有旨授公河南僧録。公以祖刹虚席，非負天下衆望者，不可尸之。薦故真覺大師於朝，詔以為釋源宗主。真覺歿，公亦西歸。羣雄乖競，釋源鼎沸。詔以公爲宗主。錯枉舉直，因能任事。逾朞而百廢具修，寺以大治。尋以太后詔，馳馹適凉，修佛事為國延釐。公有家僮四十餘人，至是悉良之。以皇慶二年五月甲寅卒于白馬寺，垂終之夕，以田四十餘畝為寺恒産。又以鈔五千餘緡付寺僧，使歲計其贏。於歲首閲《大藏》。以福幽顯荼毗，獲五色舍利。詔乘驛送歸姑臧，又分遺骨，閟于此。銘曰：

學究方等兮道貫圓融，殊途交騁兮獨蹈厥中。生不累有兮死不沉空。葉落歸根兮體露金風。銘貞石兮閟幽宫，惟德音兮昭無窮。

延祐元年三月　日，門人惠瑄、洪瓊等建，周新刊。

疏證

塔銘記載了西夏遺僧慧覺龍川大師研習華嚴，赴大都校經，被授以『宗密圓融大師』之號，以及出任河南僧録、白馬寺第三任釋源宗主，前往河西地區弘揚佛法等事迹，可補史之缺。

塔銘文記載了楊慧覺修習佛法的歷程。『時西北之俗，篤信密乘。公服膺既久，深得其道。』即指夏末元初，河西地區盛行藏傳佛教。慧覺修行已久，他逐漸意識到『密乘固修心之要，非博通經論，不足以究萬法之源，窮佛道之奥』。于是，他放弃修習密宗，轉赴洛陽向『先宗主贈司空護法大師』學習華嚴宗，『先宗主贈司空護法大師』是指白馬寺第一任釋源宗主龍川行育和尚。

龍川和尚將自己的赤伽梨衣贈予慧覺，關于龍川和尚的赤伽梨衣，據《龍川和尚舍利塔志》（收録于《洛陽古代銘刻文獻研究》，三秦出版社2009年）記載『因辨褰緇黄，世祖皇帝賜赤僧伽梨，加扶宗弘教大師之號』，是其參加1258年佛道辯論時由忽必烈賜予的。慧覺在至元二十二至二十四年（1285～1287）還跟隨龍川和尚參與編訂《至元法寶勘同總録》，楷定大藏聖教。碑文所載『世祖皇帝詔海内德望，校經于燕。公從護法，以見賜「宗密圓融大師」之號』即指此事。

碑文載：『會永昌王遣使延公，啓講於涼』。永昌王是闊端第三子只必帖木兒，鎮守河西。《元史》卷七《世祖紀》載『諸王只必帖木兒築新城成，賜名永昌府』。只必帖木兒封永昌王一事應該在此之後，此處意爲永昌王只必帖木兒曾延請慧覺到西涼弘法。

研究成果見諸李燦、侯浩然《西夏遺僧一行慧覺生平、著述新探》（《西夏學》第六輯），崔紅芬《僧人『慧覺』考略——兼談西夏的華嚴信仰》（《世界宗教研究》2010年第四期）。

捌拾　元・江西寧都翠微峰李世安平寇頌摩崖石刻

叙録

延祐二年（1314）刻，位于江西省贛州市寧都縣翠微峰國家森林公園金精洞洞口左側崖壁上。長三百八十厘米，寬一百七十厘米，陰刻楷書十五行，滿行三十字，行距、字距各三厘米，字徑約九厘米。第一行爲標題，第二行至第八行記事，第九行至十四行頌辭，最後一行落款署。内容系歌頌江西行省平章李世安率軍平定蔡五九起義等事迹。系寧都知州楊承式撰文，書寫、刻文者不詳。

李世安平寇頌摩崖石刻

録文

平寇頌

延祐二載秋，贛寧都巨寇蔡五九煽亂倔，起衆二萬，侵薄州城，乘邊絡繹。榮禄大夫江西等處行中書省平章政事□□□間□奮然曰：國平宋，父武愍公南定江廣，于今四十年，何物孽豎，敢觸天憲？延帥都事李肇等率諸翼精鋭，道以鄉丁，長驅而來。姦徒奔潰，溺死填川。首惡負固。朝廷遣使視師，臺憲官聯至，上賜虎符，顓以兵柄，遂大舉摧破巢穴，合戰上虎嶂，擒蔡。十月戮于市，活脅從者萬人。惟平章有功於國，有德於民，丕顯于世，人長頌曰：

皇圖丕昌，奄有萬方。孰盜以徑，有徃□□。□弄□□，豨突我城。維李世臣，東國之均。帥師兩□，□□□□。章龍特殊，戎□前驅。強弩勁弓，□□□□。□□□□，斯土□平。耄倪更生，四野廓清。□□□□，□□□□。於國盡忠，貸其下人。溥施以仁，□民□□。□□□□，江右以寧。廣其父聲，金精崖峩。州北頌樣，□□□□。

奉議大夫贛州路寧都州知州兼勸農事楊承式 □□。

李世安平寇頌摩崖石刻拓片局部

疏證

摩崖文載『延祐二載秋，贛寧都巨寇蔡五九煽亂倔起衆二萬，侵薄州城』，此事謂延祐二年七月爆發在江西行省的蔡五九起義，《元史》記載因『暱匝馬丁經理田粮，與郡縣横加酷暴』、『贛州土賊蔡五九聚衆作亂，敕遣兵捕之』（《元史·仁宗紀二》）。

至于率軍討伐者，摩崖石刻僅載有『榮禄大夫江西等處行中書省平章政事』，而缺其人具體姓名。幸而下文有『父武愍公』之稱謂，可知其人便是追謚『武愍』的西夏皇族後裔李恒之子李世安。石刻文引述李世安之言，曰：『國初平宋，父武愍公南定江廣，於今四十年，何物孽豎，敢觸天憲』，這是指李恒曾以副都元帥參加討伐南宋的戰争，南下平定江西、廣東之事，詳見《元史·李恒傳》。

又摩崖石刻云李世安初次出兵，『奸徒奔潰，溺死填川』，但『首惡負固』，未能擒殺蔡五九，而後『上賜虎符，顯以兵柄』，方能『大舉擣破巢穴，合戰上虎嶂，擒蔡』。據吴澄《文正公集》所收《李世安墓誌》，李世安鎮壓蔡五九起義之初『以不兼提調兵馬之職，非所當任』，由于僚屬『懇請不已，公乃移諮密院，然後就道』，與摩崖石刻文中先申請兵符，後率大軍平叛之事迹相符合。

摩崖文撰寫者爲『奉議大夫贛州路寧都知州兼勸農事楊承式』，《（天啓）贛州府志》卷一〇記載楊承式元貞二年（1296）任寧都州知州，據摩崖的書寫年代——延祐二年（1315）有十七年之久。就元朝外任地方官三年一考的遷轉原則來看，楊承式不太可能連續擔任寧都知州達近二十年之久。加之《瑞安縣志》載楊承式曾于至大二年任瑞安州知州，可證《贛州府志》關于楊承式的任職年代是錯誤的。他在任寧都知州的年代，應在摩崖石刻書寫的延祐二年前後。

研究成果見諸劉勁峰、薛翹《寧都翠微峰〈平寇頌〉題刻與元代蔡五九起義》（《南方文物》1987年第一期）。

捌拾壹　元·宣政院判官耿完者秃墓誌

叙録

天曆二年（1329）刻石。1990年五月出土于北京市朝陽區王四營鄉南豆各莊村的北京第二監獄施工現場，現藏北京市文物研究所。石質爲頁巖，長六十四厘米，寬四十一厘米，厚八厘米。楷書誌文八行，每行六字，共四十八字。

録文

大元故亞中大夫宣政院判官耿完者秃，五十八歲，唐兀氏。天曆二年四月十九日卒，葬大都通州路縣青安鄉竇家庄祖塋。

疏證

墓主爲耿完者秃，唐兀氏，曾任宣政院判官，卒于天曆二年（1329）。『唐兀』即阿爾泰語系語言對『党項』發音的漢譯，指西夏亡國後生活于元朝境内的西夏遺裔。『大都通州路縣』中的『路縣』當爲『潞縣』之訛，系大都路下轄通州之倚郭縣。

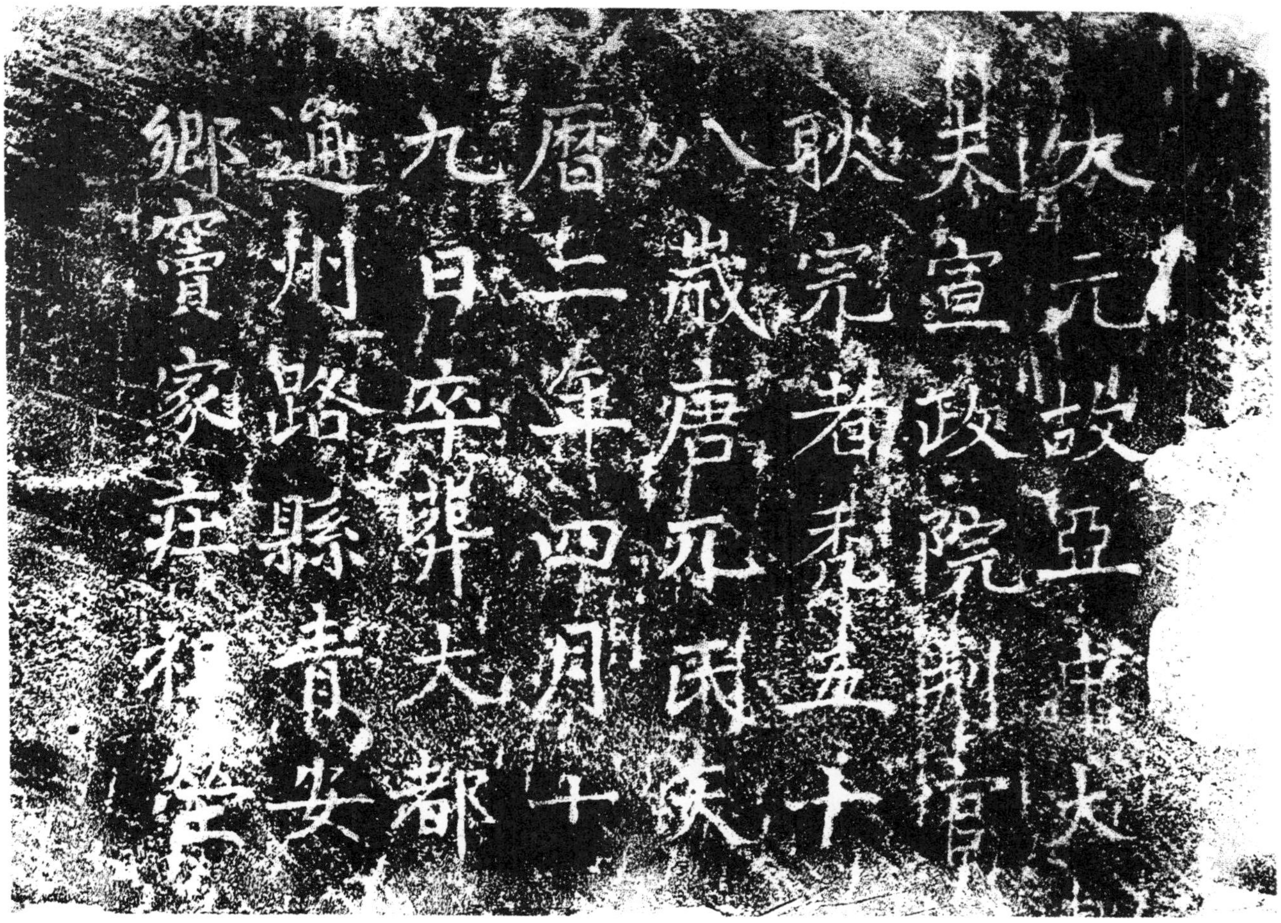

大元故亞中大夫宣政院判官耿完者秃墓誌

捌拾貳　元・河南浚縣大伾山納加臺教化等摩崖石刻

叙録

元統二年（1334）十月二十一日刻，在河南浚縣大伾山太平興國寺朝陽澗北側崖壁。高七十五厘米，寬五十四厘米，楷書。共六行六十九字。西夏納加臺教化與濟南鄧天驥題詩，高村吴義鐵筆。

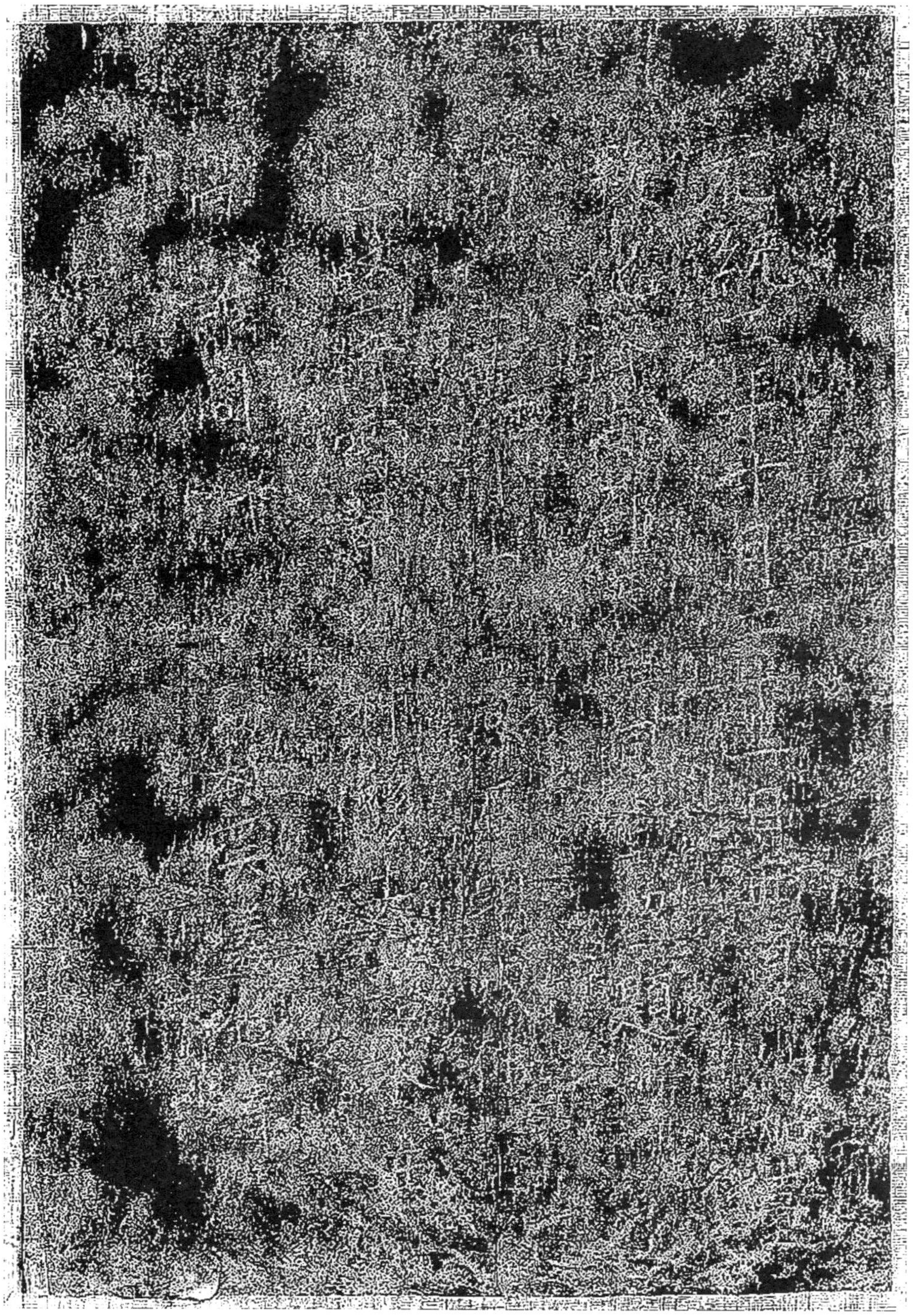

大伾山西夏納加台教化等摩崖題刻

録文

元統二年十月二十一曰，西夏納加臺教化、濟南鄧[1]天驥同登留題：南望黄河北望燕，石頭成佛主心堅。倚雲翠閣神移去，落木西風誰問禪？

高村吴義鐵筆，浚州長□（春）□（觀）□（棲）□（真）□（堂）□（記）[2]。

疏證

題刻爲元統二年（1334）西夏人納加臺、教化與濟南人鄧天驥同登浚縣大伾山所撰七言絶句詩。

據吴澄《吴文正公集》所收《浚州達魯花赤追封魏郡伯墓碑》，碑主速哥察兒有子名哈剌哈孫，又有孫男三，分别爲脱因、納嘉德和教化，其中納嘉德官職爲『從事郎、潭州路安化縣達魯花赤兼勸農事』（《大名府志》卷一〇《元故浚州達魯花赤贈中議大夫河中府知府上騎都尉追封魏郡伯墓碑（吴澄）》），教化則在中進士後授官江州路瑞昌縣達魯花赤。浚縣大伾山摩崖石刻中的『西夏納加臺、教化』即浚州達魯花赤述哥察兒之孫納加德、教化兄弟。

又北京大學圖書館藏《故中議大夫漢陽府知府唐兀公墓誌銘》載哈剌哈孫于元統二年（1334）七月六日卒，推測在外仕宦的納加臺與教化兄弟回浚縣奔喪，方能在同年十月二十一日游覽大伾山。

[1] 鄧，《浚縣金石志》録爲『郡』。

[2] 拓片最末漫漶諸字，按《浚縣金石志》所收録文補入。

捌拾叁　元·中書右丞必宰牙墓碑

叙録

元統三年（1335）四月立石。原出于菏澤市趙王河郭莊段，2008年徵集入藏菏澤市博物館，現陳列于博物館南牆側的碑廊中，爲自東向西數第七方。石灰巖質。碑身高一百四十七厘米，寬七十四點五厘米，厚二十五厘米，圓首。碑陽額橫向陰刻楷書『大元』二字，系元代西夏遺民必宰牙墓碑，由必宰牙家人樹立。

中書右丞必宰牙墓碑

録文

男祥童舍人。
孝妻完者夫人建立碑石。
大　　忽都罕夫人。
資德大夫中書右丞必宰牙相公之墓。
元　　伯也倫夫人。
男武略將軍嵩州達魯花赤壽童。
元統三年四月吉日。

疏證

墓碑之出土地在今趙王河郭莊段，即菏澤市牡丹區東郊，元代屬濟寧路曹州所轄。塔出和必宰牙父子兩代人都葬于曹州，説明曹州已經成爲該家族的定居地。這個家族與曹州結緣，始于塔出之祖父察罕。蒙元憲宗蒙哥在位時，察罕以軍功受賜『汴梁、歸德、河南、懷、孟、曹、濮、太原三千餘户爲食邑，及諸處草地，合一萬四千五百餘頃，户二萬餘』。也就是説，曹州最初是以食邑的形式被分封給察罕家族的。至元四年，元世祖令塔出享『察罕食邑之半，又還其所俘逋户三十』，曹州可能再次以食邑的形式被分封給察罕後人。同年，宋將劉整降元，向元世祖獻策南征，元朝對南宋的戰争再度爆發。塔出于此間任山東統軍使與淮西行樞密院僉事，繼承父志，在淮泗地帶與宋軍作戰，并于至元十一年升任淮西行省參知政事，『帥師攻安豐、廬、壽等州，俘生口萬餘來獻』。因軍功，塔出被元世祖賜予『葡萄酒二壺，仍以曹州官園為第宅，給城南閒田為牧地』。就地緣而言，曹州爲元朝中書省轄地最南端沿綫，是宋元戰争淮泗戰場的後方；元廷將曹州官園賜予塔出作爲宅邸，應該是爲了便于他在前綫指揮戰事。也就是説，這一支西夏皇族後裔正式定居于曹州，應始于1274年；同時，必宰牙立于1335年的墓碑，可證明該家族在元代至少定居曹州達六十年以上。

關于必宰牙的婚姻，《元史》稱其『妻伯牙倫，泰安郡武穆王孛魯歡之女，亦守義有賢行』，與今泰山岱廟藏《大元太師泰安武穆王神道之碑銘》（見《岱廟碑刻研究》，齊魯書社2015年）載孛魯歡第五女『適山東宣慰使必宰牙』相吻合。二者均未言及《中書右丞必宰牙夫婦墓碑》上位于必宰牙名諱右側的『忽都罕夫人』。從墓碑刻文的位置來看，忽都罕夫人與伯也倫夫人的地位應該是平起平坐的，二人間并無正側之分，可惜的是由于史籍無載，我們難以考察忽都罕夫人的生平。或許是因忽都罕夫人早卒，必宰牙方纔娶伯也倫續絃。

此外，碑文還補充了元朝官方對必宰牙的追贈，即碑文中提到的『中書右丞』。研究成果見諸《菏澤博物館藏兩方元代西夏遺民墓碑史料價值初探》（《西夏學》2020第二十一輯）。

捌拾肆　元・《洛陽懷古》詩碣

叙録

後至元二年（1336）二月刻石。原碑在河南洛陽，現佚，國家圖書館藏有拓片。高五十一厘米，寬八十三厘米。正書二十七行，滿行十五字。刻備員御史張雄飛等人之題詩。刻石者不詳。

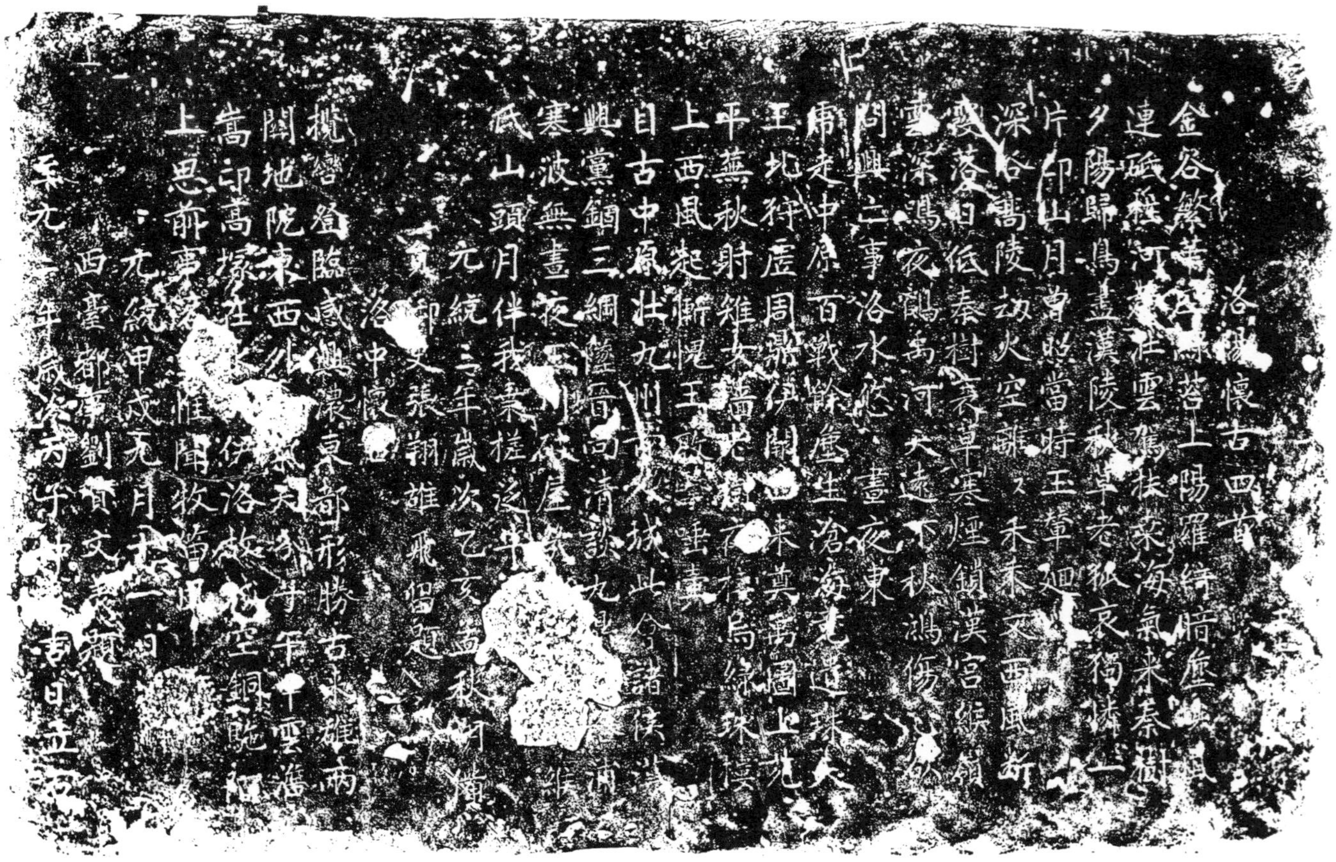

《洛陽懷古》詩碣拓片

録文

洛陽懷古四首

金谷繁華空綠苔，上陽羅綺暗塵埃。風連砥柱河聲壯，雲駕扶桑海氣來。秦樹夕陽歸鳥盡，漢陵秋草老孤哀。獨憐一片邙山月，曾照當時王輦迴。

深谷高陵刼火空，離離禾黍又西風。断霞落日低秦樹，衰草寒煙鎖漢宮。緱嶺雲深鳴夜鶴，禹河天遠下秋鴻。傷心欲問興亡事，洛水悠悠晝夜東。

鹿走中原百戰餘，塵生滄海竟遺珠。天王北狩虚周鼎，伊闕西來奠禹圖。上苑平蕪秋射雉，女嬙老樹夜棲烏。綠珠樓上西風起，慚愧王敦擊唾壺。

自古中原壯九州，昔人城此會諸侯。漢興黨錮三綱墜，晉尚清談九鼎□（休）[1]。洛浦寒波無晝夜，玉川破屋幾□（春）□（秋）。□（唯）□（餘）緱氏山頭月，伴我乘槎泛斗□（牛）。

元統三年歲次乙亥孟秋朔，備員御史張翔雄飛留題。

洛中懷古

攬轡登臨感興濃，東都形勝古來雄。兩關地院東西外，□（一）氣天分子午中。雲澹嵩邙高塚在，水□（流）伊洛故城空。銅駞陌上思前事，落□（日）惟聞牧笛風。

元統甲戌九月十一日。

西臺都事劉質文（美）題。

至元二年歲次丙子仲□（暮）吉日立石。

---

[1] 此碑拓片有多處不清，按《金石萃編未刻稿》所收《洛陽懷古四首》録文補入。下同。

疏證

本石先後刻元代備員御史、河西人張翔（字雄飛）《洛陽懷古》四首以及西臺都事劉質的《洛中懷古》一首。其中張翔爲西夏後裔，字雄飛，延祐首科（1315）右榜進士，歷官西臺御史、南臺御史、南臺都事、浙東道廉訪司僉事、湖南道廉訪司僉事等。後至元二年（1336）二月，張翔任職西臺御史時，巡部途經洛陽，寫下《洛陽懷古四首》，并刊諸石。

捌拾伍　元・江蘇盱眙第一山余闕《瑞巖詩》摩崖

叙録

後至元元年（1337）正月刻，在江蘇省盱眙市第一山風景區瑞巖上。高四十二厘米，寬九十八厘米。楷書十六行。摩崖石刻内容爲西夏遺民余闕題詩，前半部分爲五言律詩，後半部分爲題跋，刻石者不詳。

余闕《瑞巖詩》

余闕《瑞巖詩》拓片

録文

孤絕緣高嶂，幽尋及早春。
送燈瑤殿小，煮酒瑞泉新。
陽彩方澄景，淮流欲近人。
燕談真得地，風磴入深筠。

至元三年正月□□偕□李 吉節判[1]來[2]遊瑞巖，從者郡吏高□、張靈、徐德□□而盱眙監桑哥荅思、尹孔君美、簿馬□麟、尉盧仲庸、典史李華甫繼至，因併刻之山石。

泗州從事武威余闕題，郡書佐吏榮。

疏證

《瑞巖詩》刻于「至元三年」，元朝有兩至元年號，分別爲元世祖與元順帝年號，前者1264～1294年，後者1335～1340年。余闕爲元朝中後期人物，此處之「至元三年」，應爲元順帝時的後至元三年，即1337年。

題記中余闕署銜爲「泗州從事」，「從事」于《元史·百官志》無載，唯有「從事郎」被記載爲從七品文散官，應與余闕之實職無涉。按《元統元年進士録》，余闕于1333年高中進士後，「授淮安路同知泗州事」，可見「從事」實爲同知之美稱。

又余闕于題名前自署籍貫「武威」，《元史》本傳載其「世家河西武威。父沙剌臧蔔，官廬州，遂為廬州人」，故余闕雖「貫廬州路録事司」，猶可以祖籍自稱爲武威人。

研究成果見諸高仁、鄧文韜《唐兀人余闕盱眙題詩考釋》，《淮陰師範學院學報（哲學社會科學版）》2015年第五期。

[1] 判，《盱眙金石志》録爲「領」。
[2] 來，《盱眙金石志》録爲「客」。

捌拾陆　元・江蘇盱眙第一山余闕《玻璃泉詩》并跋

叙録

後至元元年（1337）十二月刻，在江蘇省盱眙市第一山風景區魁星亭下。高一百三十三厘米，寬六十厘米。篆書六行，前三行爲序，後三行爲詩正文，内容爲西夏遺民余闕題詩。刻石者不詳。

余闕《玻璃泉詩》拓片

余闕《玻璃泉詩》

録文

至□（元）后丁丑十有二月十又九日，監□（泗）州[1]斡赤、同知余闕來游，倉使孫□、縣典史王世榮從行。賦詩：

第一山頭雲淡淡，玻璃泉上日暉暉。
太平官府元風景，又向松間喝道歸。

疏證

摩崖石刻内容系余闕與同僚登臨第一山，題詩留念。『至□（元）后丁丑』，按照干支紀年，元代丁丑年分别爲世祖至元十四年（1277）與順帝至元三年（1337），後者『後丁丑』自然是指後至元三年，所缺字當爲『元』字。這樣看，據當年正月余闕在第一山初次游玩，前後相隔十一個月。研究成果見諸高仁、鄧文韜《唐兀人余闕盱眙題詩考釋》，《淮陰師範學院學報（哲學社會科學版）》2015年第五期。

[1] 泗州，《盱眙金石志》録爲『四川』。

捌拾柒　元・廣西桂林南溪山西夏觀音奴魯山題刻

叙録

後至元四年（1338）刻，在廣西桂林市南溪山劉仙巖内洞壁上，高、寬皆五十三厘米，前半部分爲詩文，字徑零點三厘米，後半部分爲題跋，字徑零點二厘米，西夏觀音奴魯山書，贈予劉仙巖道士胡清安。

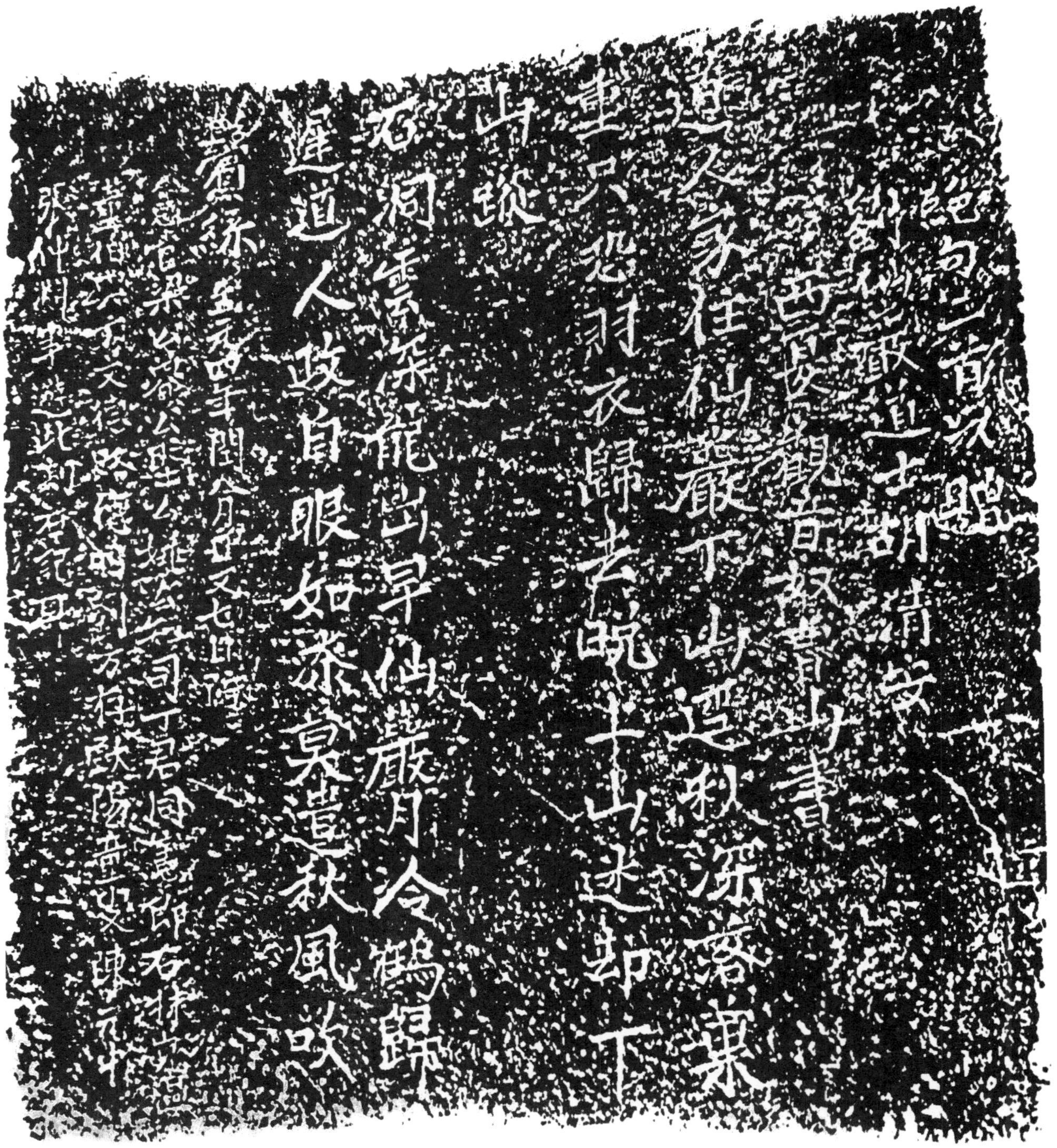

劉仙巖西夏觀音奴魯山題詩拓片

録文

絕句二首以贈劉仙巖道士胡清安

西夏觀音奴魯山書

道人家住仙巖下，山徑秋深落葉重。只恐羽衣歸去晚，上山迷卻下山蹤。

石洞雲深龍出早，仙巖月冷鶴歸遲。道人政自眼如漆，莫遣秋風吹鬢絲。

至元四年閏八月廿七日，陪憲官梁公，魯公，堅公，姚公，知司丁君，同憲郎石抹克温、董伯與、丁文德、路德昭、劉方存、歐陽童叟、陳元中、張仲淵等遊此，刻石記耳。

疏證

明初所修《元史》收觀音奴入《良吏傳》，謂之字志能，唐兀人氏，居新州。登泰定四年進士第。由户部主事，再轉而知歸德府，後升爲都水監官，未見有其在廣西仕宦之經歷。但元人傅若金《傅與礪詩集》有《送觀志能赴廣西憲司經歷》詩作傳世，説明觀音奴曾于嶺南廣西道肅政廉訪司中任職從七品的職官『經歷』。至于任職年代下限，按《（至正）金陵新志・官守志》監察御史條下載觀音奴于『至元五年上』，可見其于題刻此詩之次年，即離任廣西道廉訪司經歷。

又據《（嘉靖）廣西通志》卷五之《秩官表》，題記中與觀音奴同游的『梁公』即至元四年以正議大夫任廣西道廉訪使的汝州人梁遺，『堅公』即至元四年任廉訪僉事的畏兀兒人堅都思堅，『姚公』即至元四年任廉訪僉事的河南府人姚紱，『魯公』疑爲至元三年以中順大夫任廣西道廉訪副使的伯篤魯丁。

捌拾捌　元・廣西桂林七星巖必申達兒題刻

叙録

後至元六年（1340）刻，在廣西省桂林市七星巖普陀山崖壁上。高九十厘米，寬八十厘米。共十三行，每行五至十二字不等，行書。系江南諸道行御史臺監察御史必申達兒游七星巖題記。

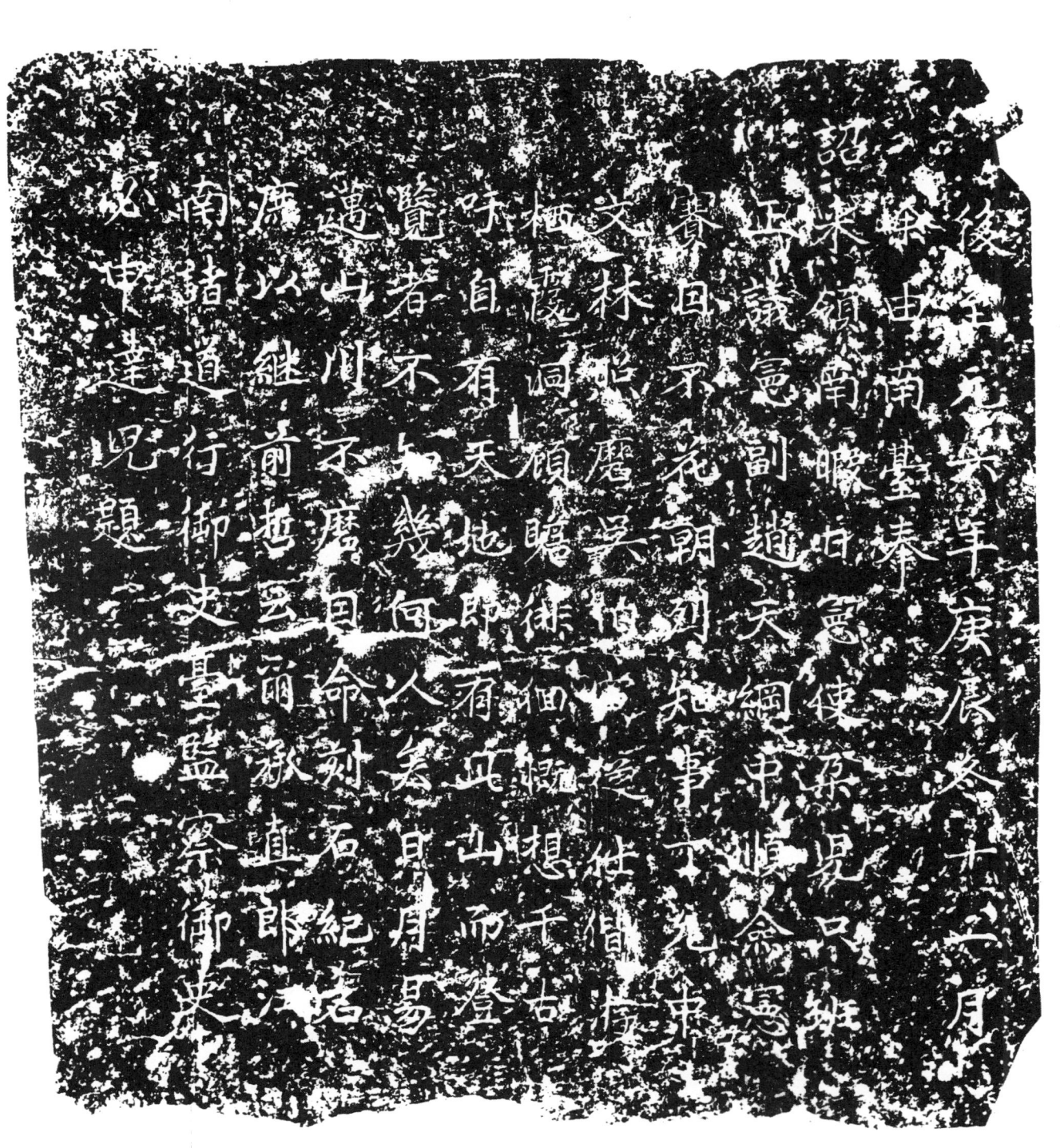

七星巖必申達兒題刻

録文

後至元六年庚辰冬十二月，余由南臺奉詔来嶺南。暇日，憲使朶兒只班正議，憲副趙天綱中順，僉憲賽因不花朝列，知事丁允中文林，照磨吴伯寅從仕，偕游栖霞洞。顧瞻徘徊，慨想千古。吁！自有天地，即有此山，而登覽者不知幾何人矣。日月易邁，山川不磨，因命刻石紀名，庶以繼前哲云爾。

承直郎江南諸道行御史臺監察御史必申達兒題。[1]

疏證

題記中必申達兒并未寫明自己的族屬。清人陳衍《元詩紀事》卷四十一録有無名氏《訪樵隱不遇》詩，後引《蘭溪遺事》云：『至正七年，由蘭溪至浦江，道過元常觀，録此詩於壁，并記本末，末署「書此壁者，濟南必申達而樵隱，唐吾氏也」』（陳衍《元詩紀事》，上海古籍出版社1985年）。『唐吾』即元代西夏遺民族稱『唐兀』之同音异寫，可見必申達兒系定居于濟南的西夏後裔。

《（至正）金陵新志・官守志》載必申達兒于後至元六年上任江南行臺監察御史，『由南臺奉詔來嶺南』，謂其出巡江南行臺所監察的嶺南廣西道肅政廉訪司，在廉訪司駐地桂林處理公務。

『憲使』、『憲副』與『僉憲』，即廉訪使、副使、僉事之雅稱，據《（嘉靖）廣西通志》卷五《秩官表》，朶兒只班于至元六年以正議大夫任廣西道廉訪使，趙天綱于至元五年以中順大夫任廉訪副使，賽因不花于至元六年以朝列大夫任廉訪司僉事，與摩崖石刻文記載相合。

---

[1]《粤西金石略》卷一四《必申達兒題名》所收録文在必申達兒題名後多出『静江路吏李森摹刻』一行，拓片似未見。

捌拾玖　元・浙江臨海大嶺石窟造像題名記

敘録

約刻于後至元四年或五年（1338～1339）前後，在臨海市西郊括蒼鎮西安禪寺背後的大嶺頭山崗菩薩造像東南側的崖壁上。摩崖高約二米，寬約一米。石刻内容爲施財造像的題名記，題額爲横向楷書的『大功德主』四字，字徑約二十三厘米；題額下方有竪向楷體正書的十一列小字，字徑約八厘米。由于風化作用的影響，該摩崖石刻除第一列較爲清晰以外，其餘各列文字僅上半部分的尚能釋讀，下半部分已然漫漶不清。

大嶺石窟造像題名記

録文

中順大夫台州路揔管兼管内勸農事禿堅董阿，安遠大将
奏差余斌助俸
憲司書吏哈散沙、師時進各助俸
僉浙東海右道肅政廉訪司事歪頭助俸
僉浙東海右道肅政廉訪司事李……
朝散大夫僉浙東海右道肅政廉訪司事王……
亞中大夫浙東海右道肅政廉訪司副使楊不花……
大中大夫浙東海右道肅政廉訪司副使順昌……
亞中大夫浙東海右道肅政廉訪司事杜秉彝……
徵事郎僉浙東海右道肅政廉訪司事老老……

疏證

摩崖石刻文第九行題名者爲『大中大夫浙東海右道肅政廉訪司副使順昌』。按《（嘉慶）長山縣志》卷五《秩官志》，順昌姓字氏，系籍貫寧夏府路的西夏後裔。陳旅《慶元路儒學新修廟學記》謂順昌于後至元四年（1339）冬在任浙東道肅政廉訪司副使，并有分司出巡至慶元路，責成總管張榮祖、同知齊謙重修慶元路官學等事迹。故順昌參與大嶺石窟開鑿，并刻留題名事迹的年代當在此前後。

石刻文第一行題名者『禿堅董阿』，當是這場開窟造像運動的最主要發起者，據周潤祖的《重修總管府碑》記載，『至正改元，總管禿堅董阿中順公視郡視事』，在任職台州期間，禿堅董阿『選郡士有才幹者六人，俾職繕修，授以指畫，給以公帑』，重修了總管府衙之廳堂、正門、廡廊、吏舍等百十間房屋。開鑿大嶺石窟，亦是他在任台州時的一項活動。

第五行題名者『歪頭』，《（至正）金陵新志》所載元統二年（1334）上任的江南行臺監察御史（正七品）中，有一名爲歪頭的畏兀兒人官員。他的仕宦履歷與官品，大致能與至正元年（1341）左右擔任浙東隴右道肅政廉訪司僉事（從五品）相對應。在至正十六年（1356），被危素稱爲『高昌歪頭公』的他已仕至兵部尚書。

第九行題名者『楊不花』，字仲實，號足齋，冀州人，延祐七年（1320）曾在江南行臺擔任監察御史，元統間（1333~1335）曾爲福建閩海道肅

政廉訪司僉事。

第十行題名者『杜秉彝』，字德常，安陽人。其曾祖杜瑛爲金末元初隱士，著述頗豐，長于經史、曆法，天曆年間（1328～1330）被追封爲魏郡公，諡文獻。祖父杜處願，字榮季，累遷至東昌路推官；父杜愚，爲學官。杜秉彝于至順元年（1330）由丞相東曹掾出仕爲奎章閣典籤，次年升遷爲鑑書博士兼譯文官。後輾轉任職于監察系統，先後出任陝西行臺御史、江南行臺御史以及江北河南道肅政廉訪司僉事。《（萬曆）蘭溪縣志》載『至元中浙東僉事杜秉彝有《暮春行部詩》題州治後堂壁』，可知杜秉彝任職浙東海右道僉事年代應在至元年間（1335～1340）。杜秉彝亦長于文史，曾參與《宋史》的編修，且著有文集四十卷，但可惜已散佚。

第十一行『老老』，字士安，號白雲道隱，畏兀兒人。早年事迹史載不詳，至元三年（1337）出任浙東道肅政廉訪司僉事，貝瓊《黄南岫先生墓誌銘》載『老老僉浙東廉訪司事時，舉（黄許）為麗水儒學教諭』，可見老老在浙東有舉賢任能的政績。

題名所見浙東道廉訪司僉事老老和杜秉彝二人，至遲在至正元年已任職于大都，如《式古堂書畫匯考》記載至正元年端陽日，『兵部侍郎揭思謙、崇文少監杜秉彝、祕書太監別多喇卜丹、太常博士成遵、禮部侍郎臺哈布哈』曾同觀蘇東坡《虎跑泉詩卷》于寬簡堂（《式古堂書畫匯考》卷一〇《書十》）。又據危素《君臣政要序》記載，至正元年九月『皇帝御東宣文閣，出《君臣政要》三卷，召翰林學士承旨臣夔夔、學士臣朵爾直班、崇文少監臣老老，傳敕侍讀學士臣鎖南……譯而成書』（《危太樸集》卷三《君臣政要序》）。崇文監爲翰林國史院屬監，官署在大都，任職崇文少監的杜秉彝和老老自然不可能帶着舊日官銜參與此時方在臨海開始的造像活動。又據《四明續志》所載至元五年到至正元年（1339～1341）之間任職于浙東道廉訪司的僉事無一參與助俸造像。可推測題記的書寫年代在至元四年或五年（1338～1339）。

就題名諸人之官銜而言，除禿堅董阿隸以外，大多來自『浙東海右道肅政廉訪司』。該司隸屬于江南諸道行御史臺，于婺州路置司。管轄婺州路、紹興路、溫州路、台州路、處州路等地的監察工作。按《元史·百官志》記載，該司設有廉訪使二員、副使二員、僉事四員、經歷一員、知事一員、照磨兼管勾一員、書吏十六人，譯史、通事各一人，奏差五人，典吏二人。見于此題名者，有奏差一人，書吏二人，僉事五人，副使二人。與元制比較，該司僉事人數略有超標，或因該題名書寫時新任僉事已到任，而前任僉事尚未離職所致。

研究成果見諸杜維民、鄧文韜《臨海西郊大嶺石窟元代造像題名記所見人物考——兼商榷大嶺石窟造像的始建年代》（《西夏學》第十八期）。

玖拾　元·四川廣元千佛崖石窟二一三號龕朶兒只班摩崖題記

叙録

至正三年（1343）刻石，位于四川廣元市千佛崖第二百一十三號龕門左側力士上方，高約四十一厘米，寬十六厘米，字徑約三厘米，陰刻楷書四行，滿行十二字，共三十九字，第二行『吏李郎』系由行左補入，字號稍小。内容爲陝西行臺監察御史朶兒只班攜書吏裝飾佛像題名記。

四川廣元千佛崖二一三號龕朶兒只班摩崖題記·第二一三號窟全貌

四川廣元千佛崖二一三號龕朶兒只班摩崖題記·題記細節

録文

陝西諸道行御史臺監察御史朶兒只班奉訓字善卿、吏李郎備俸粧飾一堂

至正三年二月吉日記。

疏證

元代史料文獻中以朶兒只班（Dorji Bal）爲名者較爲常見，僅《元人傳記資料索引》即收録有十二人之多。活躍于題記年款至正三年（1343）前後的朶兒只班主要有四人，分別爲至正八年（1348）受命征討方國珍的江浙行省參知政事朶兒只班（氏族不詳），于至正元年（1341）入翰林學士承旨，至正五年（1345）累遷中書參政、右丞的朶爾直班（札剌兒氏），至正元年（1341）上任江南行臺監察御史的朶兒只班（唐兀氏）以及《索引》失載的至正元年廣西道廉訪使朶兒只班（氏族不詳）。至正元年上任江南行臺御史的唐兀人朶兒只班更有可能是題記中的西臺御史朶兒只班，其原因主要有三。

首先，兩者職官品級相同。江南行臺與陝西行臺作爲元代御史臺的兩個分支機構，其『設官品秩同内臺』（《元史》卷八六《百官志二》），故而兩行臺之監察御史，均比擬中央之御史臺爲正七品職級。而行省參知政事（從二品）、翰林學士承旨（從二）、中書省參知政事（從二）、中書省右丞（正二）以及廉訪使（正三）均屬高品級官職，擔任這些官職的其他朶兒只班，其政治地位遠高于題記中的西臺御史朶兒只班。

其次，兩者散官品級較爲接近，并可以接續。《（至正）金陵新志》載唐兀氏朶兒只班于1341年上任南臺監察御史之際其散官爲承直郎，正六品（《至正金陵新志》卷六下《官守志二・題名》），而題記所見1343年的西臺監察御史朶兒只班，其散官爲奉訓大夫，從五品。兩至三年間散官提升一級，符合元代隨朝官散官『三十個月爲一考，一考升一等』（《元典章》卷八《吏部二・官制・選格・循行選法體例》）的定例。

最後，元代監察御史在江南行臺與陝西行臺接連任職較爲常見，可資佐證。行臺監察御史的職能主要是分道出巡和留守察院，處理各地之監察事務。由于職官品級和工作性質相同，元代文獻中不乏有監察御史在南臺與西臺間輾轉任職者，如師克恭『拜南臺監察御史，改西臺』（《柳待制文集》卷一〇《師氏先塋碑銘》），楊焕『拜南臺監察御史，移西臺』（《至正集》卷六二《楊尚書墓誌銘》），褚不華『連拜南臺、西臺監察御史』（《元史》卷一九四《褚不華傳》），忽都魯沙『歷江南、陝西兩臺監察御史，轉漢中僉憲』（《圭齋集》卷九《元贈效忠宣力功臣太傅開府儀同三司上柱國追封趙國公謚忠靖馬合馬沙碑》）等。可見，監察御史自南臺調任西臺的現象，在元代政壇上都是極爲常見的。

因此，《至正金陵新志》任職江南行臺監察御史的西夏遺裔朶兒只班，就是廣元千佛崖二一三號龕外壁上的陝西行臺監察御史、奉訓大夫朶兒只班。

研究成果見諸鄧文韜《四川廣元千佛崖石窟元代西夏遺裔題記及其史料價值初探》（《西夏學》第十九輯）。

玖拾壹　元・山東曲阜孔廟楊文書訥謁林廟碣

叙録

至正三年（1343）刻石，位于曲阜市孔廟西齋宿（碑院）北牆東起第八石。石高四十五厘米，寬七十二厘米。正書二十一行，滿行十六字。内容爲楊文書訥三次拜謁孔廟之經歷。曲阜縣尹孔克欽誌，主簿許企善立石。

曲阜孔廟西齋宿（碑院）内北牆上陳列的碑碣

楊文書訥三謁林廟碣拓片

録文

奉直大夫山東東西道肅政廉訪副使文書訥楊公，河西人氏，按部過闕里三率，皆先拜林廟，然後視事。公始焉而謹恪，再焉而恭敬，三焉而寅畏。每行拜謁，雖祁寒酷暑，瞻戀徘徊，移時不忍去。其秉心誠篤，禮節可觀。公之先正夏國，仁宗皇帝朝請中臺罰布為胄監崇文閣，謂十儒有補名教，可以祀孔庭。章疏入奏，得旨播告天下。公之先正有功斯道，今憲副公剏復尼山作新洙泗兩書院。刻意斯文，誠可謂能繼其志，是者可書已。從侍書吏河南楊國華、東昌何居禮，奏差古汴丁永周。時至正三年夏六月十有四日也。

越翼日曲阜縣尹孔克欽謹誌，將侍佐郎濟寧路曲阜縣主簿許企善立石。

疏證

碣石記山東東西道肅政廉訪副使楊文書訥三度路過曲阜時拜謁孔廟之事。

碑文載文書訥爲『河西人』，即西夏遺裔。按北京房山出土《楊朶兒只墓誌銘》，文書訥系楊朶兒只次子，楊不花之弟。《（道光）濟南府志》卷二四《秩官二》載之于至正二年上任山東東西道肅政廉訪副使。山東東西道肅政廉訪司于濟南路置司，孔林、孔廟所在的曲阜縣亦在其管轄之下，文書訥巡行山東道南部諸路多次經由曲阜，遂有三度拜謁之事。

『仁宗皇帝朝，請中臺罰布為胄監崇文閣』，謂文書訥之父楊朶兒只于仁宗皇帝在位時奏請將御史臺罰款所得籌建崇文閣，即《楊朶兒只墓誌銘》所謂『其臺罰布若干緡建藏書之閣』。『謂大儒有補名教，可以祀孔庭』即《楊朶兒只墓誌銘》所載『公又奏先賢周元公輩十人，宜從祀夫子廟』。

至于文書訥『剏復尼山，作新洙泗兩書院』之事，《尼山書院碑銘》亦有載，云『冬十有一月，廉訪僉事楊公文書訥分司至于兗州，以璠言用前濟寧總管張公仁舉，使同知滕州事郝君寶寶閭董其役』。可見其對地方文教事業的重視。

孔克欽，爲孔子五十五代孫，至正三年（1343）前後爲曲阜縣尹。

研究成果見諸周峰《元代西夏遺民楊朶兒只父子事迹考述》（《民族研究》2014年第三期）。

玖拾貳　元・山東濟南大靈巖寺碑

叙録

至正四年（1344）立石。原嵌于山東省濟南市長清縣萬德鎮靈巖寺廣場戲樓前，今位于靈巖寺山門西南處。碑身高二百二十厘米，寬九十四厘米，兩面刻文。陽面爲山東東西道肅政廉訪副使楊文書訥丹書『大靈巖寺』四字，有立石年代。陰面爲山東東路都轉運鹽使僧家奴撰記文，十六行，滿行四十五字，字徑三厘米，楷書。碑陰損壞較嚴重，字迹漫漶不清，必申達而書寫，王昇篆額。

大靈巖寺碑陰面全景

大靈巖寺碑陽面及拓片

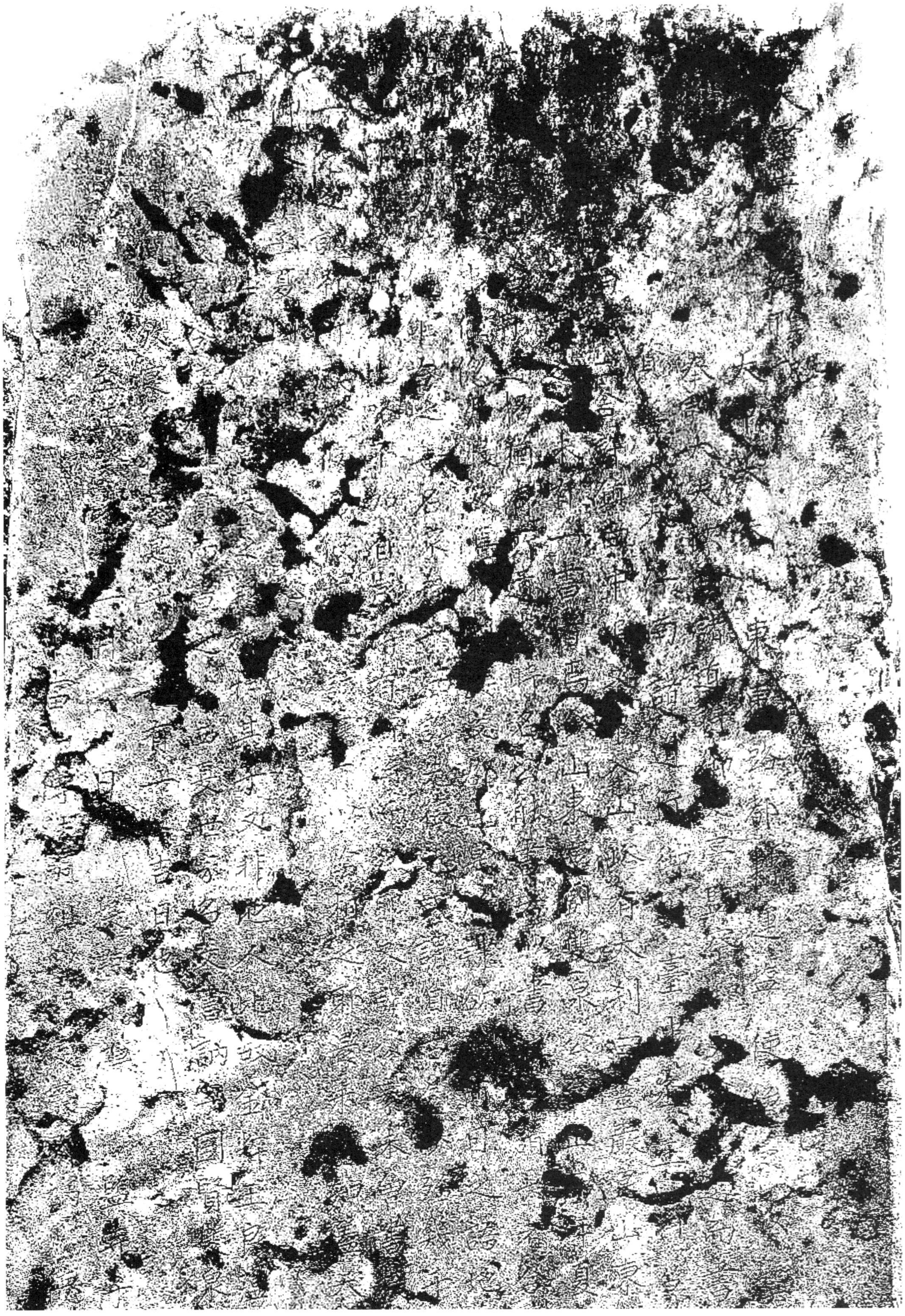

大靈巖寺碑陰面上部

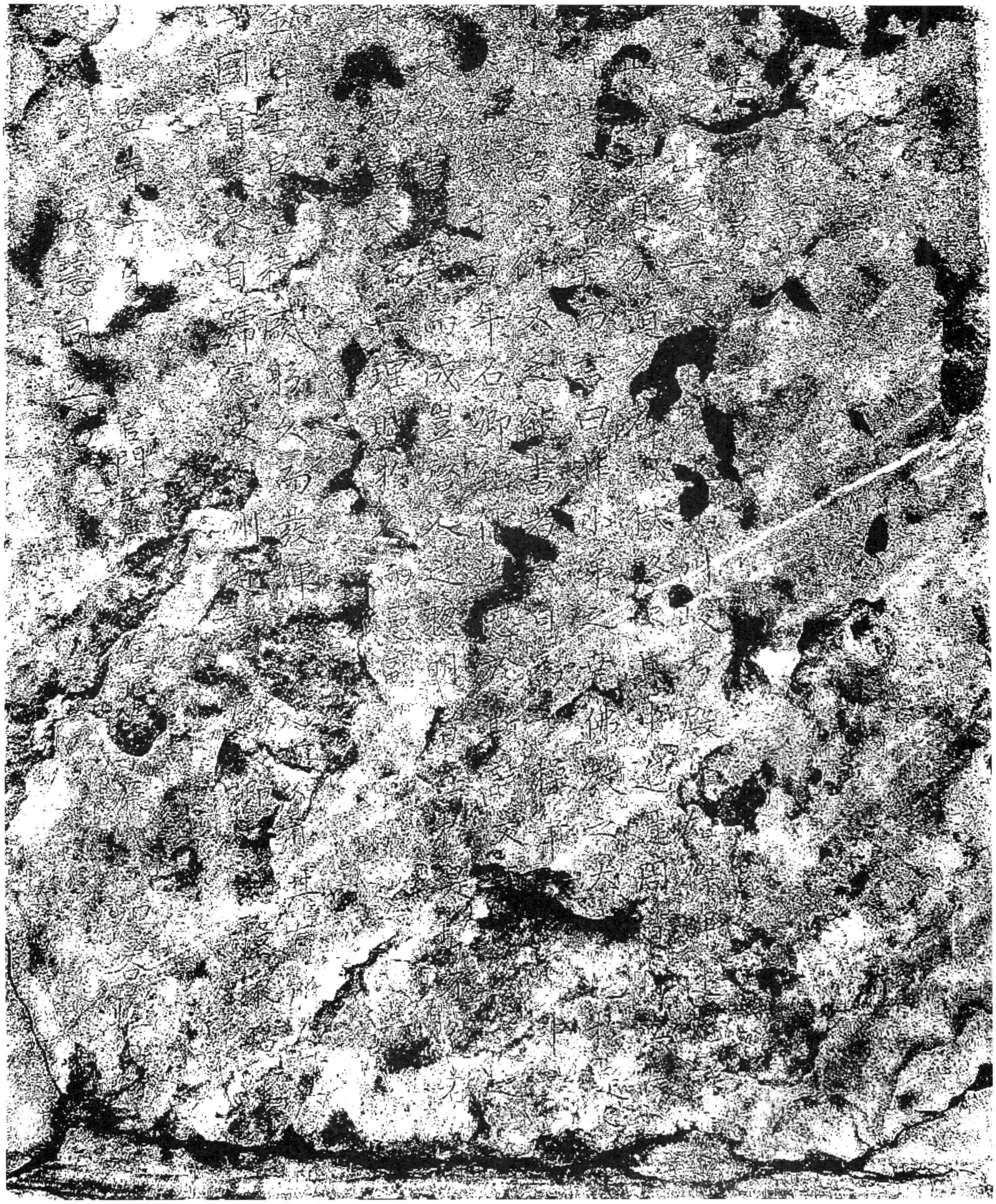

大靈巖寺碑陰面下部

録文

碑阳

奉直大夫、山東東西道肅政廉訪副使文書訥雙泉書

大 靈 巖 寺（大字）。

至正四年四月十有九日立。

碑阴

書大靈巖寺碑陰記

太中大夫、山東東路都轉運塩使僧家奴撰

奉訓大夫、陝西諸道行御史臺監察御史必□（申）達而書

資善大夫、江南諸道行御史臺中丞王昇篆

長清治之東南，餘二舍許，鎮曰中塢，又東入山峪，有大刹曰靈巖，實山東一大壯觀也。山川峻秀，殿宇雄傑，碑述已詳。而有大闕者，紀寺之名未有一書者焉。

今山東憲副雙泉公，至正三年夏，分道益都讞獄，路次其中，迤邐周覽，徐與長老定巖言曰：『名寺之揭，猶有所遺，求時[1]名公能書者，以書之敬請。』長老合掌而言曰：『非小弟之幸，佛教之大□（幸）也。』于是日留於心，為事倥偬，弗暇及焉。

秋□（復）按及郡邑，寔所隸欲酬前日之語。地僻又乏能書者，試自為之。操筆一揮，深中其規而骨力老健，雖古之善名家者，未知誰先後也。或謂：自古迄今殆幾千百年，名卿鉅儒游憩扵斯，詩文題□（扵）□（壁）□（石）之間曷可彈數，而于此略不加省，豈將有所待而□（然）耶？又謂公素未曾書，援筆而成，豈啓人之聰明者在于是耶？不然，若以一念之誠，有所感扵彼，而彼亦以誠應，有以陰相之耶？是未可知。

蓋天以一理賦扵人，而憲副父御史中丞、夏國襄愍楊公，一心王室，勳載史冊，□如口星[2]，天之報施扵其子[3]，又非他人比。故金粹玉良，蘊

[1] 求時，《靈岩志》卷三《碑記》所收録文作『爲請』。

[2] □如口星，《靈岩志》未録。

[3] 此句後，《靈岩志》未全録，僅録『又遇前人，因摭其实而书之。公西夏世家，名文书讷，字国贤，双泉其号也』。

積厥躬，夂而□輝，□□□前人，亦其有所自矣。余與公舊，義不容辭，摭其實而書之。

公西夏世家，名文書訥，字國賢，雙泉自號。憲史□州趙□獻□卿□□秉叚、秉昭、純禮，濮州謝簡居敬寔□□公。是年冬十有一　吉日也。

至正癸未十二月　日。提點子揮、監寺子貞、官門子洪、維那子廉、知客惟明、當山傳法嗣祖沙門定巖、野衲、德慧同立石。

疏證

濟南大靈巖寺碑額『大靈巖寺』四個大字由楊文書訥所書，楊文書訥字國賢，號雙泉。至正三年任山東東西道肅政廉訪副使，正四品，『分道益都讞獄』，分道益都路掌管刑獄。碑陰載『憲副父御史中丞、夏國襄愍楊公，一心王室，勳載史冊』，指的是楊文書訥之父楊朵兒只延祐後期任御史中丞，被丞相鐵木迭兒讒言陷害致死等事，詳見《元史・楊朵兒只傳》。泰定元年，英宗下詔爲其平反。『特贈思順佐理功臣、金紫光禄大夫、司徒、上柱國、夏國公，謚襄愍。』碑文在此處重申楊朵兒只『一心王室，勳載史冊』有爲其父平反昭雪的意圖。

碑陰撰文者爲僧家奴，蒙古族，至順年間任山東西道肅政廉訪副使，至正四年任山東東路都轉運鹽使，秩正三品。都轉運鹽使司主要『掌場竈榷辦鹽貨，以資國用』（《元史》卷八五）；書寫者『陝西諸道行御史臺監察御史必申達而書』參考前注；篆額者王昇，據《（至正）金陵新志》記載，爲濟南人，至正元年以資善大夫上任江南行臺御史中丞。

研究成果見諸周峰《元代西夏遺民楊朵兒只父子事迹考述》（《民族研究》2014年第三期）。

玖拾叁　元·北京昌平居庸關雲台西夏文石刻經

叙録

至正五年（1345）刻，位于北京居庸關過街門洞内。有西夏、漢、藏、梵、八思巴、回鶻六種字體，内容爲《陀羅尼經》和經題。鐫刻了《佛頂尊勝陀羅尼》、《佛頂放無垢光明入普門品觀察一切如來心三摩耶陀羅尼》、《佛頂無垢普門三世如來心陀羅尼》和經題，西夏文共七十七行。參與宣導其事的有官居中書平章政事的党項上層高納麟，此外還有党項人顯密二種巧猛沙門領占那征，書寫西夏文者爲党項人智妙酩布。

居庸關雲台六體文字石刻外景·20世紀50年代舊照

居庸關雲台六體文字石刻外景·21世紀新照

居庸關雲台六體文字石刻外景・20世紀50年代舊照

居庸關雲台六體文字石刻外景・21世紀新照

居庸關雲台六體文字石刻東壁西夏文拓片

居庸關雲台六體文字石刻西壁西夏文拓片

居庸關雲台六體文字石刻東壁西夏文拓片右部

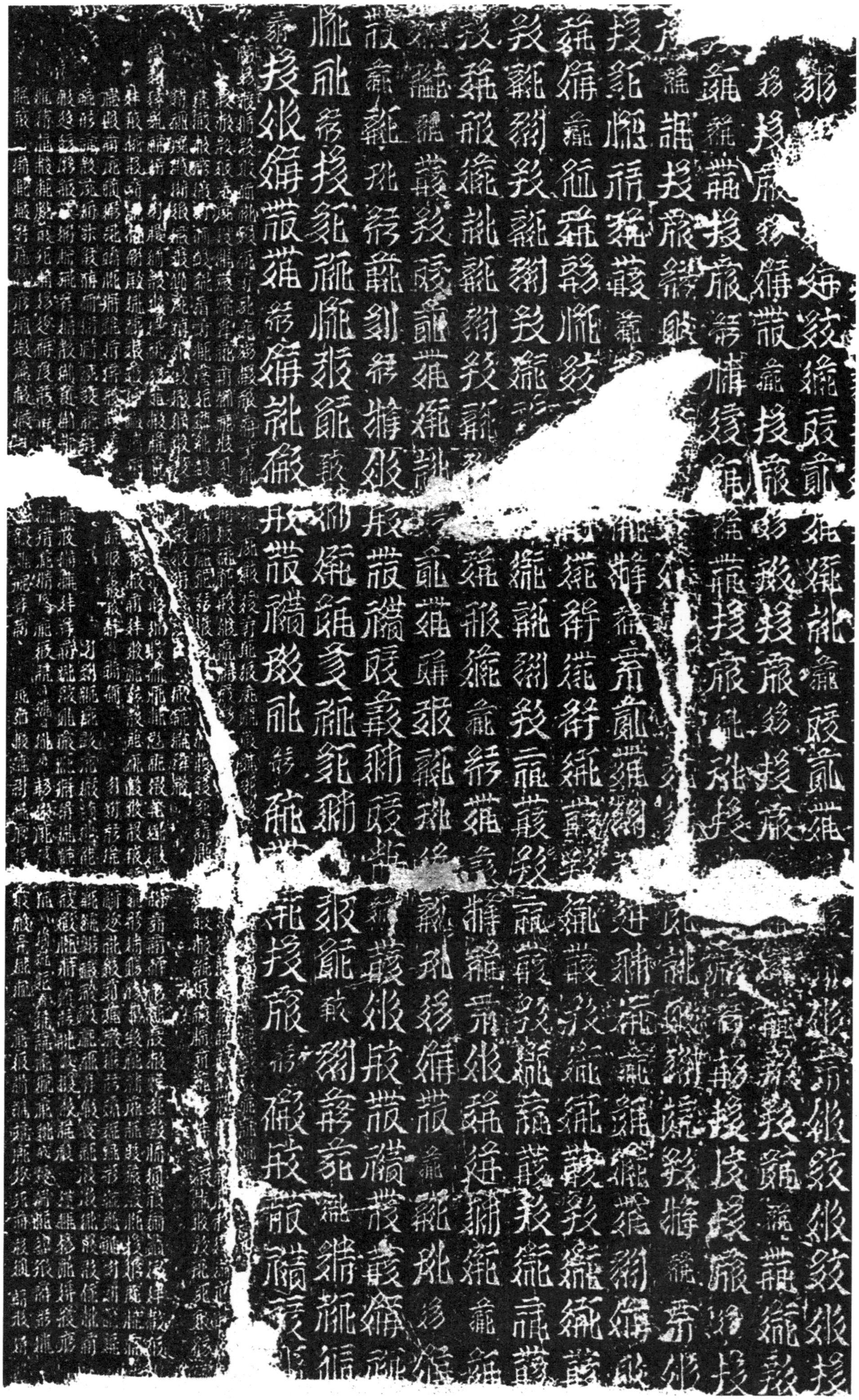

居庸關雲台六體文字石刻東壁西夏文拓片左部

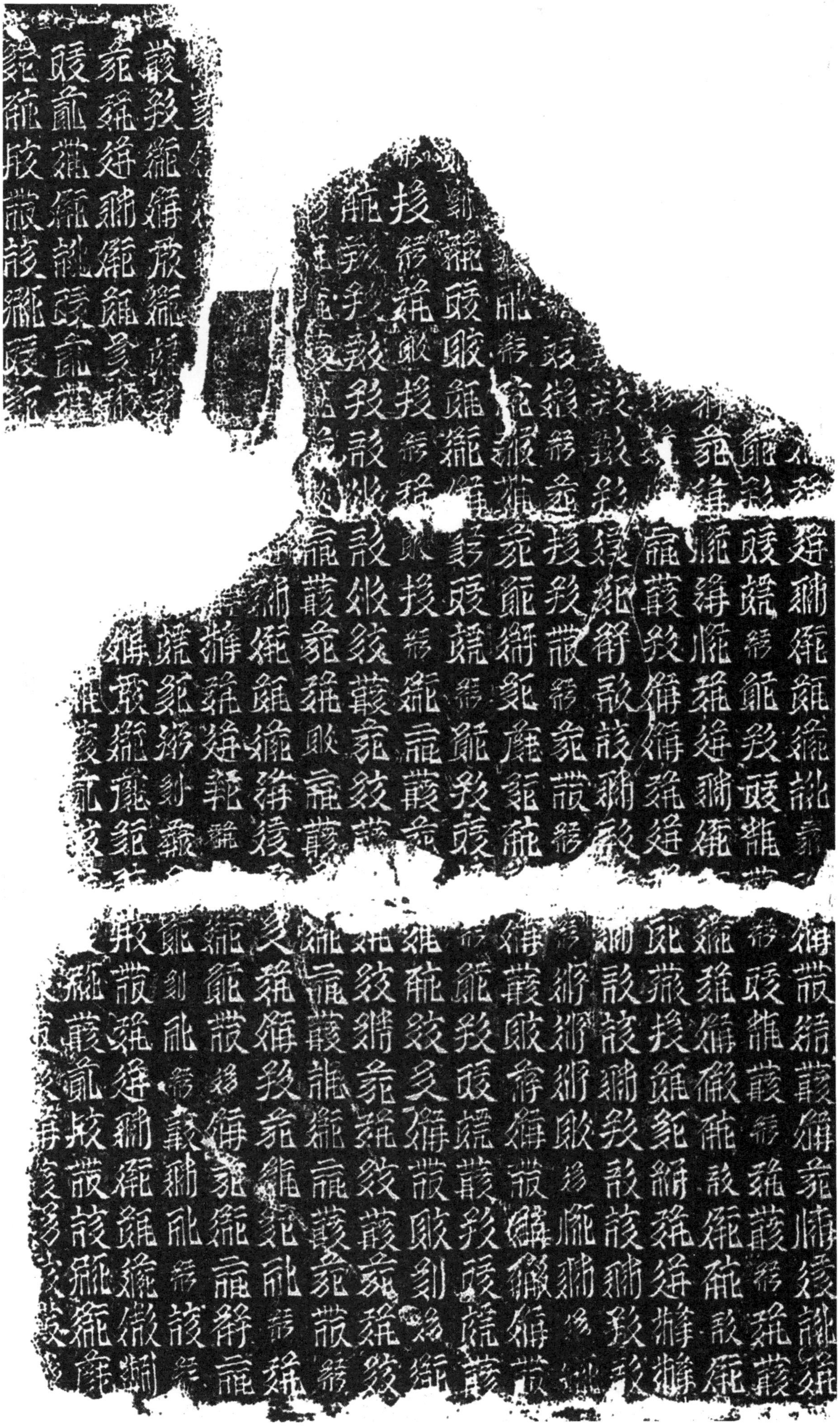

居庸關雲台六體文字石刻西壁西夏文拓片右部

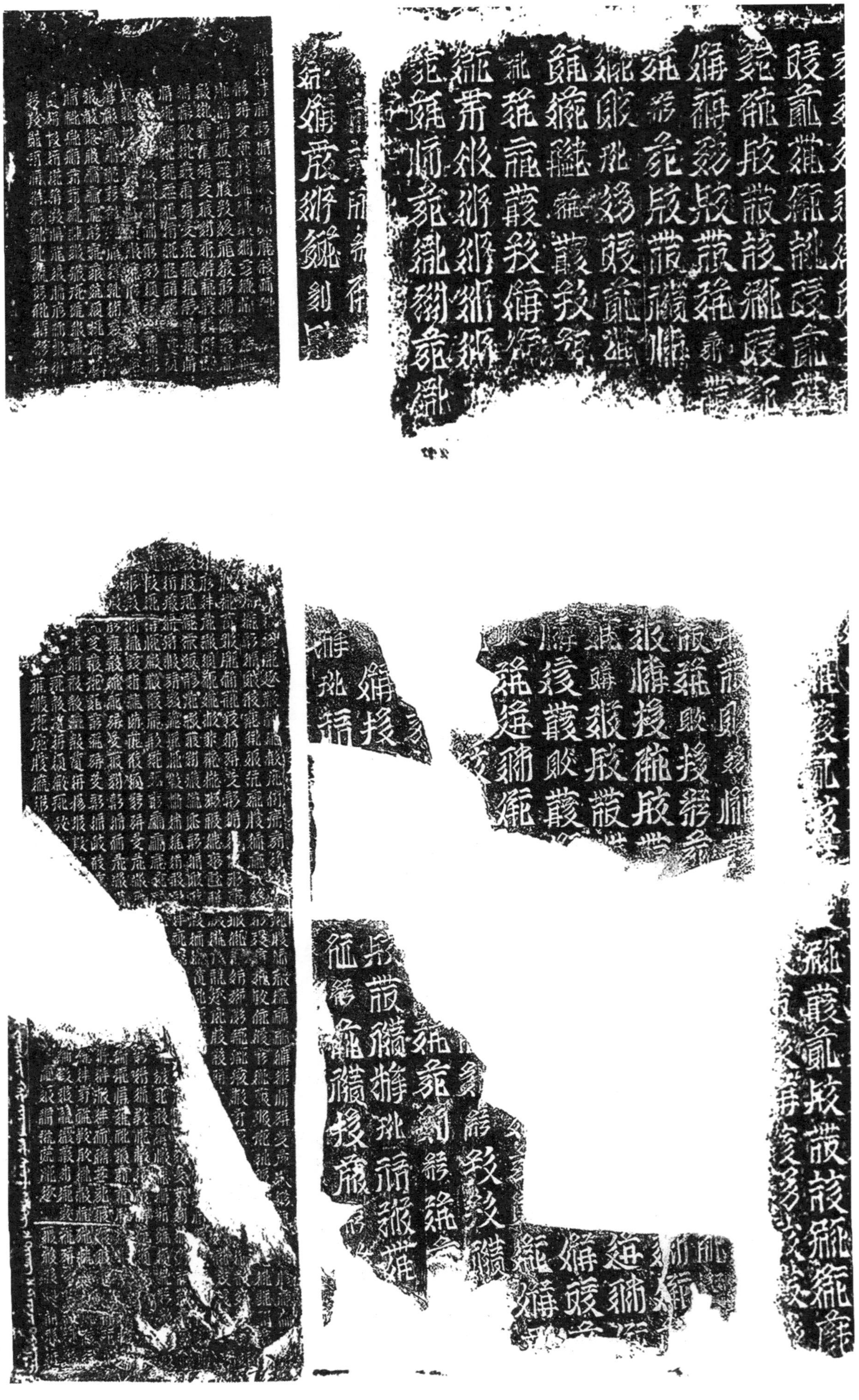

居庸關雲台六體文字石刻西壁西夏文拓片左部

玖拾肆　元·陝西興平監察御史美吉台詩碣

叙録

至正六年（1346）六月刻石，在陝西興平縣楊貴妃墓博物館内。詩碣爲長方形，長五十六厘米，寬三十六厘米，文字楷書陰刻，正文四行，每行七字。前五行爲序，第六至九行爲詩，第十至十四行爲刻立者跋文。内容系陝西行臺監察御史美里吉台過馬嵬坡時感懷賦詩，興平縣達魯花赤木薛飛兒等人刻石，教諭張洵書。

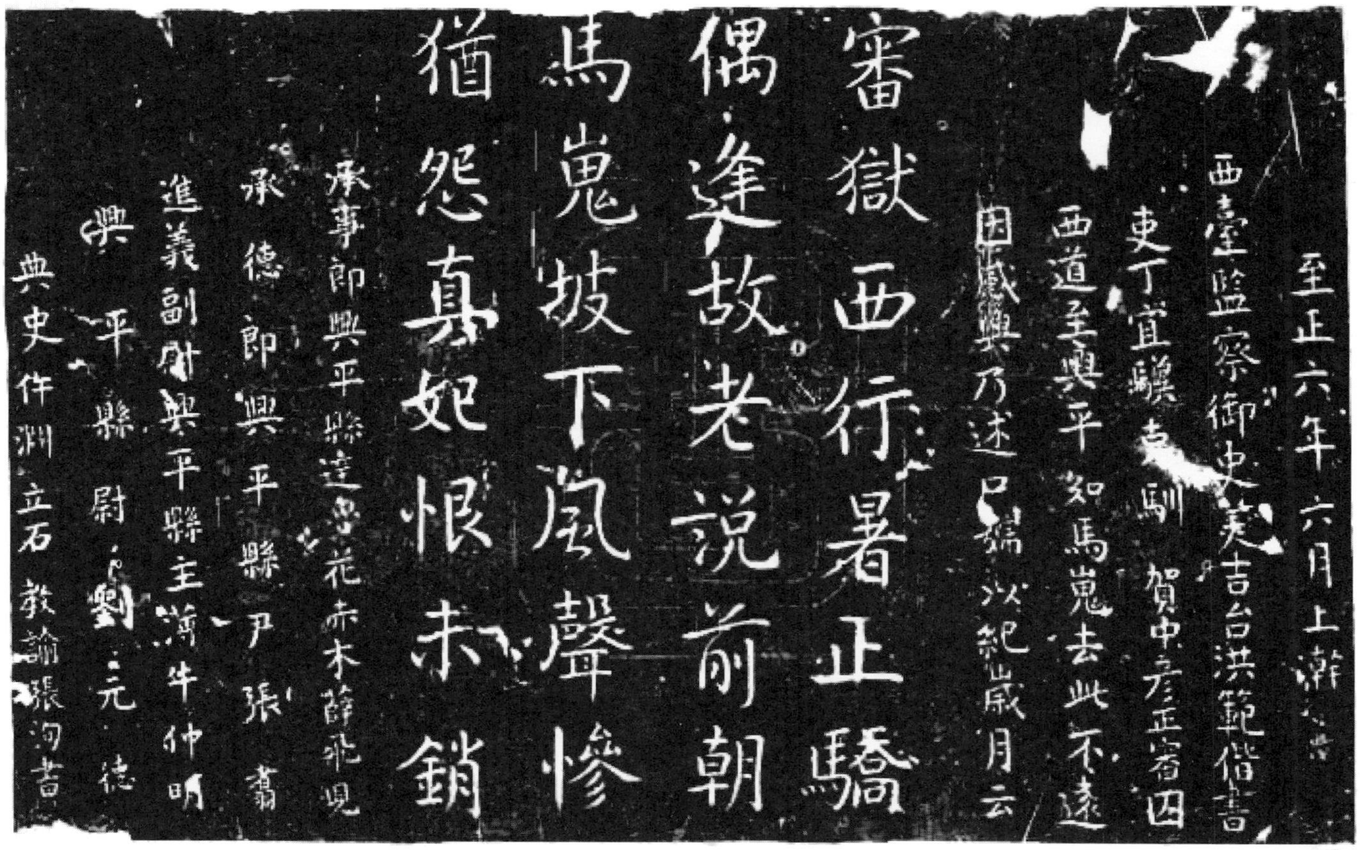

陝西行臺監察御史美吉台詩碣拓片

録文

至正六年六月上瀚，西臺監察御史美吉台[1]洪範，偕書吏丁宜驥克馴、賀中彦正，審囚西道。至興平，知馬嵬去此不遠，因感興，乃述口號以紀歲月云。

審獄西行暑正驕，遇逢故老説前朝。馬嵬坡下風聲慘，猶怨真妃恨未銷。

承事郎興平縣達魯花赤木薛飛兒，承德郎興平縣尹張翥，進義副尉興平縣主薄牛仲明，興平縣尉劉元德，典史仵淵立石。教諭張洵書。

疏證

美吉台之生平，以《祕書監志》卷一〇《題名·校書郎》記載最詳，謂之『美里吉台，字洪範，唐兀人，庚午（1330）進士，至順四年六月二十九日上』。『唐兀』即西夏人在元代之稱呼，可確證美里吉台爲西夏遺裔。

據《（民國）廣元縣志》記載，當地千佛崖石窟中曾有一方今已不存的元代題記，曰『《美里吉台題名》，正書，至正丙戌（1346）中秋吉日』。聯系此詩碣和千佛崖題記來看，我們可以勾勒出1346年夏秋之際美里吉台的行迹——當年，他以陝西行臺監察御史的身份偕書吏由奉元路出發，趕赴四川或雲南道『審囚』，六月至興平，又翻越秦嶺與大巴山入蜀，于七月中秋到達廣元，爲千佛崖中某個龕窟裝飾了佛像。

又蕭啓慶據《（至正）金陵新志》卷首《序》言美里吉台于至正六年（1346）在任江南行臺監察御史（《元代進士輯考》），似乎與《馬嵬詩碣》和千佛崖題記所見之史實相悖。然而，《（至正）金陵新志》應初刊刻于至正四年（1344）四月，非至正六年（1346）。故以江南行臺監察御史題名于該誌卷首的美里吉台任職應在1344年，而非蕭氏所言的1346年。也就是説，美里吉台很有可能也是先任南御史，後調任西臺御史的。

[1] 美吉台，《興平金石志》所收《馬嵬詩刻題名》録爲『美台吉』。

玖拾伍　元·四川廣元千佛崖陝西行臺監察御史普達實禮等題記

叙録

至正六年（1346）刻，在四川廣元千佛崖第二二九龕與二三〇龕正下方，二六龕左上方，高約九十六厘米，寬約七十七厘米，字徑約四點五厘米，陰刻楷書九行，滿行十五字，共七十七字，外有忍冬紋邊框。内容爲陝西行臺監察御史普達實禮赴雲南守省途中路經廣元題記。刻石者不詳。

陝西行臺監察御史普達實禮題記

録文

至正六年冬十月乙巳朔粤八日壬子，陝西諸道行御[1]臺監察御史甘肅普□（達）實禮士達，廣平秦鈞彦樞，偕書吏固始朱思恭敬夫，鎮原王謙克恭守云□（南）行省過此，以記旹月云。至正丙戌良月八日誌。

疏證

題記系至正六年冬十月陝西行臺監察御史普達實理（字士達）與秦鈞（字彦樞）偕書吏分司出巡，至雲南守省時路經廣元時朝拜千佛崖之記事。

文中第三行之『甘肅』爲普達實理之籍貫，即元代之甘肅等處行中書省，下轄甘州、永昌、肅州、沙州、亦集乃、寧夏府、兀剌海七路之地，轄境相當于故西夏王國之寧夏平原、河西走廊和阿拉善高原等地，是元代西夏遺裔廣爲認同的故鄉。如僑居松江，祖籍武威的唐兀人邁里古思，即被稱爲『甘肅人而假館松江』（《野處集》卷二《進士吴善卿赴黟縣教諭醵贐序》），又如唐兀氏文殊奴去世後，家人爲其祈福的經幢上寫道『甘肅省居住』（方國瑜《雲南金石文物題跋》）。

以『普達實理』（Buda Siri）爲名的西夏遺裔，在傳世與出土文獻中所見有二。其一見諸《元史·亦憐真班傳》，該普達實理爲知樞密院暗伯之孫，江西行省左丞相亦憐真班之次子，仕至翰林學士承旨、知制誥兼修國史（《元史》卷一四五《亦憐真班傳》）；其二見諸《大元肅州路也可達魯花赤世襲之碑》，該普達實理爲首任肅州世襲達魯花赤阿沙之曾孫，令只沙長子，受其侄定者帖木兒之遜讓，得以充任肅州路達魯花赤，後又將官職讓與定者帖木兒之弟赤斤帖木兒。

遺憾的是，由于題記所言不詳，所以我們無法判斷這里的『普達實禮』是以上兩名普達實理之一還是另有其人。但從其『甘肅』之籍貫來看，他應該是一名西夏人。

研究成果見諸鄧文韜《四川廣元千佛崖元代西夏遺裔題記及其史料價值初探》（《西夏學》第十九輯）。

[1] 此處，疑脱『史』字。

玖拾陸　元・山東曲阜孔廟唐兀氏大都子敬林廟題名碣

叙録

至正七年（1347）刻石，位于山東曲阜孔廟西齋宿（碑院）北牆西起第十六石。石高五十六厘米，寬五十八厘米。正書十二行，前九行爲大字，滿行十一字，後三行爲小字，每行十至二十四字不等。内容爲西夏唐兀氏大都子敬謁孔廟題記，孔克欽誌。

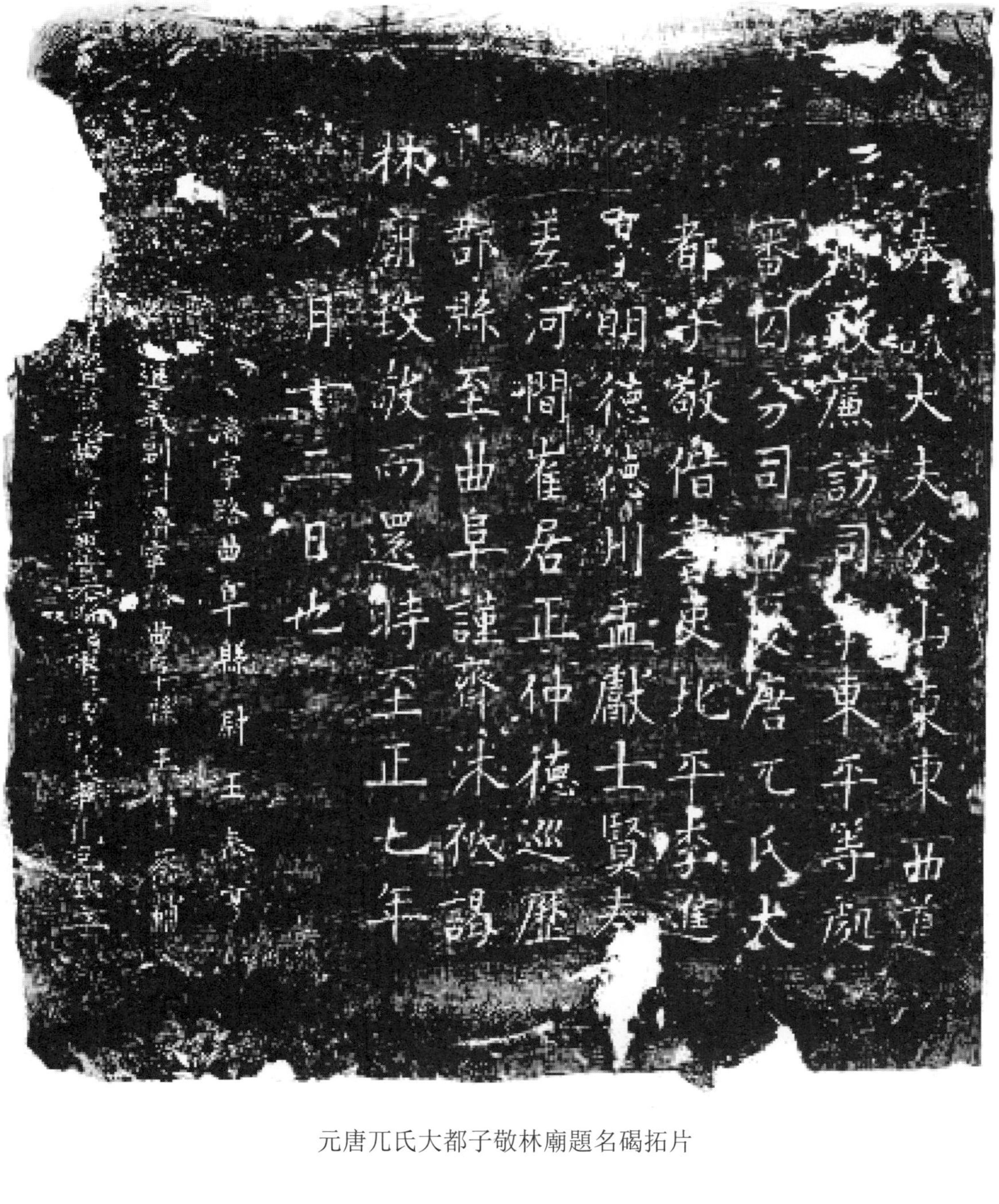

元唐兀氏大都子敬林廟題名碣拓片

録文

奉議大夫僉山東東西道肅政廉訪司事，東平等處審囚分司西夏唐兀氏大都子敬，偕書吏北平李進亭明德、德州孟獻士賢、奏差河間崔居正仲德，巡歷郡縣，至曲阜，謹齋沐，祇謁林廟，致敬而還。時至正七年六月十二日也。

濟寧路曲阜縣尉王泰亨，進義副尉濟寧路曲阜縣主簿蔡黼，從仕郎濟寧路曲阜縣尹兼管本縣諸軍奥魯勸農事孔克欽立。

疏證

碑文内容爲至正七年六月十二日山東東西道肅政廉訪司東平等處審囚分司西夏唐兀氏大都子敬拜謁林廟等事。

大都子敬任山東東西道肅政廉訪司僉事，正五品，主管東平等處審囚分司的刑獄事務。至正七年（1347），大都子敬一行人巡歷郡縣，途徑曲阜時，專門前往林廟拜謁。曲阜縣縣尉，主簿，縣尹爲之立石。

周峰認爲『西夏唐兀氏大都子敬』可以理解爲大都的西夏遺民唐兀子敬。但據下文『北平李進亭明德』、『德州孟獻士賢』、『河間崔居正仲』來看，碑文的記名方式皆爲『籍貫+姓+名+字』，因此『西夏唐兀氏大都子敬』中，『西夏』是籍貫，『唐兀』是姓氏，『大都』是名，『子敬』是字。

研究成果見諸周峰《元代西夏遺民楊朵兒只父子事迹考述》（《民族研究》2014年第三期）。

玖拾柒　元・廣西桂林獨秀峰孔子摩崖造像

敘録

至正五年（1345）刻，在廣西桂林獨秀峰讀書巖。摩崖高八十厘米，寬七十一厘米，其中上半部分刻孔子半身像，高七十厘米；下半部分小格高十一厘米，正書二十六行，内容爲造像者題名，除第十、十一行僅有一字外，每行三字，其中有『唐兀氏祖師保』。方格外有兩行字，分別爲『丁方鍾畫』、『朱瑞刊石』。

録文

大元至正五年，畏兀氏塔海帖木兒、喜童、同安、馬家奴、荅密失海牙、李京孫、章道、静江閭、唐兀氏祖師保，各侍親官桂林憲帥司，來學于顔公書嵓。刻孔子像，朝夕瞻敬，永保無荒。臨川黎載謹識。

丁方鍾畫，朱瑞刊石。

疏證

造像記中諸人皆不注官名，但據『各侍親官桂林憲帥司』推測，題名者應來自廣西道肅政廉訪司與廣西道宣慰司。

顔公書嵓即今獨秀峰下之讀書巖。以南朝時期著名文學家顔延之任始安郡太守時，常在巖洞内讀書而得名。

廣西桂林獨秀峰孔子造像記拓片

玖拾捌　元·敦煌莫高窟六體真言碑

叙録

至正八年（1348）立石，甘肅敦煌莫高窟博物館藏。碑高八十一厘米，寬六十厘米，上刻六臂坐式觀音一尊，周圍有梵、藏、漢、西夏、八思巴、回鶻六種文字，内容爲六字真言。碑刻下方列有党項、漢等民族施主姓名。

敦煌莫高窟六體真言碑拓片

録文

碣石上方横书

莫高窟　起初。

觀音像右側漢文

卜魯合真　陳氏妙因　功德主　妃子　屈朮　太子養阿沙　速丹沙　阿速歹　結來歹　速來蛮西寧王　脱花赤大王

觀音像左側漢文

維大元至正八年歲次戊子五月十五日守朗立　長老米米　耳立嵬　刘夋有　張即立俺布　刘耳立嵬　弄卜仈令布　琬者藏卜　□剌　吴乂賽　把里耳兒　弄卜耳者　翟忍布。

奢藍令補刻。

下方漢文

沙州路河渠司提領盛維沙　哈只　大使逆流吉　大使興都　百户宜吉　□（利）忍布　善友脱脱木　荅失蛮　楊若者　華嚴奴　吴脱延　刘拜延　解逆立嵬　解隴布　文殊奴　罕班　耳的剌　也先帖木　張宣　梁黑狗　王立勺　李世榮　逆立嵬　劉三寶　陳世昌　翟文通　李刘家狗　昔失罕　拜延　阿三布　僧令補監樛　令只合巴　公哥力加　張耳赤　弄卜忍勿　德沼　□惠　穌乙尼　迭立迷失　院主□革　义束　义立即　□□於　律竜布　吴即　掠兀沙　哈剌陽　阿卜海牙　陳教化　吴教化　智宝　耳立嵬　□正布　間乙尼　朶立只　滅洺歹　昆都思　尼智成　禾的哥失

玖拾玖　元·廣東肇慶石峒古廟周驤與剌思八朵兒只等摩崖石刻

叙録

至正九年（1349）十一月刻，在廣東肇慶市星湖風景區石峒古廟北壁鐘乳石上。高七十厘米，寬二十厘米，共三行五十六字。爲廣東道廉訪司僉事周驤，宣慰副使剌思八朵兒只，都事孫恆，憲使木八剌、彭翰，帥史陳良貴等人至此題名，端庠諸生李明書丹。

石峒古廟周驤與剌思八朵兒只等摩崖石刻周邊環境

石峒古廟周驤與剌思八朶兒只等摩崖石刻周邊環境

録文

廣東廉訪僉事周驤，宣慰副使剌思八朶兒只，都事孫恒，憲史木[1]八剌、彭翰，帥史陳良貴，至正九年十一月十有五日同至此。

疏證

按《至正金陵新志》卷六，題記中的宣慰使剌思八朶兒只爲西夏遺民『唐兀氏』，曾于至正三年上任江南行臺監察御史。

[1] 木，《廣東金石略》卷一七《周驤題名》所收録文作『才』。

壹佰　元・安徽歙縣貞白里坊余闕題額

叙録

最初約立石于至正九年到十一年（1349～1351）間，弘治十二年（1499）八月重立，在安徽歙縣豐樂河北岸的鄭村鎮里門外街道上。高八米，寬五點七米。牌坊爲二柱一間三樓式，用白砂石雕砌，石柱内側留有門框卯口，厚裝有木柵門。牌坊二樓横匾爲翰林國史院編修程文撰寫的《貞白里銘》，牌坊一樓的額枋上有時任『奉政大夫僉淛東海右道肅政廉訪司事』余闕所書寫的篆書『貞白里』三字。

貞白里坊現狀

疏證

貞白里坊是國内現存唯一由西夏遺民題額的牌坊，爲紀念『貞白先生』鄭千齡而建。據程文撰寫之行狀，鄭千齡于至順二年（1331）四月癸亥病逝于杭州，其子鄭玉于次月奉柩歸葬祖塋，歙縣縣尹吴暾、廉訪副使張士弘、儒學教授王亶等以鄭千齡『德行明潔，正直不回，請私謚曰「貞白先生」』。至順三年（1332）二月，值歙縣文武官僚勸農于善福里之際，里中之父老申請將鄭氏世居之善福里改爲貞白里，希望能『建里門，立石刻辭，以表著公德』。考慮到建立牌坊可『使後之學者懷慕道德，想望風采，聞而興起於教化，實有所補，誠為便益』，元順帝特下聖旨：『各官所議，誠為相應，照驗依上謚改施行』，『乃擇日作里門，易善福里為貞白里』。

一樓額枋局部余闕款署

貞白里坊一樓額枋全景

余闕字廷心，祖籍甘肅武威，唐兀氏，居于廬州，元統元年進士出身，仕至淮南行省左丞。曾參與鎮壓元末農民起義，于至正十八年（1358）戰死于安慶。余闕生前與鄭千齡之子鄭玉（字子美）有交游：鄭玉行狀謂其『晚與平章余公闕、吏部侍郎危公素、南臺監察御史程君文最相知』；二人常有書信往來，如《辨志書塾所見帖》第一册收《元余闕與子美書》，余氏寄與他人的書信内也曾提及『子美近有書言……』；在距離歙縣鄭村不遠的篁墩村富墩渡口還有『鄭公釣臺』遺址，因鄭玉多次登臨坐釣而得名，『淮閫余公廷心篆隸妙天下，聞予之有是石也，大書「鄭公釣臺」四字以為寄』，以上史料反映二人間存在良好的私人關係。故而可以推測，值貞白里石坊建立之際，鄭玉特邀時任浙東海右道廉訪司（以下簡稱『浙東道』）僉事的余闕爲之重新篆額。

牌坊一樓額枋上余闕款署的官職名稱『奉政大夫僉浙東海右道肅政廉訪司事』。『浙東海右道肅政廉訪司』爲元廷設置于慶元路的監察機構，主管慶元、紹興、台州、温州等路的監察事務。余闕到任浙東道的年代，現存史料大致有三種説法。第一種爲至正八年（1348），《余姚周氏水東閣宗譜》卷首《周氏家乘序》文末款署『時至正八年戊子季夏上浣之吉，賜進士第奉政大夫浙東廉訪司僉事合肥余闕書』；第二種爲至正九年（1349），胡助《跋余廉訪所篆東浙第一家五大字後》謂『至正己丑夏（1349），余闕公自翰林待制來僉浙東海右道肅政廉訪司事』；第三種爲至順末年，《（萬曆）紹興府志》卷二五《職官志》謂『余闕，合肥人，文宗至順末，浙東廉訪僉事』。

周伯琦《送侍御余廷心赴任浙東三首》和迺賢《送余廷心待制之淛東僉憲》兩首詩分别提及余闕赴任浙東之際『春雲陰似幕，春雨細於絲』，『楊花飛雪白，芍藥舞雲紅』，『草樹欝葱蒨，欣欣遂敷榮』，『柳色映驄馬，歌聲雜鳴鶯』。從兩詩中的春雨、楊花、芍藥、鳴鶯以及『草樹欝葱』等意象來看，余闕大致是在暮春時節出發前往浙東的。然而，至正八年三月余闕爲乃賢的《潁州老翁歌》書寫跋文時，仍自署『翰林待制武威余闕志』，可見1348年暮春余闕仍在翰林待制任上，并未赴任浙東道。宋濂《題余闕篆書後》稱『至正九年，公持使者節來鎮浙部』，可謂是余闕于1349年到任浙東道的另一個證據。又《余左丞傳》載：衢州路郡長燕只吉臺『肆毒殘衢民，民重足立，闕鞠治之，獄上行御史臺，臺臣與其有連，反以事劾闕』，余闕遂憤而辭官歸隱于青陽山。胡翰《送趙子將赴北序》稱其『居浙東二年，移病乞去』，故余闕離任浙東道的年代應爲到任的兩年以後，即1351年（至正十一年）。

由此可知，貞白里石坊始建年代應在余闕任職浙東道僉事的1349～1351年之間。

研究成果見諸杜建録、鄧文韜《安徽歙縣貞白里牌坊始建年代考——兼考西夏遺民餘闕僉憲浙東道期間的史迹》（《寧夏社會科學》2017年第一期）。

壹佰零壹　元・勝公和尚道行碑

叙録

至正十三年（1353）立石，位于河北正定隆興寺大悲閣月臺東側。碑身高二百八十五厘米，寬一百二十三厘米，青石質，螭首，鰲座（大部分埋于地下），圭形額内陰刻篆書『妙峯上師勝公和尚道行之碑』三行十二字。碑陽陰刻楷書二十四行，滿行五十八字。碑文剥落較爲嚴重，字迹漫漶不清，記載族出唐兀部族的福勝法師生平事迹，答失蠻撰文并書，趙儼篆額。

勝公和尚道行碑

勝公和尚道行碑右上部

勝公和尚道行碑右中部

勝公和尚道行碑右下部

勝公和尚道行碑左上部

勝公和尚道行碑左中部

勝公和尚道行碑左下部

録文

元故五明成就妙峯上師勝公和尚道行碑銘 有序[一]

朝請大夫秘書少監荅失蠻撰并書

承直郎僉燕南河北道肅政廉訪司事趙儼篆額

至正十有三年春王三月，無礙君□（八）刺實理躬致禮幣，介釋教宗主棲源心公之狀而言於予曰：理也不天，早失所怙，遂染衣祝髮，歸命佛乘。内奉慈訓，求師甚切，而尤慎擇，越時，始得先師妙峯勝公而事之。師亦雅以師道自任，誘掖漸磨，循循弗倦，破惑閒邪，指示正法，旁及儒術，罔不命理究心。今理也粗知趋向，免於牆面，皆先師之賜也。不幸中途滅我慧炬，罔極之恩，無以稱報。謀欲樹石，以壽師行。方今言足以取信者，無逾先生，惟先生有以命之。予固讓弗獲，廼按其狀曰：

師姓史氏，名省吉巴，法諱福勝，世為唐兀部族。幼异凡兒，稍長，沉静簡默，不喜俗事。父母知其善根夙植，遂俾為僧，隸寧夏之奉天寺，執弟子禮於大德輝公。服勤盡瘁，夙夜匪懈，以企至道。輝公識為法器，且憫其精進，卒授以秘密之傳。師既得聞心要，不欲滯跡一方，乃振錫遠游，徧歷叢林，究閲典藏，叅請徵詰，猶是心地圓明，中外融一，聞望藹然，為諸方推重。道愈尊而身愈謙，韜光晦跡，□（禪）□（觀）齋居，人罕見其面。化緣時盡，風燭靡停。以至正十二年十二月十四日奄然坐逝。觀者歡感交集，閲世凡三十七年，而夏安居者十有八。□（後）□（七）□（日）□（闍）維於鎮府之東法華院，得舍利無筭。順德之開元、真定之龍興及臺山名藍，皆以師嘗感，欲建塔以奉。無礙君以師素不違衆□，因四分其□（骨），則應諸刹之請。一則歸藏寧夏，示不忘本也。無礙君復建祠於天寧閣左，仍入楮幣五千緡恒居之，而以子錢具燃燈供佛之費，俾寺僧世世主奉祠事焉。予既悉其狀，始欽師道德之充，終則嗟無礙君之不可及。

嘗聞吾儒之言曰：民生于三，事之如一。父□（生）□（之）□（恩），□（君）□（臨）□（之）義，莫大莫厚，而師則兼恩義而有之。是以於其生也，則無犯無隱；歿則心喪，是制尊師之道，其重蓋若是。粤惟西方之教，所以隆□（教）□（源）□□者，□（抑）□（不）殊乎？此世道日降，人不知本，學未通經，己忘所自。師徒相視，漠然如路人，分義幾絶，□（有）□（志）□（之）士，恒悲且憤。而無礙君廼能自拔於流俗，□□□古，主治其師之後事，慎終追遠者，纖悉周盡，是則不徒增輝於宗門。其於扶世教、明綱常，豈□（無）□（補）□（哉）？於戲！源澄則流潔，表直則景端，觀無礙君□□□耿介，沂而測其從來，則師之由己及人者，又□考見焉。既備載其狀，仍繫之以銘。銘曰：

慧日西沉慈雲興，徧覆九圍周四瀛。法雨普施資□靈，利澤萬有福群生。變滅□（倏）□（翕）□（杳）□（無）形，神功妙用歸冥冥。遺膏餘

[1] 收藏在隆興寺的原碑有多處字迹漫漶、剥落，且碑陽左中部與左下部各有較爲嚴重的殘破處一塊，以致部分文字難以釋讀。故在録文時校以《常山貞石志》卷二四《元故五明成就妙峰上師勝公和尚道行碑銘》。

潤誰其膺，我宗塔廟存儀刑。幡幢擁護栴檀馨，焰焰相續□（無）盡燈。它山之石豐而貞，螭首龜趺鐫吾銘。惡池滔滔大茂青，山無騫摧川方增。吾銘□□言足徵，綿綿終古人永承。

是歲四月　佛世曰□（立）。

佛曰廣照大師住持□（真）□（定）路大龍興寺講經論沙門福巖、志慶，弘聖普照通明圓覺大師真定路釋教宗主講經論沙門　棲源　智心。

疏證

勝公和尚，姓史氏，名省吉巴，法諱福勝，唐兀人。勝公和尚的僧籍隸屬于寧夏之奉天寺，西夏僧人也實行僧籍管理制度，西夏法典《天盛律令》規定：僧人出家除有度牒外，還需『寺冊上有名』。勝公和尚其後師從大德輝公學習藏傳佛教的密宗。又從寧夏來到真定的龍興寺，『遍歷叢林，究閱典藏』之後，『猶是心地圓明，中外融一』。

至正十二年逝世，弟子無礙君八剌實理主治其師的後事，并爲之立碑。據《常山貞石志》所收《秦王夫人施長生錢記》記載：『秦王之子八剌實理，寔夫人怯烈真氏所出，美才質，勤學問，悅禮樂而敦詩書。幼年入侍，上嘉之。即命以官，初授朝列大夫、威武阿速衛千户，佩金符。未幾，超授資善大夫，擢本衛指揮使。天性至孝，以王之薨哀慟幾絕，追慕不已，遂棄官不仕，亦出家學佛，號無礙，若將終其身焉。』秦王指的是在順帝時期『獨秉國鈞，專權自恣，變亂祖宗成憲，虐害天下』（《元史》卷一三八《伯顏傳》）的伯顏，八剌實理在秦王伯顏死後，出家學佛，號無礙君。

研究成果見諸孟繁清《讀〈勝公和尚道行碑銘〉》（《中國古代社會高層論壇文集：紀念鄭天挺先生誕辰一百一十周年》，中華書局2011年）。

壹佰零貳　元·順天路達魯花赤河西老索神道碑

叙録

至正十年（1350）立，1985年在保定市第三次全市文物普查過程中發現與頡莊樂凱膠捲廠内，現藏保定古蓮花池公園碑廊中。方柱體，高三百八十五厘米，寬九十五厘米，僅存碑身，碑帽、碑座佚，原碑四面有字，現僅存三面尚能釋讀，記載唐兀人老索家族四代從蒙古汗國至元末的征戰與仕宦情況。歐陽玄撰文，蘇天爵書丹。

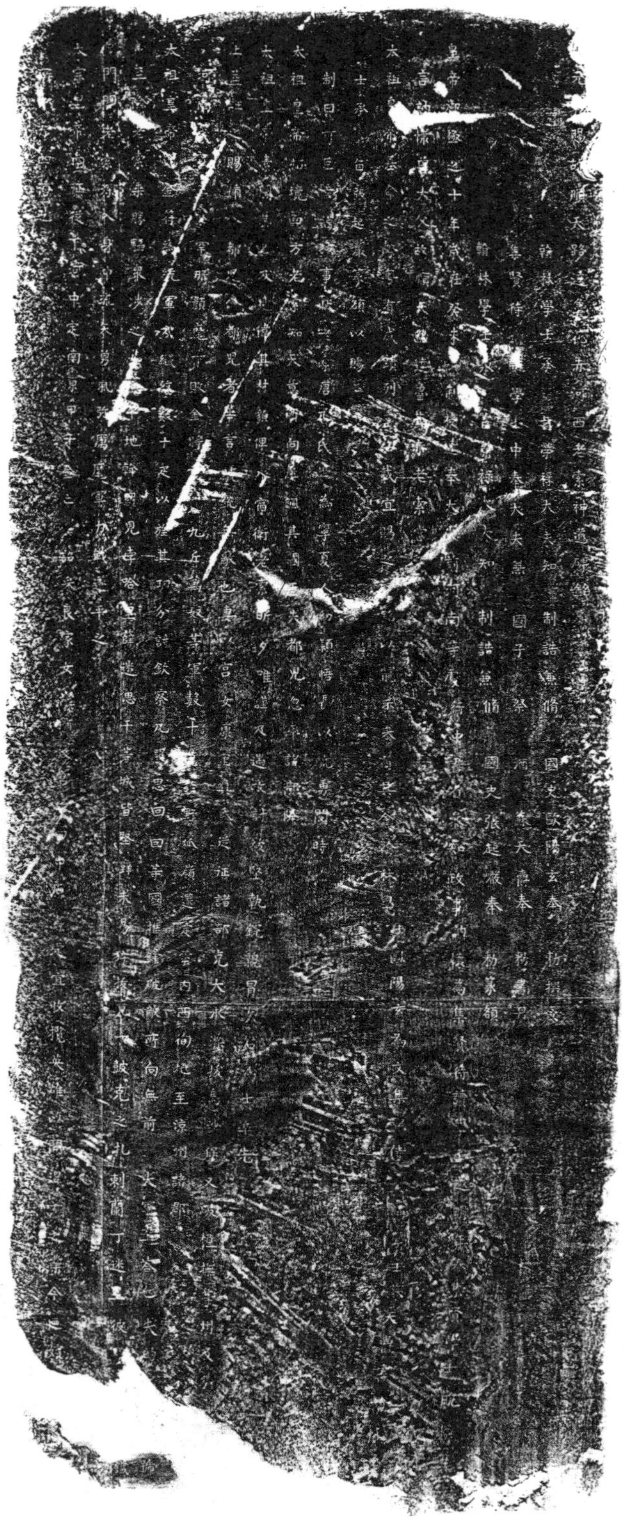

大元順天路達魯花赤河西老索神道碑銘拓片之一

大元順天路達魯花赤河西老索神道碑

大元順天路達魯花赤河西老索神道碑銘拓片之一上部

大元順天路達魯花赤河西老索神道碑銘拓片之一下部

大元順天路達魯花赤河西老索神道碑銘拓片之二

大元順天路達魯花赤河西老索神道碑銘拓片之二上部

大元順天路達魯花赤河西老索神道碑銘拓片之二下部

大元順天路達魯花赤河西老索神道碑銘拓片之三

大元順天路達魯花赤河西老索神道碑銘拓片之三上部

大元順天路達魯花赤河西老索神道碑銘拓片之三下部

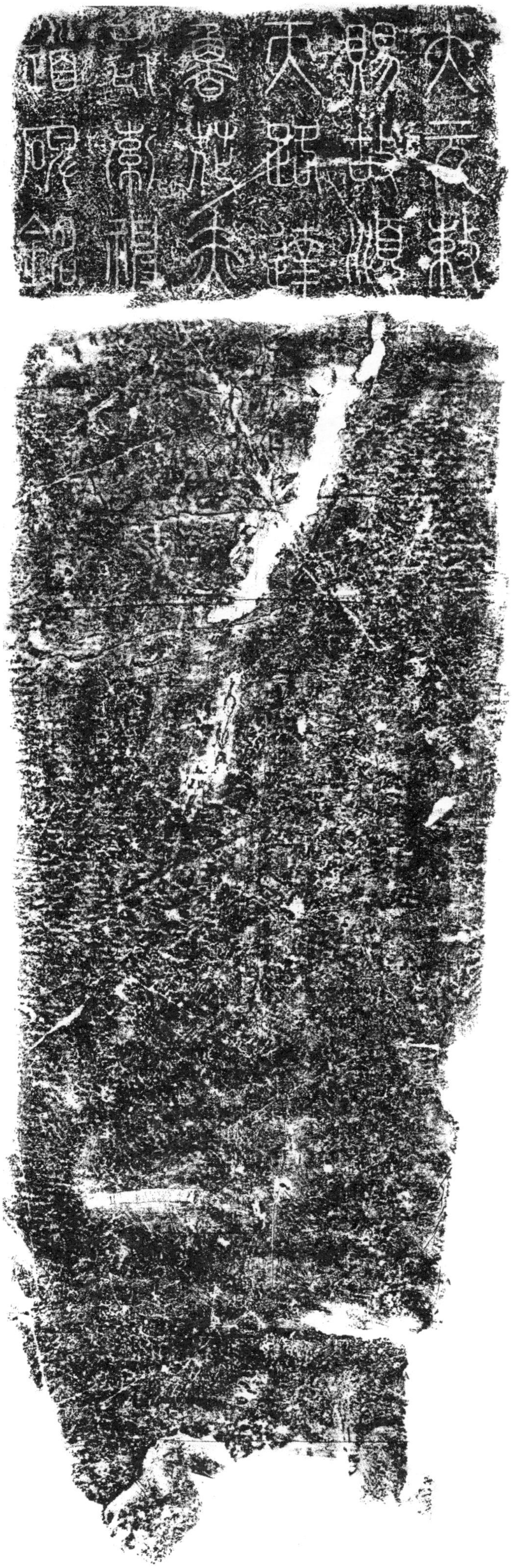

大元順天路達魯花赤河西老索神道碑銘拓片之四

大元順天路達魯花赤河西老索神道碑銘拓片之四上部

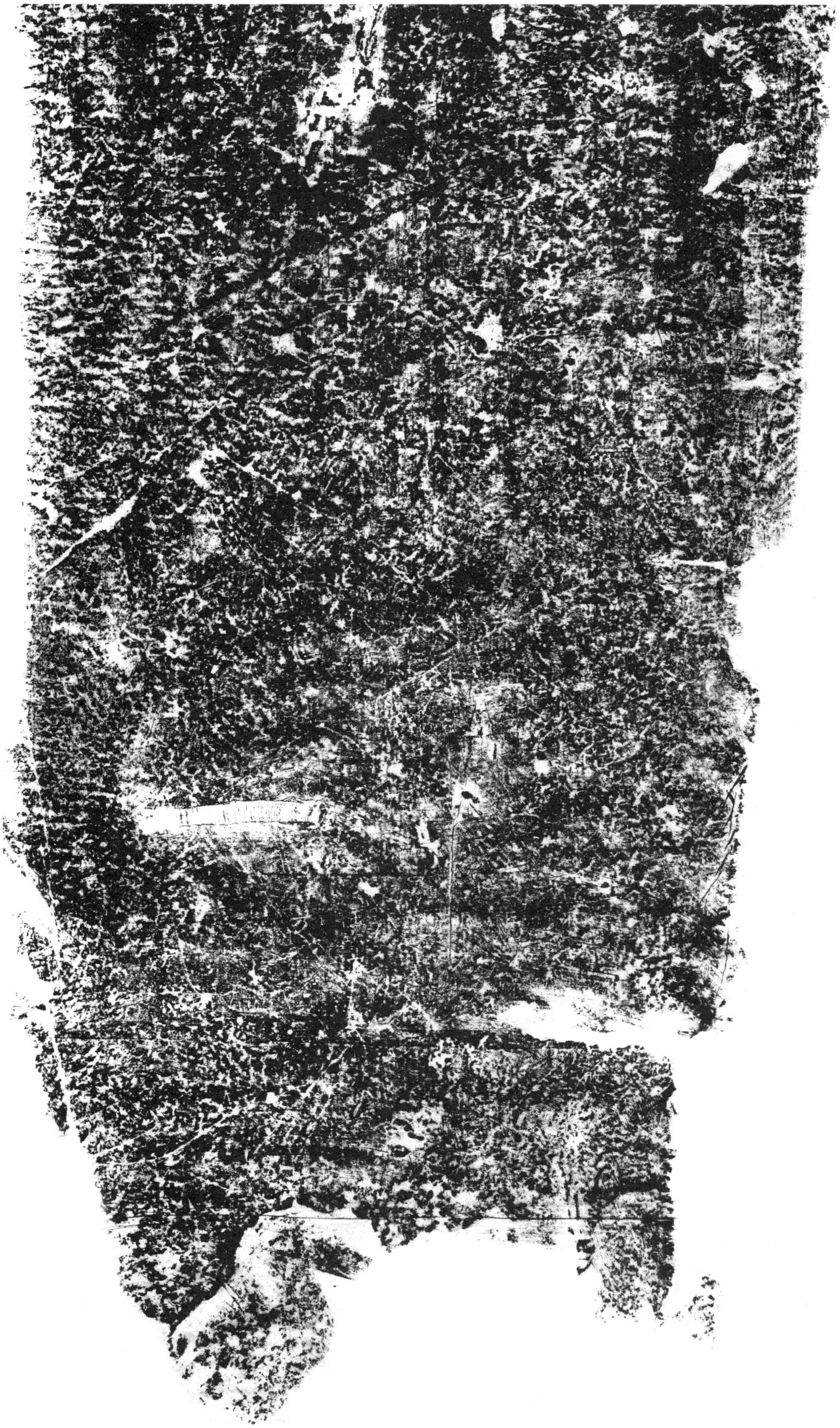

大元順天路達魯花赤河西老索神道碑銘拓片之四下部

録文

元敕賜故順天路達魯花赤河西老索神道碑銘

翰林學士承旨榮禄大夫知制誥兼脩國史歐陽玄奉敕撰文
集賢侍講學士中奉大夫兼國子祭酒蘇天爵奉敕書丹
翰林學士承旨榮禄大夫知制誥兼脩國史張起巖奉敕篆額

皇帝御極之十年，歲在癸未，制授通奉大夫前河南等處行中書省叅知政事訥懷為集賢侍讀學士。越明年春，集賢學士脱憐等言：『訥懷曾大父故順天路達魯花赤老索當太祖皇帝基命之際，粤有成績，列於功載，宜賜之碑銘，以寵示來裔。其令翰林學士歐陽玄為文，集賢侍講學士蘇天爵書丹，翰林學士承旨張起巖篆額以賜。』制曰：『可。』臣玄等謹按事狀。

老索，唐兀氏，世為寧夏人。幼穎悟，長以驍勇聞。時太祖皇帝拓境四方，老索知天意所向，屢諷其國王失都兒忽率諸部降。太祖皇帝素聞其名，及見，偉其材貌，俾入宿衛。老索昕夕唯謹，及遇攻討，被堅執鋭，親冒矢石，為士卒先。上益壯之，賜號『八都兒』。八都兒者，華言驍鋭無敵也。妻以宮女康里真氏。從征諸部，克大水濼，拔烏沙堡，又破桓、撫等州。及分□□□河南武宣王察罕那顔麾下，敗金將定薛、九斤、萬奴等軍數十萬於野狐嶺。還定雲內，西徇地至涼州諸郡。太祖皇帝賜金符爲統軍，及織紋數十疋以旌其功。分討欽察、兀羅思、回回等國，摧鋒破敵，所向無前。大軍至荅也失的□□號至險，老索乘勝驅衆涉之，□□平地，斡羅兒、孛哈里、薛迷思干等城皆堅壁未易猝拔，竟一鼓克之。扎剌蘭丁迷里彼□□□□鐵門關，老索探入，身中流矢，勇氣弥厲。麾軍力戰，遂平之。

太宗皇帝南征，從下河中，定南京。甲午，金亡，詔采良家女以備後宮，諫曰：『中原甫定，宜收攬英雄，以開混一之業，今廼嬪……大□賜曰金□兩丙……順天路汝南忠武王張公□□老索協力屏翰□□□□於……燕南自為一路，民至今便之。年七十即上表符乞骸骨……上優撫之，賜黄金五十兩，白金三百兩。中統建元六月二十三日薨於正寢，壽七十三。越明年某月日，葬于清苑縣太静鄉之先塋。

康里追封夫人。子二人，長阿勾，早亡。次忙古觧，起家為行軍千户。丁巳，攻蜀，所至先登。己未，憲宗圍合州釣魚山，克捷居多，□□戰勝，遂没於陣，贈亞中大夫，僉太常禮儀院事。娶畦氏，子一人忽都不花，德器温厚，至元十七年，擢奉議大夫，祁州達魯花赤，為政明恕，編氓以其有德，至今以顔子目之。秩滿，光獻翼聖皇后以其先朝舊臣，諭都官不次擢用。時阿合馬柄政，官非賂莫進，忙古解慨然曰：『為民父母，磬産鬻官，而復刻削於民以求利，可乎？』遂無仕進意，移遂州達魯花赤。至元二十一年五月九日卒于家，年三十有六。娶民氏，奉柩歸葬于清苑之先塋。子一人，即訥懷，父没年甫三歲，母民氏心守義□育有加，既長，從師問學，涉獵經史。入京，因司徒明里以見仁宗皇帝於□□□□□□中書直省舍人，沿榭護送趙王公□□□道塗禁戢其徒御，所過郡縣無擾，歸以能聲……廟堂，遷知安東州□□監察御使□□□□曰：『汝父連□□□雖獲廉□而未嘗預清要之選，汝今得之，宜效節以報國顯親……』尋拜河東廉訪使□□宣□□世襲知府怙寵不法，輒□其奸，獄成而逃，愬于朝□是□□□□□臺……葬于□□朔南大同，魂無不之……有子有孫，□□忠順……匯此慶澤，發于曾孫，曾孫勉……仁皇□□，寔……進登察官，踐揚中朝……參預兩省，□後於□、……有母實賢，秉節迪人，式隆其傳……自我上命，有□□，及告奉常，詞臣……□銘……矢矛，清苑之南，□示貫域……之盛世之德……至正十年四月吉日曾孫訥懷 立石、保定儒士李肅 處士胡賓元 摹……□□川 蔣□從 劉弘毅 張寬 刻。

疏證

訥懷的曾大父順天路達魯花赤老索卒于中統元年（1260），終年七十三歲，則其生于西夏乾祐十九年（1188）。中統二年（1262），老索葬于清苑縣太静鄉的先塋。清苑縣即順天路轄下的屬縣。老索去世後葬于順天路的祖塋，說明他們已將順天路視作故鄉。至正三年（1343），前河南等處行中書省參知政事訥懷起復爲集賢侍讀學士。至正十年（1350），老索的曾孫訥懷爲了表彰先祖的功績爲其樹立神道碑。

碑文載『其國王失都兒忽率諸部降』。據《元史·太祖紀》記載成吉思汗即位後第四年（1209），西夏末主李安全投降成吉思汗：『帝入河西。夏主李安全遣其世子率師來戰，敗之，獲其副元帥高令公。克兀剌海城，俘其太傅西壁氏。進至克夷門，覆敗夏師，獲其將嵬名令公。薄中興府，引河水灌之。堤決，水外潰，遂撤圍還。遣太傅訛答入中興，招諭夏主，夏主納女請和。』《元聖武親征録》亦載成吉思汗『復征西夏，入孛王廟。其主失相兒忽出降，獻女為好。』所以，『失都兒忽』無疑是夏襄宗李安全。

碑文載：『順天路汝南忠武王張公□□□老索協力屏翰□□□□□扵……燕南自為一路，民至今便之。』汝南忠武王張公即指張柔，『延祐五年，（張柔）加封汝南王，謚忠武』（《元史·張柔傳》）。張柔在1227年，移鎮保州，重建保州城，『柔爲之畫市井，定民居，置官廨，引泉入城，疏溝渠以瀉卑溼，通商惠工，遂致殷富；遷廟學扵城東南，增其舊制。』1232年，『宣使老索來蒞順天』（《陵川集》卷三五《河陽遁士苟君墓銘》），老索來到順天。老索來到順天后，『協力屏翰』張柔，并且促成『燕南自為一路』，建立順天路。《元史·地理志》記載順天路的建成是在元太宗十一年（1239）（《元史》卷五八《地理志一》）。所以老索來到保定的時間應在1232年。

元人劉岳申的《瑞芝堂記》記載：『河南參政張訥翁，以張夫人憂，棄官不仕。至元戊寅，建義學其家……張侯族出西夏，家居保定，揚名中外，歷官臺省。』經他考證，張訥翁與訥懷族屬、籍貫、姓氏完全相同，且名相近；二者于後至元末、至正初均擔任河南行省參知政事，丁憂與起復事迹年代能對應，而年齡和生活作風也接近，有足夠的理由證明《瑞芝堂記》中的張訥翁和老索的曾孫訥懷，應該是同一個人。

研究成果見諸梁松濤《〈河西老索神道碑銘〉考釋》（《民族研究》2007年第二期），彭向前《西夏遺民初到保定時間考》（《保定學院學報》2008年第一期），崔紅芬《保定出土〈老索神道碑銘〉再研究》（《中國文化》2013年第二期），鄧文韜《元代西夏遺民訥懷事迹補考》（《西夏研究》2013年第三期）等。

壹佰零叁　元・安徽歙縣鄭公釣臺摩崖石刻

叙録

至正十六年（1356）八月刻，原在安徽省歙縣王村鎮富墩渡口東岸崗崖上，實地調查未見，拓片載于《歙縣金石志》中。尺寸不詳。爲余闕題『鄭公釣臺』四字，題字旁款署『武威余闕』。

疏證

『鄭公釣臺』遺址因鄭玉多次登臨坐釣而得名。鄭玉《師山集》卷五《鄭公釣臺記》：『歙南山水最勝，淛江出焉，由浙源百餘里至縣境曰「富登渡」。一石巍然出江上，勢欲飛入江中。予過妹壻吴虎臣，數往來其處，每一登臨，或坐或釣，輒徘徊不能去。人因名「鄭公釣臺石」。淮閫余公廷心，篆隸妙天下，聞予之有是石也，大書「鄭公釣臺」四字以為寄。至正十有六年秋八月，予以被召辭還，留虎臣所，始取余公所書，刻之臺前，而記其所以得名之，故鐫諸後石』，可知該摩崖系依據余闕手書而刻。

余闕生前與鄭千齡之子鄭玉（字子美）有交游：汪克寬《鄭玉行狀》謂其『晚與平章余公闕、吏部侍郎危公素、南臺監察御史程君文最相知』；二人常有書信往來，如《辨志書塾所見帖》第一册收《元余闕與子美書》，余氏寄與他人的書信内也曾提及『子美近有書言……』，可見二人之間具有良好的關係。

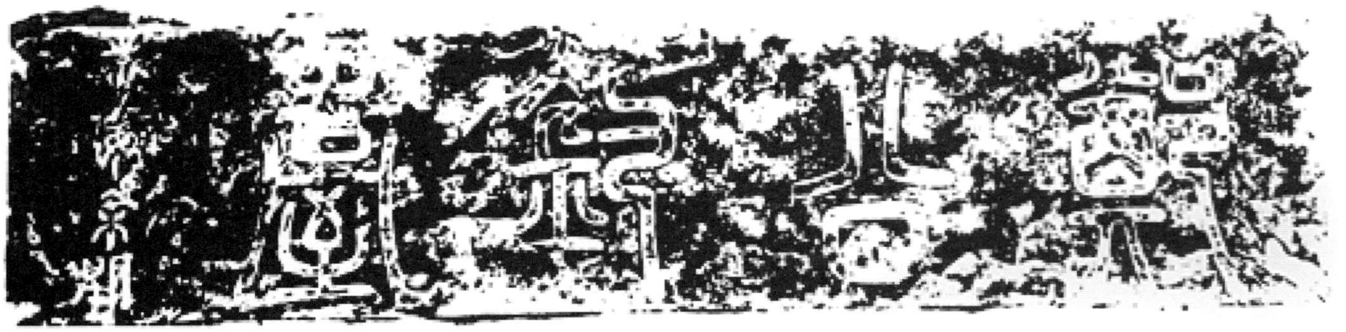

鄭公釣臺摩崖石刻拓片

壹佰零肆　元・贈敦武校尉軍民萬户府百夫長唐兀公碑

叙録

至正十六年（1356）立石。1983年河南省濮陽縣東柳屯鎮楊什八郎村出土，現藏楊氏家族墓地碑亭内。青石質，呈四方柱形，碑首爲蓋頂式，碑座爲蓮花座。碑身高一百七十七厘米，面寬六十六至八十八厘米，通高三百二十厘米。碑文隸書，四面書寫，七十二行，滿行四十二字。記述來自賀蘭山下的西夏遺民唐兀氏隨蒙古征戰，最後定居河南濮陽的歷史。元集賢大學士潘迪撰文并書丹。

唐兀公碑舊照

唐兀公碑與碑亭現狀

大元贈敦武校尉軍民萬户府百夫長唐兀公碑銘拓片 第一面

大元贈敦武校尉軍民萬户府百夫長唐兀公碑銘拓片 第二面

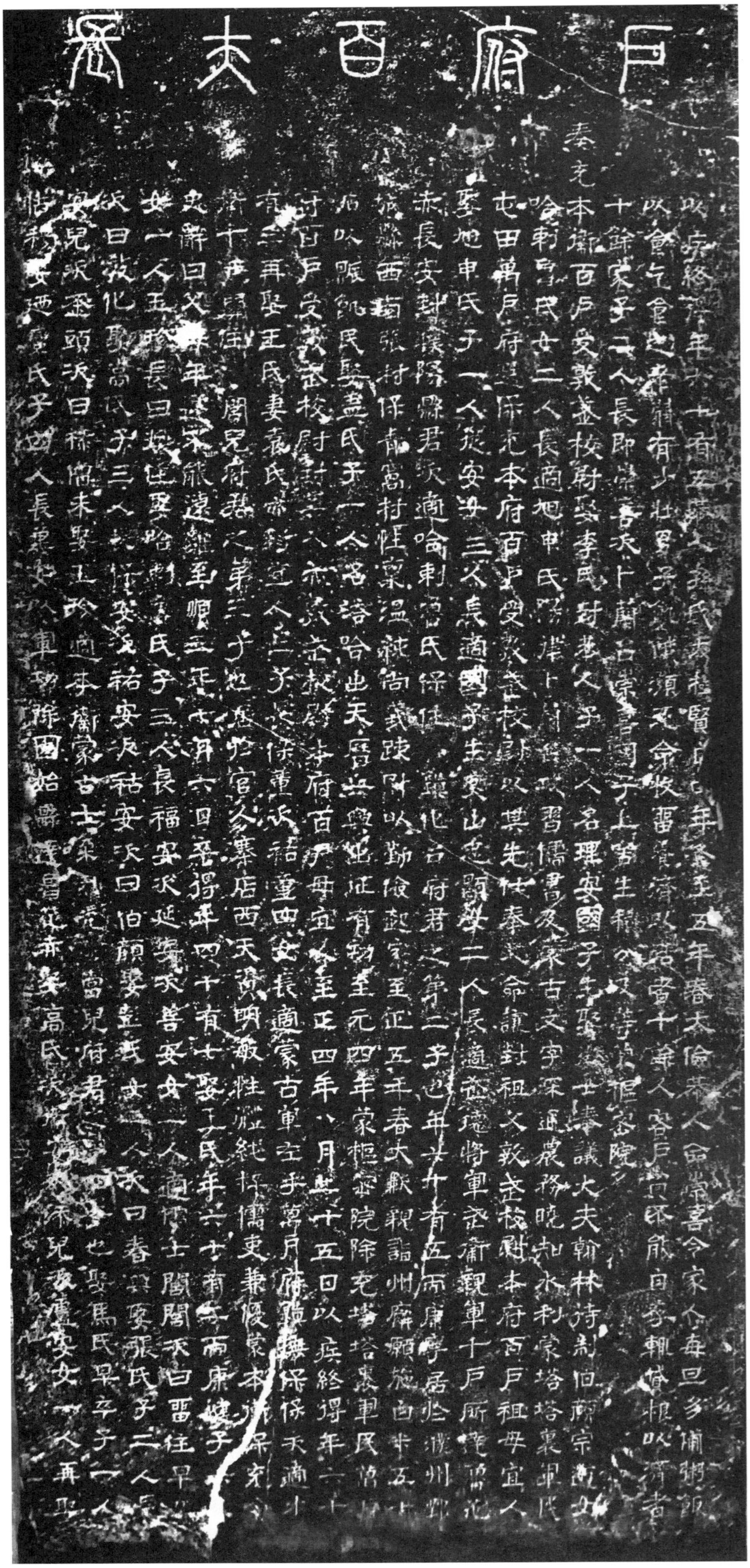

大元贈敦武校尉軍民萬户府百夫長唐兀公碑銘拓片 第三面

大元贈敦武校尉軍民萬户府百夫長唐兀公碑銘拓片　第四面

大元贈敦武校尉軍民萬户府百夫長唐兀公碑銘并序[1]

朝列大夫前國子司業魏郡潘迪撰并書石篆額[2]

録文

敦武校尉左翊蒙古侍衛百夫長崇喜，狀其祖軍民萬户府百夫長府君行實，請曰：『曩在成均，濱蒙教養，獲躋上舍，積分入等，已豫會試，俟貢有期。柰户隸蒙古兵籍，為門户計，弗獲已，俯就武職。荷祖宗之積累，叠蒙恩寵，一門之中，父子昆弟，咸膺武爵，褒封祖考，榮及存歿[3]，誠子孫之至願也。然先世潛德，苟不託鉅筆銘諸琬琰，不惟無以示後人，而百世之下，亦安知餘慶之所自哉。敢再拜請』。余素嘉其有志嗜學，且從游久，固不敢以不敏辭。

謹案：府君諱閭馬，唐兀氏，其父諱唐兀台，世居寧夏路賀蘭山。歲己[4]未，扈從皇嗣昆仲南征，收金破宋，不避艱險，宣力國家。嘗為彈壓，累著勞效。方議超擢，年六十餘，以疾卒于營戍。其妻名九姐，年五十餘，先卒。

時府君甫十歲許，别無恒産，依所親營次以居，即崇喜之祖也。及長成丁，優於武藝，攻城野戰，圍打襄樊，諸處征討，多獲功賞。然性恬退，不求進用，大事既定，遂來開州濮陽縣東，撥付草地，與民相參住坐，後置莊於草地之西北官人寨店東南十八郎寨兩堤之間，卜塋於本宅之西北，堤南道北爽塏之地，親營[5]家壙，栽植栢楊，乃遷其考妣而安葬焉。

至元八年，籍充山東河北蒙古軍户。十六年，奉旨選充左翊蒙古侍衛親軍。三十年，編類入籍，累得功賞。馬匹、楮幣，弗肯過侈，用之有節，推其餘以濟鄉党之匱乏。

雖务在戎行，然好學向義，勤於稼穡，嘗言『寧得子孫賢，莫求家道富。』常厚禮學師，以敎子孫。鄉人家貧好學者，悉為代其束脩禮。親戚有貧，弗能育其子女者，府君輒與其直[6]贖之，以養於家。或曰：『他人之子女，費錢以養育，畢竟是他人』。府君曰：『不然，此非汝所知也。子女

[1] 原碑字迹漫漶處，參《述善集》卷三《行實卷》所收《大元贈敦武校尉軍民萬户府百夫長唐兀公碑銘并序》補入録文。碑文詳見焦進文，楊富學校注《元代西夏遺民文獻〈述善集〉校注》（甘肅人民出版社2001年）。

[2] 潘迪署銜，《元代西夏遺民文獻〈述善集〉校注》作『正議大夫集賢直學士致仕禮部尚書魏郡潘迪』。

[3] 歿，《元代西夏遺民文獻〈述善集〉校注》作『没』。

[4] 己，《元代西夏遺民文獻〈述善集〉校注》作『乙』，系碑文整理者根據史實改寫，此處按原碑録文。

[5] 營，《元代西夏遺民文獻〈述善集〉校注》作『塋』。

[6] 直，《元代西夏遺民文獻〈述善集〉校注》作『值』，系碑文整理者根據上下文改寫，此處按原碑録文。

之父母，貧乏弗能自存，得錢足以活己。故諺曰：「減口勝添粮。」其子女在吾家，又得飽煖，一舉而兩全。他日將養成人，女備裝奩以嫁，男備聘財以娶，所費幾何？』鄉人有死，弗克葬者，則與喪具、米粮以葬之。其父祖有官，而子孫不能襲廕者，則與楮幣、鞍馬，為之起復公文，以襲廕之。若此者十有餘家。又置産業扵宿州靈璧縣東南蘆溝村，以為別墅。致和元年九月二十有八日，以天年終于正寢，享年八十有一。

祖母哈剌魯氏，紡績織紝，佐夫內治，儉而好禮，和以睦族。至元後三年三月十有九日以疾終，享年八十有二。子五人，長達海，次鎮化[1]台，次閭兒，次當兒，次買兒。女一人，曰邁訥。

達海[2]，即崇喜之父也。以崇喜恩封忠顯校尉左翊蒙古侍衛百夫長。娶孫氏，年七十有二而康寧，封恭人。忠顯性資溫厚，仁慈豈弟[3]。祖母既亾之後，凡諸家所假斛粟、楮幣之類，悉命焚其券，以年難，免索也。貧者莫不德之。其典買地[4]土契券，命崇喜整治收頓，戒之曰：『夫契者，家業之基，祖先所遺，祭祀供需之源，宗族衣食之本，誠為重事』。

本寨耆老等，舊隨鄉[5]會，名曰『龍祠鄉社義約』，因襲之弊，尚扵奢侈，以酒饌相矜。』忠顯一日來會，言扵衆曰：『鄉社之禮，本以義會，風俗之美，在扵禮交。是會之設，本欲敬神明，祈雨澤，救災恤患，厚本抑末，周濟貧乏，憂憫煢獨，弗意習奢至此，甚非可久之道，大為不可。遂僉議創置社籍，定其賞罰，斟酌古禮，合乎時宜。凡可行之事，當戒之失，悉載于上，永遠恪守。推舉年高有德、才良、行修之士，以掌其簿，至今遵守，鄉里賴之。如縱放頭匹，踐蹂田禾，非禮飲酒，失誤農業，好樂賭博，交非其人，不孝不悌[6]，皆在所罰。祖先塋域，舊僅壹畝，今擴爲畞者十。親詣指畫，命崇喜栽植栢楊，東西南北，皆有倫理。贍墳地至二百餘畞，內有所産，以供祭祀。

天曆兵興，起遺漸丁，蒙朝廷差來官選委為百夫長。忠顯恐烏合之衆有害扵百姓，乃[7]諭扵衆曰：『他家即己家，彼我有父母，安可惟知有己，而不知有人乎？』衆皆感悟，循行正道，無有害于百姓者。

其恤貧濟困，克紹先志。至正四年七月五日，以疾終，得年六十有五。恭人孫氏，亦極賢。自四年冬至五年春，大儉。恭人命崇喜，令家人每旦

[1] 化，《元代西夏遺民文獻〈述善集〉校注》作『花』。
[2] 達海，《元代西夏遺民文獻〈述善集〉校注》作『長』。
[3] 豈弟，《元代西夏遺民文獻〈述善集〉校注》作『愷悌』。
[4] 地，《元代西夏遺民文獻〈述善集〉校注》作『田』。
[5] 鄉，《元代西夏遺民文獻〈述善集〉校注》作『香』。
[6] 悌，《元代西夏遺民文獻〈述善集〉校注》作『弟』。
[7] 乃，《元代西夏遺民文獻〈述善集〉校注》脱。

多備粥飯，以食乞食[1]之老弱。有少壯男子飢餓瀕死，命收留養濟，以活者十餘人。客户貧不能自存，輒貸粮以濟者十餘家。

子二人，長即崇喜，次卜蘭台。

崇喜，國子上舍生，積分及等，蒙樞密院奏充本衛百户，受敦武校尉。娶李氏，封恭人。子一人，名理安，國子生[2]，娶徵士奉議大夫翰林待制伯顔宗道[3]女哈剌魯氏。女二人，長適旭申氏陽律。

卜蘭台攻習儒書及蒙古文字，深通農務，曉知水利。蒙塔塔裏軍民屯田萬户府選保充本府百户，受敦武校尉，以其先仕，奉父命讓封祖父敦武校尉本府百户，祖母宜人。娶旭申氏，子一人，[4]從安。女三人，長適國子生燕山忠顯。女二人，長適武德将軍武衛親軍千户所達魯花赤長安，封濮陽縣君。次適哈剌魯氏保住。

鎮化台，府君之第二子也，年六十有五而康寧，居于濮州鄄城縣西南張村保青窩村。性稟温純，尚義踈[5]財，以勤儉起家。至正五年春，大歉，親詣州廨，願施白米五十石以賑饑民。娶盖氏，子一人，名塔哈出。天曆兵興，出征有功。至元四年，蒙樞密院除充塔塔裏軍民萬户府百户，受敦武校尉，封其父亦敦武校尉本府百户，母宜人。至正四年八月二十五日以疾終，得年六十有三[6]。再娶王氏。妻袁氏，亦封宜人。二子，長保童，次祐童。四女，長適蒙古軍左手萬户府鎮撫保保。次適本衛千户闕住。

閭兒，府君之第三子也，居于官人寨店西。天資明敏，性體純粹，儒吏兼優，蒙本衛保充令史。辭曰：『父母年邁，不能遠離』。至順三年七月六日卒，得年四十有七。娶王氏，年六十有二而康健。子六人，女一人，玉珍[7]。

長曰换住，娶哈剌魯氏，子三人，長福安，次延安，次善安。女一人，適儒士閭閭。次曰留住，早卒。次曰教化，娶高氏，子三人，長保安，次祐安，次祜安，次曰伯顔，娶彭氏，女二人。次曰春興，娶張氏，子二人，長安兒，次歪頭[8]，次曰禄僧，未娶。玉珍，適本衛蒙古士朵烈秃[9]。

[1] 食，《元代西夏遺民文獻〈述善集〉校注》作『人』。
[2] 國子生，《元代西夏遺民文獻〈述善集〉校注》脱。
[3] 此處，《元代西夏遺民文獻〈述善集〉校注》多『之』字。
[4] 此處，《元代西夏遺民文獻〈述善集〉校注》多『名』字。
[5] 踈，《元代西夏遺民文獻〈述善集〉校注》作『疏』，系碑文整理者根據上下文改寫，此處按原碑録文。
[6] 三，《元代西夏遺民文獻〈述善集〉校注》作『二』。
[7] 女一人，玉珍，《元代西夏遺民文獻〈述善集〉校注》脱。
[8] 頭，《元代西夏遺民文獻〈述善集〉校注》作『兒』。
[9] 玉珍，適本衛蒙古士朵烈秃，《元代西夏遺民文獻〈述善集〉校注》作『女一人，適蒙古氏朵烈團』。

當兒，府君之第四子也。娶馬[1]氏，早卒。子一人帖穆[2]，娶廼蠻氏。子四人，長巢安，以軍功除固始縣達魯花赤，娶高氏。次衛安，次添兒，次蘆安。女一人。再娶盖氏，子四人，女一人賽珍。長曰不老，娶怯烈氏。子三人，長童兒，娶乃蠻氏，次道兒，□（次）□（德）□（兒），□（次）□（曰）□（脱）□（脱），□（娶）□（孔）□（氏），俱早卒。次曰廣兒，更名伯顔普化，國子生。至正四年，因勸糴拜爵，受将仕郎[3]、濟寧路金鄉縣務□（司）□（提）□（領）。娶旭申氏，子一人，闊住。女一人。次曰野僊普化。亦因勸糴，以拜其爵，受從仕郎[4]、長蘆監運司利民場□（司）□（令）。娶劉氏，子一人，哈剌。賽珍，適蘭陽縣務司副使[5]添孫。買兒，府君之第五子也，泰定五年正月三日以病卒。年僅三十有九，娶乃蠻氏。子一人拜住，娶李氏，早卒，再娶旭申。女三人，長適哈剌魯氏保住，次適哈剌魯氏寶[6]童，次適乃蠻氏買住[7]。拜住[8]，女一人。邁訥，府君之女也。適哈剌魯氏普化，早寡，以孝節聞。有子一人，慶安，又名脱脱，充軍民萬户府百户。

嗚呼！觀其子孫之榮盛，則其祖考之積累，不無啓于前。觀其祖考之勤儉，則其子孫之發達，宜乎豐于後矣！

唐兀氏自賀蘭始祖，啓慶源於其端，而敦武府君以孑煢孤童，勤儉起家，功著於國而不求其報，則其子孫榮盛而發達，殆有以浚慶源於其後歟！一門之中，榮膺寵渥，長百夫者，父子昆弟不啻數人，子孫及家人無慮近萬指，苟非祖考積累之功，奚克致是？猗歟盛哉！銘曰：

賀蘭右族，歸順國初。擁護聖胄，疆梗是鋤。翦金蹙宋，不避艱虞。
未及受禄，抱勲以殂。奇哉敦武，零丁孤苦。生未十齡，居無寧所。
爰依所親，長隷行伍。襄樊之攻，多獲丑虜。大勲未酬，慨然歸休。
濟貧恤匱，餘擴田疇。延師誨子，道義是求。貧而好學，願代束脩。
子女匱食，乃贖於室。乃室乃歸，俾遂所適。貧弗能官，我叙其職。
亡不能葬，我資其力。有子有孫，家道裕温。恩加三命，壽逾八旬。

[1] 馬，《元代西夏遺民文獻〈述善集〉校注》作『馮』。
[2] 穆，《元代西夏遺民文獻〈述善集〉校注》作『睦』。
[3] 將仕郎，《元代西夏遺民文獻〈述善集〉校注》作『進義校尉』。
[4] 從仕郎，《元代西夏遺民文獻〈述善集〉校注》作『敦武校尉』。
[5] 此處，《元代西夏遺民文獻〈述善集〉校注》多出『旭申氏』三字。
[6] 寶，《元代西夏遺民文獻〈述善集〉校注》作『保』
[7] 買住，《元代西夏遺民文獻〈述善集〉校注》脱。
[8] 拜住，《元代西夏遺民文獻〈述善集〉校注》脱。

慶分五派，春滿一門。森森翠栢，惟公之墳。

至正十六年六月吉日[1]立石。大都劉公亮，平川任誠、韓温、張德林刊。[2]

疏證

碑文載唐兀閭馬之父唐兀台『歲己未，扈從皇嗣昆仲南征，收金破宋』。穆朝慶、任崇岳指出『己未』實爲『乙未』之訛。『歲己未』，即『宋理宗開慶元年（1259）』。碑文提到唐兀台參與了蒙元『收金破宋』的戰役，1234年，金國亡。所以，唐兀台更有可能是在1235年（即乙未年）隨闊端征伐南宋。然而，闊端并非皇嗣，碑文記載可能不準確。

唐兀閭馬則參與了1267～1273年的襄樊之戰。戰事結束後，閭馬『遂來開州濮陽縣東，撥付草地，與民相參住坐』，到濮陽縣屯田，過上了定居生活。至元八年，閭馬籍充山東河北蒙古軍户。十六年，選充左翊蒙古侍衛親軍。三十年，編入軍籍。

遷徙到濮陽後，唐兀楊氏家族漸漸融入了地方社會中，儒化的程度逐漸加深。該家族的第二代唐兀閭馬重視教育，『常厚禮學師，以教子孫。鄉人家貧好學者，悉為代其束脩禮』。第三代唐兀忠顯爲了『恤貧濟困，克紹先志』與耆老一起組織建立了鄉設，并制定《龍祠鄉社義約》，闡明瞭創辦鄉設的宗旨『欲敬神明，祈雨澤，救災恤患，厚本抑末，賙濟貧乏，憂憫煢獨』。該家族還有多名成員入國子學，如崇喜及崇喜之子理安。崇喜同輩的卜蘭台亦攻習儒書，深通農務，曉知水利。

該家族男子的婚姻對象較爲多元，既有蒙古人，如第二代唐兀閭馬娶妻哈刺魯氏；第四代卜蘭台娶旭申氏，換住娶哈刺魯氏；第五代不老娶怯烈氏。該家族男子的婚姻對象又有多名漢人，如第三代鎮化台娶蓋氏，閭兒娶王氏，當兒娶馮氏、蓋氏；第四代崇喜娶妻李氏，教化娶高氏，伯顔娶彭氏，春興娶張氏，帖穆娶乃蠻氏，拜住娶李氏等。

研究成果見諸穆朝慶、任崇岳《〈大元贈敦武校尉軍民萬户府百夫長唐兀公碑銘〉箋註》（《寧夏社會科學》1987年第一期），孫德萱、張相梅《元代盝頂式建築模型——唐兀公碑》（《中原文物》1992年第一期），張相梅《河南濮陽元代唐兀公碑》（《中原文物》1996年第三期），楊富學《元代西夏遺民文獻〈唐兀公碑〉校釋》（《甘肅民族研究》2001年第一期），王澤《談〈唐兀公碑〉的族屬問題》（《中原文物》2012年第六期）。

[1] 此處，《元代西夏遺民文獻〈述善集〉校注》多『崇喜等』三字。

[2] 刊石者名諱，《元代西夏遺民文獻〈述善集〉校注》脱。

壹佰零伍　元・肅州路也可達魯花赤世襲之碑

叙録

至正二十一年（1361）立石，1962年從酒泉城東門洞壁内拆出，現藏甘肅酒泉市文化館。無碑額，一分爲二作兩長方體石柱狀。碑高二百三十六厘米，寬九十一厘米，厚三十厘米，碑陽漢文二十四行，每行字數不等。碑陰回鶻文三十二行。碑陰長期外露，磨損甚殘，回鶻文字迹難辨。碑陽嵌于牆内，磨損較少，但因石質粗劣，字迹亦不清晰，然大部分尚可辨認。碑文記録一個唐兀家族自西夏滅亡至元朝末年一百三十多年間，歷六代十三人的職官世襲及其活動。漢文部分由雲南嵩明州判官段天祥撰文，洪福寺住持定慧明書丹并篆額；回鶻文部分書、刻者不詳。

大元肅州路也可達魯花赤世襲之碑拓片（漢文碑文右上下）

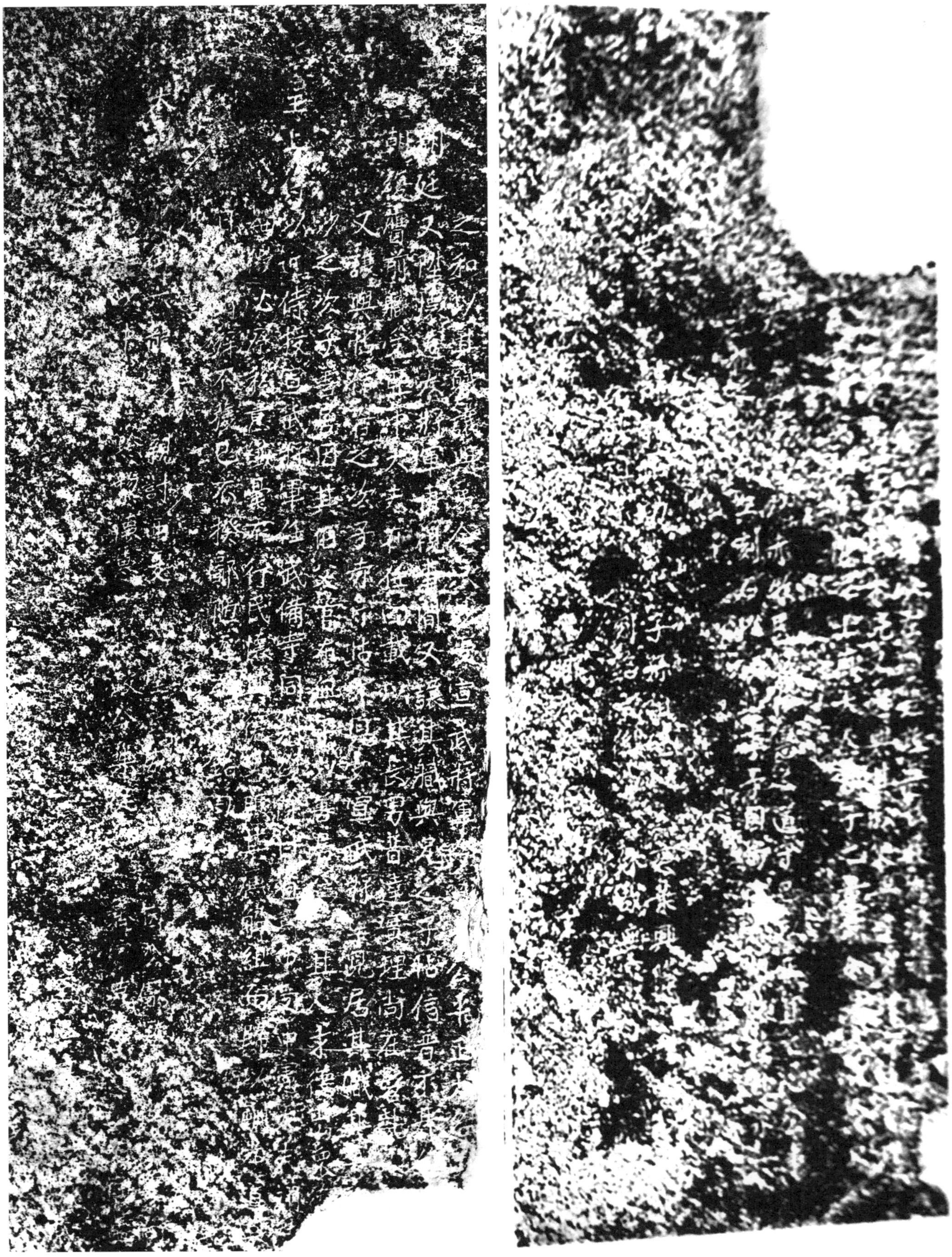

大元肅州路也可達魯花赤世襲之碑拓片（漢文碑文左上下）

大元肅州路也可達魯花赤世襲之碑拓片（回鶻文碑文右上下）

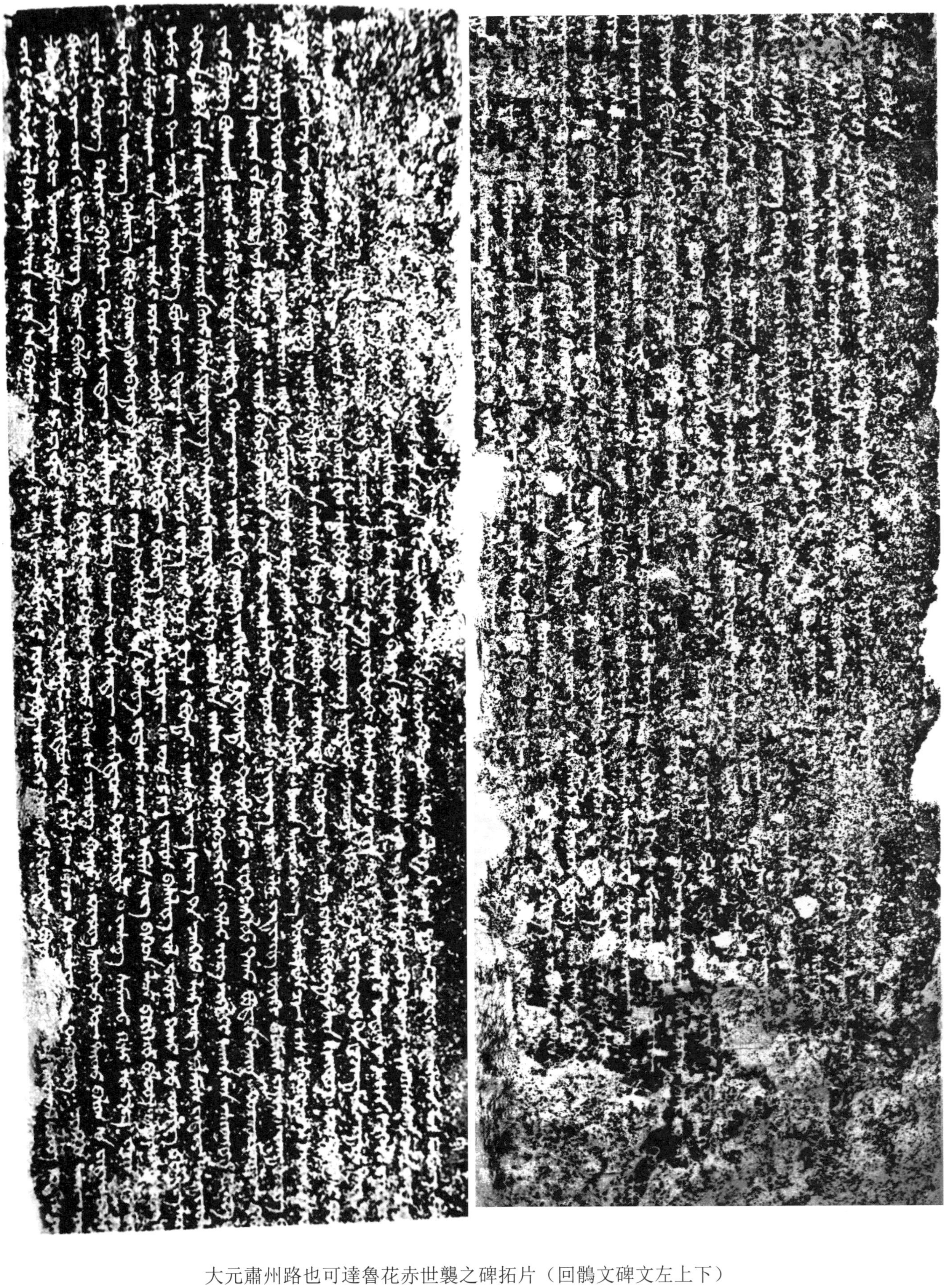

大元肅州路也可達魯花赤世襲之碑拓片（回鶻文碑文左上下）

録文

大元肅州路也可達魯花赤世襲之碑（漢文部分）

將仕郎雲南嵩明州判官段天祥撰

圓通慈濟禪師肅州在城洪福寺住持定慧明書丹并篆額

□大盛，而三光五嶽之氣分；太明升，而四海六合之土照；太聖作，而九夷八蠻之人服。此天理之必然，人物之功用也。惟我皇元，肇基朔漠，乘龍御極，志靖萬邦。太祖皇帝，御駕西征，天戈一揮，五郡之民，披雲覩日，靡不臣服。

時有唐兀氏舉立沙者，肅州閥閲之家，一方士民咸□感化，舉立沙瞻聖祖文武之德，起傾葵向日之心，率豪傑之士，以城出獻。又督義兵，助討不服，忘身徇國，竟歿鋒鏑。太祖皇帝矜其嚮慕之心，悼其戰死之不幸，論功行賞，以其子阿沙為肅州路世襲也可達魯花赤，以旌其父之功。憲宗皇帝賜以虎符。世祖皇帝愈加寵賚，陞昭武大將軍，遷甘肅等處宣慰使。

阿沙二男，長曰剌麻朶兒只，次曰管固兒加哥。剌麻朶兒只先授奉訓大夫，甘州路治中，又陞奉議大夫，肅州路達魯花赤。蒞政一考，思義讓之心，遜其職與弟管固兒加哥。管固兒加哥事四載，復將前職歸扵其兄，受奉政大夫，依舊襲職。

剌麻朶兒只四子：『長曰貫□□□，次曰耳玉，又其次曰管布，季曰令只沙……之職，授宣武將軍，治郡三載，又慕其祖禰忠義之績，思同民之和，以其職讓與弟令只沙，受宣武將軍。

令只沙公平正大，□名□朝廷，又陞懷遠大將軍，甫視事間，又讓其職與兄之子帖信普。不朞年……命議，令只沙在職，蒞政無私，最有聲績，備諮于□□朝，復膺前職，受亞中大夫。在任四載，以其長男普達實理尚在髫齔……定者帖木兒，定者帖木兒又遜與其叔父普達實理。普達實理又讓與帖信普之次子赤斤帖木兒，受宣武將軍，見居其職，其……思□孝，非英雄豪傑之士，有大人君子之量，能如是哉？

又令只沙之次子善居，因其伯父管布無子，以善居為嗣，其人才德出衆，德……主上待以近侍，授宣武將軍，仕武備寺同判。後除甘州郎中，受中憲大夫，翊贊□□□□□，遷永□（昌）路達魯花赤，牧民以仁惠之道，守己以正直之心，公事細微必察，私意纖毫不行，民懷其德，吏服其廉，解組而歸，以酬孝道。□□□祖□□□其先祖之功，命工刻石，以記其事。予自蜀□□□旅住甘泉，一日□□辤不復已，不揆鄙陋，遂[1]奉之銘曰：

□□太祖，駕御六龍，親討西夏，聖武咸雄。因公獻□，□風□□。

[1] 遂，《〈大元肅州路也可達魯花赤世襲之碑〉考釋——論元代党項人在河西的活動》脱。

□以世襲，用酬其功。子孫相继，奕葉興隆。讓□以□，□□以中。
黔黎懷惠，政令樂從。齊家克孝，為國盡忠。子孫善居，念其祖宗。
刻銘示後，休哉無窮。

至正二十一年歲次辛丑……

大元肅州路也可達魯花赤世襲之碑（回鶻文譯文）[1]：

光榮（？）之國（？）……有福的成吉思可汗……大蒙古國寶貝的……著名成吉思可汗……同衆多軍隊（來到）唐古忒地方肅州（時）……（阿）沙……（歸順）世界上最睿智的、像上天一樣的主上，有福的、不可戰勝的、著名的……有無上福禄的成吉思可汗……（之後當）他見到送來的鼓勵敕書後，（又）率衆多軍隊在前鋒作戰……送回……後消滅了唐古忒，對……人民（？）則未……我們主上成吉思可汗見到阿沙甘布後十分高興……以奬賞他先父的功勞……

（阿沙甘布）生有似天神一樣的有福的二子。（當他任）達魯花赤時……完成了威嚴的、世界之主薛禪可汗……的法制……（薛禪可汗）嘉獎（其功勞），讓阿沙甘布除負責甘肅路政務外，又任其為昭武大將軍……

（阿沙甘布有二子，長曰哈里哥剌麻朶尔只，次曰……）

哈里哥剌麻朶尔只任肅州路達魯花赤時，像愛護眼珠一樣愛護人民……為民衆謀了許多利益。之間又（讓其職與弟……）當哈里哥剌麻朶尔只再次任達魯花赤時，比以前更……

剌麻朶尔只有四子，長曰貫努普，次曰耳玉，出家爲僧人，三曰管布，有病，四曰（令只沙）……

（令只沙）任職三年，讓其職與（兄之）子帖信普……（令只沙？）自己任職三年去世時，生有黄金一樣的、勇敢的于咖普達實理（和）（善居）二子。普達（實理）在肅州任達魯花赤時，對人民……（後又讓職與帖信普之子赤斤帖木耳）赤斤帖木耳在肅州任達魯花赤時（境内）昇平，并為國為群衆謀了利益，成吉思可汗的……

（令只沙次子善居？）因自己努力盡職，後（奉召）去大都。當其從肅州到達大都時……奉敕到近侍官那里。因護衛有功擢為御前服務。他護衛（可汗）（不）讓……人走近……因此，侍官上書（可汗）任其為武備寺同判。他與各省官員一起……當他依我們主上可汗的敕令被任為武備寺同判時……出了力……（後）又被任甘州省長史郎中，成為我們可汗的重臣。當他任（甘州）省長史郎中時……正確處理了省中事務，并為内外民衆和國家謀了利益。（今上）可汗聽到其事迹後，（又）任他為（永昌路）達魯花赤……當……賊人（？）來到時，他進行保衛，重又被擢升為守城官

[1] 譯文出自耿世民《回鶻文〈大元肅州路也可達魯花赤世襲之碑〉譯釋》（《耿世民維吾爾古代文獻研究》，中央民族大學出版社2003年）。

（？）使永昌路人民……賊人（？）看到（善居）堅決（態度）不敢走近散去時……他依法懲罰了有罪的人。他（完成了）（今上）可汗委任的職務……他任永昌路達魯花赤時，為衆多百姓謀了利益……（下缺）。

疏證

《大元肅州路也可達魯花赤世襲之碑》立于至正二十一年（1361），是時任永昌路達魯花赤的唐兀人善居爲了追念先祖的功績所立。撰寫碑文的是雲南嵩明州判官段天祥撰，書丹和撰額者是肅州洪福寺的住持定慧明，其稱號爲圓通慈濟禪師。

程鉅夫在1308年所撰的《魏國公先世述》載：『圍肅州，州將昔李都水，公伯氏也，欲以城内附，爲衆所害，戕及其家。城既破，上命屠之。惟都水親戚、奴婢等一百六户不殺，及命都水子孫世襲其州達魯花赤，命貞獻公爲怯薛丹博魯赤。』肅州守將昔李都水原計劃投誠蒙古，然而事情泄露，都水一家不幸被害的情節與《大元肅州路也可達魯花赤世襲之碑》所載唐兀人舉立沙的事迹基本吻合。所以，昔李都水就是舉立沙。《魏國公先世述》稱昔李都水是昔里鈐部的『伯氏』，所以舉立沙爲昔里鈐部之兄。

大德十一年（1307）七月，教化升爲中書省平章政事，祖先三代得以封贈，元武宗命程鉅夫爲教化撰寫《魏國公先世述》。其文稱『時有唐兀氏舉立沙者，肅州閥閱之家，一方士民咸□（感）化，舉立沙瞻聖（祖）文武之德，起傾葵向日之心，率豪傑之士，以城出獻。』舉立沙在投降蒙古之後，『又督義兵，助討不服，忘身徇國，竟歿鋒鏑』，還跟隨蒙古四處征討，不幸戰死。這反映出唐兀人舉立沙『起傾葵向日之心』，主動歸獻肅州城。然而，無論是王惲在1278年爲教化撰寫的《大元故大名路宣差李公神道碑銘》中記載舉立沙從肅州派出使者出使蒙古，使者與館接使察罕約定成吉思汗攻打肅州時舉立沙即歸附。然而等到『天兵圍肅，（舉立沙）以射書事覺，遇害』。還是程鉅夫在1308年所撰的《魏國公先世述》載：『圍肅州，州將昔李都水，公伯氏也，欲以城内附，為衆所害，戕及其家。城既破，上命屠之。』以上兩個文本均反映出成吉思汗取肅州城并非平穩交接，而是經過了一番鬥爭。《大元肅州路也可達魯花赤世襲之碑》的立碑者永昌路達魯花赤善居爲了表達其祖先對蒙元王朝的歸順和忠心，篡改了舉立沙投誠的結局。

至元十一年，元世祖下詔：『色目鎮撫已歿，其子有能，依例用之。子幼，則取其兄弟之子有能者用之，俟其子長，即以其職還之』（《元史》卷三二《銓法上》）。碑文反映出大名路達魯花赤一職在舉立沙家族的同輩兄弟之間流轉，這可使得家族每一代基本都能有兩人以上進入官場，有助于維持該家族在元代政壇上的地位。

研究成果見諸白濱、史金波《〈大元肅州路也可達魯花赤世襲之碑〉考釋——論元代党項人在河西的活動》（《民族研究》1979年第一期），湯開建《〈大元肅州路也可達魯花赤世襲之碑〉補釋》（《中國史研究》1983年第四期），鍾焓《從『海内汗』到轉輪王——回鶻文〈大元肅州路也可達魯花赤世襲之碑〉中的元朝皇帝稱銜考釋》（《民族研究》2010年第六期）等。

壹佰零陸　元·福建泉州清源山重修彌陀巖石室摩崖石刻

敘録

至正二十四年（1364）十月刻。在福建泉州清源山風景區彌陀巖石室右側一嘯臺旁，嵌入巖壁間，高二百厘米，寬六十厘米，字徑六厘米，題款字徑約四點五厘米。楷書八行，每行九至十七字不等，撰人不詳。敘福建行省平章三旦八等人捐財首倡，化合衆緣，易殿以石，建臺塔，改堂宇，精琢佛像等事，文末有任役與贊成僧俗人等題名。

重修彌陀巖石室摩崖石刻

録文

弥陀岩年深屋弊，金陵僧竟成雲遊來泉，會平章三旦八，御史帖木尔不花，憲使孫三宝，僉事釋迦奴，捐財首倡，化合衆緣，易殿以石，建臺塔，改堂宇，再精琢佛相[1]，塗金。始末四春。郡士孫世寬捨田充焚修香燈費。以此功德，回施衆生，共證菩提者。任役：智通、壽堅、興安、惠崧、善衍、善清、善泰、善真、善良、妙实、法善、法義、義祥、惠性、法立、志遂、正弼、志光、師安、本康、法日、了一、智信、宗受。贊成：吴竟日、張君義、周天桂、徐留住、吴君舉、鄭覺照、志堅、師印、德省、法念、宗貴、自本。

大元至正二十四年甲辰中和日告功立石。

疏證

原碑未書三旦八族屬，據楊維楨《鐵崖文集》卷二《江浙平章三旦八公勳德碑》：『公字山堂……西夏人』，故收録于此。

至正十九年（1359）正月，三旦八自稱平章，安童自稱參政，開分省于興化路；二月，三旦八親自統帥興化鄉兵及亦思巴奚軍北上向福建閩海道廉訪司奪權。不料留守興化的安童卻與亦思巴奚軍發生了衝突，阿迷里丁遂率部攻城。正在前綫的三旦八聽聞後方内訌，連忙輕騎趕回興化，勸安童開城和解。安童不聽，三旦八隻得獨自出城撫慰，被阿迷里丁扣押。亦思巴奚軍破城後，在興化大肆擄掠一番，直至四月方才押着三旦八和戰利品撤回泉州。至正二十年（1360），爲亦思巴奚軍所虜至泉州的原江浙行省平章三旦八見泉州清源山上的彌陀巖『年深屋弊』，與金陵僧竟成、御史帖木兒不花、憲使孫三寶、僉事釋迦奴等人『捐財首倡，化合衆緣，易殿以石，建臺塔，改堂宇，再精琢佛像，塗金』，至正二十四年告功立石。

研究成果見諸鄧文韜《元代西夏遺裔三旦八事迹考》（《寧夏社會科學》2016年第四期）

[1] 相，應爲『像』之訛。《閩中金石略》卷一二《修彌陀岩記》録正字。

壹佰零柒　元・福建泉州清源山重修碧霄巖摩崖石刻

叙録

至正二十七年（1367）十月刻，在福建泉州市清源山風景區三世尊佛南約三十米處巖壁間，高一百四十六厘米，寬一百九十二厘米，楷書。共十九行，每行九至十七字不等。主要講述靈武唐吾氏阿沙及其侄般若帖木兒先後修葺碧霄巖等事，主巖僧志聰撰文。

重修碧霄巖摩崖石刻

録文

透碧霄為北山第一勝槩，至元壬辰間靈武唐吾氏廣威將軍阿沙公來監泉郡。登兹巖而奇之，刻石為三世佛像，飾以金碧，構殿崇奉，以為焚脩祝聖之所。仍捐俸買田五十餘畝，入大開元萬壽禪寺，以供佛贍僧為悠久。規其報國愛民之誠可見。已厥，後歲遠時艱，弗克葺治。

至正丁未秋，福建江西等處行中書省叅知政事般若帖穆爾公分治東廣，道出泉南，追憶先伯監郡公遺跡，慨然興脩，再新堂構，山川增輝，巖壑改觀，林木若有德色，而况於人乎？暇日，獲陪公游，因磨崖以記。

郡守新安鄭潛拜手書，同游：行中書省理問官忽納台，唐吾氏，廣東道宣慰使司同知副都元帥阿兒温沙，哈兒魯氏，泉州路達魯花赤元德，瓮吉剌氏，宣資壽教寺講主智潤，及廣威公外孫同安縣達魯花赤壽山與焉。　主巖僧志聰。

時至正二十七年十月丙午日題。

疏証

題記載『至元壬辰間靈武唐吾氏廣威將軍阿沙公來監泉郡』，可知至元二十九年（1292）原籍靈武的唐兀人阿沙來任泉州路達魯花赤。阿沙到任後，登碧霄巖而奇之，刻石爲三世佛像，并捐俸買田五十餘畝，入大開元萬壽禪寺。

至正二十七年（1367），般若帖木兒任福建行省參知政事，亦登臨清源山對碧霄巖『再新堂構』，重修了其伯父阿沙于至元末年刻石而成的三世佛造像。

題記所載與般若帖木兒同游的還有同爲唐兀人的福建行省理問官忽納台，以及阿沙的外孫，任同安縣達魯花赤的壽山。

研究成果見諸崔紅芬《泉州清源山三世佛造像記考論》（《民族研究》2011年第三期）

壹佰零捌　元・福建福州

靈武王用文題刻

叙録

均刻于元代至正末期。『飛珮』題刻，楷書，旁款『至正甲辰（1364）王用文書』，在福州市永泰縣葛嶺山腰方廣巖。『方壺』題刻，在福州市永泰盤谷鄉水尾村方壺巖壁，楷書，旁款『用文書』，正文字徑六十五厘米。『乘雲』題刻，在福州市鼓山風景區觀瀑亭邊，楷書，旁款『王用文書』，高六十五厘米，寬一百三十厘米，正文字徑四十五厘米，旁款字徑七厘米。

疏證

元末廬州唐兀人王翰受福建行省平章政事燕只不花所闢，爲從事，又改福州路治中、同知，福建行省理問、郎中，他自叙道『吾幼喪父母，值亂，奔走四方，來閩将二十年』（《聞過齋集》卷五《友石山人墓誌》）。王翰已定居福州，在爲官之餘，他登臨游覽了多處古迹，并留下了題刻。

“方壺”題刻

“乘雲”題刻

“飛珮”題刻

壹佰零玖　元·福建石獅西山巖靈武王用文題刻

叙録：

約刻于元末，在福建泉州石獅市永寧鎮西厝村，高二百二十厘米，寬一百厘米，字徑六十乘五十厘米。篆書『海天一色』，上款『雲山許允宗立』，下款『靈武王用文書』，均楷書。

“海天一色”題刻局部

西山巖靈武王用文題刻周邊環境

壹佰壹拾　元・廣東潮州金山西南麓靈武王用文題刻

敘録

至正二十七年（1367）刻，在廣東潮州市湘橋區金山中學初中部内金山西南麓崖壁上，正文字徑高約五十厘米，寬約四十五厘米。『清暉同趣』四個大字，旁款『丁未春靈武王用文書』。

金山西南麓靈武王用文題刻

疏證

題刻由潮州路總管王翰在至正二十七年（1367）所刻。關于王翰出任潮州路總管一職，保存在潮州金山麓的元代石刻《三陽兵亂》記載：『三陽兵亂十有三載，乙巳歲夏五月，省左丞陳公以師克平之。明冬十一月，江西省郎中靈武王公用文來攝郡守事。暇日偕僚佐賓客駱希仲、陳伯安、逯時中、周德源、陳子賢、董處敬、董世清、趙吉延、劉子中、戴希文吟嘯于此，時至正戊申正月。教授林仕猷謹志，四明李子寧刻。』根據《三陽兵亂》的記載可得，至正二十六年（1366），王翰出任潮州路總管。《王翰墓誌銘》亦載『平章陳公留居幕府，每有所匡益，然敬而憚之。南方屢擾，以君威望素著，表授潮州路總管，兼督循、梅、惠州。』

題刻中王翰自署『靈武王用文』，用文爲王翰的字，『靈武』乃王翰的籍貫。由靈州東遷的王翰家族，在離開故土的第四代尚能維持『靈武』的籍貫認同。

研究成果見諸黄挺、馬明達著《潮汕金石文徵（宋元卷）》（廣東人民出版社1999年）。

壹佰壹拾壹　元·廣東潮陽白牛嵒及東山王用文題刻

叙録

至正二十七年（1367）秋刻，在廣東汕頭市潮陽區卓錫古寺旁白牛嵒上。共十一列五十三字。爲至正丁未秋九日，王翰偕陳中實、逯時中、周惠源、趙世延、徐志仁、趙東泉、林汝文來游的題記。此外，該寺崖壁上另有王用文書『雲關』、『垂雲』題刻，附近的東山還有他正書的『棲雲』等題刻。

“雲關”題刻

白牛嵒遠景

白牛嵒王用文題刻

“垂雲”題刻

“棲雲”題刻

録文

予偕陳中實、逯時中、周惠源、趙世延、徐志仁、趙東泉、林汝文來遊，期黄處敬、戴希文不至。時至正丁未秋九日，靈武王用文誌。監工王伯畊。

疏證

白牛嵒石刻刻于至正二十七年（1367）秋。據《永樂大典》記載：『丁未冬，大兵下七閩，潮之守土者經泉州迎大兵納款。洪武元年三月，朝廷始調兵守禦，潮民得以安具生矣。』至正二十七年，明朝軍隊攻占福建。所以在至正二十七年（1367）的秋天潮州路總管王翰仍可以登高覽勝。

王翰還在附近的東山留下了題刻。光緒《潮陽縣志》云王翰『嘗寓潮陽，登眺東巖，有「雲關」、「飛雲」諸石刻及跋，東山沁園春詞。』隆慶《潮陽縣志》卷十五收録了那木翰的兩首詩，其一是七律《登東山》。東山號稱潮陽風景之最，可能是他經常游憩的地方，其詩云：『南紀茫茫盡海邦，偶來登覽壯心傷。千年廟貌留芳草，萬里山河帶夕陽。風景坐餘周顗淚，詠歌難盡謝安觴。豎儒懷古應付意，讀罷殘碑一慨慷』。由此可見寓居潮陽的王翰身處亂世當中，不由得感時傷懷。

研究成果見諸黄挺、馬明達著《潮汕金石文徵（宋元卷）》（廣東人民出版社1999年），劉傳賓《元王翰石刻書法考釋一則》（《元史及民族與邊疆研究集刊》第三十二輯）。

壹佰壹拾貳　元・永昌聖容寺六字真言石刻題記

敘録

刻石年代不詳，在今甘肅永昌縣聖容寺遺址前山腳石壁上。文字距地面二點四米，所占面積高一點八米，寬二點四米，陰刻，自右向左横寫，每行六字，字徑約二十厘米。其中第一行爲八思巴文，第二行爲畏兀兒體蒙古文或回鶻文，第三行爲西夏文，第四行爲漢文。內容爲佛教六字真言『唵嘛呢叭咪吽』。

疏證

聖容寺是西夏時期的皇家寺院，地位崇高。《涼州重修護國寺感通塔碑》有『慶寺監修都大勾當、行宮三司正兼聖容寺感通塔兩衆提舉、律晶賜緋僧藥乜永詮』的記載。在西夏仁孝陵墓出土的西夏文殘碑中亦有『年中西隅，聖容衆宮』的文字。據梁松濤研究，西夏文《宮廷詩集》中有《御駕西行燒香歌》表明仁孝曾親往聖容寺西巡燒香。

聖容寺前東南方山崖石壁上有一處元代所刻的六字真言石刻。左邊一方共四行，從上到下第一行爲八思巴文；第二行或爲蒙文，或爲回鶻文；第三行爲西夏文；第四行爲漢文。右邊一方共兩行，上行爲梵文，下行爲藏文。說明直到元代這里依然香火繁盛，而且寺院里應有西夏遺僧。

研究成果見諸張思温《永昌縣後大寺（聖容寺）六體文字石刻》（《金昌文史》第四輯）。

六字真言石刻題記

壹佰壹拾叁　北元·文殊奴神識經幢

叙録

宣光七年（1377）刻，1938年發現于昆明護國門内，後移至雲南大學保存，今藏于雲南省博物館。據方國瑜先生跋文[1]，幢高一尺五寸，腹圍約三尺五寸，上截周匝鐫刻梵文，八行。下截鑿龕造佛像，龕旁及梵文中夾雜着漢字。幢已破損，其兩側使平，曾被人改作石基，毀去全幢五之二，故四面當有佛龕，今僅存其二。一龕之上存『文殊奴神識』五字，又一龕上直書『佛頂尊勝陀羅尼神咒』一行，兩旁皆梵文，龕之左存漢字五行，右有漢字六行，每行三到六個字不等。此幢應爲追薦文殊奴而作。

經幢原石

經幢造像局部

文殊奴神識經幢（龕一）拓片

[1] 方國瑜《雲南金石文物題跋》，載方國瑜著，林超民編《方國瑜文集》第四集，雲南教育出版社2001年版。

文殊奴神識經幢拓片

文殊奴神識經幢拓片

録文

龕一上方漢文

佛頂尊勝陀羅尼神咒。

龕一左方与右方漢文

……路達魯花赤文殊奴，甘肅省居住，唐兀人氏，宣光伍年八月十三日亡過。宣光七年二月□十日坐□□子妻……

龕二上方漢文

□（文）殊奴神識。

疏證

經幢由方國瑜、王休光先生訪得于昆明城内東南隅一廢圃中。按《元史·百官志》記載元時昆明城的沿革『至元七年，改為路。八年，分大理國三十七部為南北中三路，路設達魯花赤并總管。十三年，立雲南行中書省，初置郡縣，遂改善闡為中慶路。領司一、縣三、州四。州領八縣。』（《元史》卷六一《地理志四》）據方國瑜先生推測：『其出在今昆明，正當元中慶路之倚郭縣地，蓋文殊奴所官即本路之達魯花赤，「路」上所缺當爲「中慶」二字。細審石刻，「慶」字雖全壞，「中」字末畫尚隱約可見也。中慶路達魯花赤，蓋爲文殊奴最後所任之官。』

『宣光』是北元昭宗愛猷識理達臘的年號，這是所發現的少數載有宣光年號的實物資料。經幢是古代宗教石刻的一種，石柱上往往刻着佛教經文和佛像。經幢反映出任職中慶路達魯花赤文殊奴，是原居于甘肅行省的唐兀人，卒于宣光五年（1375），宣光七年（1377）文殊奴的妻子爲了追薦文殊奴刻經以祈冥福。碑文反映出以下三點内容：第一，文殊奴具有佛教信仰。第二，碑文還反映出雲南行省有唐兀人任職的情况。第三，此幢是順帝北去後雲南仍奉北元年號的明證，『今所知滇中石刻宣光紀年無後于此者』（《新纂雲南通志》）。

研究成果見諸方國瑜《雲南金石文物題跋》（《方國瑜文集》第四輯，雲南教育出版社2001年）。

壹佰壹拾肆　明・佛頂尊勝陀羅尼經幢

叙録

弘治十五年（1502）刻。河北保定北郊西什寺遺址出土，現藏保定古蓮花池公園碑廊中。兩幢形制相同，由頂蓋、幢身、幢座三部分組成，平面作八角形。一號幢頂蓋高四十二厘米，幢身高一百五十八厘米，座高六十三厘米，通高二百六十三厘米。二號幢頂高三十六厘米，幢身一百四十三厘米，座高四十九厘米，通高二百二十八厘米。幢文内容爲西夏《佛頂尊勝陀羅尼》，系西什寺寺主超度亡靈所立。幢文還用西夏文、漢文鎸刻建幢時間、地點、建幢人，以及數十個党項與漢族施主的姓名。這是迄今所知有確切年代記載的最晚的西夏文碑刻。是研究西夏文字使用和西夏遺民的珍貴材料。

佛頂尊勝陀羅尼經幢原石

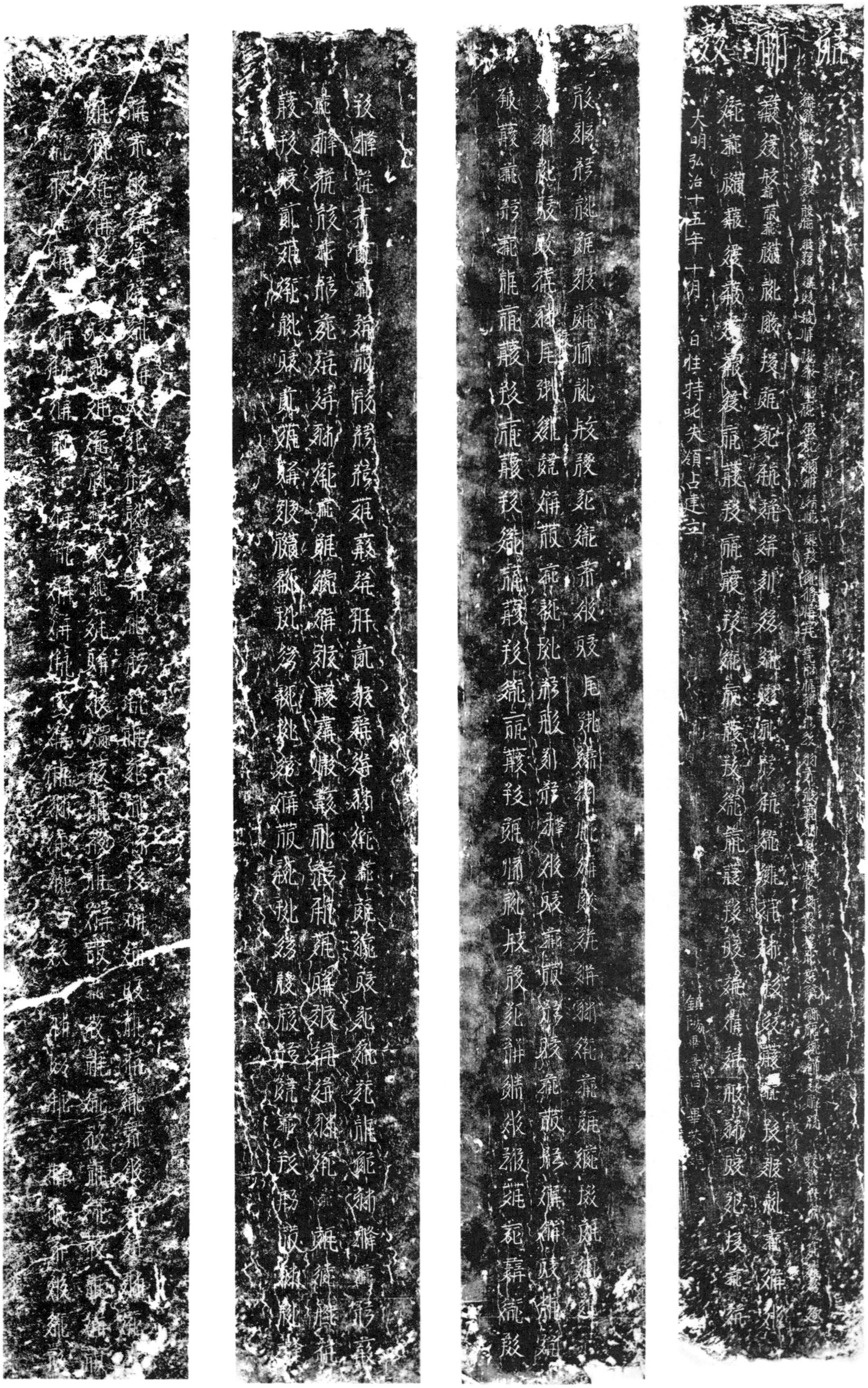

佛頂尊勝陀羅尼經幢拓片一

佛頂尊勝陀羅尼經幢拓片二

佛頂尊勝陀羅尼經幢拓片三

佛頂尊勝陀羅尼經幢拓片四

西夏文題款録文[1]

一號幢

第一面上部幢額，自右至左横刻西夏文大號楷書三字：勝相幢

第一面第一行題款

大明弘治十四年，稀什寺内沙彌巴答那徵四月二十四日圓寂。十五年修造幢，令書刻相勝總持畢。造幢者平尚吒失領占。

第七面第三行后半行題款

書者諸金聖佛中恆河 失領書。

第八面題款六行

保定府稀什寺内住桑那□木，桑那迦薩，桑那昔义，高慧定，趙斜，慧輪，慧名，慧持，巴麻什領，折么耶吒什，慧勝，那徵迦薩，慧海，夏斗，夏丈，夏百，夏余，高里，高保，哆合訛鼓吴多仁，昊趙，都哇，唥屈氏葛干精，吟尚氏朱喋斜哇，羅契，羅突、羅由，柴百，奈計，羅六合，羅和，梁鼓，梁□，都檢六合，梁宿。復助隨喜者昔畢富遏輕多仁，柴契，柴依，什山，高氏那那□，斜四，唥屈氏徵干，昔畢三鳩，斜鳩，六夏，都鳩，都卓，都名，王時，昔畢富三鳩，柴保，王……前口和，葉名，□和，柴由，什仁，稀蔡唥屈氏名富，昊迦，羅卯，王養，昊成。

第五、六兩行上騎二字稍大

指揮

周依名依，昊由，王流，柴道，訛成，遏輕里，羅斜五名富，都余，折富山，富原，富蔡，梁氏耶菩，名王名流，□大，羅道，葉寫，葉宗，羅卓，羅蒼，羅什五藥里，高許，平尚氏依竭，花美姐。復助隨喜者，□和，夏依富仁，梁氏子王桑兒，答時麻，羅宿，訛由，名回，慧成。

[1] 譯文出自史金波、白濱《明代西夏文经卷和石幢初探》，《考古學報》1977年第一期。

二號幢

第一面上部幢額，自右至左横刻西夏文大號楷書三字：勝相幢

第一面第一行題款

今此大明弘治十五年稀什寺内，城外復北方處四里地界上塔院墓内，比丘師二月六日圓寂，九月二十日修造幢，令書刻相勝總持畢。造幢者平尚吒失領占。

第七面第三行后半行題款

書者諸金聖佛中比丘……

第八面題款八行

西天梵師　畢斡八□，斜天□吰，罕打精，那徵巴答嘌麻什令，屈慧善……□木，巴答那珠，比丘師加，昊大，昔畢由保，柴遏輕，嘌室嘌……吾夏。

三、四、五行上騎四字稍大

榮禄大夫

此四字下竪行三個人名

依羅羅成

喻名……葶枯

昔畢富成

人名下又有三字稍大

王文，依羅那徵，囉埿，大奄，柴能多吾……耶突，平尚氏吒耶失領，昔畢氏……那，李彥，柴卯，昔畢氏□□，平尚氏寒妲，平尚氏那鏊……哆合訛氏斜羅精名由，昔畢氏名什，昔畢氏文束，嵬名氏屹屹綠，梁婆妻，平尚孟寧，　鏊哆慧能，那割，天么喋，依羅慧盛，金剛杵，平尚慧忍，智尊護，訛罕，婆葛，蓮花茂，鼓斗保昊名。

疏證

一號幢爲明弘治十四年（1501）四月二十四日，保定稀什寺内的沙彌巴答那徵圓寂所立。弘治十五年（1502），平尚吒失領占爲其修造。二號幢爲明弘治十五年（1502）二月六日，稀什寺内比丘師圓寂，九月二十日平尚吒失領占爲其修造經幢。

修幢者平尚吒失領占，平尚爲西夏姓氏，所以修幢者爲西夏人。除此之外，保定府稀什寺内的住户中，如那徵迦薩、移合訛鼓吴多仁、昔畢富遏輕多仁、昔畢三鳩等亦爲西夏姓氏。他們在明代弘治年間均生活于保定一帶。

幢文所記西夏人，不僅有建幢者、寺院住持，以及寫西夏文字人和死僧名姓，更重要的是記出助緣隨喜的八十多個西夏人。這八十多人中，包括男女、僧俗、姓名、法號，以及復姓和單姓。他們都屬于西夏番姓之列。所謂番姓，即西夏以党項羌爲主的非漢人姓氏。所記八十餘人當是西夏番人居住在保定的一個集體，這些人應是這個集體中有名望的人物。

兩幢上共刻有八十多個党項人的姓名，這説明元代可能有成規模的唐兀人遷入保定，但具體遷入年代與原因不詳。

研究成果見諸鄭紹宗、王静如《保定出土明代西夏文石經幢》（《考古學報》1977年第一期），史金波、白濱《明代西夏文經卷和石幢初探》（《考古學報》1977年第一期），李範文《關于明代西夏文經卷的年代和石幢的名稱問題》（《考古》1979年第五期）；史金波、白濱《明代西夏文經卷和石幢再探》（《西夏史論文集》，寧夏人民出版社1984年）。

壹佰壹拾伍　明·故忠義官李仲墓誌銘

叙録

嘉靖十五年（1536）刻石，1968年出土于河南洛陽新安縣南李村鄉十甲里村李氏墳塋，現藏新安縣千唐志齋博物館。青石質，正方形，邊長六十五厘米，厚十五厘米。石工劉學鐫。内容爲李仲生平事迹，叙及李仲之遠祖爲李恒，與《元史》有傳的西夏皇族後裔李恆姓名相同，可能有關，列此待考。

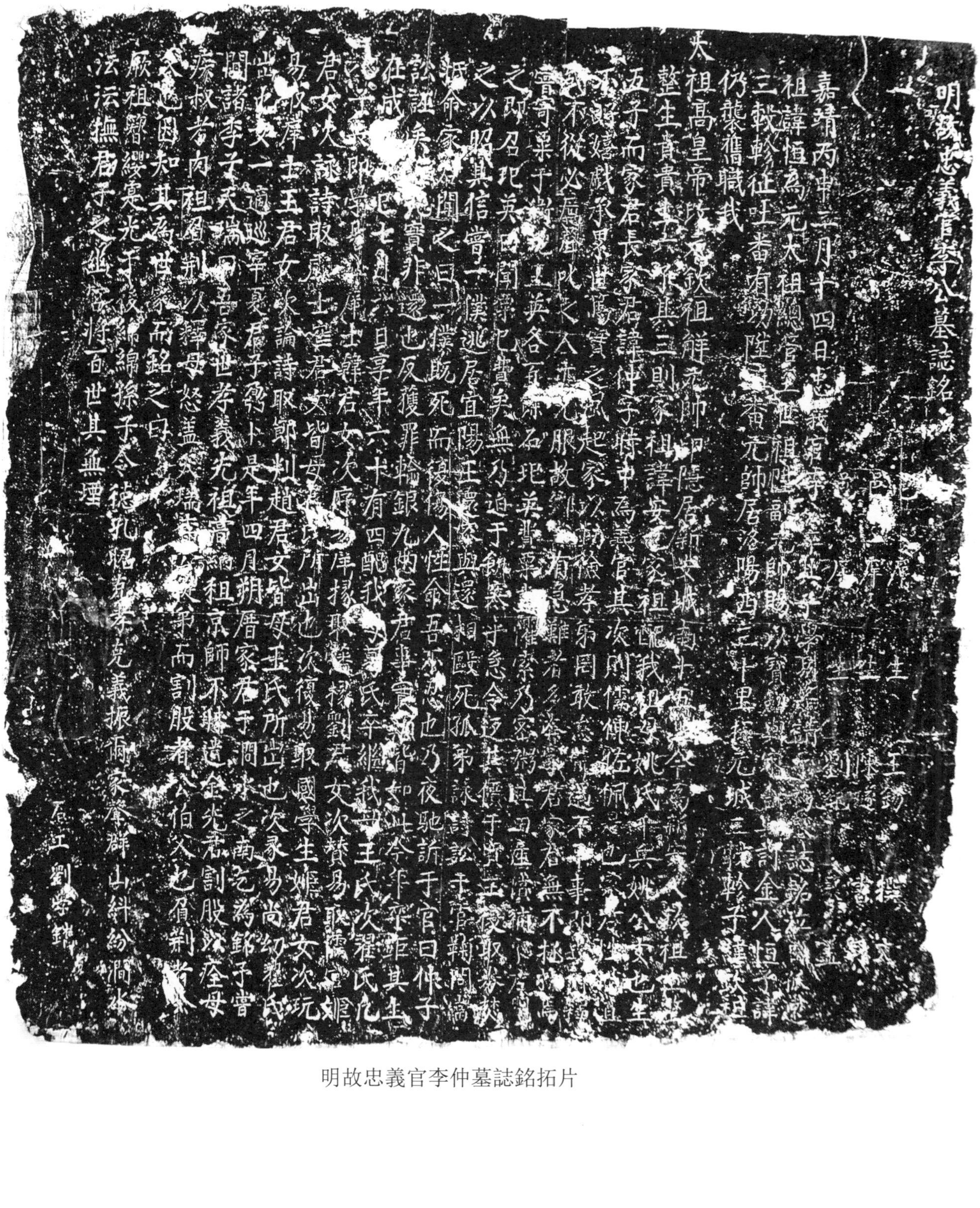

明故忠義官李仲墓誌銘拓片

録文

明故忠義官李公墓誌銘

邑庠生王錫撰文，邑庠生陳璲書丹，邑庠生劉紀篆蓋

嘉靖丙申二月十四日，忠義官李公卒，其子學易等，請予為墓誌銘，泣曰：『孤遠祖諱恒，為元太祖總管，至世祖，陞副元帥，賜以寶劍，與宋合兵討金人。恒子諱三轂軫，征吐番有功，陞鎮番元帥，居洛陽西三十里拓元城。三轂軫子諱欽祖，仍襲舊職。我太祖高皇帝改元，欽祖解元帥印，隱居新安城南十五里，今為新安人。欽祖生整，整生貴，貴生六子，其三則家祖諱安也。家祖配我祖母姚氏，千兵姚公女也。生五子而家君長。

家君諱仲，字時中，為義官。其次則儒、伸、佐、佩是也。家君性耿直，不好嬉戲，承累世篤實之風。起家以勤儉孝弟，罔敢怠荒，遇不平事，即與解釋，或不從，必厲聲叱之，人亦允服，故鄉党有急難者，多奔家君，家君無不拯救焉。

嘗寄粟于衛玘、王英各百餘石，玘、英費粟盡，懼索，乃密粥其田產償補，家君聞之，即召玘、英曰：『聞粟已費矣，無乃迫于飢寒乎？急令返其價于買主，復取券焚之，以昭其信。嘗一僕逃，居宜陽王還家，與還相毆死，孤弟詠詩訟于官，鞠問，當抵命，家君聞之曰：『一僕既死，而復傷人性命，吾不忍也』。乃夜馳訴于官曰：『仲子訟誣矣，僕死實非還也。』反獲罪，輸銀九兩。家君事實，類皆如此。今年卒，距其生在成[化]癸已七月六日，享年六十有四。

配我母葛氏，卒。繼我母王氏，次翟氏。凢八子，長即學易，取庠士韓君女。次序易，庠掾，取藩掾劉君女。次贊易，取儒官姬君女。次詠詩，取處士崔君女。皆母葛氏所出也。次復易，取國學生姬君女。次玩易，取庠士王君女。次論詩，取節判趙君女，皆母王氏所出也。次彖易，尚幼，翟氏出也。女一，適巡宰夏君子鼐。卜是年四月朔，厝家君于澗水之南，乞為銘。予嘗聞諸李子天瑞，曰：『吾家世孝義，先祖嘗納租京師，不昧遺金。先君割股以痊母疾。叔考肉祖負荊以釋母怒。蓋天瑞李公從弟而割股者，公伯父也，負荊者，公父也，因知其為世家，而銘之曰：

厥祖簪纓，寔光于後。綿綿孫子，令德孔昭。克孝克義，振爾家聲。群山糾紛，澗水沄沄。撫君子之幽宮，將百世其無堙。

石工　劉學鐫

疏證

《明故忠義官李仲墓誌銘》中涉及墓主的身世描寫有『孤遠祖諱恒……恒子諱三轂軫，征吐番有功，升鎮番元帥，居洛陽西三十里拓元城。三轂軫子諱欽祖，仍襲舊職……我太祖高皇帝改元，欽祖解元帥印，隱居新安城南十五里，今為新安人』，這裏的『恒』應爲西夏皇族李恆，《元史·李

恆傳》記載李恆三子皆有蒙古名，長子散木斛，次子囊加真，三子遜都臺，墓誌中出現的『三轂軫』既可能是以上三人蒙古名的訛傳，也可能是李恆未被列入元史的其他子嗣。這方墓誌表明，除了般陽路和大都路，新安縣也是李恆後裔的一個聚居地。

壹佰壹拾陸　明・重修王翰墓碑

敘録

王翰墓碑原立于明初，景泰七年（1456）由別處遷此，嘉靖二十三年（1544）重修，在福建永泰縣塘前鄉官烈村龍泉山東麓，刻有『皇元潮州路總管王友石公墓道』字樣。爲元末明初靈武唐兀人王翰之墓，爲三合土石結構，面積三十五平方米。墓址坐西向東，面朝官烈村水庫，墓址東北側有后土供養。

疏證

元末廬州唐兀人王翰受福建行省平章政事燕只不花所闢，爲從事，又改福州路治中、同知，福建行省理問、郎中，他自敘道『吾幼喪父母，值亂，奔走四方，來閩將二十年』（《聞過齋集》卷五《友石山人墓誌》）。元亡明興，王翰忠于元廷，因跨海逃亡交趾、占城失敗而不得已退居福州路，『屏居永福山中，為黃冠服十年，號友石山人』。所以墓碑稱王翰爲『王友石公』。《友石山人墓誌銘》記載王翰之子王偁買地于永福縣福唐里林坑山之原安葬王翰，所以王翰墓最初應在此處。明景泰七年（1456）王翰墓遷于福建省福州市永泰縣塘前鄉官烈村龍泉山麓。

王翰墓

參考書目

古籍

漢・司馬遷《史記》，中華書局，1959年。
漢・班固《漢書》，中華書局，1962年。
南朝宋・范曄《後漢書》，中華書局，1976年。
北齊・魏收《魏書》，中華書局，1974年。
唐・魏徵、令狐德棻《隋書》，中華書局，1973年。
唐・李林甫等撰，陳仲夫點校《唐六典》，中華書局，1992年。
唐・林寶撰，岑仲勉校記《元和姓纂》，中華書局，1994年。
後晉・劉昫《舊唐書》，中華書局，1975年。
宋・薛居正《舊五代史》，中華書局，1976年。
宋・歐陽修、宋祁《新唐書》，中華書局，1975年。
宋・歐陽修《新五代史》，中華書局，1974年。
宋・王溥《唐會要》，中華書局，1960年。
宋・司馬光編，元・胡三省音注《資治通鑑》，中華書局，1956年。
宋・王稱《東都事略》，齊魯書社，2000年。
宋・李燾《續資治通鑑長編》，中華書局，2004年。
宋・李心傳《建炎以來系年要録》，中華書局，1988年。
宋・徐夢莘《三朝北盟會編》，上海古籍出版社，1987年。
宋・鄭樵《通志》，書目文獻出版社，2002年。
宋・趙汝愚輯《國朝諸臣奏議》，北京圖書館出版社，2004年。

司義祖整理《宋大詔令集》，中華書局，2009年。

宋・曾公亮等著；陳建中，黄明珍點校《武經總要》商務印書館，2017年。

宋・王存撰；王文楚，魏嵩山點校《元豐九域志》，中華書局，1984年。

宋・梅堯臣《宛陵集》，影印文淵閣四庫全書第1099冊，臺灣商務印書館，1986年。

宋・張詠撰《乖崖先生文集》，北京圖書館出版社，2004年。

宋・蘇軾撰，明・茅維編，孔凡禮點校《蘇軾文集》，中華書局，1986年。

宋・歐陽修《歐陽文忠公集》，北京圖書館出版社，2015年。

宋・田況撰，張其凡點校《儒林公議》，中華書局，2017年。

宋・陳思編，元・陳世隆補編《兩宋名賢小集》，全國圖書館文獻縮微複製中心，2011年。

宋・唐仲友《古今姓氏書辯證・帝王經世圖譜》，上海古籍出版社，1994年。

史金波等譯注《天盛改舊新定律令》，法律出版社，2000年。

元・脱脱《宋史》，中華書局，1977年。

元・脱脱《金史》，中華書局，1975年。

賈敬顔、陳曉偉《聖武親征録》，中華書局，2020年。

余大鈞譯注《蒙古秘史》，河北人民出版社，2001年。

元・郝經著，秦雪清點校《陵川集》，山西人民出版社、山西古籍出版社，2006年。

元・王惲著，楊亮等點校《王惲全集彙校》，中華書局，2013年。

元・程鉅夫著，張文淑點校《程鉅夫集》，吉林文史出版社，2009年。

元・姚燧著，查洪德編校《牧庵集》，人民文學出版社，2011年。

元・柳貫著；柳遵傑點校《柳貫詩文集》，浙江古籍出版社，2004年。

元・吴澄《吴文正公集》，元人文集珍本叢刊（四），新文豐出版公司，1985年。

元・歐陽玄撰，陳書良、劉娟校點《歐陽玄集》，岳麓書社，2010年。

元・劉岳申《申齋集》，影印文淵閣四庫全書第1204冊，臺灣商務印書館，1986年。

元・汪克寬《環穀集》，影印文淵閣四庫全書第1220冊，臺灣商務印書館，1986年。

元·胡助《純白齋類稿》，影印文淵閣四庫全書第1214冊，臺灣商務印書館，1986年。

元·虞集著，王頲點校《虞集全集》，天津古籍出版社，2007年。

元·許有壬著，傅瑛，雷近芳校點《許有壬集》，中州古籍出版社，1998年。

元·危素《危太樸集》，元人文集珍本叢刊（七），新文豐出版公司，1985年。

元·周伯琦《近光集》，影印文淵閣四庫全書第1214冊，臺灣商務印書館，1986年。

元·乃賢著，葉愛欣校注：《乃賢集校注》，河南大學出版社，2012年。

元·鄭玉《師山集》，影印文淵閣四庫全書第1217冊，臺灣商務印書館，1986年。

元·邵亨貞《野處集》，影印文淵閣四庫全書第1215冊，臺灣商務印書館，1986年。

元·吴海《聞過齋集》，影印文淵閣四庫全書第1217冊，臺灣商務印書館，1986年。

元·余闕《青陽先生文集》，影印文淵閣四庫全書第1214冊，臺灣商務印書館，1986年。

焦進文、楊富學校注：《元代西夏遺民文獻〈述善集〉校注》，甘肅人民出版社，2001年。

元·釋念常：《佛祖歷代通載》，《大正新修大藏經》第49卷，臺北佛陀教育基金會，1990年。

元·王士點、商企翁編次；高榮盛點校《秘書監志》，浙江古籍出版社，1992年。

王頲點校《廟學典禮（外二種）》，浙江古籍出版社，1992年。

元·張鉉纂修，王會豪等點校《（至正）金陵新志》，四川大學出版社，2009年。

元·王元恭修《（至正）四明續志》，寧波出版社，2011年。

明·宋濂《元史》，中華書局，1976年。

明·解縉《永樂大典》，中華書局，1986年。

明·宋濂著，羅月霞主編：《宋濂全集》，浙江古籍出版社，1999年。

明·朱善《朱一齋先生文集》，四庫全書存目叢書集部第25冊，齊魯書社，1996年。

明·貝瓊《清江文集》，影印文淵閣四庫全書第1228冊，臺灣商務印書館，1986年。

明·盧熊《（洪武）蘇州府志》，成文出版公司，1970年。

明·黃仲昭修纂，福建省地方志編纂委員會舊志整理組等整理《（弘治）八閩通志》，福建人民出版社，2006年。

明·石禄修、唐錦纂《（正德）大名府志》，上海古籍書店，1981年。

明・管律纂修《（嘉靖）寧夏新志》，續修四庫全書第649册，上海古籍出版社，1996年。
明・林富修，黄佐纂《（嘉靖）廣西通志》，北京圖書館古籍珍本叢刊第41册，書目文獻出版社，1998年。
明・黄一龍修，林大春纂《（隆慶）潮陽縣志》，天一閣藏明代方志選刊第63册，上海書店，1963年。
明・湯日昭修，王光藴纂《（萬曆）温州府志》，四庫全書存目叢書第210−211册，齊魯書社，1996年。
明・徐用檢修《（萬曆）蘭溪縣志》，成文出版公司，1983年。
明・余文龍，謝詔纂修《（天啓）贛州府志》，北京圖書館古籍珍本叢刊第32册，書目文獻出版社，1998年。
明・田汝成編：《西湖游覽志》，浙江人民出版社，1980年。
明・李清撰；何槐昌點校《南渡録》，浙江古籍出版社，1988年。
清・錢謙益：《牧齋初學集》，文海出版社，1984年。
清・畢沅編著《續資治通鑒》，上海古籍出版社，1987年。
清・彭定求等編《全唐詩》，中華書局，1960年。
清・陳衍輯撰《元詩紀事》，上海古籍出版社，1987年。
清・王鳴盛《十七史商榷》，中華書局，2010年。
清・徐松輯，劉琳，刁忠民，舒大剛等校點《宋會要輯稿》，上海古籍出版社，2014年。
清・鍾庚起纂修《（乾隆）甘州府志》，成文出版公司，1976年。
清・陳永清修，章昱纂《（乾隆）瑞安縣志》，中國地方志集成・浙江府縣志輯（第三册），上海書店，2011年。
清・倪企望修，鍾廷瑛纂《（嘉慶）長山縣志》，成文出版公司，1976年。
清・王贈芳修，成瓘纂《（道光）濟南府志》，中國地方志集成・山東府縣志輯（第三册），鳳凰出版社，2004年。
清・周恒修，張其翻纂《（光緒）潮陽縣志》，中國地方志集成・廣東府縣志輯（第二十八册），上海書店出版社，2003年。
虞萬里點校《東甌金石志》，中華書局，2014年。
清・熊象階纂《浚縣金石志》，石刻史料新編第二輯（第十四册），新文豐出版公司，1979年。
清・王昶著，羅振玉編《金石萃編未刻稿》，石刻史料新編第一輯（第五册），新文豐出版公司，1982年。
清・王錫元纂《盱眙金石志》，石刻史料新編第三輯（第五册），新文豐出版公司，1986年。
清・謝啟昆輯《粤西金石略》，石刻史料新編第一輯（第十七册），新文豐出版公司，1982年。

清·馬大相編纂《靈岩志》，山東友誼出版社，1994年。

清·張塤纂《興平金石志》，石刻史料新編第三輯（第三十一冊），新文豐出版公司，1986年。

清·陳昌齋纂《廣東金石略》，石刻史料新編第三輯（第二十冊），新文豐出版公司，1986年。

清·陳棨仁輯《閩中金石略》，石刻史料新編第一輯（第十七冊），新文豐出版公司，1982年。

清·沈濤輯《常山貞石志》，石刻史料新編第一輯（第十七冊），新文豐出版公司，1982年。

清·卞永譽撰《式古堂書畫匯考》，影印文淵閣四庫全書第827～829冊，臺灣商務印書館，1986年。

清·李兆洛校《辨志書塾所見帖》，廣東人民出版社，2016年。

民國·謝開來修、羅映湘纂《（民國）廣元縣志》，中國地方志集成·四川府縣志輯新編第十九冊，巴蜀書社，2017年。

李春龍、牛鴻斌點校《（民國）新纂雲南通志》，雲南人民出版社，2007年。

民國·王舟瑤撰《台州金石録》，石刻史料新編第三輯（第九冊），新文豐出版公司，1986年。

史金波、魏同賢、E.N.克恰諾夫主編《俄藏黑水城文獻》（第1～6冊），上海古籍出版社，1996～2000年。

專著

村田治郎《居庸關》，京都大學工學部，1958年。

王國維《觀堂集林》，中華書局，1959年。

李範文《西夏陵墓出土殘碑粹編》，文物出版社，1984年。

周偉洲《唐代党項》，三秦出版社，1988年。

陳炳應《西夏文物研究》，寧夏人民出版社，1986年。

浙江省文物考古研究所編《西湖石窟》，浙江人民出版社，1986年。

史金波《西夏佛教史略》，寧夏人民出版社，1988年。

北京圖書館金石組《北京圖書館藏中國歷代石刻拓本彙編》，中州古籍出版社，1989年。

張帆《元代宰相制度研究》，北京大學出版社，1997年。

漆俠、喬幼梅《遼夏金經濟史》，河北大學出版社，1998年增訂本。

三門峽市文物工作隊編著《北宋陝州漏澤園》，文物出版社，1999年。

黄挺、馬明達著《潮汕金石文徵（宋元卷）》，廣東人民出版社，1999年。
方國瑜著、林超民編《方國瑜文集》第4集，雲南教育出版社，2001年。
張金銑《元代地方行政制度研究》，安徽大學出版社，2001年。
駱承烈彙編《石頭上的儒家文獻——曲阜碑文録》，齊魯書社，2001年。
康蘭英主編《榆林碑石》，三秦出版社，2003年。
寧夏文物考古研究所《閩寧村西夏墓地》，科學出版社，2004年。
耿世民《古代突厥文碑銘研究》，中央民族大學出版社，2005年。
福建省政協文史資料委員會編《福建摩崖石刻精品》，福建人民出版社，2005年。
班朝忠《大伾文化（二）：天書地字》，文物出版社，2006年。
趙振華《洛陽古代銘刻文獻研究》，三秦出版社，2009年。
張汶欽、倪樹隆《華池文物》，甘肅文化出版社，2012年。
王新英輯校《全金石刻文輯校》，吉林文史出版社，2012年。
蕭啟慶《元代進士輯考》，中央研究院歷史語言研究所，2012年。
張智全主編《慶陽金石碑銘菁華》，甘肅文化出版社，2013年。
唐開建《党項西夏史探微》，商務印書館，2013年。
杜海軍輯校《桂林石刻總集輯校》，中華書局，2013年。
甘肅省華池縣委員會編《華池金石志》，甘肅人民出版社，2014年。
吴景山《安多藏族地區金石録》，甘肅文化出版社，2014年。
史金波、俄軍主編《西夏文物·甘肅編》，中華書局，2014年。
四川省文物管理局編《廣元石窟內容總錄·千佛崖卷》，巴蜀書社，2014年。
范榮南、范永龍主編《大漢遺珍：巴丹吉林巖畫精粹》，文物出版社，2014年。
宋濤《元代杭州歷史遺存》，杭州出版社，2014年。
陶莉《岱廟碑刻研究》，齊魯書社，2015年。
孫明《菏澤市古石刻調查與研究》，科學出版社，2015年。

張汶欽，舒森主編《東華池塔》，甘肅文化出版社，2016年。
史金波、李進增主編《西夏文物・寧夏編》，中華書局，2016年。
杜建録《西夏文獻研究》，甘肅文化出版社，2017年。
陳瑋《西夏番姓大族研究》，甘肅文化出版社，2017年。
賈延廉、胡慶紅、寇正《合水金石記》，三秦出版社，2018年。
慕生樹編《吴堡石城碑石》，陝西人民出版社，2020年。
延安市文物研究所《延安石窟碑刻題記》，陝西人民出版社，2020年。
高建國《宋代麟府路碑石整理與研究》，中國社會科學出版社，2021年。
鄧文韜《元代唐兀人研究》，甘肅文化出版社，2022年。

論文

羅福成《重修護國寺感應塔碑銘》，《國立北平圖書館館刊》第4卷（1930年）第3期。
張蔭麟《跋〈折公墓誌銘〉》，《益世報・文史副刊》1942年5月28日。
張政烺《宋江考》，《歷史教學》1953年第1期。
唐嘉弘《關于西夏拓跋氏的族屬問題》，《四川大學學報》1955年第2期。
羅福頤《西夏護國寺感應塔碑介紹》，《文物》1961年第1期。
鄭紹宗、王静如《保定出土明代西夏文石經幢》，《考古學報》1977年1期。
史金波、白濱《明代西夏文經卷和石幢初探》，《考古學報》1977年第1期。
王堯《西夏黑水橋碑考補》，《中央民族學院學報》1978年第1期。
宋士彦《宋故武功大夫河東第二將折公（可存）墓誌銘》，《北京大學學報（哲學社會科學版）》1978年第2期。
白濱、史金波《〈大元肅州路也可達魯花赤世襲之碑〉考釋——論元代党項人在河西的活動》，《民族研究》1979年第1期。
李範文《關于明代西夏文經卷的年代和石幢的名稱問題》，《考古》1979年第5期。
戴應新《北宋〈折繼閔神道碑〉疏證》，載《中國考古學會第一次年會論文集》，文物出版社，1980年。
史金波、白濱《莫高窟榆林窟西夏文題記研究》，《考古學報》1982年。

鄧廣銘《關于宋江的投降與征方臘問題》，《中華文史論叢》1982年第4輯。

湯開建《〈大元肅州路也可達魯花赤世襲之碑〉補釋》，《中國史研究》1983年第4期。

史金波、白濱《明代西夏文經卷和石幢再探》，《西夏史論文集》，寧夏人民出版社1984年版。

史金波《涼州感應塔碑西夏文校譯補正》，《西北史地》1984年第2期。

史金波《西夏陵出土殘碑譯釋拾補》，《西北民族研究》1986年第1期。

吴天墀《論党項拓跋氏族屬及西夏國名》，《西北史地》1986年第1期。

湯開建《關于西夏拓跋氏族源的幾個問題》，《中國史研究》1986年第4期。

耿世民《回鶻文〈大元肅州路也可達魯花赤世襲之碑〉譯釋》，《向達先生紀念論文集》，新疆人民出版社，1986年。

劉勁峰、薛翹《甯都翠微峰〈平寇頌〉題刻與元代蔡五九起義》，《江西歷史文物》1987年第1期。

穆朝慶、任崇岳《〈大元贈敦武校尉軍民萬户府百夫長唐兀公碑銘〉箋註》，《寧夏社會科學》1987年第1期。

唐嘉宏《再論西夏拓跋氏的族屬問題》，載《中國民族史研究》〈2〉，中央民族學院出版社，1989年。

張思温《永昌縣後大寺（聖容寺）六體文字石刻》，《金昌文史》第四輯，内部資料，1990年。

北京文物研究所《北京地區發現兩座元代墓葬》，《北京文物與考古》第三輯，内部資料，1992年。

史金波《西夏党項人的親屬稱謂和婚姻》，《民族研究》1992年第1期。

北京市文物研究所《北京地區發現兩座元代墓葬》，《北京文物與考古》（第三輯），内部資料，1992年。

孫德萱、張相梅《元代盝頂式建築模型——唐兀公碑》，《中原文物》1992年第1期。

史金波《西夏境内民族考》，載《慶祝王鍾翰先生八十壽辰學術論文集》，遼寧大學出版社，1993年。

杜建録《須彌山石窟題記研究》，《寧夏文物》1993年第7期。

湯開建《五代遼宋時期党項部落的分布》，《西北民族研究》1993年第1期。

任崇岳《元〈浚州達魯花赤追封魏郡伯墓碑〉考釋》，《寧夏社會科學》1995年第2期。

周聖國《保定西夏人探源——從西夏文經幢、老索神道碑看保定西夏人》，《文物春秋》1995年第3期。

李裕民《折氏家族研究》，《陝西師範大學學報（哲學社會科學版）》1998年第2期。

戴應新《有關党項夏州政權的真實記録——記〈故大宋國定難軍管内都指揮使康公墓誌銘〉》，《寧夏社會科學》1999年第2期。

楊富學《元代西夏遺民文獻〈唐兀公碑〉校釋》，《中國北方民族歷史文化論稿》，甘肅人民出版社，2001年。

趙斌、尹夏清《榆林出土西夏皇族先祖〈李仁寶墓誌〉》，《碑林集刊》（第七輯），西北大學出版社，2001年。

楊富學《元代西夏遺民文獻〈唐兀公碑〉校釋》，《甘肅民族研究》2001年第1期。

鄧輝、白慶元《内蒙古烏審旗發現的五代至北宋夏州拓跋部李氏家族墓誌銘考釋》，《唐研究》第8卷，北京大學出版社，2002年。

林英津《居庸關六體石刻西夏文再檢討》，載《石璋如院士百歲祝壽論文集》，臺灣南天書局，2002年。

姬乃軍《走近長城》，《延安文博》（第二輯），陝西旅游出版社2004年。

王富春《唐党項族首領拓跋守寂墓誌考釋》，《考古與文物》2004年第3期。

周偉洲《陝北出土三方唐五代党項拓跋氏墓誌考釋》，《民族研究》2004年第6期。

杜建録、白慶元、楊滿忠、賀吉德《宋代党項拓跋部大首領李光睿墓誌銘考釋》，《西夏學》（第一輯），寧夏人民出版社，2006年。

梁松濤《〈河西老索神道碑銘〉考釋》，《民族研究》2007年第2期。

杜建録《党項夏州政權建立前後的重要記録——唐故延州安塞軍防禦使白敬立墓誌銘考釋》，《寧夏師範學院學報》2007年第2期。

孫繼民《俄藏黑水城文獻宋代小胡族文書試釋》，《中華文史論叢》2007年第2期。

彭向前《西夏遺民初到保定時間考》，《保定學院學報》2008年第1期。

門學文《元代名臣楊朵兒只墓誌》，北京市石景山區地方志辦公室編《名人墓葬》，中央文獻出版社，2008年。

牛達生《拓拔思恭卒年考——唐代《白敬立墓誌銘》考釋之一》，《陝西历史博物館館刊》（第15輯），三秦出版社，2008年。

牛達生《夏州政權建立者拓拔思恭的新資料——唐代《白敬立墓誌銘》考釋之二》，《蘭州學刊》2009年第1期。

陳瑋《後周綏州刺史李彝謹墓誌銘考釋》，《西夏學》（第五輯），上海古籍出版社，2010年。

李燦、侯浩然《西夏遺僧一行慧覺生平、著述新探》，《西夏學》（第六輯），上海古籍出版社，2010年。

崔紅芬《僧人慧覺考略——兼談西夏的華嚴信仰》，《世界宗教研究》2010年第4期。

崔雲勝《西夏建張掖龍王廟史迹考述》，《西夏學》（第七輯），上海古籍出版社。

陳瑋《後晉定難軍攝節度判官兼掌書記毛汶墓誌銘考釋》，《西夏學》（第八輯），上海古籍出版社，2011年。

周峰《甘肅合水安定寺石窟金代党項人題記考釋》，《西夏學》（第八輯），上海古籍出版社，2011年。

孟繁清《讀〈勝公和尚道行碑銘〉》，《中國古代社會高層論壇文集：紀念鄭天挺先生誕辰一百一十周年》，中華書局，2011年。

吴峰天《〈涼州重修護國寺感通塔碑銘〉再認識》，《西夏學》（第八輯），上海古籍出版社，2011年。

湯開建《隋唐五代宋初党項拓跋部世次嬗遞考》，《西夏學》（第九輯），上海古籍出版社，2011年。

孫繼民、宋坤《元代西夏遺民踪迹的新發現——元〈重修鹿泉神應廟碑〉考釋》，《寧夏社會科學》2011年第2期。

崔紅芬《泉州清源山三世佛造像記考論》，《民族研究》2011年第3期。

朱建路、劉佳《元代唐兀人李愛魯墓誌考釋》，《民族研究》2012年第3期。

崔玉謙《論北宋華池寨地望及其功能》，《保定學院學報》2012年第3期。

高輝、于光建《元〈敏公講主江南求法功德碑〉考釋》，《西夏研究》2012年第3期。

杜建録《夏州拓跋部的幾個問題——新出土唐五代宋初夏州拓跋政權墓誌銘考釋》，《西夏研究》2013年第1期。

崔紅芬《保定出土〈老索神道碑銘〉再研究》，《中國文化》2013年第2期。

鄧文韜《元代西夏遺民訥懷事迹補考》，《西夏研究》2013年第3期。

陳瑋《後晉夏銀綏宥等州觀察支使何德璘墓誌銘考釋》，《中國國家博物館館刊》2013年第3期。

李静傑《陝北宋金石窟題記内容分析》，《敦煌研究》2013年第3期。

北京大學圖書館金石組《北京大學圖書館藏曆代墓誌拓片目録》，上海古籍出版社，2013年。

周峰《元代西夏遺民楊朵兒只父子事迹考述》，《民族研究》2014年第3期。

段雙印《宋金保安軍小胡等族碑碣資料綜合考察與研究》，《寧夏社會科學》2014年第5期。

孫繼民、宋坤《〈西夏考古論稿〉讀後感及補論》，《寧夏社會科學》2014年第5期。

劉廣瑞、朱建路《大名新出夏漢文合璧墓誌銘的價值和意義》，《光明日報》2014年5月21日14版。

陳瑋《後晉綏州刺史李仁寶墓誌銘考釋》，《西夏學》（第十一輯），上海古籍出版社，2015年。

杜建録、鄧文韜、王富春《後唐定難軍節度押衙白全周墓誌考釋》，《寧夏社會科學》2015年第2期。

高仁、鄧文韜《唐兀人余闕盱眙題詩考釋》，《淮陰師範學院學報（哲學社會科學版）》2015 年第5期。

趙生泉《〈元代唐兀人李愛魯墓誌考釋〉補正》，《寧夏社會科學》2015年第4期。

陳瑋《統萬城出土粟特人康成墓誌研究》，載《統萬城建城一千六百年國際學術研討會文集》，陝西師範大學出版社，2015年。

朱建路《元代唐兀人李愛魯墓誌釋補》，《寧夏社會科學》2016年第1期。

陳瑋《大宋攝夏州觀察支使何公墓誌研究》，《西夏研究》2016年第1期。

于光建、鄧文韜《開封宋代繁塔夏州李光文題刻考述》，《石河子大學學報》2016年第3期。

鄧文韜《元代西夏遺裔三旦八事迹考》，《寧夏社會科學》2016年第4期。

彭向前、侯愛梅《〈凉州重修護國寺感通塔碑〉西夏文碑銘互文見義修辭法舉隅》，《寧夏社會科學》2016年第6期。
孫繼民《元氏所出後趙時期界封刻石小考》，《廣州文博》（第九輯），文物出版社，2016年。
鄧文韜《金代與南宋府州折氏後裔匯考》，《西夏學》（第十二輯），上海古籍出版社，2016年。
劉傳賓《元王翰石刻书法考释一则》，《元史及民族与边疆研究集刊》（第三十二輯），上海古籍出版社，2017年。
孫昌盛《靈武回民巷西夏摩崖石刻》，《寧夏社會科學》2017年第1期。
杜建録、鄧文韜《安徽歙縣貞白里牌坊始建年代考——兼考西夏遺民余闕僉憲浙東道期間的史迹》，《寧夏社會科學》2017年第1期。
杜建録、鄧文韜《宋夏沿邊熟户若干問題研究——以陝西志丹縣何家坬石窟党項人題記爲中心》，《西夏學》（第十四輯），甘肅文化出版社，2017年。
杜維民、鄧文韜《臨海西郊大嶺石窟元代造像題名記所見人物考——兼商榷大嶺石窟造像的始建年代》，《西夏學》（第十四輯），甘肅文化出版社2017年。
陳康《石景山出土元代楊朵兒只墓誌考》，《北京文博論叢》2018年第2期。
陳瑋《新出北宋陝州漏澤園党項配軍墓誌研究》，《西夏學》（第十七輯），甘肅文化出版社，2019年。
陳瑞青《西夏〈黑水河建橋敕碑〉文體性質初探》，《西夏學》（第十七輯），甘肅文化出版社，2019年。
段志凌《唐〈拓拔馱布墓誌〉——党項拓拔氏源于鮮卑新證》，《中國國家博物館館刊》2018年第1期。
石建剛、楊軍《北宋沿邊党項熟户的净土殿堂（一）——陝西志丹縣何家坬石窟調查與初步研究》，《西夏研究》2018年第1期。
吴聖國《書評：杜建録〈党項西夏碑石整理研究〉》，《臺大歷史學報》第61期，2018年。
孫宜孔《後晉定難軍節度副使劉敬瑭墓誌銘考釋》，《西夏學》（第十八輯），甘肅文化出版社，2019年。
杜建録、王富春、鄧文韜《陝西横山出土〈故野利氏夫人墓誌銘〉初探》，《西夏學》（第十九輯），甘肅文化出版社，2019年。
陳瑋《新見北宋保寧院山寺党項民衆建塔碑研究》，《西夏學》（第十九輯），甘肅文化出版社，2019年。
鄧文韜《四川廣元千佛崖石窟元代西夏遺裔題記及其史料價值初探》，《西夏學》（第十九輯），甘肅文化出版社，2019年。
楊富學、王慶昱《党項拓跋馱布墓誌及相關問題再研究》，《西夏研究》2019年第2期。
石建剛、范建國《宋金兩朝沿邊德靖寨漢蕃軍民的精神家園（一）——陝西志丹城臺第2窟造像與碑刻題記内容調查》，《絲綢之路研究集刊》第四輯，商務印書館，2019年。
陳瑋《後晉定難軍節度副使劉敬瑭墓誌研究》，《北方文物》2020年第1期。

高建國、王富春、杜林淵《陝北横山新發現党項族〈故野利氏夫人墓誌銘〉考釋》，《中國國家博物館館刊》2020年第2期。
劉志月《菏澤博物館藏兩方元代西夏遺民墓碑史料價值初探》，《西夏學》第20輯，甘肅文化出版社，2020年。
陳虹伊、王旭《陝西横山出土〈後周廣順三年銀州都知兵馬使宋從實賣地石契〉考釋》，《西夏學》（第二十五輯），甘肅文化出版社，2022年。
崔彦娟《鄧珣地券考》，《西夏學》（第二十五輯），甘肅文化出版社，2022年。

後記

党項西夏碑刻題記整理研究，是寧夏大學西夏學研究院多年來關注的領域，2001年獲批的教育部人文社會科學重點研究基地重大項目和2012年中俄西夏學聯合研究中，就包括碑刻題記整理研究，并相繼出版《中國藏西夏文獻・金石卷》和《党項西夏碑石整理研究》。2015年來，在《西夏文物・綜合編》資料調研中，又獲得一批新資料。起初計畫對《党項西夏碑石整理研究》進行增訂，後在三秦出版社甄仕優先生的鼓勵下，不僅補充了野利氏夫人墓誌銘、右威衛大將軍拓拔馱布墓誌銘、靈武回民巷西夏文摩崖石刻、西夏皇族後裔塔出和必宰牙父子墓碑、宋金時期陝西路境内党項人的神道碑、墓碣銘以及石窟題記等新資料，而且重新拟定體例，增加了對碑刻題記的疏證，由此獲得2020年度國家古籍整理出版資金資助。除本書作者外，于光建、杜維民參與部分資料搜集拍攝，鄧文韜完成文獻的疏證。

圖册收録的碑刻題記相關圖片，包括碑刻原石、碑石出土地或所在地周邊環境、隨碑石一并出土的其他器物、題記所對應的造像，以及其他相關的文物和遺址。其中，部分圖片已在《西夏文物》等著作中呈現，但大多數圖片屬首次公布，是對本書所收碑刻題記圖像呈現的補充。

寧夏回族自治區博物館、甘肅省博物館、榆林市文物保護研究所、烏審旗文物管理研究所，以及華池縣文物管理研究所等文物管理機構各提供了若干張圖片，在此一并表示感謝。

杜建録

2022年4月9日于逸夫樓研究室

党項與西夏碑刻題記

（圖册）

杜建録　鄧文韜　主編

國家古籍整理出版專項經費資助項目

陝西新華出版傳媒集團
三秦出版社

目録

第一編　早期党項碑刻題記相關文物遺址圖録

靖邊縣夏州古城（統萬城）遺址·航拍

夏州古城遺址西南角墩臺遺址

夏州古城遺址西門瓮城遺址

夏州古城内永安臺遺址

鄂托克旗宥州古城遺址西部・航拍

宥州古城遺址東部・航拍

宥州古城遺址南城門及瓮城·航拍

宥州古城遺址南門外墻

横山區銀州古城遺址•航拍

横山區銀州古城西北城墙

《宋從實賣地石契》出土地榆陽區鄭家溝村古城遺址·航拍

圪坨河定難軍僚屬墓葬群地表現狀（毛汶、康成此等人墓誌出土地）

圪坨河定難軍僚屬墓葬群地表盗洞一

圪坨河定難軍僚屬墓葬群地表盗洞二

華家坬定難軍節度使僚屬墓葬地表現狀（白敬立、何德璘等人墓誌出土地）

華家坬定難軍節度使僚屬墓葬地表現狀盜坑一

華家坬定難軍節度使僚屬墓葬地表盜坑二

十里梁定難軍節度使家族墓地地表現狀一（瀆氏、里氏、祁氏、李彝謹、李光睿等墓誌出土地）

十里梁定難軍節度使家族墓地地表現狀二

十里梁定難軍節度使家族墓地地表盜洞

拓跋守寂墓誌與蓋（榆林市文物保護研究所供圖）

拓跋守寂墓誌邊框卷雲紋裝飾（榆林市文物保護研究所供圖）

白敬立墓誌

破丑夫人墓誌蓋

破丑夫人墓誌

毛汶墓誌與誌蓋（榆林市文物保護研究所供圖）

劉敬瑭墓誌與誌蓋（榆林市文物保護研究所供圖）

何德璘墓誌蓋

何德璘墓誌

李仁寶墓誌蓋

李仁寶墓誌

康成此墓誌與誌蓋（榆林市文物保護研究所供圖）

何公墓誌與誌蓋（榆林市文物保護研究所供圖）

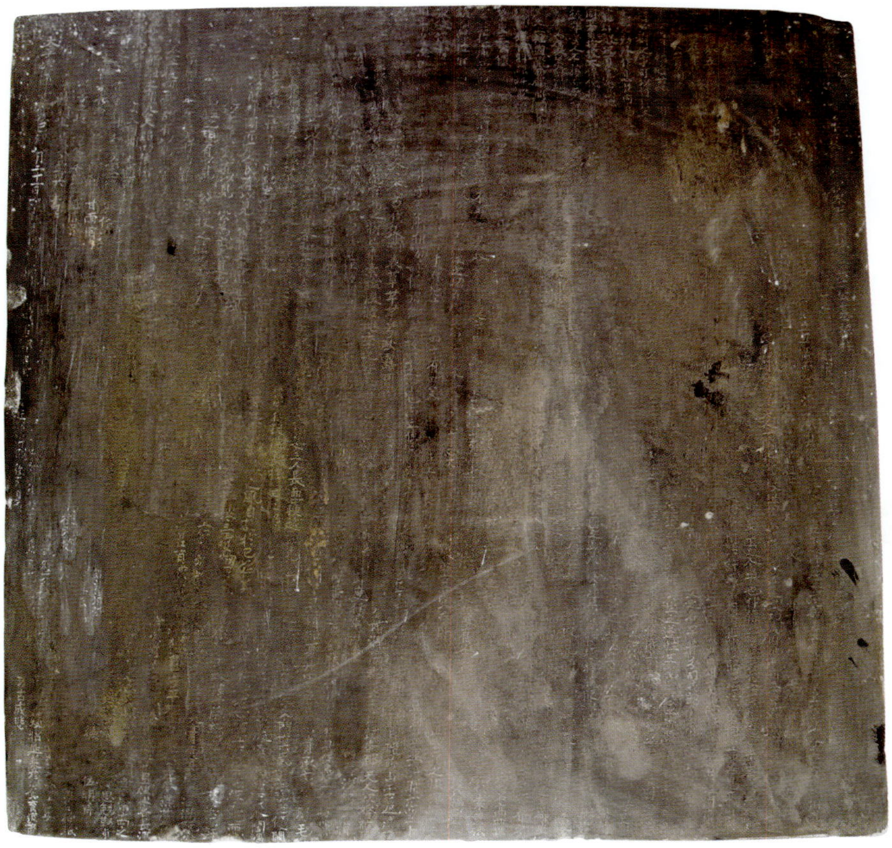

李光睿墓誌

李光遂墓誌

定難軍節度使墓出土鎏金銀棺飾件（一號）•正面
（烏審旗文物管理研究所供圖）

定難軍節度使墓出土鎏金銀棺飾件（一號）•背面
（烏審旗文物管理研究所供圖）

定難軍節度使墓出土鎏金銀棺飾件（一號）•綫描圖
（烏審旗文物管理研究所供圖）

定難軍節度使墓出土鎏金銀棺飾件（二號）·正面
（烏審旗文物管理研究所供圖）

定難軍節度使墓出土鎏金銀棺飾件（二號）·背面
（烏審旗文物管理研究所供圖）

定難軍節度使墓出土鎏金銀棺飾件（二號）·綫描圖
（烏審旗文物管理研究所供圖）

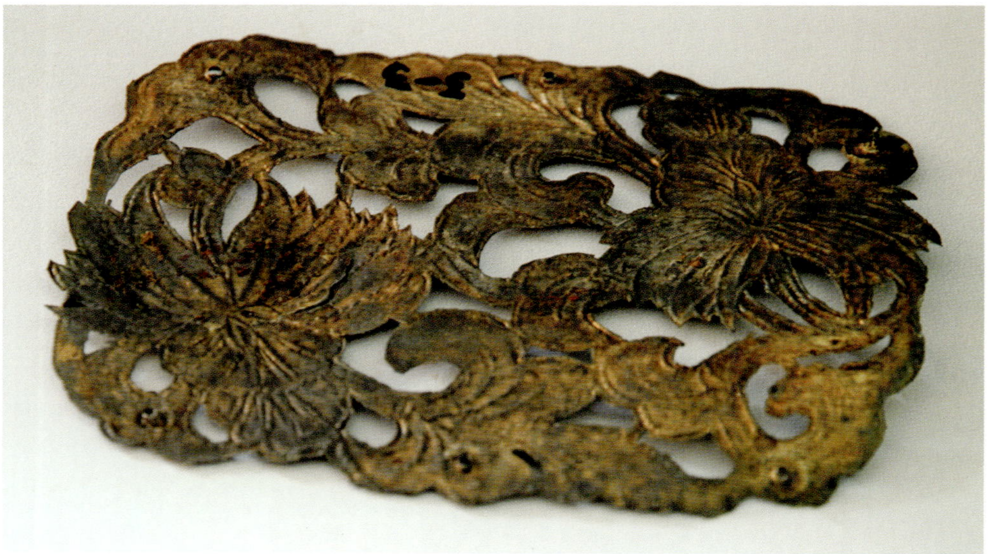

定難軍節度使墓出土鎏金銀棺飾件（三號）·正面
（烏審旗文物管理研究所供圖）

定難軍節度使墓出土鎏金銀棺飾件（三號）·背面
（烏審旗文物管理研究所供圖）

定難軍節度使墓出土鎏金銀棺飾件（三號）·綫描圖
（烏審旗文物管理研究所供圖）

定難軍節度使墓出土鎏金銀棺飾件（四號）·正面
（烏審旗文物管理研究所供圖）

定難軍節度使墓出土鎏金銀棺飾件（四號）·背面
（烏審旗文物管理研究所供圖）

定難軍節度使墓出土鎏金銀棺飾件（四號）·綫描圖
（烏審旗文物管理研究所供圖）

定難軍節度使墓出土鎏金銀棺飾件（五號）·正面
（烏審旗文物管理研究所供圖）

定難軍節度使墓出土鎏金銀棺飾件（五號）·背面
（烏審旗文物管理研究所供圖）

定難軍節度使墓出土鎏金銀棺飾件（六號）·正面
（烏審旗文物管理研究所供圖）

定難軍節度使墓出土鎏金銀棺飾件（六號）·背面
（烏審旗文物管理研究所供圖）

定難軍節度使墓出土鎏金銀棺飾件（六號）·綫描圖
（烏審旗文物管理研究所供圖）

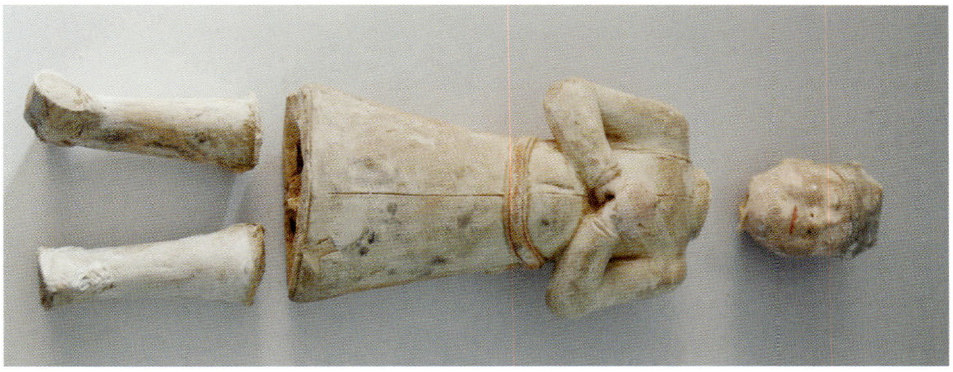

定難軍節度使墓出土彩繪陶俑（一號）·正面
（烏審旗文物管理研究所供圖）

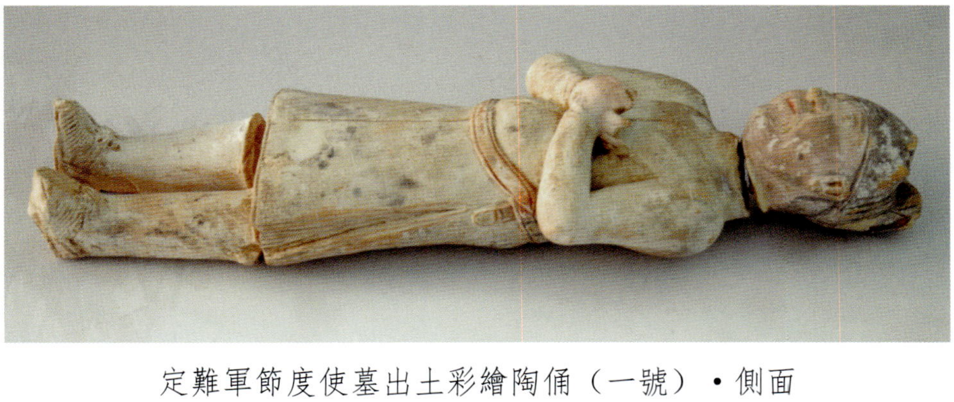

定難軍節度使墓出土彩繪陶俑（一號）·側面
（烏審旗文物管理研究所供圖）

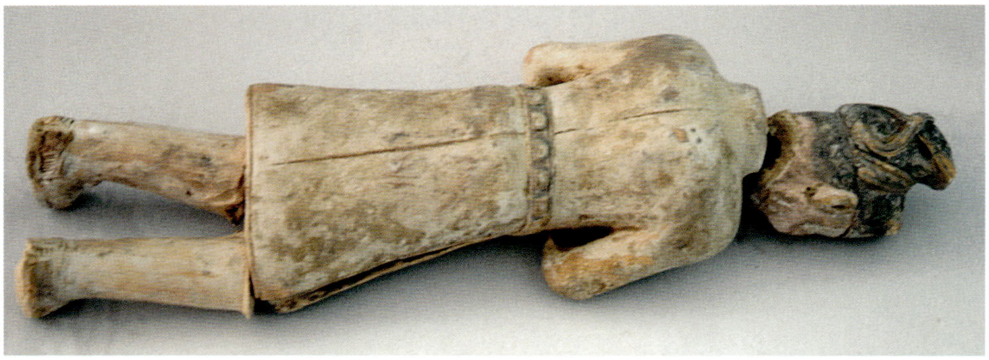

定難軍節度使墓出土彩繪陶俑（一號）·背面
（烏審旗文物管理研究所供圖）

定難軍節度使墓出土彩繪陶俑（二號）·正面
（烏審旗文物管理研究所供圖）

定難軍節度使墓出土彩繪陶俑（二號）·側面
（烏審旗文物管理研究所供圖）

定難軍節度使墓出土文官石翁仲

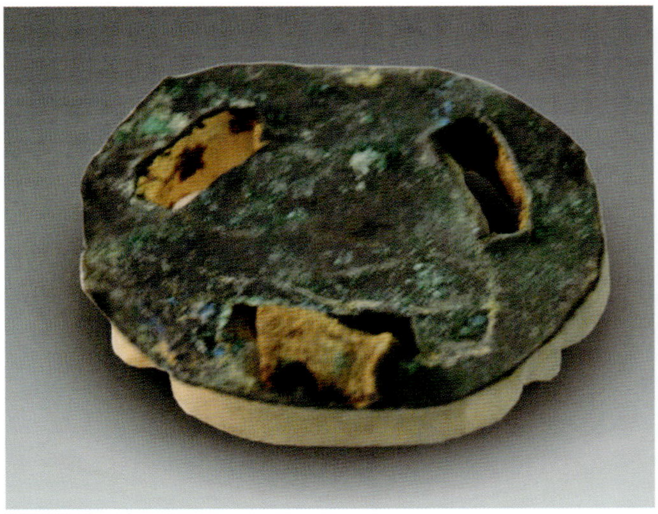

定難軍節度使墓出土玉帶飾（一號）·正面
（烏審旗文物管理研究所供圖）

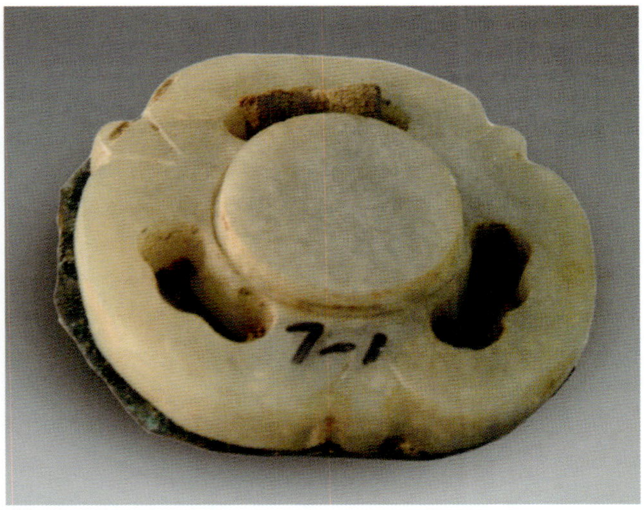

定難軍節度使墓出土玉帶飾（一號）·背面
（烏審旗文物管理研究所供圖）

定難軍節度使墓出土玉帶飾（二號）·正面
（烏審旗文物管理研究所供圖）

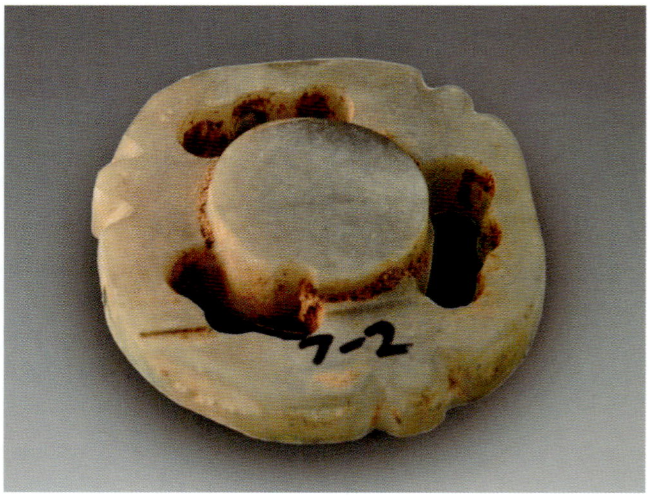

定難軍節度使墓出土玉帶飾（二號）·背面
（烏審旗文物管理研究所供圖）

定難軍節度使墓出土玉帶飾（三號）·正面
（烏審旗文物管理研究所供圖）

定難軍節度使墓出土玉帶飾（三號）·背面
（烏審旗文物管理研究所供圖）

定難軍節度使墓出土石函（一號）

定難軍節度使墓出土石函（二號）

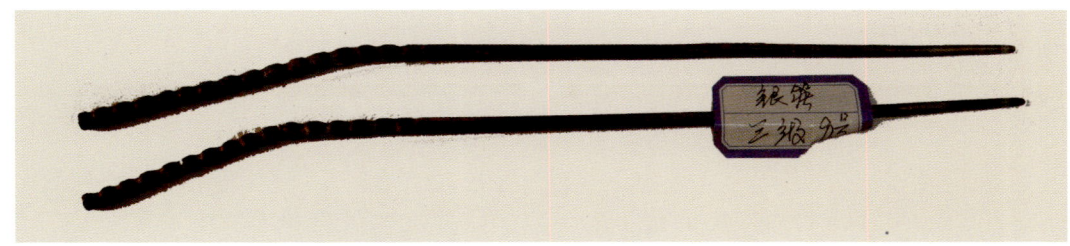

定難軍節度使墓出土銀筷子
（烏審旗文物管理研究所供圖）

烏審旗河南鄉徵集醬釉花斑瓷碗
（烏審旗文物管理研究所供圖）

烏審旗河南鄉徵集白釉畫花瓷碗
（烏審旗文物管理研究所供圖）

烏審旗河南鄉徵集白釉畫花瓷盆
（烏審旗文物保護研究所供圖）

榆林唐代党項墓出土塔式罐
（榆林市文物保護研究所供圖）

榆林唐代党項墓出土石函蓋
（榆林市文物保護研究所供圖）

大唐之國碑刻周邊環境

大唐之國原碑刻

大唐之國碑額

龍鎮碑記碑與隴西郡李碑周邊環境

隴西郡李碑

龍鎮碑記碑

河南開封繁塔（《李光文施財題記》所在地）

河南開封繁塔近景

繁塔外壁千佛造像一

繁塔外壁千佛造像二

第二編　西夏碑刻題記相關文物遺址圖録

須彌山石窟全景

第一窟造像（上半身）

須彌山第一窟造像

凉州護國寺感通塔碑發現地清應寺（今大雲寺）山門

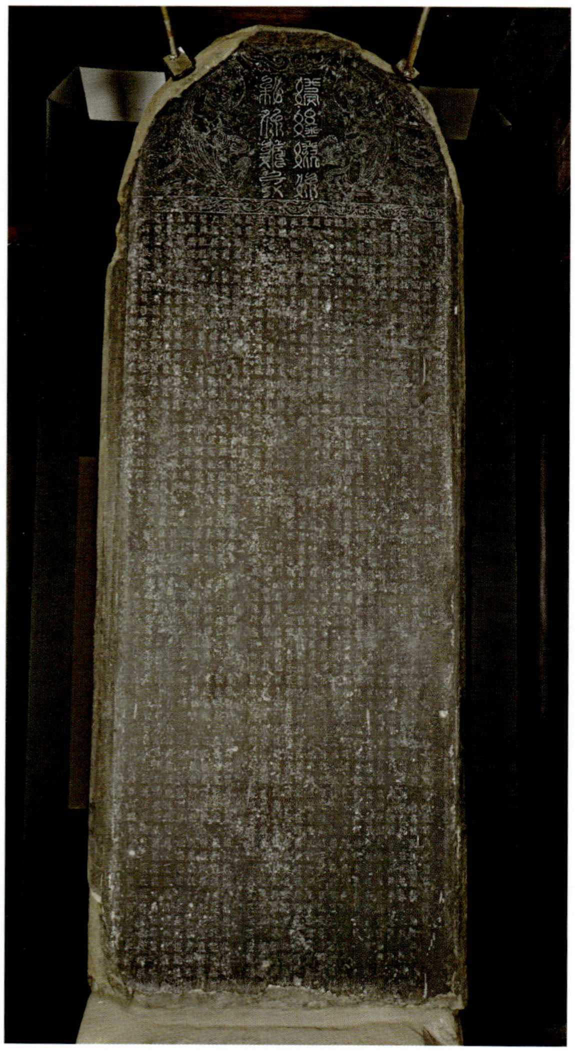

凉州護國寺感通塔碑陰面（西夏文）

凉州護國寺感通塔碑陽面（漢文）

凉州護國寺感通塔碑碑座天馬石雕

凉州護國寺感通塔碑碑座纏枝牡丹石雕

凉州護國寺感通塔碑碑座麒麟石雕

凉州護國寺感通塔碑碑座雙獅戲珠石雕

武威文廟

黑水建橋敕碑陽面（漢文）
（出自《西夏文物·甘肅編》）

黑水建橋敕碑陰面（西夏文）
（出自《西夏文物·甘肅編》）

張掖大佛寺卧佛殿

閩寧鎮西夏一號墓現狀
（出自《西夏文物·寧夏編》）

張掖大佛寺卧佛像

閩寧鎮西夏二號墓現狀
（出自《西夏文物·寧夏編》）

閩寧鎮西夏三號墓現狀（資料圖）
（出自《西夏文物·寧夏編》）

閩寧鎮西夏四號墓墓道與墓門（資料圖）
（出自《西夏文物·寧夏編》）

閩寧鎮西夏墓出土鎏金銀帶飾・正面
（出自《西夏文物・寧夏編》）

閩寧鎮西夏墓出土鎏金銀帶飾・背面
（出自《西夏文物・寧夏編》）

閩寧鎮西夏墓出土石獅
（出自《西夏文物·寧夏編》）

閩寧鎮西夏墓出土木雕文官俑頭
（出自《西夏文物·寧夏編》）

閩寧鎮西夏墓出土木雕武士俑
（出自《西夏文物·寧夏編》）

閩寧鎮西夏墓出土木雕武士俑
（出自《西夏文物·寧夏編》）

閩寧鎮西夏墓出土漢文楷書殘碑塊
（出自《西夏文物·寧夏編》）

閩寧鎮西夏墓出土漢文篆書殘碑塊
（出自《西夏文物·寧夏編》）

西夏一號陵與二號陵・鳥瞰（資料圖）
（出自《西夏文物・寧夏編》）

西夏三號陵陵塔

西夏四號陵城

西夏五號陵城

西夏六號陵城

西夏陵出土西夏文描金雲龍紋碑額（殘）
（出自《西夏文物・寧夏編》）

西夏陵出土帶蔓草紋邊框漢文碑塊（殘）
（出自《西夏文物·寧夏編》）

西夏陵出土力士誌文支座
（出自《西夏文物·寧夏編》）

西夏陵出土力士誌文支座
（出自《西夏文物·寧夏編》）

西夏陵出土力士誌文支座
（出自《西夏文物·寧夏編》）

西夏陵出土石馬
（出自《西夏文物·寧夏編》）

西夏陵出土石馬
（出自《西夏文物·寧夏編》）

西夏陵出土鎏金大銅牛
（出自《西夏文物·寧夏編》）

西夏陵出土鎏金小銅牛
（出自《西夏文物·寧夏編》）

西夏陵出土灰陶蓮花紋方磚
（出自《西夏文物·寧夏編》）

西夏陵出土紅陶五角花冠迦陵頻迦

西夏陵出土紅陶套首

賀蘭口全景·航拍

賀蘭山西夏文題記所在崖壁面

賀蘭山西夏文題記所在崖壁面其他巖畫

賀蘭山西夏文題記所在崖壁面其他巖畫

炳靈寺石窟全景

炳靈寺石窟第一六八窟

炳靈寺石窟第四六窟西夏泥塑佛坐像
（出自《西夏文物·甘肅編》）

回民巷摩崖石刻原址（現已切割移走保護）
（出自《西夏文物·寧夏編》）

第三編　宋金境内党項人碑刻題記相關文物遺址圖録

神木市麟州城遺址 • 航拍

府谷縣府州城遺址 • 航拍

華池縣柔遠寨遺址

慶城縣慶州古城遺址

志丹縣德靖寨烽火臺遠眺

吴堡縣吴堡寨東城墻與黄河

永寧鎮党項小胡族家族墓地周邊環境

胡懷節墓碣銘螭首碑座

小胡族家族墓地石馬雕塑（殘）

小胡族家族墓地螭首碑座（殘）

華池縣雙塔寺遺址

華池縣雙塔寺遺址地表殘磚（一）

華池縣雙塔寺遺址地表殘磚（二）

華池縣雙塔一號塔底部浮雕

華池縣雙塔二號塔底部浮雕

華池縣雙塔（今移藏華池縣文管所）

華池縣雙塔一號塔托塔力士浮雕•細節

華池縣雙塔二號塔中部浮雕

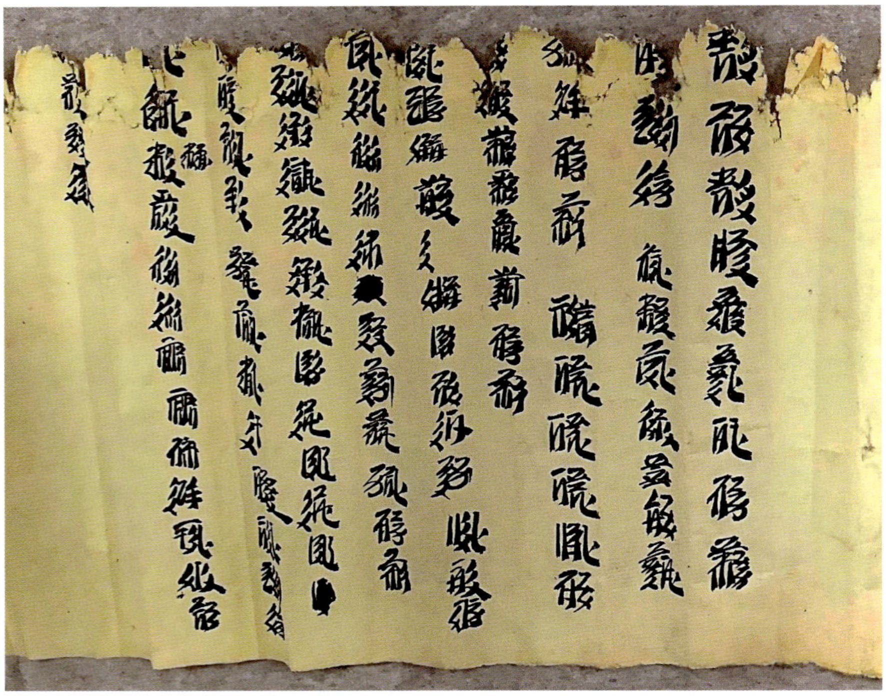

華池縣雙塔内出土西夏文文獻

華池縣雙塔内出土帶西夏文圖畫

華池縣雙塔内出土耀州窑青瓷碗

華池保寧院寺塔（今名東華池塔）

志丹縣何家坬石窟所在崖壁

何家坬石窟前門廊

何家坬石窟門廊西壁天王站立像

何家坬石窟門廊東壁天王站立像

何家坬石窟門廊南壁西側天王坐像

何家坬石窟門廊南壁東側天王坐像

何家坬石窟正殿全景

何家坬石窟室内穹頂

何家坬石窟内中心臺上的石質蓮花座

何家坬石窟内北壁東側羅漢與供養人浮雕・細節（一）

何家坬石窟内北壁東側浮雕

何家坬石窟内北壁東側羅漢與供養人浮雕·細節（二）

何家坬石窟内北壁東側羅漢浮雕·細節（三）

何家坬石窟内北壁門楣中段浮雕

何家坬石窟内北壁門楣上方羅漢浮雕・細節

何家坬石窟内門楣上方西側羅漢浮雕・細節

何家坬石窟内北壁西側浮雕

何家坬石窟内北壁西側供養人與羅漢浮雕・細節（一）

何家坬石窟内北壁西側羅漢與供養人浮雕・細節（二）

何家坬石窟内北壁西側羅漢浮雕·細節（三）

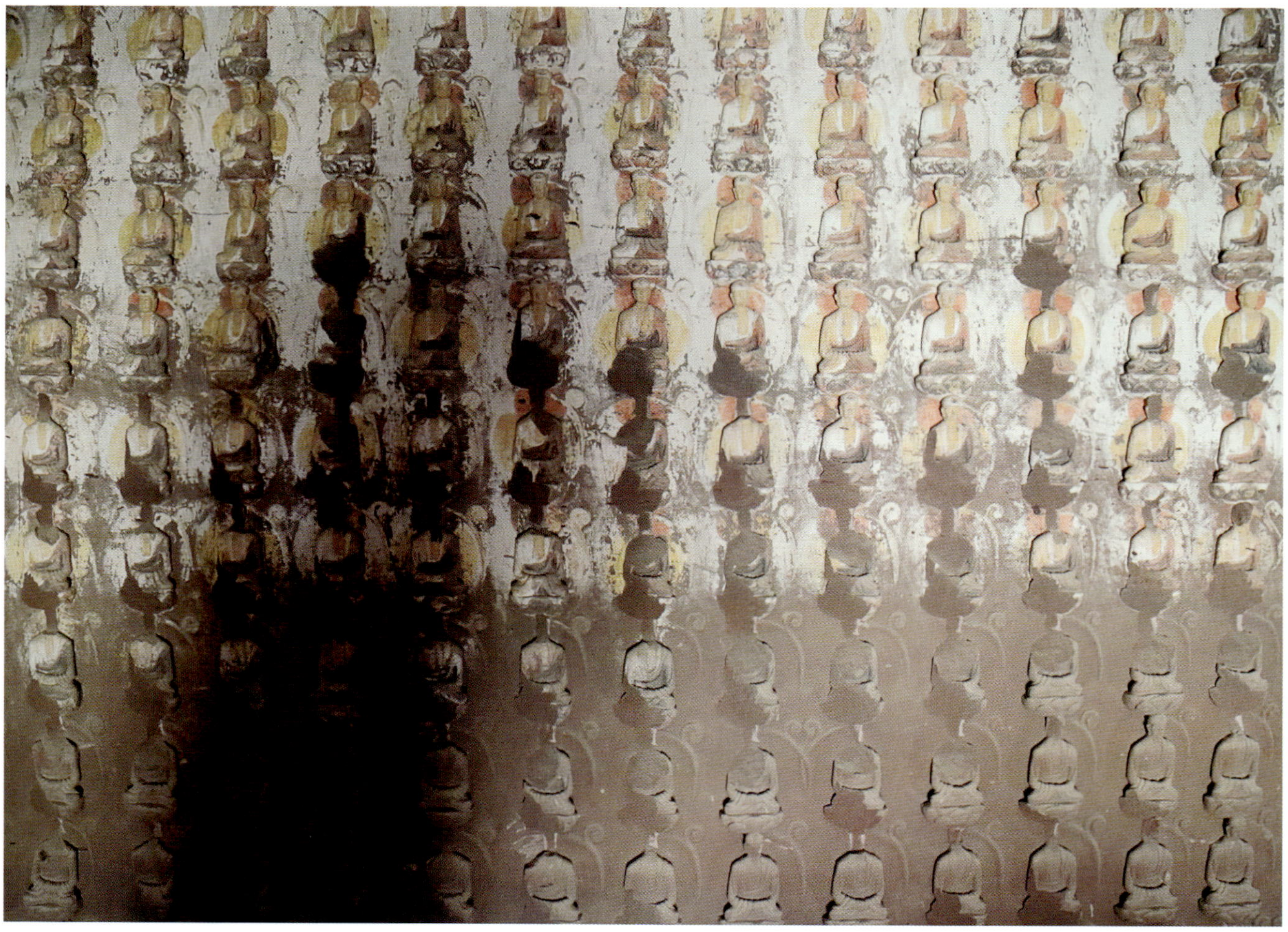

何家坬石窟内東壁千佛像全景

何家坬石窟内東壁千佛像・細節

何家坬石窟内東壁一佛二弟子造像

何家坬石窟内東壁南側佛弟子造像

何家坬石窟内東壁北側佛弟子造像

何家坬石窟内東壁釋迦牟尼佛造像

何家坬石窟内西壁千佛·細節

何家坬石窟内西壁一佛二弟子造像

何家坬石窟外壁梁冠綫刻畫

何家坬石窟外壁蛇形綫刻畫

城臺石窟・舊照

城臺石窟前室北壁

羅漢坐像（城臺石窟前室北壁西起第三尊）

羅漢坐像（城臺石窟前室北壁西起第二尊）

羅漢坐像（城臺石窟前室北壁西起第一尊）

供養人立像（城臺石窟前室北壁西起第四尊羅漢旁）

羅漢坐像（城臺石窟前室北壁西起第四尊）

城臺石窟前室北壁上方造像

城臺石窟前室北壁上方羅漢造像·細節（一）

城臺石窟前室北壁上方羅漢造像·細節（二）

城臺石窟前室北壁上方羅漢造像·細節（三）

城臺石窟前室東壁北側

羅漢造像（城臺石窟前室東壁北側北起第二尊）

羅漢造像（城臺石窟前室東壁北側北起第一尊）

羅漢造像（城臺石窟前室東壁北側北起第三尊）

供養人立像（城臺石窟前室東壁北側北起第二尊羅漢旁）

天王立像（城臺石窟前室東壁北室門北側）

羅漢造像（城臺石窟前室東壁北側北起第四尊）

天王坐像（城臺石窟前室東壁北室門南側）

天王坐像（城臺石窟前室東壁南室門北側）

城臺石窟前室東壁南側

城臺石窟前室東壁南側蟠龍浮雕

天王立像（城臺石窟前室東壁南室門南側）

羅漢坐像（城臺石窟前室東壁南側北起第二尊）

羅漢坐像（城臺石窟前室東壁南側北起第一尊）

羅漢坐像（城臺石窟前室東壁南側北起第三尊）

供養人立像（城臺石窟前室東壁南側北起第二尊羅漢旁）

供養人立像與跪像（城臺石窟前室東壁南側最南）

羅漢坐像（城臺石窟前室東壁南側北起第四尊）

城臺石窟前室南壁

羅漢坐像（城臺石窟前室南壁東起第二尊）

羅漢坐像（城臺石窟前室南壁東起第一尊）

羅漢坐像（城臺石窟前室南壁東起第四尊）

羅漢坐像（城臺石窟前室東壁南側東起第三尊）

城臺石窟前後室門

城臺石窟前後室門正上方羅漢造像（殘）

城臺石窟後室内現狀

城臺石窟後室北壁全景

城臺石窟後室北壁東側文殊菩薩坐像

城臺石窟後室北壁中佛像

城臺石窟後室北壁西側文殊菩薩坐像

城臺石窟後室南壁全景

城臺石窟後室南壁普賢菩薩坐像

城臺石窟後室南壁西側菩薩坐像

城臺石窟後室南壁中佛像

第四編　元明西夏遺民碑刻題記相關文物遺址圖録

呼和浩特萬部華嚴經塔周邊現狀

萬部華嚴經塔近景

塔身外側天王浮雕

塔身牡丹紋浮雕

塔身葡萄紋裝飾浮雕

大名縣石刻藝術博物館（小李鈐部墓誌收藏地）

小李鈐部墓出土石灰巖供桌（一號）

小李鈐部墓出土石灰巖供桌（二號）

小李鈐部墓出土石灰巖供桌·邊框紋飾細節（一號）

小李鈐部墓出土石灰巖供桌·桌面與邊框紋飾細節（二號）

小李鈐部墓出土石灰巖供桌·桌面紋飾細節（一號）

樂清雁蕩山龍鼻洞全景

李朶兒赤摩崖所在龍鼻洞西壁全景

杭州飛來峰楊璉真迦與二弟子造像

杭州飛來峰多聞天王造像

杭州飛來峰金剛手菩薩造像

杭州飛來峰無量壽佛坐像

杭州飛來峰尊聖佛母造像

杭州飛來峰呼猿洞救度佛母坐像

杭州飛來峰呼猿洞水月觀音造像

杭州飛來峰呼猿洞水月觀音造像

杭州飛來峰呼猿洞無量壽佛造像

無量壽佛左脅侍救度佛母造像

無量壽佛右脅侍文殊菩薩造像

杭州飛來峰呼猿洞西方三聖阿彌陀佛坐像

西方三聖左脅侍觀音菩薩坐像

西方三聖右脅侍大勢至菩薩坐像

杭州吴山寶成寺麻曷葛剌與文殊、普賢造像

杭州南山摩崖石刻菩薩造像

杭州南山摩崖石刻菩薩造像

杭州南山摩崖石刻菩薩造像

福州烏石山“石天”全景

菏澤博物館碑廊（塔出與必宰牙墓碑收藏地）

洛陽博物館藏宗密圓融大師塔銘原石

白馬寺（元代釋源宗主駐地）山門現狀

浚縣大伾山太平興國寺朝陽澗北側崖壁（納加臺教化等摩崖石刻所在地）

浚縣大伾山天寧寺大佛

大嶺石窟殘存造像

大嶺石窟殘存菩薩造像

廣元千佛崖石窟（局部）

千佛崖第二一三號龕所在崖壁全景

千佛崖第二一三號龕朶兒只班題記周邊造像

千佛崖普達實禮題記所在崖壁全景

濟南長清大靈巖寺山門

靈巖寺塔林

靈巖寺辟支塔

“靈巖觀音道場”摩崖石刻

靈巖寺藏元代八思巴文石幢

北京居庸關長城與雲台（圖正中）

北京居庸關雲台

居庸關雲台券門六拏具浮雕（一）

居庸關雲台券門六拏具浮雕（二）

居庸關雲台券門六
拏具浮雕（三）

券門底部浮雕

居庸關雲台門洞東壁北側東方持國天王

居庸關雲台門洞東壁南側南方增長天王

居庸關雲台門洞西壁北側北方多聞天王

居庸關雲台門洞西壁南側西方廣目天王

居庸關洞壁頂十方佛浮雕・局部（一）

居庸關洞壁頂十方佛浮雕・局部（二）

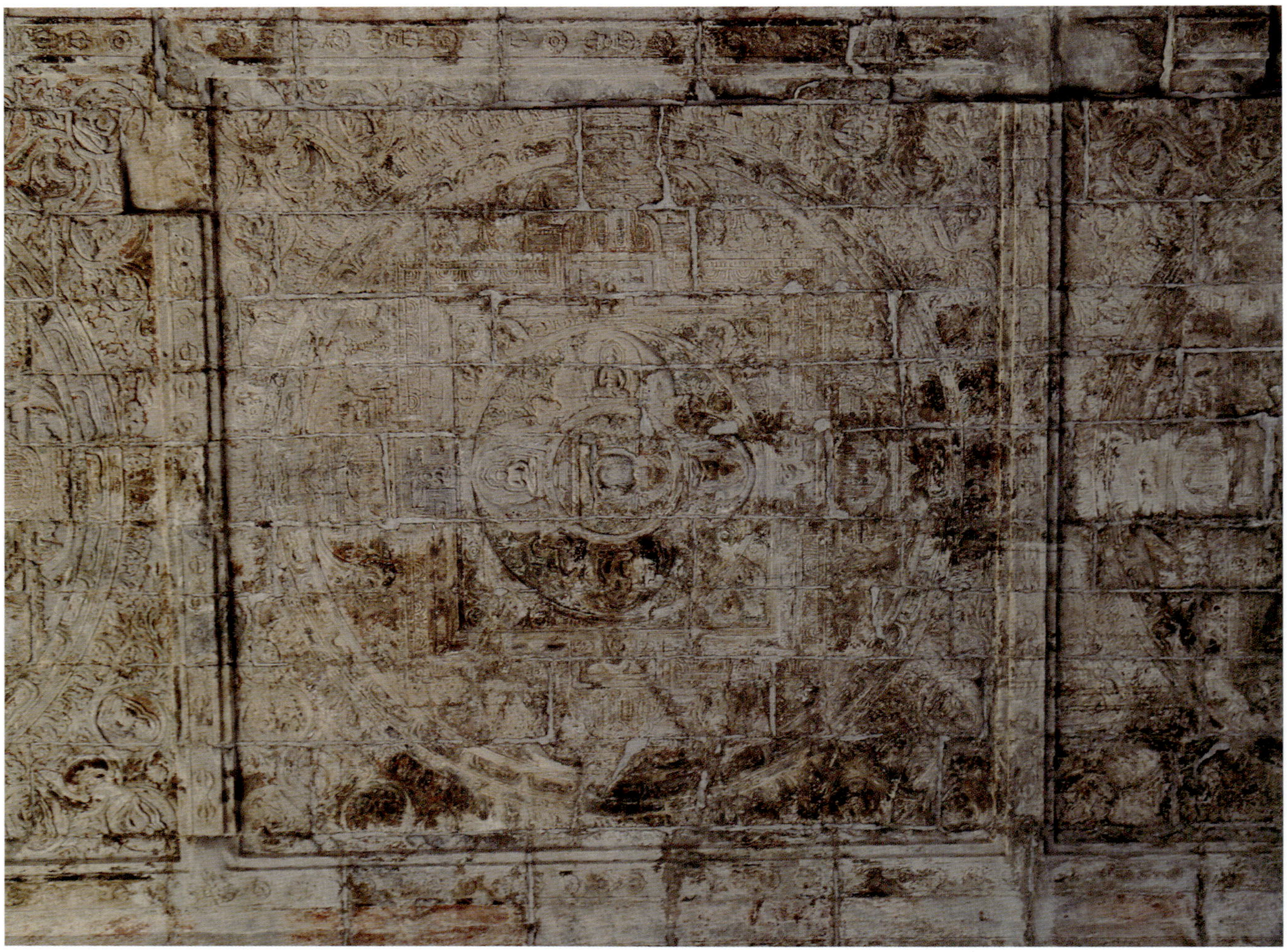

居庸關洞壁頂曼陀羅浮雕（一）

居庸關洞壁頂曼陀羅浮雕（二）

居庸關洞壁頂曼陀羅浮雕（三）

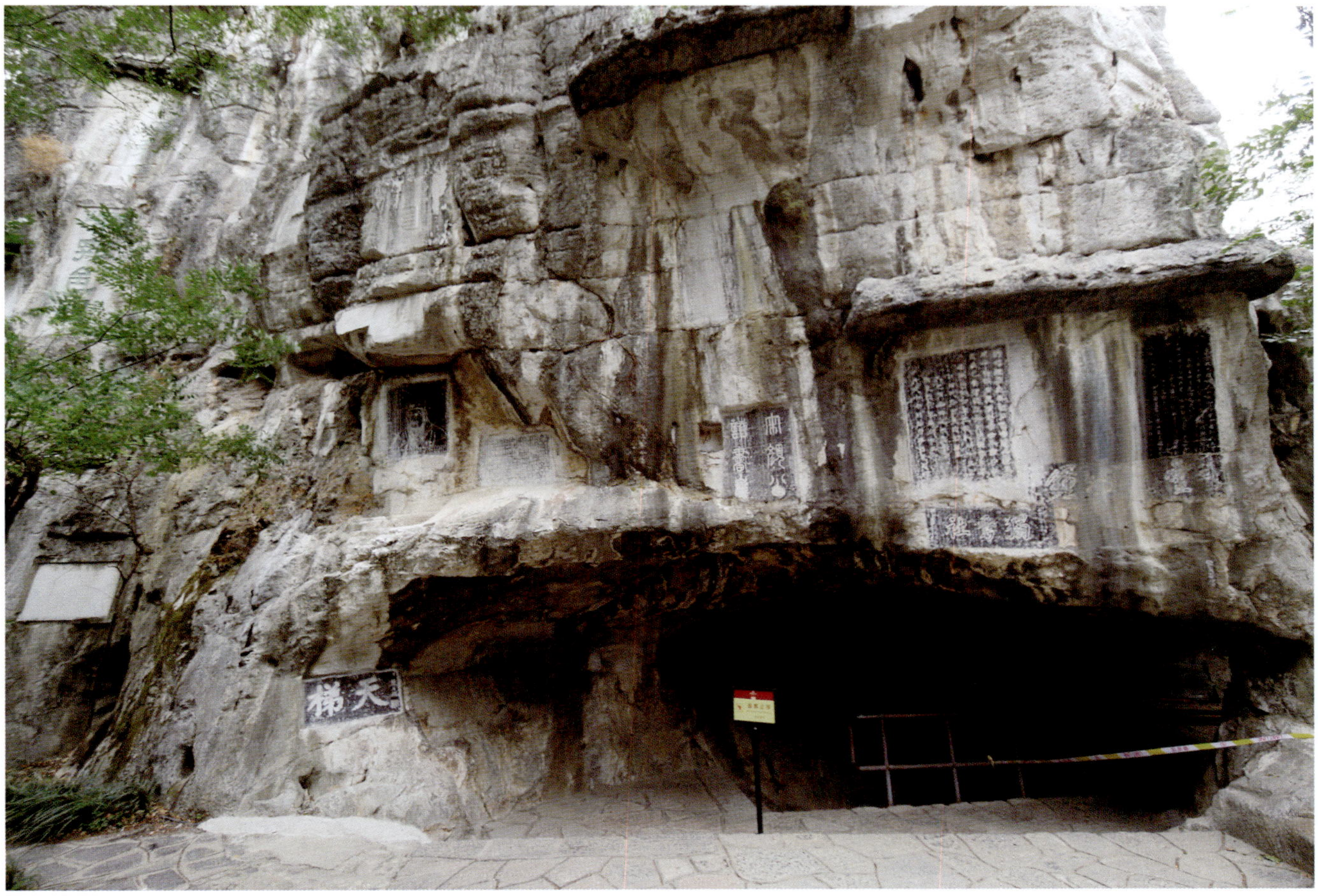

廣西桂林獨秀峰讀書巖（孔子造像記所在崖壁）

歙縣貞白里牌坊・正面

貞白里牌坊・頂部細節

貞白里牌坊・背面

貞白里牌坊・二樓額坊細節

保定古蓮花池碑廊（河西老索神道碑與明西夏文經幢收藏地）

河西老索神道碑蟒紋碑額

河西老索神道碑蟒紋碑額·細節

濮陽唐兀楊氏家族墓地與文保碑

唐兀氏家族墓地全景

唐兀楊氏家族墓地一號塚與一號供桌

唐兀楊氏家族墓地三號塚與二號供桌

唐兀楊氏家族墓地四號塚與三號供桌

唐兀楊氏家族三號供桌近景

唐兀楊氏家族墓地一號石筍與一號望柱

唐兀楊氏家族墓地二號石筍與二號望柱

一號石筍上的文字

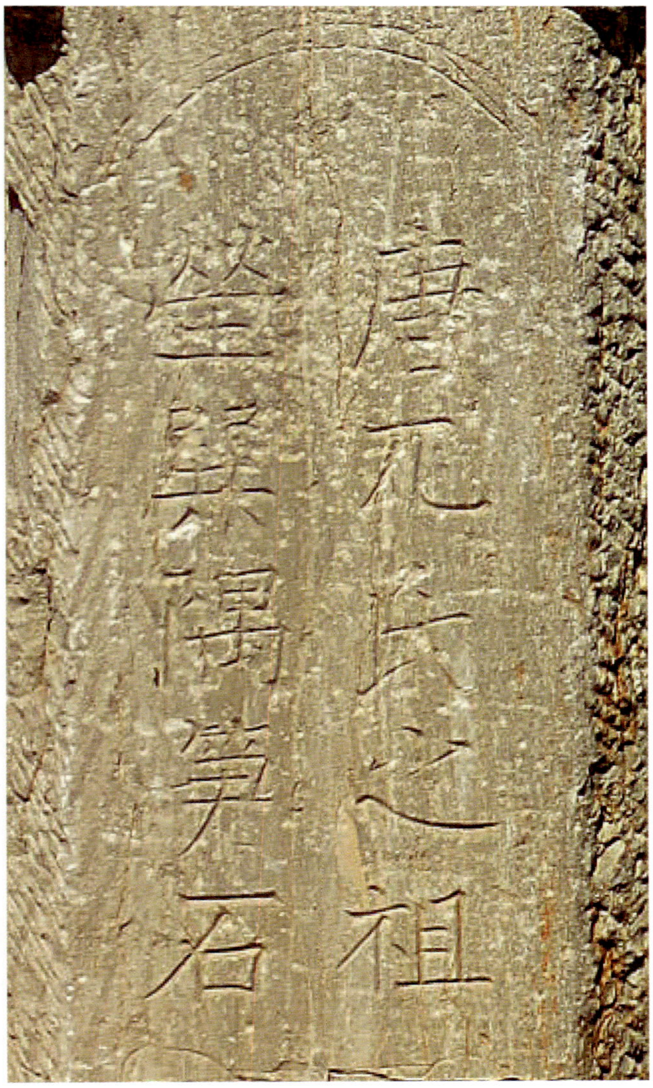

二號石筍上的文字

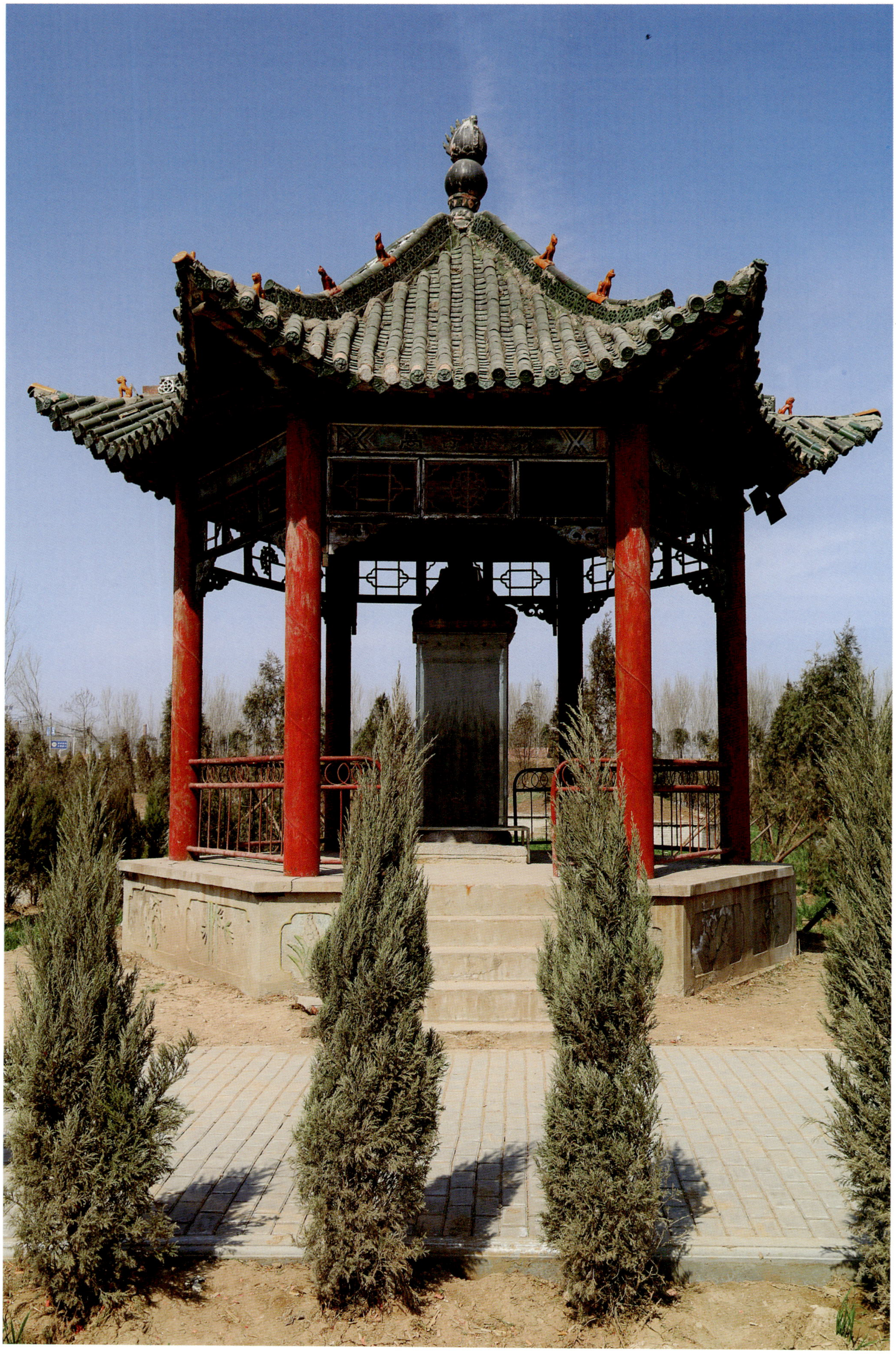

唐兀公碑與碑亭

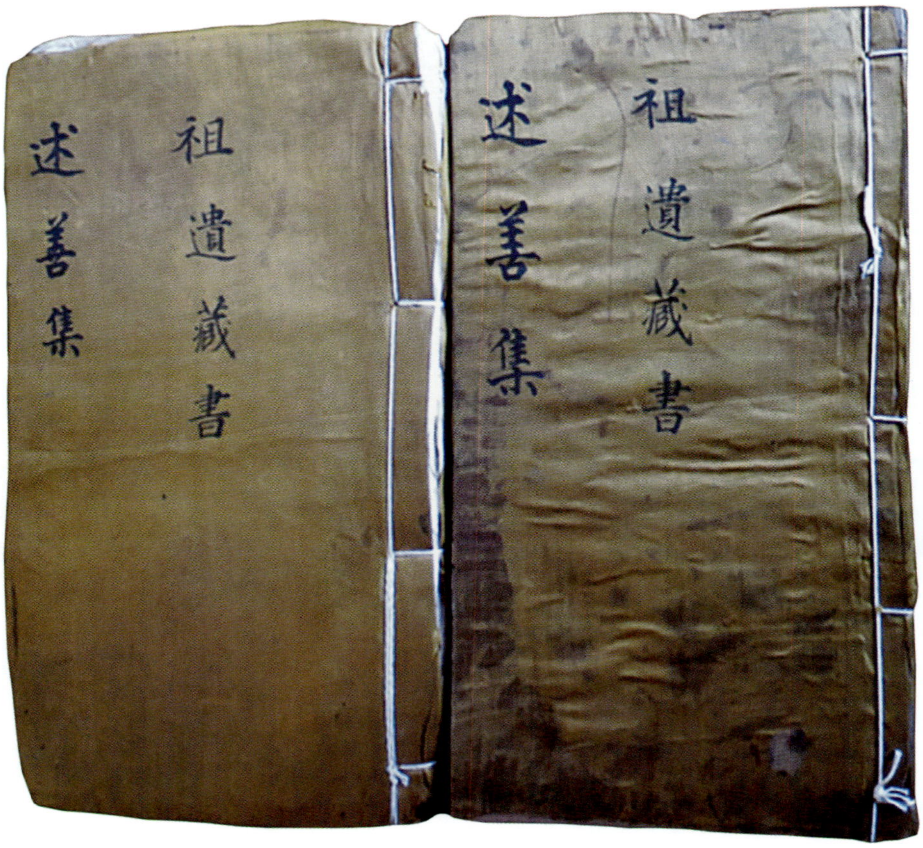

唐兀氏家藏文獻《述善集》

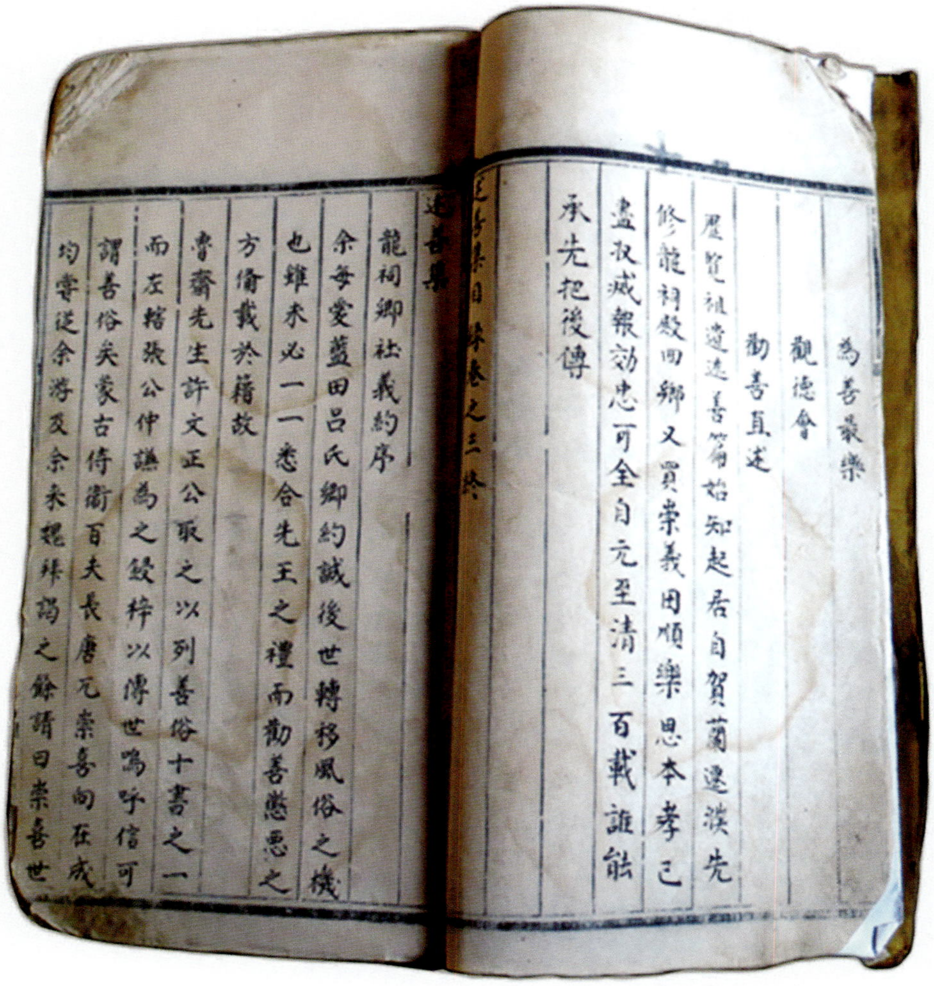

唐兀氏家藏文獻《述善集》内頁

泉州清源山碧霄巖現狀

泉州清源山碧霄巖三世佛佛龕現狀

清源山碧霄巖三世佛二十世紀舊照

清源山碧霄巖三世佛造像現狀

清源山碧霄巖三世佛造像之過去佛·細節

清源山碧霄巖三世佛造像之現在佛·細節

清源山碧霄巖三世佛造像之未來佛·細節

泉州清源山彌陀巖及北側三旦八等重修題記

清源山彌陀巖内阿彌陀佛造像

清源山彌陀巖石室•穹頂

福州鼓山觀瀑亭王翰“乘雲”石刻周邊環境

福州鼓山半山亭王翰等篆書題記

羅源縣聖水寺眠鶴石王翰篆書題記（一）

羅源縣聖水寺眠鶴石王翰隶書題記（二）

永泰方廣巖王翰“鐵壁”榜書

永泰方廣巖王翰等隶書題記

永泰縣官烈村王翰墓現狀

永泰縣官烈村王翰子王偁墓現狀